两希文明哲学经典译丛

包利民 章雪富 主编

反对理论家

［古罗马］塞克斯都·恩披里克 著

孙 仲 曹欢荣 徐建芬 龚奎洪 译

*Philosophical
Classics of
Hellenistic-Roman
Times*

中国社会科学出版社

图书在版编目(CIP)数据

反对理论家／（古罗马）塞克斯都·恩披里克著；孙仲等译.
—北京：中国社会科学出版社，2017.8
（两希文明哲学经典译丛／包利民 章雪富主编）
ISBN 978-7-5161-6669-7

Ⅰ.①反… Ⅱ.①塞…②孙… Ⅲ.①怀疑论派—哲学理论—古希腊 Ⅳ.①B502.33

中国版本图书馆 CIP 数据核字（2015）第 166967 号

出 版 人	赵剑英	
责任编辑	凌金良	陈 彪
特约编辑	杜淑英	
责任校对	邓雨婷	
责任印制	张雪娇	

出　　版	中国社会科学出版社
社　　址	北京鼓楼西大街甲 158 号
邮　　编	100720
网　　址	http：//www.csspw.cn
发 行 部	010-84083685
门 市 部	010-84029450
经　　销	新华书店及其他书店

印刷装订	环球东方（北京）印务有限公司
版　　次	2017 年 8 月第 1 版
印　　次	2017 年 8 月第 1 次印刷

开　　本	650×960　1/16
印　　张	25.5
插　　页	2
字　　数	330 千字
定　　价	75.00 元

凡购买中国社会科学出版社图书，如有质量问题请与本社营销中心联系调换
电话：010-84083683
版权所有　侵权必究

2016年再版序

我们对哲学的认识无论如何都与希腊存在着关联。如果说人类的学问某种程度上都始于哲学的探讨，那么也可以说，在某种程度上我们都是希腊的学徒。这当然不是说希腊文明比其他文明更具优越性和优先性，而只是说人类长时间以来都得益于哲学这种运思方式和求知之道，希腊人则为基于纯粹理性的求知方式奠定了基本典范，并且这种基于好奇的知识探索已经成为不同时代人们的主要存在方式。

希腊哲学的光荣主要是与苏格拉底、柏拉图和亚里士多德联系在一起。这套译丛则试图走得更远，让希腊哲学的光荣与更多的哲学家——伊壁鸠鲁、西塞罗、塞涅卡、爱比克泰德、斐洛、尼撒的格列高利、普卢克洛、波爱修、奥古斯丁等名字联系在一起。在编年史上，他们中的许多人已经是罗马人，有些人在信仰上已经是基督徒，但他们依然在某种程度上，或者说他们著作的主要部分仍然是在续写希腊哲学的光荣。他们把思辨的艰深诠释为生活的实践，把思想的力量转化为信仰的勇气，把城邦理念演绎为世界公民。他们扩展了希腊思想的可能，诠释着人类文明与希腊文明的关系。

这套丛书被冠以"两希文明哲学经典译丛"之名，还旨在显示希腊文明与希伯来文明的冲突相生。希腊化时期的希腊和罗马时代的希腊已经不再是城邦时代的希腊，文明的多元格局为哲学的运思和思想的道路提供了更广阔的视域，希腊化罗马时代的思想家致力于更具个体性、

1

时间性、历史性和实践性的哲学探索，更倾心于在一个世俗的世界塑造一种盼望的降临，在一个国家的时代奠定一种世界公民的身份。在这个时代并且在后续的世代，哲学不再只是一个民族的事业，更是人类知识探索的始终志业；哲学家们在为古代哲学安魂的时候开启了现代世界的图景，在历史的延续中瞻望终末的来临，在两希文明的张力中看见人类更深更远的未来。

十年之后修订再版这套丛书，寄托更深！

是为序！

包利民　章雪富
2016 年 5 月

2004年译丛总序

西方文明有一个别致的称呼，叫作"两希文明"。顾名思义，西方文明有两个根源，由两种具有相当张力的不同"亚文化"联合组成，一个是希腊—罗马文化，另一个是希伯来—基督教文化。国人在地球缩小、各大文明相遇的今天，日益生出了认识西方文明本质的浓厚兴趣。这种兴趣不再停在表层，不再满意于泛泛而论，而是渴望深入其根子，亲临其泉源，回溯其原典。

我们译介的哲学经典处于更为狭义意义上的"两希文明时代"——即这两大文明在历史上首次并列存在、相遇、互相叩问、相互交融的时代。这是一个跨度相当大的历史时代，大约涵括公元前3世纪到公元5世纪的八百年左右的时间。对于"两希"的每一方，这都是一个极具特色的时期，它们都第一次大规模地走出自己的原生地，影响别的文化。首先，这个时期史称"希腊化"时期；在亚历山大大帝东征的余威之下，希腊文化超出了自己的城邦地域，大规模地东渐教化。世界各地的好学青年纷纷负笈雅典，朝拜这一世界文化之都。另一方面，在这番辉煌之下，却又掩盖着别样的痛楚；古典的社会架构和思想的范式都在经历着剧变；城邦共和体系面临瓦解，曾经安于公民德性生活范式的人感到脚下不稳，感到精神无所归依。于是，"非主流"型的、非政治的、"纯粹的"哲学家纷纷兴起，企图为个体的心灵宁静寻找新的依据。希腊哲学的各条主要路线都在此时总结和集大成：普罗提诺汇总了柏拉图和亚里士多德路线，伊壁鸠鲁/卢克来修汇总了自然哲学路线，怀疑论汇总了整个希腊哲学中否定性的一面。同时，这些学派还开出了与古典哲学范式相当不同的，但是同样具有重要特色的新的哲学。有人称之为"伦理学取向"和"宗教取向"的哲学，我们称之为"哲学治疗"的哲学。这些标签都提示了：这是一个在剧变之下，人特别关心人自己的幸福、宁静、命运、个性、自由等的时代。一个时代应该有一个时代的哲学。那个时代的哲学会不会让处于类似时代中的今人感到更多的共鸣呢？

另一方面，东方的另一个"希"——希伯来文化——也在悄然兴起，逐渐向西方推进。犹太人在亚历山大里亚等城市定居经商，带去独特的文化。后来从犹太文化中分离出来的基督教文化更是日益向希腊—罗马文化的地域慢慢西移，以至于学者们争论这个时代究竟是希腊文化的东渐、还是东方宗教文化的西渐？希伯来—基督教文化与希腊文化是特质极为不同的两种文化，当它们最终遭遇之后，会出现极为有趣的相互试探、相互排斥、相互吸引，以致逐渐部分相融的种种景观。可想而知，这样的时期在历史上比较罕见。一旦出现，则场面壮观激烈，火花四溅，学人精神为之一振，纷纷激扬文字、评点对方，捍卫自己，从而两种文化传统突然出现鲜明的自我意识。从这样的时期的文本入手探究西方文明的特征，是否是一条难得的路径？

还有，从西方经典哲学的译介看，对于希腊—罗马和希伯来—基督教经典的译介，国内已经有不少学者做了可观的工作；但是，对于"两希文明交汇时期"经典的翻译，尚缺乏系统工程。这一时期在希腊哲学的三大阶段——前苏格拉底哲学、古典哲学、晚期哲学——中属于第三大阶段。第一阶段与第二阶段分别都已经有了较为系统的译介，但是第三阶段的译介还很不系统。浙江大学外国哲学研究所的两希哲学的研究与译介传统是严群先生和陈村富先生所开创的，长期以来一直追求沉潜严谨、专精深入的学风。我们这次的译丛就是集中选取希腊哲学第三阶段的所有著名哲学流派的著作：伊壁鸠鲁派、怀疑派、斯多亚派、新柏拉图主义、新共和主义（西塞罗、普鲁塔克）等，希望向学界提供一个尽量完整的图景。同时，由于这个时期哲学的共同关心聚焦在"幸福"和"心灵宁静"的追求上，我们的翻译也将侧重介绍伦理性—治疗性的哲学思想；我们相信哲人们对人生苦难和治疗的各种深刻反思会引起超出学术界的更为广泛的思考和关注。另一方面，这一时期在希伯来—基督教传统中属于"早期教父"阶段。犹太人与基督徒是怎么看待神与人、幸福与命运的？他们又是怎么看待希腊人的？耶路撒冷和雅典有什么干系？两种文明孰高孰低？两种哲学难道只有冲突，没有内在对话和融合的可能？后来的种种演变是否当时就已经露现了一些端倪？这些都是相当有意思的学术问题和相当急迫的现实问题（对于当时的社会和人）。为此，我们选取了奥古斯丁、斐洛和尼撒的格列高利等人的著作，这些大哲的特点是"跨时代人才"，他们不仅"学贯两希"，而且"身处两希"，体验到的张力真切而强烈；他们的思考必然有后来者所无法重复的特色和原创性，值得关注。

这些，就是我们译介"两希文明"哲学经典的宗旨。

另外，还需要说明两点：一是本丛书中各书的注释，凡特别注明"中译者注"的，为该书中译者所加，其余乃是对原文注释的翻译；二是本译丛属于教育部哲学社会科学创新基地浙江大学基督教与跨文化研究中心项目成果。我们希望以后能推出更多的翻译，以弥补这一时期思想经典译介之不足。

包利民　章雪富
2004 年 8 月

目 录

2016 年再版序 | 1

2004 年译丛总序 | 1

为什么我们今天要读怀疑论（代译序） | 1

第一部分　反对逻辑学家

第一卷

第一章　存在真理的标准吗？ | 7
　第一节　论标准 | 8
　第二节　论真理 | 9
第二章　真理标准三个方面的考察 | 55
　第一节　"由谁评判"意义上的标准（"关于人"）| 55
　第二节　"通过什么"意义上的标准 | 68
　第三节　标准的第三个方面：呈现过程 | 72

第二卷

第一章　"真的"事物存在吗？ | 88
第二章　征象存在吗？ | 113
　第一节　不明白事物有哪几类？ | 114
　第二节　对征象的质疑 | 117
第三章　论证明 | 141
　第一节　何为证明 | 141
　第二节　证明的主题对象 | 144
　第三节　证明存在吗？ | 147

第二部分　反对自然哲学家

第一卷
- 第一章　论神 | 175
- 第二章　神究竟存在吗？| 183
- 第三章　论原因和被动事物 | 212
- 第四章　论整体和部分 | 237
- 第五章　论物体 | 243

第二卷
- 第一章　处所存在吗？| 258
- 第二章　运动存在吗？| 265
- 第三章　时间存在吗？| 291
- 第四章　论数 | 306
- 第五章　论生成和毁灭 | 317

第三部分　反对伦理学家

- 第一章　关涉人生之事的主要区别是什么？| 330
- 第二章　"好"、"坏"和"中性"的本质 | 333
- 第三章　"好"和"坏"真实存在吗？| 337
- 第四章　相信好的和坏的东西本性上存在，有可能生活幸福吗？| 349
- 第五章　那个悬搁判断一切关于"好"与"坏"之本质的人幸福吗？| 354
- 第六章　存在着任何生活技艺吗？| 359
- 第七章　生活技艺能教吗？| 368

译名对照表 | 376

为什么我们今天要读怀疑论（代译序）

如果有人穿越到一个时代，发现这里的人不相信任何传统权威、意识形态、宗教、形而上学、内在客观价值……他们的普遍共识是：大写的"真理"是一个笑话，如果不是说旧时代的无聊遗迹的话；他们相信价值是主观的、多元的，只要每个人感到快乐就是"好"。人人都用褒义的口气称自己是"怀疑论者"，并互相赞美为启蒙开化之士。

这是哪个时代？读者可能脱口而出：这不就是我们现时代吗？是的。

然而同时，这也是希腊化罗马时代。我们都生活在广义的怀疑主义时代，我们共同呼吸着主观主义的空气，彼此并不陌生。

据说哲学反映时代精神。以"皮罗主义"之名传世的希腊怀疑论确实夸张地、系统地、全面地表达了这种怀疑主义时代精神。希腊怀疑论的最后一位集大成者塞克斯都·恩披里克撰写了许多著作，其中重要的一部就是摆在我们面前的这部《反对理论家》。在阅读之前，先让我们从几个方面说些导言性的话。

一

首先是大的历史背景。

希腊怀疑论是希腊化时期的三大新哲学派别（斯多亚派、伊壁鸠鲁派、怀疑论）中的一支，它没有提出任何正面理论，但是以近乎

"炫技"的层层叠叠的驳难论证推翻任何信念。这被许多人视为"哲学"所特有的才能,所以怀疑论深刻影响了古代文化人,包括最终拥有深刻信念的西塞罗和奥古斯丁,他们在初学哲学的时候都热衷于怀疑论。事实上,希腊怀疑论有两个传统,一个是希腊化开端之际出现的"皮罗主义"怀疑论,另外一个是历史更为悠久的柏拉图学园中的"中期学园"和"新学园"的怀疑论。它们相互影响又相互竞争和批评。如果放到一起作为一种互相关联的思想发展体系,希腊化时期的怀疑论思潮总体上看大致经历了四个时期:

（一）创始阶段。皮罗（Pyrrho,公元前365—前275年）被公认为希腊化怀疑论的创始人,但是他从未留下任何文字,这表明他对认识论不感兴趣。他开创的是一种伦理性的怀疑主义。他的弟子蒂孟（Timon,公元前320—前230年）对他极为敬佩,写了许多文字赞美他并贬低几乎所有其他的哲学家。蒂孟之后一段时间,这个传统沉寂了下来。

（二）"柏拉图新学园"中的怀疑主义。柏拉图学园并非一开始就是怀疑论的。在所谓"老学园"时期,它是独断的或者相信柏拉图的正面教义的。但是在阿尔凯西劳斯（Arcesilaus,公元前316年—前241年领导学园）的"柏拉图中期学园"与卡尔尼亚德（Carneades,公元前217—前132年）的"柏拉图新学园"时期,却转向怀疑主义。当然,他们认为自己并没有违背柏拉图,反而是在重新揭示苏格拉底和柏拉图的真实教导。其中,阿尔凯西劳斯从不写作,第一次提出彻底的"悬搁判断"的口号（阿尔凯西劳斯与蒂孟大约同时代,遭到过后者的无情讽刺）。但是,这似乎很难在生活中贯彻。于是,在他之后的第四届学园领导者、聪明而勤于写作的卡尔尼亚德便提出了较为缓和的主张:我们在生活中还是可以适当接受具有相当或然性的命题作为指导的。

（三）皮罗主义在罗马时期的复兴。公元前后的安尼西德穆斯（Aenesidemus）与稍后的阿格里巴（Agrippa）重新复兴了沉默近百年的皮罗主义,而且从伦理化的怀疑论走向认识论化的怀疑论,著书立说、创建体系。安尼西德穆斯曾经在柏拉图学园中学习，掌握了不少理论知识和论辩能力，提出了非常系统的反对感性认识的"十式"。而阿格里巴提出了更为抽象概括的反对理性知识的"五式"。

（四）公元2世纪前后。皮罗主义的最后一批代表人物是梅诺多图（Menodotus，70—150年）和塞克斯都（Sextus Empiricus）等。

怀疑论的基本思想保存于塞克斯都·恩披里克的著作中，后人的研究主要以此为依据。由于缺乏历史资料，塞克斯都的活动时间和地点都无法具体确定，只能大致推测。不过，可以肯定他是一位医生，而且是所谓"经验派"（而非理论派）医生。他公开承认自己是一位皮罗主义的怀疑论者，写过许多著作，明显有总结怀疑论思想的意图。尽管他的有些著作未能留存下来，但是现存的著作还是相当系统完整，堪称怀疑论的集大成者。这些著作大致可以分为三种：

第一种是《皮罗学说概要》（PH），共分为三卷。第一卷是对怀疑主义一般特征的介绍，第二、三卷则分别批评"独断论"的逻辑学、自然哲学及伦理学。①

第二种是五卷本的《反对理论家》，第一、二卷为"反逻辑学家"；第三、四卷为"反自然哲学家"，第五卷为"反伦理学家"。

第三种是《反学校教师》，共六卷：反语文学家，反演说家，反几何家，反算术家，反占星术士，反音乐家。

以上的第二种和第三种，即《反对理论家》和《反学校教师》，又可以统称《反博学家》（M）。②

本书就是第二种——《反对理论家》（Against Dogmatists）。"dog-

---

① 此书我们已经译出。见塞克斯都·恩披里克《悬搁判断与心灵宁静——希腊怀疑论原典》，中国社会科学出版社2004年版。

② 原文为"against mathematicians"。此处的"mathematician"不是"数学家"而是"学问家"的意思。又，《反对学校教师》中的两卷，即"反语文学家"和"反占星术士"已经被我们翻译出来，载于塞克斯都·恩披里克《悬搁判断与心灵宁静——希腊怀疑论原典》。

3

motism"也可以译为"独断论者"。不过怀疑论者所反对的独断论者指的就是理论家们,因为他们对"不明白的事物"进行了诸多独断,而不能提供真正令人信服的论证。所以,为了醒豁起见,我们翻译为《反对理论家》。《反对理论家》的内容与《皮罗学说概要》的第二卷、第三卷可以对应起来读,都是对当时哲学中的自然哲学、逻辑学和伦理学三大部门的批评。① 但是它们又不完全相同。首先,从字数上说,《反对理论家》扩展了许多。而且,从内容上看,它们各自有对方没有的一些主题。比如《皮罗学说概要》中的第二卷涉及逻辑的许多部门,但是《反对理论家》中的《反对逻辑学家》集中在与认识论相关的真理认识方式上,不少纯粹逻辑的讨论(如关于演绎、归纳、定义和划分的讨论)就没有了。而且,它还多出了《皮罗学说概要》中所没有的关于前人在真理标准上的争论,篇幅很长。对于专门研究塞克斯都的学者来说,《皮罗学说概要》究竟是在《反对理论家》的前面,还是在其后面?一般看法是先有概要,后有扩展;但是也有可能一位作者先写了充斥许多材料的大部头,然后在此基础上概要其精华,写出简写本。学者们通过语词表达习惯、内容等,对 PH 和 M 的顺序进行了许多有意思的研究,但是持各种看法的都有,尚无定论。②

二

今人为什么要读怀疑论呢?

塞克斯都·恩披里克的著作,包括这部《反对理论家》,对于今天的哲学研究者来说具有重要的意义。这可以从几个角度看。

首先,塞克斯都的大量作品是哲学史上的一个富矿,是最早的"希

---

① 事实上,有学者认为现存的《反对理论家》可能缺了开头的几卷;参看 A. Bailey, 2004, p. 101。

② 参看 A. Bailey, 2004, p. 103; R. Bett, 2005, p. xxvii – xxx。

腊哲学史"。他大约写作于第欧根尼·拉尔修的年代而稍早,即公元1—2世纪。拉尔修的《哲学家的生平与著作》被公认为古代最早的哲学史著作,是今日研究希腊哲学的学者不能绕过的重要原始文献源头。但是塞克斯都写作年代更早。就古代希腊哲学的文献而言,尽管柏拉图和亚里士多德有大部头著作保留了下来,但是在苏格拉底之前,许多自然哲学家和早期斯多亚哲学家的许多重要文献都已经遗失。所以,后来学者在研究中,大多依靠希腊化时期哲学家的转述进行研究。塞克斯都·恩披里克为了反驳所有希腊哲学流派,常常大量摘录他们的论述,尤其是其主要敌手斯多亚学派的,于是无形中成为研究希腊哲学的一个资料宝藏。全面汇集希腊化哲学研究材料的二卷本《希腊哲学:斯多亚学派,伊壁鸠鲁学派,怀疑论学派》(*The Hellenisitc Philosophy*:*Stoics*,*Epicureans*,*Sceptics*)[1],以及《希腊哲学:导读》(*Hellenistic Philosophy*:*Introductory Readings*)[2],都从塞克斯都的著作中大量摘引了伊壁鸠鲁、斯多亚派、怀疑派等哲学思想作为原始文献。而且,与拉尔修按照哲学家和流派展开撰写的方式不同,塞克斯都虽然也纵论整个希腊哲学史,但是他的写作方式是主题式的,即围绕一个个哲学问题展开,所以,我们也可以视其为一种"主题式哲学史",或者"问题中心的哲学史"、"批评的哲学史"等,换句话说,他已经围绕各个哲学问题整理了各家哲学的相关材料,让读者可以更为清晰地看到(希腊)哲学史是如何沿着自然哲学、伦理学、认识论等部门的各种问题展开思考的。

不仅研究古代哲学的学者经常受益于塞克斯都,而且塞克斯都的著作对于理解近代哲学史也有独特的意义。在近代,重新发现塞克斯都的最初之举是1562年亨利·艾蒂安(Henri Estienne)发表的第一个《皮罗学说概要》(*Outlines of Pyrrhonism*)译本。然后,1569年真提安·赫

---

[1] 参看 A. A. Long, 1986。
[2] 参看 B. Inwood & L. Gerson, 1998。

维特（Gentian Hervet）翻译发表了《反博学家》（*Adversus mathematicos*）。这些书让人们在漫长的中世纪之后重新看到了古代怀疑论哲学的思辨力量，引发了心智上的很大震动。有的影响甚至超出通常的预料，比如天主教在对抗新教改革中援引新面世的塞克斯都，论证人的自然理性并不像新教所想的那样具有强大能力，不能认识终极真理。所以，还是应该谦卑地遵循大公教会的传统体制和教义。①

更为严肃的近代哲学史后果是塞克斯都的著作引发了笛卡尔和休谟的深思。笛卡尔的哲学虽然有时也被称为"怀疑论"，但是他的宗旨其实是在回应怀疑论，证明自己可以找到切实的认识论基础，最终消灭怀疑。休谟相反，他是真正的怀疑论者，所以他更认同古代怀疑论的结论。不过，他又认为自己并不在实践中贯彻怀疑论，所以还是不同的。②

怀疑论的意义不应止于哲学史研究，而且在于哲学本身，它是一种不容忽视的原创性哲学，其重要性至少体现在认识论和价值论两个方面：一方面，这种类型的哲学从认识论上说正是现代哲学的主流，另一方面，从价值论上说它不仅提示了古代哲学的特征，而且也与我们现代人直接相关。

三

首先让我们看认识论方面。

任何仔细反思过近代认识论以来到最新的后现代"哲学"的人，都不难发现这里面的一贯精神就是"怀疑论"。人们公认近代哲学是从本体论走向认识论的。然而，我们沿着近代哲学向下走，就会发现"现当代"哲学是从认识论走向怀疑论的，因为他们最终发现寻找认识

---

① 参看 A. Bailey, p. 18。
② 参看 A. Bailey, p. 19。

能力的企图总是以人类没有真正强大的认识能力而告终。这，就是怀疑论对我们今天哲学的意义：当代哲学普遍而言是怀疑论的。但是，什么是怀疑论？这是哲学吗？所谓怀疑论，就是对客观真理认识的彻底失望，尤其是对"形而上学"类型的认识的失望。这难道不是"纯粹理性批判"的康德以来、"拒斥形而上学"的逻辑分析哲学以来、"解构理性能力"的费耶阿本德、德里达和罗蒂等以来的整个西方认识论哲学的主流？它们的共同之处就是从不提出正面的学说，而是以批判和推翻任何学说为主要工作。① 这样的哲学严格意义上说不是哲学，而是专门旨在消灭（作为一种本体性疾病的）哲学的"学问"。从语义类型上说，称其为"元哲学"可能比较精确。元学说不使用对象性语言，不讨论对象性问题，但是讨论对象性学问本身，而且其讨论的最终结论很可能是对象性学问不成立。这也正是古代怀疑论的主要工作。他们非常自觉、非常清晰地在做这件事情，即，不仅是对这个或者那个命题进行怀疑，而且是对整个理论事业的合法性质疑。所以，可以称为是一种"后理论"之学问。在古代，"理论"的最为集中的代表当然是"哲学"。"met a‐philosophy"不仅可以称为"后哲学"，现代学术的主流学问据说也是"后学"，后形而上学和后理论之学。"meta"作为词缀，也有"元"的意思，所以"meta‐philosopy"也可以称为"元哲学"。"Meta‐philo‐sophy"从词形上分析，意味着对"智慧的追求（爱欲）"这一现象本身进行专门研究。"理论"究竟是什么？理论与自然生活之间的关系究竟应当如何？这些都成了理论家最关切的问题。换句话说，自我反思型的"元学问"占据了本来应该是"对象学问"的理论思考的一大半空间。哲学家中有相当多的人以消灭哲学为己任。古代怀疑论认为，理论的所有命题都充满"二律背反"，无法解决。于是，

---

① 参看 J. Annas and J. Barnes, eds., 2000, pp. 16, 22。

逻辑的结论就是理论事业自我了断，结束狂妄。① 在20世纪晚期的西方思想界，我们可以看到惊人的类似的事情又一次发生。

这种古代的哲学—理论态势早已吸引了人们的注意和质疑。当怀疑论宣称全面反对理论命题时，势必面对这样的问题：怀疑论自己是不是一种"理论"？如果怀疑论批判一切独断，那么它自己说了那么多（否定的）话，难道不是在独断、不是"持有信念"吗？对此，怀疑派的回答很明确：怀疑论本身不是一种理论，它超出一切理论争执之上，甚至超出可知论与不可知论的对峙。这正是皮罗主义怀疑派与柏拉图学园派怀疑主义的区别之所在。学园派怀疑主义把"不可知"说得太独断，而怀疑派甚至对"不可知"也不独断。② 要求"悬搁判断"有时在怀疑论看来都似乎显得太"独断"，因此他们宁愿这样表述：所有正反观点都可以证明，我们无法选择哪一种，所以"不得不"结束独断。今天我们也会看到类似的例子，比如费耶阿本德对波普尔的科学哲学的批评，采取的就是从对方的论证推出错误，但是并不意味着自己接受相关论证。③ 安娜斯（Annas）举出了一个例子：鹦鹉会"说"许多东西，让别"人"获得信息，但是它自己并不"信"这些话。④ 这种例子使人想到怀疑论是不是在主张人类放弃规范性活动，完全回到动物状态。这是可能的。希腊化时代所有哲学家都不会反对"按照自然生活"的口号。塞克斯都说："'我悬搁判断'指的是'我无法说眼前的观点中哪一个是应当相信或不相信的'，这表明有关事情在其可信性与缺乏可信性上对我们显得是一样的。"⑤

---

① 有关讨论，可以参看汪子嵩、陈村富、包利民、章雪富《希腊哲学史》第四卷，人民出版社2010年版，第1089页。
② 参看塞克斯都·恩披里克（Sextus Empiricus）《皮罗学说概要》（*Outlines of Pyrrhonism*）第1卷，第226节。
③ 参看 A. Bailey, p. 263；R. Bett, p. xviii。
④ 参看 J. Annas and J. Barnes, eds., p. xxii。
⑤ 塞克斯都·恩披里克：《悬搁判断与心灵宁静——希腊怀疑论原典》，第39页。

四

有关"自然生活"和"规范"的讨论，令人自然而然地走向怀疑论的价值论。这里面也有极具特色的思想。

众所周知，古代怀疑论之所以反对理论家（即哲学及科学。这些在古代本来就不能区分，都意味着对真理的追求），并非起源于近代的认识论者们的兴趣，而是受到"幸福论"的兴趣的驱动。这是古代哲学，尤其是希腊化罗马哲学的一个特点。幸福在古代首先是政治哲学问题。政治哲学有两种取向，或者说，进入政治领域的人是为了两种相当不同的事情。追问幸福的政治学乃是强者政治学，追问正义的政治学乃是弱者政治学。强者的"幸福"作为终极人生目标，在古典政治学范式中是一个合法的问题，而且吸引了人们的广泛注意力。不仅国王们、贵族们、公民们喜欢追问，哲学家也热衷于这样的"伦理学问题"。

柏拉图在专门讨论人生至善的《菲丽布》（*Philebus*）的开篇即提出，竞争"幸福"的候选者主要是两种：快乐或知识。在这篇对话录中，以及在《高尔吉亚》（*Gorgias*）、《理想国》（*Republic*）等其他对话录中，柏拉图努力论证知识人生高于快乐人生。柏拉图的问题意识其实是有其现实背景的，它来源于应对智者的挑战。智者的挑战表述为"强者"的幸福：谁能提供强者的幸福，谁只是无能的弱者？在许多对话录中，"苏格拉底"面对的挑战都是：如何证明正义、有道德、追求智慧的生活并非弱者的无奈选择，而是对强者最有利的。卡里克勒斯激烈地攻击哲人及其维系的社会道德是违背自然、败坏强者的。所谓强者就是能淋漓舒畅地放纵自己的欲望并且有能力加以满足的。常人都是弱者，对此想都不敢想，而道学家们号召遵守清规戒律、消除欲望，那就是要人们变成石头或是死尸，完全无法与闻幸福。柏拉图和哲学家迎难而上，整个希腊伦理政治历史都可以看到哲学家们企图论证"新强者"

9

来回应这种咄咄逼人的挑战。

那么，关键就是要证明什么是本质上"无法满足的"（insatiable）欲望，从而导致不幸的欲望。柏拉图对卡里克勒斯的回答是：放纵欲望敢于追求无穷快乐未必是强者的幸福，相反，它才会带来脆弱和最大的不幸。希腊神话中的"地狱最大惩罚"寓言大多暗示了这一点。比如恶人死后被罚永远去舀水装满到处是漏洞的瓶子，这是无法完成的。① 换句话说，幸福作为强者的至善，应当以能够（容易）满足为基本特征。② 人如果不慎在生活的开端选择了无法满足的欲望作为主要追求，就会走上错失幸福的不归之路。那么，什么样的欲望本质上是不可满足的？在《菲丽布》中，柏拉图提出了一个本体论：宇宙中存在的东西可以分为限度、无限度、二者结合体、二者结合原因四大类。其中，知识属于限度，而快乐属于无限度。③ 肉身的欲望本质上是不可能满足的，获得的越多，则欲望会更强，于是陷入新的不快乐，不断追求下去而永远无止境。从而，追求肉身快乐的人生意味着痛苦。在现代性中，比如在浪漫主义那里，无穷追求可能不是坏事而是好事。但是希腊哲学以有度为价值标准，无穷追求而且根本无法达到目标，意味着无法获得终极之好，终身处于受役于对象的被动状态。④

那么，知识人生真的比快乐人生有限度，能获得其所追求的特定对象吗？古典哲学从柏拉图到亚里士多德都这么认为。柏拉图甚至探讨过爱智者在追求到目标之后（成为智慧者之后）不再爱智的状态（不苦不乐的状态）。⑤

---

① 参看柏拉图《高尔吉亚》493b。有关"不可满足欲望"作为不幸的关键，参看 G. Gosling and C. Taylor, 1981, pp. 70, 105, 115–118, 138。
② 参看柏拉图《高尔吉亚》493a 以下。
③ 柏拉图：《菲丽布》, 27e、41d、52c。
④ 参看 Gosling and C. Taylor, p. 78。
⑤ 参看包利民等《柏拉图的第一友人》，载于《哲学研究》2013 年第 10 期；另外参看 G. Gosling and C. Taylor, p. 123。

希腊化哲学提出了一种减法式"治疗哲学",对古典哲学的这种"思辨人生幸福论"发起了全面的进攻。① 他们的基本立场可以概括为:自然(肉身)的欲望是容易满足的(可以满足的),相反,那些哲学、宗教、文化所"加"出来的知识欲求是永远无法满足的。以前者为人生内容,则可以找到幸福;以后者为人生内容,则永远会与幸福失之交臂。

希腊化哲学对古典哲学的挑战,反映在从正反两个方面论证这一幸福信念上。柏拉图说知识人生能够幸福,快乐人生不能,因为前者能满足,后者无限度。于是,伊壁鸠鲁从正面论证:快乐的生活是有限度的,最容易当下满足,所以是幸福的正道。② 怀疑论则从反面论证:选择知识作为人生目标的生活是不幸的,因为它本质上无法获得对象,满足欲求。所以,这本质上是一种必然挫败的人生。

怀疑论貌似怀疑一切。但是,仔细阅读其著作就可以发现,它其实主要怀疑"知识人生",即以理论追求为核心的人生。它对哲学—理论(独断论)的怀疑或者否定,正是因为后者伤害日常生活。理论追求的对象是一种独特的"知识",即纯粹自为的知识。柏拉图在《菲丽布》中指出,知识是分种类的,其中,只关心真正的"存在"(being)而不关心用处的,是高级的、纯粹的、无功利性的知识。③ 亚里士多德也继承了这一立场,将高级知识规定为"出于好奇"的知识。即人会纯粹因为有问题不能解决,而感到困惑。④ 这样的"痛苦"不能还原为饥

---

① 希腊化各派哲学都属于"治疗型哲学",参看包利民《生命与逻各斯》,东方出版社1996年版。治疗型哲学家们如伊壁鸠鲁、皮罗、芝诺通常都具有莫大慈悲心,所以才不忍看到人们的灵魂在水深火热中煎熬。参看汪子嵩、陈村富、包利民、章雪富《希腊哲学史》第四卷。另外参看 J. Annas and J. Barnes, p. xxvii。

② 在其"基本要道"中,伊壁鸠鲁告诉人们:"身体的快乐是自然的,是可以满足的,是有限度的。""快乐增长的上限是所有的痛苦的除去。当快乐存在时,身体就没有痛苦,心灵也没有悲伤,或者二者都不会有。"

③ 《菲丽布》,57c—58d。

④ 有关讨论可以参看 J. Annas and J. Barnes, eds., 1994, p. xxx。

渴、生病乃至无法识别——找到猎物的痛苦。从进化论上说，这种欲求是奢侈的，如果不是说有害的话。但是希腊哲学家大多突出这种新需求为最大幸福，是自由人的标志，它带来了超越于现实伤害之上的"新强者"。这一共识成了希腊哲学史的主流。不仅柏拉图和亚里士多德这么看，而且泰勒斯和德谟克利特也这么看。

但是，随着希腊哲学的发展，人们逐渐发现这种乐观可能有新问题。专门追求纯粹知识为幸福的理论生活依托的是一种新欲求（爱智慧），但是如果这种欲求本质上是无法满足的，即无法追到其对象的，那就是真正意义上的"insatiable"（不知足）了。其中原因不是人的偶然的无能，而是彻底的无能，本质上的无能，因为这种欲求的对象是"不明之物"（adelos），而我们人类并不拥有发现不明对象的方法（比较康德：人类认识能力中，根本就没有对物自体的理智直观力）。所以，对其追求必然导向深刻的失败感，终身生活在"烦恼"（distressed）中。有的学者比如安娜斯反驳怀疑论说：拥有知识好奇怎么会不幸福呢？我就没有这样的感觉呀。幸福正在于有疑惑，研究正在于被疑惑推动。为什么？因为亚里士多德说人类就是探究式的存在。[1] 关键是安娜斯不懂怀疑派的论证：有的知识好奇是有解的，甚至即便我不能解，将来也会有更聪明的人可以解。我是不会焦虑的。但是有的知识好奇本质上是无解的。这样的追求当然令人焦虑。比如一个终身追求永动机的人，如果知道这是完全不可能的、违背物理学原理的，他还会充满正面情绪地追求下去吗？佛教的人生痛苦论的依据之一是"求不得"。这个不得不是暂时的或者偶然的，而是必然的即永远的不可能获得。

怀疑论者用亲身经历指出，他们一开始也曾有过纯粹的知识好奇或者困惑，失去了心灵宁静，于是自然而然地希望通过研究来解决问题，

---

[1] 参看 J. Annas and J. Barnes, eds., 1994, p. xxxi。

来使心灵重获安宁。但是后来发现，关于客观真理的学问充满了冲突，各种理论家提供了各种说法，而裁决孰是孰非的标准却并不存在。问题的解决遥遥无期，可以说永无尽头。于是焦虑感和挫败感更深化了。这时，怀疑论者领会到：可能理论追求是一种根本不可能的事业。踏入这一事业的人，终身不幸。我们只能彻底放弃理论追求。本来，这样的认识可能给知识人带来巨大的绝望进而成为深刻的痛苦。但是怀疑派说：当他们领悟这个道理时，心灵反而豁然平静下来。而心灵的宁静，又称"平静安宁"（tranquility），或"无动于衷"（$\alpha\tau\alpha\rho\alpha\chi\iota\alpha$），正是古代（希腊化时代）"幸福"的标志。这让怀疑论者又惊又喜：不幸自动转化为幸福，弱者自动转换为强者了。所以，怀疑论的幸福不是主动地、有计划地追求来的，而是偶然地、自动地发生的。怀疑派喜欢用画家阿派勒斯（Apelles）的一次"思想历程"来类比这种禅宗公案式的心理因果：

有一次，阿派勒斯画马，想画出马的唾沫，但是他失败了，气得他把用来擦洗画笔上油彩的海绵扔向画面。未曾料到，海绵留下的痕迹却产生了马的唾沫的效果。同样的，怀疑派曾希望通过在感性及思想的对象的种种分歧之中作出是非判定来获得宁静。由于做不到，他们悬搁判断。这时他们却发现平静好像是偶然似地随着悬搁判断而出现了，就像影子随着物体出现一样。[1]

不过，怀疑论一旦"被动地"体会了这一历程，便自觉地、主动地去复制这一历程了，于是，"幸福"可以主动追求了。皮罗本人也可能在参加亚历山大东征中与"印度的裸体智者和僧侣"交往中懂得"没有把握"（akatalepsia）与"悬决（epoche）"的。[2] 这种幸福追求是批判性的，也就是积极主动地去论证一切客观认识都必然陷入无法解决

---

[1] 塞克斯都·恩披里克：《悬搁判断与心灵宁静——希腊怀疑论原典》，第9页。
[2] 参看 D. Laertius, Lives of Eminent Philosophers, 第9卷，第61节。

的困境。在这一"全盘质疑"工作当中，怀疑论对整个希腊哲学史展开了系统的批判，将各家哲学中的种种论证围绕各种主题比如实体、因果、真理、价值等排列成正反同等可证的命题组，达到普遍的"既是又不是"，或"既不是又不是不是"的效果（想想康德的"二律背反"），使理论人生彻底停止。[①] 用塞克斯都的话讲就是："悬搁判断是理智的停顿，我们因此而既不拒绝也不接受任何事物。"[②] 从逻辑语言学的角度讲，这么一来，整个语言—言语系统被破坏消解，结果就会出现普遍的"无言"（aphasia）。希腊哲学滔滔不绝的理论言说顿时陷入"沉默"。

在古代爱琴海北岸的希腊人城邦中，曾经一度兴起了轰轰烈烈的一种新生活形式，叫作"智慧的追求"（或者学问的追求、理论的热爱），历经小亚细亚的自然哲学、大希腊的数学唯心主义、雅典的古典哲学等思想运动，在几个世纪中形成了蔚为壮观的精神景观。终于，在晚期希腊罗马，开始有人出来彻底质疑这样的新历史性生活形式的正当性和可能性，正如我们在开始时所说的，这种对理论的独特仇视，这种反哲学的"哲学"，这种切入敌人的心脏解构敌人的战术，这种"回到生活"的号召，令人无法不想到整个当代哲学与所谓"后现代"哲学的主流。

需要说明的是，怀疑论并非如有的学者所说的仅仅反对理论而不反对日常生活。他们不是怀疑一切的"粗鲁的怀疑论"，而是有放有收的"文雅的怀疑论"。[③] 不错，怀疑论对理论的特别仇视可以在塞克斯都的

[①] 怀疑论可以被视为古代最为论证化的哲学，它与其他哲学不同，基本不使用任何修辞手法，只凭论证说话，于是密密麻麻布满了论证。参看 A. Bailey, p. 259。
[②] 见塞克斯都·恩披里克《悬搁判断与心灵宁静——希腊怀疑论原典》，第 9 页。
[③] A. Bailey, p. 175.

文本中找到不少证据。但是这并不符合皮罗怀疑主义的全部精神。①首先，怀疑论反对感性知识，这是"十式"所代表的，其核心是感性知识和感受体验的相对性。而这正是柏拉图等理论哲学家攻击日常知识的基本根据。② 其次，怀疑论不仅反对理论家带来的问题，而且反对日常信念带来的问题。常人并不总是开心。他们时常会因为信念的原因焦虑不堪，从而难以达到幸福。怀疑论的火力应当首先消除这些扰动心灵的信念。在希腊人眼中，"哲人"首先是"智慧"的体现，而不是现代哲学的纯粹知识理性。"Sage"（圣贤）或哲人、贤哲作为希腊哲学理想的凝聚典范，主要体现在内在的强大精神力量足以抗衡外在压力。这种能够对险恶环境采取超然的态度，完全不受人为价值体系之约束的人正是"新强者"的伦理含义。日常大众注意和敬佩的很少会是知识讨论中的那些才能，而是在政治社会中体现出来的高贵品性。古代哲学家、传记家 D. 拉尔修在其《名哲言行录》中津津乐道地记载这些"Sages"受到大众的敬佩，被城邦塑立雕像，赠桂冠，免哲学家的赋税，等等。史家们记载了伊壁鸠鲁、阿尔凯西劳斯等不同哲学派别的重要人物对皮罗的敬佩。这不是因为皮罗的知识论上的成就，而是因为他在生活中的态度。皮罗的学生蒂孟在他的《嘲讽》一书中，遍嘲哲学家，唯对少数几人加以肯定。对皮罗则推崇有加：

> 这就是我所见到的人。他从不为压垮了所有人（无论是"智者"还是"愚人"）的那些东西所夸耀或压倒。而众人总是这样或

---

① 有关希腊怀疑论的全面性，参看汪子嵩、陈村富、包利民、章雪富《希腊哲学史》第四卷，第940页。怀疑论是先攻击经验，然后又对攻击经验的盟友即理论家进行攻击。这有些类似于龙树的中观学：首先用理论攻击对现象界的执，然后提醒人们注意——理论概念其实也是假名而已。

② 参看柏拉图《菲丽布》42a。

那样地被激情、意见以及虚荣之立法所压倒。[1]

上面我们揭示了怀疑论在认识论和价值论两个方面的哲学创新意义。

最后我们要提醒读者注意的是，这些探究对于今天尤其有启发。首先，就认识论来说，或许有人认为，今天已经没有形而上学了，现在是科学认识、启蒙主义的天下，还需要怀疑论来解毒吗？需要。事实上，今天的"科学主义"或者"自然主义"非常兴旺，尤其是生物学、脑科学的科学主义。他们相信自己终于发现了关于人的本质和真理，自信满满地进入人文学科指手画脚，试图重整文科乃至整个人类生活的未来（借助技术的惊人突破）。希腊怀疑论的一个来源是苏格拉底。苏格拉底的教诲集中起来就是一句话：自知无知。他一生"遵照神的指令"所进行的哲学活动就是在劝说世人明白谦卑的重要、人的无知。反过来说，也就是认识到知识上的自信是最为可怕的恶。[2] 科学主义在今天扮演的正是"理论家"的角色：文科没有办法触及真理，所以几千年来浮在"明白事物"的层面（FP 或"民众心理学"）。科学拥有强大的、确实而精确的"方法论"，可以进入"不明之物"的深层，终于一劳永逸地发现了实在本身，尤其是关于人的真理，清清楚楚就是那么几条。自然主义这样的独断精神、这样的教条化自信，配上最新的生物技术，将会彻底改变人这个种族的存在特征。这究竟是祸是福，抑或有祸有福，是每个人都必须思考的。此时，具有清醒的头脑，不为科学炫技所迷惑，保持怀疑和批判精神，

---

[1] 见 P. Eusebius，第 14 卷，第 14 章，第 19 节；残篇 9Ds。
[2] 参看柏拉图《菲丽布》，《申辩》。Villa 指出，苏格拉底的哲学严格保持只破不立的姿态，并且以这样的姿态成为新型的公民，这对于民主政府已经是很大的贡献，因为民主体制很容易陷入道德自满，产生严重问题。参看 Dana Villa, 2001。其实，18 世纪启蒙自然主义就已经展示了这样的自信。参看柏林《启蒙的时代》，光明日报出版社 1989 年版，第 4、16 页。

就显得特别难能可贵和必要。①

价值论上，今天我们的问题也与此有关。不难观察到，现在的人特别能接受伊壁鸠鲁的快乐论的主观幸福论。《菲丽布》所担忧的"水母人生"（47b）随着脑科学技术的发展正在变成广大宅男宅女们可以认真考虑的现实选择。人类历史是否应当终结于"体验机人生"（"缸中脑人生"），是否还能超出快乐人生而追求各种主动的、理性的、意识主导的人生—幸福，比如"爱智慧"人生（理论人生、科学人生），这成了一个真实而迫切的问题。② 为了回答这样的问题，人类必须从头思考怀疑论自古开始的挑战。

这些，就是我们今天阅读塞克斯都·恩披里克的著作的缘由。

本书的翻译依据的是哈佛大学出版社洛布（Loeb）古典丛书中的《反对理论家》。翻译的分工是：孙仲翻译了"反对逻辑学家"，曹欢荣翻译了"反对自然哲学家"，徐建芬翻译了"反对伦理学家"。此外，龚奎洪翻译了"反对自然哲学家"的全部初稿，吴广瑞等同志翻译了"反对逻辑学家"的部分初稿。最后，由孙仲对所有译文进行校勘和统稿。

本书的研究和翻译得到国家社会科学基金项目"从政治教化到'灵魂治疗'——希腊化时代的伦理学（09CZX039）"的支持。林炎平先生也热心支持本书的翻译和出版，特此致谢。

包利民
2014 年 4 月 20 日

---

① 希腊怀疑论其实已经对"科学方法论"（包括演绎、归纳和"发现的逻辑"）提出了有力质疑了。

② 澳大利亚科学院院士黄有光是一个认真相信神经经济学的学者，他认为快乐是人类幸福之所在，于是他郑重提出了一种名为"快乐机"的大量增加快乐的简单方法——即刺激大脑享乐中心。每日刺激半小时，就可以获得极大快乐——人生幸福。参看〔澳〕黄有光《宇宙是怎样来的？》，复旦大学出版社 2011 年版，附录 A："能够大量增加快乐的简单方法——刺激大脑享乐中心"。诺奇克关于"体验机人生"的质疑，见诺奇克《无政府、国家、乌托邦》，中国社会科学出版社 2008 年版，第 52 页。

参考文献

Annas J. and Barnes J., eds., *Sextus Empiricus, Outlines of Scepticism*, Cambridge University Press, 2000.

Bailey A., *Sextus Empiricus and Pyrrhonean Scepticism* [J]. Oxford: Clarendon Press, 2004.

Bett, Richard Arnot Home, ed., *Sextus Empiricus: Against the Logicians*. Cambridge University Press, 2005.

Empiricus S. [J]. *Adversus Mathematics*, tr. Gentian Hervet. Antwerp, 1569.

Eusebius, *Preparatio Evangelica* [M]. 1903.

Laertius D., *Lives of Eminent Philosophers* [J]. 1942.

Long A. A., *Hellenistic Philosophy: Stoics, Epicureans, Sceptics* [M]. University of California Press, 1986.

Inwood B., Gerson L. P., *Hellenistic Philosophy: Introductory Readings* [M]. Hackett Publishing, 1998.

Gosling and C. Taylor, *The Greeks on Pleasure*, Oxford: Clarendon Press, 1981.

Sextus E., *Outlines of Pyrrhonism* [J]. 1990.

Villa D. R., *Socratic Citizenship* [M]. Princeton, NJ: Princeton University Press, 2001.

汪子嵩等：《希腊哲学史》第四卷，人民出版社 2010 年版。

包利民：《生命与逻各斯》，东方出版社 1996 年版。

包利民编，张波波译注析：《〈菲丽布〉译注》，华夏出版社 2013 年版。

塞克斯都·恩披里克：《悬搁判断与心灵宁静——希腊怀疑论原典》，包利民译，中国社会科学出版社 2004 年版。

诺奇克：《无政府、国家、乌托邦》，姚大志译，中国社会科学出版社 2008 年版。

第一部分

反对逻辑学家[①]

---

① 《反对逻辑学家》是《反对独断论者》的第一部分（第1、2卷），也是《反对理论家》的第7、8卷。

第 一 卷

前面我们已经通过适当的阐述方式,部分通过直接描述,部分通过与相近哲学的区分,展示了怀疑论的一般特质①。接下来我们要做的是解释如何把它应用到具体的哲学部门中去,以便使我们在对事物的怀疑考察中,或在对独断论者的反驳中,不会轻易陷入鲁莽草率。不过,既然哲学十分复杂,为了有条不紊、按部就班探求其所有的部分,我们必须首先简要地讨论一下哲学的各个部分。

有些人主张哲学只有一个部分,另一些人主张有两个部分,还有一些人主张有三个部分。主张哲学只有一个部分的人中,一些人认为这是自然哲学,另一些人认为是伦理学,还有一些人认为是伦理学;主张分为两个部分的人的情况也一样,一些人划分为自然哲学和逻辑学,另一些人区分为自然哲学和伦理学,还有一些人认为是逻辑学和伦理学;然而主张分为三部分的人都赞同哲学应当区分为自然哲学、逻辑学和伦理学。泰勒斯、阿那克西美尼、阿那克西曼德、恩培多克勒、巴门尼德、赫拉克利特等认为哲学只有一个部分,即自然哲学;在这些人中,就泰勒斯、阿那克西美尼和阿那克西曼德而言,众人对其看法都是一样的,

---

① 参见《皮罗学说纲要》,载于塞克斯都·恩披里克《悬搁判断与心灵宁静——希腊怀疑论原典》,中国社会科学出版社2004年版。

并无任何异议。但是，并不是所有的人都对恩培多克勒、巴门尼德、赫拉克利特持相同的看法。比如亚里士多德说①"恩培多克勒首创了修辞术。与修辞术对应的是辩证法"，所谓"对应"也就是"等同"，因为辩证法与修辞术所关切的是同一内容。这就像诗人（荷马）称呼奥德修为"与神比肩"（antitheos），意思就是"与神同样"（isotheis）。看来巴门尼德并非不熟悉辩证法，因为亚里士多德把他的朋友芝诺奉为"辩证法的开拓者"。至于赫拉克利特是否不只是一个自然哲学家而同时也是个伦理学家，也是值得怀疑的。但无论如何，上述几人都是自然哲学部门的最主要代表者。根据其大多数朋友所言，苏格拉底只承认有伦理学部门；因为色诺芬在其《苏格拉底回忆录》中明确地写道②："他因自然哲学超出我们的认识能力之外而拒绝它，并且因伦理学的对象与人相关而完全献身于此。"蒂孟也认为这是苏格拉底所践行的，因为蒂孟在一个地方提到——但那位石匠、那位法律的清谈者，公开宣布放弃了这些事情。③

这表明苏格拉底从自然哲学转向对伦理学的研究；由于伦理学有一个分支讨论法律，蒂孟把他称为法律的"清谈者"。然而，柏拉图把哲学的每一个部门都归到苏格拉底头上：既有逻辑学，由于苏格拉底被称为定义、分类和词源学的探询者，而这些是逻辑学的对象；又有伦理学，因为他谈论美德、政制和法律；还有自然哲学，因为他对宇宙、生物和灵魂进行哲学思考。因此，蒂孟指责柏拉图在苏格拉底身上加上了驳杂的学问，他说柏拉图"使苏格拉底无法保持一位纯粹的伦理讨论者的身份"。

昔勒尼派也被人们看作主张只有伦理学一个部门，并且说自然哲学

---

① 参见第欧根尼·拉尔修《著名哲学家的生平与著作》，viii, 57。
② 色诺芬：《苏格拉底回忆录》，ⅰ.1.11ff。
③ 指苏格拉底在研究哲学的过程中放弃了自然哲学。苏格拉底早年与其父亲一样，是一位石匠。

和逻辑学对人生幸福无益,所以一概排斥。然而,有些人认为这一观点不能成立,因为昔勒尼派把伦理学分为不同的部分:一个部分涉及选择和回避的能力,另一个部分讨论感受,还有一个部分是关于德性的,再有一个部分讨论因果关系,最后一个分支涉及论证。在这些部分中,他们说处理因果关系的部分属于哲学中的自然哲学部分;处理论证的属于逻辑学部分。他们说,开俄斯的阿里斯通①不仅因为自然哲学和逻辑学对研习者有害而拒绝它们,而且排斥伦理学的某些部分,如鼓励和警告;因为他认为这些是保姆和管教小孩的事情。为了确保人生的幸福,只要有这样的教义就足够了——这些教义能够引领人们到美德上,远离恶行并且贬低那些令庸众羡慕却损害其生命的"中性事物"。另一方面,逻辑学是被潘绍德斯(Panthoides)、阿历克西努斯(Alexinus)、尤布里德斯(Eubulides)、布里逊(Bryson)、迪奥尼西多努斯(Dionysidorus)和尤西德姆斯(Euthydemus)所唯一关注的一个学科②。

在认为哲学由两部分组成的人中,科罗封的克色诺芬尼,像一些人说的一样,既从事自然哲学又从事逻辑学研究;但雅典的阿尔克劳斯(Archelaos)却从事自然哲学和伦理学研究;一些人把伊壁鸠鲁和阿尔克劳斯相提并论,因为他们都拒绝逻辑研究。还有一些人声称伊壁鸠鲁并没有从总体上拒斥逻辑学,而只是拒斥斯多亚的逻辑学。所以他实际上是允许哲学分为三个部分的。一些人说——正如琐提温(Sotion)③所证实的一样——昔勒尼派把哲学分为伦理学和逻辑学两个部分。

以上这些思想家看来没有全面处理问题。与这些人相比,那些主张哲学分为自然哲学、伦理学和逻辑学三个部分的人更让人满意。在后者当中,柏拉图实际上是先驱,因为他讨论了很多自然哲学、伦理学和逻

---

① 斯多亚派的创始人芝诺的主要门徒和同事之一。
② 迪奥尼西多努斯和其弟弟尤西德姆斯属于 5 世纪的智者学派;尤布里德斯和布里逊属于 4 世纪的逻辑学派;潘绍德斯和阿历克西努斯属于 3 世纪的逻辑学派或诡辩学派。
③ 亚历山大的琐提温是一位哲学史家(大约公元前 2 世纪)。

5

辑学的问题；但最明确地采用这种分法的是克塞诺克拉底（Xenocrates）①、散步学派和斯多亚主义者。他们把哲学比作富饶的果园，把自然哲学比作伟岸的果树，把伦理学比作丰裕的果实，逻辑学比作强硬的围墙。还有一些人把哲学类比为鸡蛋：伦理学像蛋黄，它孕育鸡仔；自然哲学是蛋清，为蛋黄提供营养，而逻辑学则被比作外壳。然而，哲学的各个部分并不是相互独立的，而果树与果实不同，围墙与果树有别，故而波塞多纽（Poseidonius）②更喜欢把哲学类比为动物——自然哲学是血肉，逻辑学是筋骨，伦理学是灵魂。

在对哲学持三分法观点的人中，一些人把自然哲学放在首位，因为它在时间意义上最早——迄今人们还把最早的哲学家称为"自然哲学家"——同时在自然秩序上也占据优先地位，因为我们在考察个别事物和人本身之前首先讨论整体（the Whole）问题更为合适。另一些人以伦理学开始，因为它更是必不可少的主题和产生幸福的学问；正如苏格拉底宣称的，他的唯一的考察对象就是善恶在这些家族中是如何确定的③。

伊壁鸠鲁派从逻辑学开始，因为他们首先阐释"准则"，即讨论明白的东西、非明白的东西以及相关联的问题。斯多亚学派也主张逻辑学在先，伦理学次之，自然哲学最后。因为我们必须首先坚固我们的精神以守护传统；而使智性得到坚固的，恰恰是辩证法部分。接下来我们必须为了提升人的道德修为而探讨伦理学理论；因为当伦理学建立在已经建成的逻辑学基础上时，对其接受就不会遭受任何威胁了；最后我们必须加上自然哲学学说，它是一个更神圣的、需要更深层的重视的对象。

这就是这些思想家的观点。我们现在并不打算对此主题进行精密的研究，我们所要坚持的乃是：如果应当在哲学的每个部分中探求真理的

---

① 这是柏拉图的一位门徒。
② 公元前1世纪中期斯多亚学派的代表人物。
③ 荷马：《奥德赛》，第4卷392。

话，我们必须首先拥有辨识真理的可靠原则和方法。既然逻辑学部分包含了标准（criteria）和证明（proof），我们就应从逻辑学开始。在对独断论者的批判中，为了便于我们的考察，鉴于明白的东西应当根据某种标准而直接被认识，非明白的东西应当通过明白的东西推论，以征象（sign）和证明的方式被发现，所以我们将按照这一顺序探求：首先研究是否存在通过感觉或理性直接认识的事物的标准，其次，研究是否存在能表征或者能证明非明白的事物的方法。我认为，如果这些都被否定了，那么，既然无论在明显的事物还是在晦暗的事物中都无法发现真理，那就不该对悬搁判断的必要性有任何疑问了。考虑到所谓"标准"问题包括了所有的理解模式，让我们就以此作为讨论的开始。

第一章 存在真理的标准吗？

标准问题是一个处处受人争议的话题，这不仅因为人从本质上是热爱真理的动物，而且还因为标准问题对哲学的最为一般的体系的最重要问题做出裁定。因为，要么人们无法找到事物的确实存在的准则，那么独断论所吹嘘的宏大庄重主题也就不复存在；要么相反，如果确实有把我们导向对真理的理解的办法，那么怀疑论就被证明是鲁莽的、公然漠视共识的。事实上，如果人们花费了很大的精力来考察外在的标准——诸如直尺、圆规、称量和天平，却忽视我们内在的、作为这些外在尺度的公认检验标准的话，那将是荒唐可笑的。由于我们的考察关涉所有的领域，所以应该有秩序地进行；并且，因为该命题[①]中涉及两个名词——"标准"（Criterion）和"真理"（Truth），我们将对它们分别进行讨论：一部分说明"标准"和"真理"的不同含义，以及独断论者

[①] 也就是"真理标准是否存在"的问题。

所赋予它们的实在性的种类;另一部分对诸如此类东西是否可能当真存在进行更具批判性的考察。

第一节 论标准

首先,标准(这是我们讨论的出发点)有两层含义:一层含义是指那些我们据以做这些事情而不做那些事情的东西;另一层含义是指我们借以断言这些事物存在而那些事物不存在、这些是真而那些是假的东西。我们在"论怀疑主义的方法"中已经对前者做了论述①。怀疑论哲学家,如果不是在生活中毫无行动作为的话,就必然在选择和回避方面持有某种标准——这就是现象;正如蒂孟(Timon)② 也在其著作中表明的那样:

没错,现象在其达到的每个角落都很强有力。

两层含义中第二层意义上的标准——我指的是存在的标准,这也是我们现在所探讨的对象——看来有三层含义:一般意义上的、特殊意义上的、最特殊意义上的。一般意义上,它指的是理解的各种手段(measure)或尺度(standard),在这一意义上,它也包括自然标准,比如视觉、听觉和味觉都被认为可以称得上是"标准";特殊意义上的标准包括所有理解的技术性手段,在此种意义上,人们称肘尺、天平、直尺和圆规等为"标准",因为它们都是技术性的,但不包括视觉、听觉,以及其他感觉器官,因为感官的构成是自然而然的;在更特殊意义上,"标准"指的是对非明白对象进行理解的所有手段,在这一意义

---

① 参见《皮罗学说概要》。
② 蒂孟是早期怀疑主义者,皮罗的追随者。

上，日常（生活）的尺度就不再被叫作标准，"标准"一词只称呼逻辑尺度和独断论哲学家所引入的用以发现真理的那些方法。

"标准"一词有很多含义的使用，我们准备首先分析逻辑标准——这是哲学家所喋喋不休的，随后再依次分析日常生活中的标准。可是，我们还可以对这一逻辑标准继续划分，把其中的一种称为主体的，另一种称为工具的，第三种称为应用和使用的。例如，主体可以是一个人，工具可以是感觉，标准的第三种形式就是感觉印象的应用。在称量物体的轻重当中，有三种标准：称量的人、秤、称量的行为——在这些标准中，称量者是主体方面的标准，秤是工具方面的标准，称量的行为是应用方面的标准；再如在判断物体的曲直时需要工匠、直尺和直尺的运用；同样，在哲学中为了断定真假，我们同样也需要上面提到的三种标准；在这里，人作为判断过程中的主体，与称量者或工匠相对应；感觉或理智作为判断凭此得以进行的工具，与秤或直尺相对应；感觉印象的应用，作为人们凭此进行判断的标准，与前面所说的工具的使用相对应。

就目前的目标而言，我们有必要从对标准的这种解释开始我们的探讨。

第二节　论真理

一些人，特别是斯多亚主义者，认为"真理"（truth）在以下三个方面不同于"真的"（the true，真的东西）：在本质上、在构成上和在效能上。[①] 就本质而言，真理是一个物体（body），而"真的"

[①] 怀疑论关于真理标准的讨论与斯多亚派的有关思想紧密相关。斯多亚派区分作为整个知识顶峰的"真理"（aletheia）和一般日常句子的"真"（alethos）。前者唯有极少数"贤哲"才拥有，后者则一般百姓都可以具有，可以翻译成"真实性"或"真的（东西）"，它没有什么哲学的深奥蕴含在其中。但是，塞克斯都自己其实没有严格遵守这一用词上的区别，他在讨论真实性（真的东西）的时候经常用的词是"真理"。读者请自己留意。——译者注

是非物体性的。他们说，这是理所当然的；因为后者（真的）是"判断"，判断是"表述"，表述是非物体性的。相反，前者（真理）之所以被认为是一个物体，因为它是"说明所有真实事物的知识"，而所有的知识都是"主导部分（统辖原则）①的一种特定状态"，正如拳头被看作手的特定状态一样；而根据这些思想家所言，"主导部分"是一个物体，因而真理也属于物体。而且，它们在构成上不同，因为"真的"被看作本性上是单一的和简单的，例如，我现在说"现在是白天"、"我在交谈"等陈述；然而，真理属于知识，所以被看作是复合的和多种因素构成的集合。这就像"人民"是一回事，而一名"公民"又是另外一回事一样。由很多公民组成的集合是"人民"，单个的个体是公民；同样道理，"真理"也和"真的"截然不同："真理"与"人民"相对应，"真的"与"一个公民"相对应；因为前者是复合的，而后者是单一的。此外，它们在功效上也相互区别，因为"真的"并不总是依赖于知识（实际上傻瓜、婴儿和疯子有时也会说出真的东西，但他们并不拥有真的知识），然而真理被看作与知识相关。因此，真理的拥有者是贤哲（因为他拥有真的东西的知识），他从来不说假话；即使他说了假话，也只是由于善意而不是恶意。正如在治愈病人时，医生说假话，在答应给病人某些东西后并没有给，尽管他说了假话但并不是说谎（因为他说假话是出于履行治愈病人这一职责的考虑）；而且，正如最优秀的统帅一样，他们在指挥时捏造来自盟国的援军的消息，以此来鼓励士兵的士气；他们尽管说假话，但是并不是一个撒谎者，因为他们并不是出于恶意的动机而为的。正如语法学家尽管在举一个语法错误的例子时说了一个语法错误，但并不能被归罪为语法拙劣（因为他犯错误并非由于对正确的用语无知）；同样，贤哲（我指拥有真的知识的人）有时说些假的东

---

① 斯多亚哲学所说的"主导部分"指的是灵魂。

西，但因其性情不赞同说假的东西而根本不会说谎。他们主张说谎者必须根据其性情来判断，而不能仅仅依靠其言辞，我们从下面举出的例子中就可以得出这一点。"掘墓人"这一名词既可以用于为了掠夺死者而这么干的人，也可用于为死者挖墓安葬的人；但因前者出于罪恶的动机而这样做，所以将受到惩罚，后者则会因为截然不同的原因，反而从其服务中获得报酬。因此，很明显，"说出错误的言辞"和"撒谎"截然不同，因为前者是出于善良的意图，而撒谎出于邪恶的意图。

在陈述完一些人在真理问题上所持的观点之后，接下来我们来探讨一下在独断论哲学家之间出现的关于标准问题的分歧性意见；因为在探询标准的存在时，我们必须同时从本质上思考它究竟是什么。在这一课题上人们提出了各种各样的意见，但目前对我们而言，区分出一些人拒绝、另一些人支持的标准就足够了。在支持标准的人中，主要观点分为三类：一些人认为标准在理性论述中，一些人认为标准在非理性的自明性的事实中，还有人认为上述二者兼而有之。在拒绝标准的人当中有：科罗封的克色诺芬尼，克林斯的克塞尼亚德斯（Xeniades），斯基提亚的阿纳卡西斯（Anacharsis）、普罗泰戈拉（Protagoras）和迪奥尼西多努斯（Dionysodorus）都拒绝了标准；另外还有莱纹提尼（Leontini）的高尔吉亚（Gorgia），开俄斯的梅特勒多罗（Metrodorus）、"幸福论者"阿纳克萨库斯（Anaxarchus）和犬儒派的墨尼姆斯（Monimus），［怀疑论者也属于这些拒绝标准的人］。在这些人中，色诺芬尼据说说了这样的话，宣称万物都是不可认识的：

  关于诸神，我这么宣布：
  无人见过，也无人能清晰知之。
  即便他碰巧说出来真实存在的事实，
  他自己也不知道；主导一切的乃是意见而已。

在这里，他看来是用"清楚的"指"真的"和"被知道的"东西，就像谚语中所说的一样：

真理的言辞本性上就是简单的①。

此外，看来他用"男人（man）"指"人（human being）"，即用个别性术语代替一般性术语；因为男人是人的一种。这种表达方式的用法也经常出现在希波克拉底（Hippocrates）那里，当他说"妇女并不是在右面产出的"时，也就是在说"雌性并不是在子宫的右面产出的"。在上面那段话中，"关于诸神"一语也是用举例的方式指称"关于非明白的对象"；"意见"则指的是推测和发表意见。因此，他的陈述可以简化为如下命题："然而，真的和被认识的事物——至少在非明白事物方面——无人能知道；因为，即使他偶然撞上了，也只是在想象和推测，根本不知道他已经发现了。"我们可以设想某些人在一个有很多财宝的黑房间里寻找金子，在这些人中，抓到财宝的人都会想象自己已经抓到了，虽然无人确信自己已经抓到。同样，众多哲学家涌入宇宙中，正像进入一座宏伟的房子里，俯身搜寻真理，即使已经抓到真理的人也不敢相信他已经实现了他的目标。

因此，克色诺芬尼否认真理标准存在，因为在探求的对象的本性中不存在可以被认识的东西。克林斯的克塞尼亚德斯——德谟克利特曾论及此人——主张一切都是虚假的，印象和意见也是虚假的，所有的生成的东西是由非存在者生成的，所有消亡的东西也会消亡为非存在，这实际上采纳了与克色诺芬尼相同的立场。因为如果没有作为假的对立面的真的事物存在，如果只有假的并且因此是不可理解的事物的话，用以判

---

① Eurip, *Phoen*, 469.

别不同事物之间区别的标准也就不复存在。万物都是虚假的并且因此是不可理解的结论，是以批判感觉的方式被证明出来的；因为，如果万物的最高的标准是虚假的话，一切事物也必然是虚假的。但感觉是万物的至高标准，而且被证明为虚假的；因此，所有的事物都是虚假的。

正如他们所说，斯基提亚的阿纳卡西斯摧毁了用以评判各种技艺的"理解"（把握），他还强烈指责希腊人接受这样的理解。他说，谁是根据技艺规则对一件东西做出品评的人？他是非专业者还是专家？然而我们确实不能说他是非专业的人；因为他缺乏技艺的特性的知识，正像盲人不能感受视像效果，聋者不能接受声音一样，因此非专家没有用以把握按照艺术原理所制造出的艺术效果的敏锐眼光；如果我们信任他在艺术品上的评价的话，在缺乏技艺和技艺之间将没有任何区别，而这是荒谬可笑的。因此，非专家不是技艺特性的判断者。接下来的可能性是：专业艺术家是判断者，而这亦是不可能的。因为，或者是同类手艺人评价同行手艺人，或者是一类手艺人评价另一类手艺人。但是，一类手艺人不可能评价另一类手艺人，因为他专长于他自己的技艺，对于另一类人的技艺，他就处于非专业的水平。实际上，同类手艺人也不能对同类手艺人做出评价，因为这正是我们要考察的问题——谁在面对同一技艺时站在同一水平线上？另外，如果同行品评那一技艺的话，那么判断和被判断、值得信任者和不值得信任者都将是同一个人而没有任何区别；因为，倘若另一个人是被评价的人的同行的话，他本人也要受到判断和怀疑；然而，如果要他来做出判断，本来就应当信任他。但评价和被评价、值得信赖和不值得信赖者不能是一个。因此，也就不会有根据技艺规则进行判断的人。因此也就没有标准存在；因为在标准中有一些是技术性的，另一些是非技术性的，但由于上面所陈述过的原因，非技术性的标准不能判断，正如非专家不能判断一样；技术性标准也不能判断，正如专家不能判断一样。因此，标准根本不存在。

一些人也把普罗泰戈拉归入了废除标准的哲学家一类人中，因为他

13

主张所有的感觉印象和意见都是真的，真理是一种相对的事物；他的理由是：一切向某人显现的事物或某人持有的意见的事物，都相对于那个人是实在的。在其著作《下掷者》（*The Down - Throwers*）的一开头，他就宣布："人是万物的尺度，是存在者存在的尺度，也是非存在者不存在的尺度。"对这一陈述而言，即使是相反的陈述也会证明它。因为，如果有人断言人不是万物的尺度，他也是在证明"人是万物的尺度"这一陈述；因为在作出这一主张的人自身也是人，并且在肯定向他显现的事物时，他就是在确认他的这一主张是相对他而言的一种现象。因此，疯子也是处于疯狂状态中的各种现象的值得信赖的标准，睡眠者是睡觉中的现象的标准，婴儿是婴儿状态中现象的标准，古代人是古代现象的标准。因境遇不同而不接受另一境域也是不恰当的，即，发生在疯狂状态的诸现象不能因在心智健全状态下的印象而不被接受，睡眠中的也不能因清醒而予以否认，幼稚状态中的现象也不能因老年的印象而遭到反对。因为正如后者的知觉对象并不对前者出现，同样的，反过来说，被这些人接受的现象也不被那些人感受到。因此，如果疯子或睡眠者因其被发现处于心灵的某一状态而不是现象的可靠判断者的话，那么，因为心智健全者和清醒者也都处于某一特定状态，他们在决断其知觉对象时也不是值得信赖的。因为没有任何印象是脱离境遇而被接受的，所以每个人对他自己的境遇中所被接受的印象而言，一定是值得信赖的。这个人（即普罗泰戈拉），像一些人认为的那样，拒绝标准，因为标准理论声称是对绝对实在的检验和真假之间的区分，然而此人既不承认任何绝对实在，也不承认绝对虚假的东西的存在。据说，尤西德姆斯和迪奥尼西多努斯也持有这样的观点，因为他们也把存在者和"真的"看作是相对的东西。

高尔吉亚属于主张废除标准的那一类人，尽管他并没有采取普罗泰戈拉那样的攻击路线。因为在其名为《论非存在》或《论自然》的著作中，他设法确立了三个逐步递进的要点——首先，无物存在；其次，即使存在也不能被人所认识；最后，即使能被认识，也不能向别人表达和交流。关于无物存在，他用如下方式论证：如果有物存在的话，那么或者是存在者存在，或者是非存在者存在，或者既是存在者存在，又是非存在者存在。但是，既不可能是存在者存在——这一点他马上就要证明，也不可能是非存在者存在——这一点他下面也要论证，也不可能是存在者和非存在者都存在——这他也很快就会阐明。因此，无物存在。首先，非存在者不存在。因为，如果非存在者存在的话，它将既存在又不存在，因为只要它被看作是非存在者，它就不存在，但是只要它是非存在者，它也将会存在。但是，一个东西在同一时间既存在又不存在，这样的说法完全是荒谬的。所以，非存在者不存在。而且，如果非存在者存在的话，存在者也将会不存在，因为它们一个是另一个的反面；如果存在是非存在者的特性的话，非存在也就会成为存在者的特性。但是事实上，存在者不是不存在的，所以，非存在者不存在。

　　此外，存在者也并不存在。因为，如果存在者存在，它或者是永恒的或者是被创造出来的，或者既是永恒的同时又是被创造出来的；但是，正像我们所要证明的那样，它既不是永恒的也不是被创造出来的，而且也不是既是永恒的同时又是被创造出来的；因此存在者并不存在。因为，如果存在者是永恒的（我们必须首先采取此假设），就不会有开端；因为每个被创造出来的事物必有某个特定的开端，但是非被创造出来的永恒者没有任何开端。没有开端它就是无限的。如若是无限的，它就不在任何地方。如果它在某处，它所处的处所就和它根本不同，这样，存在者由于被某物所包围，就不再是无限的了；因为去包围的东西比被包围的东西要更大些，然而根本没有比无限者更大的东西；因此无限者没有处所。它也不被它自身所包围；因为，如果被自身所包围的话，它所处的处所就会等同于它所在的地方，这样存在者就会变成两类：位置和物体（因为它所处的处所就是位置，它所在的地方就是物体）。但这是荒谬可笑的，因此存在者并不在其自身之中。所以，如果存在者是永恒的，它就是无限的；如果它是无限的，它就没有处所；如果它没有处所，它也就不存在。故而，如果存在者是永恒的，它也就根本不再是存在者了。

存在者也不是产生出来的。因为，如果存在者已经产生出来了，它或者是从存在者那里或者是从不存在者那里产生的。但是，存在者不是从存在者那里产生的。因为，如果存在者存在，它就不是产生的，而是已经存在了。存在者也不是从不存在者那里产生的。产生某物的东西必然同样分有实在的存在，所以，不存者在不能产生任何东西。因此，从以上两方面看，存在者不是产生出来的。

同样道理，存在者也不是二者的结合——即既是永恒的东西同时又是产生出来的东西，因为这两者相互排斥。如果存在者是永恒的，它就不是产生出来的；如果存在者是产生出来的，它就不是永恒的。因此，如果存在者既不是永恒的，也不是产生出来的，同时还不是既是永恒的又是产生出来的，那么存在者就不存在了。

此外，如果存在者存在，它或者是一或者是多。但是，正如我们将要表明的那样，存在既不是一也不是多，因此，存在者不存在。因为，如果存在者是"一"，它或者是一个非连续的量，① 或者是连续性的统一体，或者是一个体积（magnitude），或者是一个物体。但是，无论存在者是这些中的哪一个，它都不是一：如果存在者是一个非连续的量，它就能被分割开来；如果存在者是一个连续性的统一体，它就能被分割成几个部分；同样，如果存在者被认为是一个体积，它就并非是不可分割的；如果存在者是一个形体，它就是三维的，因为它有长、宽、高。但是，如果说存在者根本不是这些可能性中的任何一个，那是十分荒谬的，因此，存在者并不是一。然而，存在者也不是多。因为如果存在不是一，它也不会是多；多是诸个一的总和，如果一不存在了，多也随之

---

① 也就是可分的数量（quantity）或数（number）。

不复存在。

这样，存在者不存在、不存在者也不存在，从这里看就非常清楚了，并且，它们——存在者和非存在者——并非都存在，也很容易证明。因为，如果不存在者存在，存在者也存在，那么就它们都存在而言，不存在者和存在者就是同一个东西，正因如此，无论是存在者还是不存在者都不存在。由于我们同意了不存在者不存在，并且还指出了存在者与不存在者是同一个东西，所以，存在者也不会存在。而且，如果存在者和不存在者是同一个，它们两个也都不会存在，因为，如果它们一对同时存在，那么存在者和不存在者就不会是同一个；如果它们是同一个，它们就不会是一对。由此可知无物存在，因为，如果存在者不存在，不存在者也不存在，存在者和不存在者也都不存在，我们除此之外也想不出其他可能性了，那么，无物存在。

我们接下来要论述的是：即使某物存在，它也不能被人们认识和理解。高尔吉亚说，如果被思维的东西不是存在者，存在者也就不能被思维。这一推理是合逻辑的，因为，如果我们把一个东西的属性想象成白色的，所思考的东西就是白的东西的属性；同样，如果思维物的属性是不存在的，存在者的属性也就不能被思维。因此，如下推理是正确的、前后一致的："如果被思维物不是存在者，存在者也就不能被思维。"但是被思维的东西——正如我们将要确立的那样——（我们首先从这里开始）并不是存在者，因此，存在者不能被思维。实际上，被思维的东西不是存在者是显而易见的，因为，如果被思维的东西就存在，那么所有被思维的东西也都存在，而且是以人思想它们的方式存在着。然而这是有违常识的。因为，如果有人想到一个人在飞翔或者战车在碾过大海，这并不能就得出确实有人在飞翔或战车在碾过大海的结论。因此，被思维的东西不是存在的东西。而且，如果被思维的东西是存在者，那么不存在的东西也就不能被思考了。因为对立双方的属性也是对立的；不存在者是存在者的对立面，因此，如果"被思维"是存在者

17

的一个属性,"不能被思维"当然也就是不存在者的一个属性。但这是荒谬的:因为斯基拉(Scylla)、奇迈拉(Chimaeras)① 和很多非存在的东西也能被人们所思考。因此,存在者不能被思维。被看见的东西因其被看见而被称作可见的东西,可听见的东西因其被听见而被命名为听见的东西,我们不能因为可以看见的东西不能被听见而拒绝它们,也不能因为可以听见的东西不能被看见而排除它们(因为对象都应被属于它自己的特定感官而不是其他的感官来断定)——因此,被思维的东西也将存在,即使它们不能被视觉看到、被听觉听到,因为被思维的东西要被它们自己特定的标准所把握。因此,如果有人认为战车在碾过大海,即使他没有看到,他也应该相信存在正在碾过大海的战车。但是,这是荒谬的,因此,存在者是不能被思维和认识的。

而且,即使存在者能被认识,也不能被告诉给其他人。因为,如果存在者是在视觉、听觉和一般而言所有感觉之外存在的对象,而且,可见的东西是被视觉所认识的、听到的东西是被听力所认识的,而不是相反,那么,这些东西怎样能被指给另一个人呢?我们用以指示的方式是语言,而语言并不是实在的、存在的东西;因此,我们指给我们的邻居的不是存在的东西而是语言,而语言不是存在着的实在。因此,正如可见的东西不能成为可听到的东西,反之亦然。同样,由于存在者外在地存在着,所以,存在者也就不会成为我们的语言;存在者不能成为我们的语言,也就不能向另一个人述说清楚。

而且,语言是由外在对象即可感物体引起的印象所形成的;由于香味的出现,我们就有了用以述说这一性质的语言,同样,由于颜色的出现,我们也就形成了与颜色有关的语言。若果真如此,那就不是语言解释外在的对象,而是外在的对象解释着语言。进一步,我们也不可能断

---

① 希腊神话中的斯基拉是吞吃水手的女海妖,奇迈拉则是希腊神话中的吐火兽。——译者注

定，语言可以像视觉性的东西或听觉性的东西那样存在着，从而现存的东西就能被同样作为存在者的语言所指示。因为，他说，即使语言持续存在，它也和其他的持续存在物不同；可见的形体和说出的言辞迥然有别；因为，可见物被一种感觉器官接收，而语言被另一种器官接收。正如不同种类的事物不能揭示另一类事物的本性一样，语言并不能指明大多数持续存在的事物。

这些就是高尔吉亚所提出的困难。如果我们信服它们，真理的标准就不复存在了；因为，对于既不存在，也不能被认识，而且从本性上就无法向别人解释清楚的事物，是不可能有标准可言的。

正如我上面所说的那样，很多人声称梅特勒多罗、阿纳克萨库斯以及墨尼姆斯也废除了标准——说梅特勒多罗废除了标准，是因为他说"我们什么也不知道，我们甚至不知道我们不知道这一事实"；说阿纳克萨库斯和墨尼姆斯废除了标准，是因为他们把存在着的东西比作一幅舞台布景画，还因为他们都认为这些存在的东西类似于在睡眠中或在疯癫状态中经验到的印象。

这些人所共同持有的观点大致就是这些；但是，一般认为自泰勒斯以来的自然哲学家们最早引入了对标准的考察。因为，当他们谴责感觉在大多情况下都是不可靠的时候，他们就把理性设置为判断现存的东西的法官，并由此出发，他们提出了原则、元素等的学说，而对原则和元素等的认识是凭借理性能力获得的。比如，最伟大的自然哲学家阿那克萨戈拉在贬损感觉的软弱时说："由于它们的虚弱，我们不能判断什么是真的。"在指责感觉缺乏确然性时，阿那克萨戈拉诉诸颜色渐进变化的现象；因为，如果我们拿来黑白两种颜色并把一种颜色逐滴滴入另一种颜色中，尽管这些逐渐的变化事实上是存在的，但是，我们的视觉无法分辨出来。阿斯克勒皮亚德斯（Asclepiades）在他的《论酿酒》第一卷中也使用了类似的论证，他在那里举的是灰白和黑暗的例子。他说："因为当黑暗和灰白的东西混合起来时，感官就不能辨别出，现在

19

存在的东西是否是一种单一的颜色了。"

因此，据说阿那克萨戈拉宣称一般的理性为标准。但是，毕达哥拉斯则宣称不是一般的理性而是从科学中获得的理性是标准；正如菲尼劳斯（Phliolaus）所说："本性相近的东西之间具有亲缘关系，因为只有本性相似的东西才能被相似的东西认识。"

> 实际上，我们以土理解土，以水理解水，
> 以气认识气，以火认识毁灭性的火，
> 我们更以爱认识爱，以痛苦的恨来认识恨。

波塞多尼斯（Poseidonius）在对柏拉图的《蒂迈欧篇》的阐释中说，"光被具有光的形式的视觉所把握，声音被具有声音的形式的听觉所把握，同样，万物的本性也应该被与之具有亲缘关系的理性所把握"，而组成万物的结构的原则是数；因此，用以判别万物的理性也可以称为"数"，因为数并不缺乏有关力量。通过指出这一点，毕达哥拉斯学派有时会宣称"万物莫不与数类似"，有时又会以下面形式发誓：

> 是的，我凭那把"四元"传给我们心灵的人发誓，
> 四元包含着永恒的自然之根的本源。

那位"传道人"指的是毕达哥拉斯（他们神化了他）；"四元"（Tetraktys）[①] 是一个特定的数，它由四个最基本的数构成，从而组成了最完美的数，也就是 10；因为 1 加 2 加 3 加 4 等于 10。这个数（10）是第一个四元，也称为"永恒的自然的本原"，整个宇宙是依据数并按

[①] 由 1 + 2 + 3 + 4 点阵组成的图形被称为 Tetraktys，是毕达哥拉斯学派认为的一个神秘符号。——译者注

照和谐的原则而安排好的,和谐是由三类和声(symphonies)构成的一个体系——即"由4"、"由5"和"由所有的数"构成的体系①;这三个数的和谐的比例也存在于刚才提到的四个数中,即在1、2、3和4中。因为"由4"构建的和谐存在于"音程"(4∶3)的比例中,"由5"构建的和谐存在于3∶2的比例中,"由所有的数"构成的和谐存在于2∶1的比例中。因此,4这个数作为和3相关的音程(epitrite)(因为4由3和3的1/3之和构成)形成了"以4的方式"的和声;1和2的0.5倍之和或者包括2和2的0.5倍之和的组成的数字3揭示了"以5的方式"的和声;由2的两倍或1的两倍的两倍之和形成的数字4可用于组成"所有的数"。既然"四元"提供了前面提到的和声的比例,和声用于组成完美的和谐,万物也都根据完美的和谐而安排好了,据此,他们把四元称为"包含永恒的自然之根的源泉"。

他们还主张,正是根据这四个数字的比例关系构成了有形体和无形体的东西,万物也从这四个数字的比例关系中产生了——因为,通过点的流动,我们形成了只有长度没有宽度的线的概念,通过线的流动,我们形成了宽的概念,这样就形成了没有高的平面;由于面的流动就出现了固定的形体。但是,在点上有不可再分的单子(monad),单子也是点,在线上有2这个数;在面上有3这个数(因为线从一个地方到另一个地方),即,从一个点向另一个点位移,又从另一个点转移到第三个点;在固定的形体上有4这个数;因为,如果我们在三个点的顶端放置第四个点,就形成了一个金字塔,实际上,这也是第一个固体的形式。因此,四元是普遍的自然的本源主张就合情合理了。

此外,他们说,所有被人们把握的东西或者是有形体的或者是无形体的;但是,无论它是有形体的还是无形体的,都不能脱离数的概

---

① 参看《皮罗学说概要》中对毕达哥拉斯学派关于音乐体系中的"和谐的比例关系"的学说的讨论。

念而被人们认识，因为，在有形体的情况下，只要它有三个维度，它就与数字3有关。在诸多的形体中，一些形体是由连接在一起的东西组合而成的，比如船只、绳索和灯塔等；另一些形体的统一则像植物和动物一样是由单一的连接方式组合起来的；还有一些形体，像合唱团、军队、牧群等，是由独立的单元组成的。但是，无论它们是由连接一起的东西构成的，还是由单一的方式结合起来的东西构成的，还是由各个独立的东西构成的，只要它们是由诸多的东西组成的，它们就包含着数。此外，一些形体具有单一属性（quality），另一些，像苹果一样，具有多种属性，因为，苹果具有可以看到的颜色这一特定的属性，具有可以品尝的味道的属性，具有可以嗅到的香味的属性，以及具有可以触摸到的光滑的属性，这些东西从本质上看都是数。

同样的论证也适用于非形体（incorporeal）的情况，因为，作为非形体的时间，我们也是通过数字来认识它，从年、月、日、小时中，我们就可以清晰地看到这一点。只要我们把这些时间概念追溯到数，也就和我们刚才讨论过的点、线、面以及其他的东西的情况类似。

他们主张，日常生活中的实践也和他们所陈述的那种观点保持一致，作为日常生活中的实践，这些事情也是通过技艺完成的。在日常生活中根据标准来衡量每个东西，这些标准就是数字化的尺度。如果我们废除了数，由两个半腕尺、六个掌尺和24个"指"组成的腕尺也自然而然地被废除了，蒲式耳①也会被废除，塔兰特②等其他的标准也会被废除；因为，由多种元素组成的这些尺度同时也属于数这一类。因此，所有其他的东西——债务、证据（evidence）、选票、契约、时间和时期——也必定依赖于数。总之，如果没有数的参与，我们就不可能在日常经验中发现任何东西。

---

① 蒲式耳是古希腊谷物的计量单位。——译者注
② 塔兰特（talent）是使用于古代希腊、罗马和中东的一种可变的重量和货币单位。——译者注

如果没有比例关系,如果没有建立在数字基础之上的比例关系,也就根本没有技艺和手艺;因此,技艺都是以数的方式建立起来的。据说,罗得斯人问建筑师查瑞斯(Chares)建造科洛索巨像(Colossus)①将需要花费多少钱。在他描绘好图纸时,罗得斯人又问他,如果建造原来型号的两倍大,将会花费多少钱。他要了两倍的价钱,他们就给了他两倍金额的价钱。但是,在花完给定在工程第一阶段的最基本的开支的费用后,他自杀了。工匠们在他死后发现他应该索取的不是原来费用的两倍,而是8倍,因为,他不但要延长长度还要扩大建筑结构的其他维度。因此,不但在造型艺术中,而且在绘画中也都存在不变的相似比。一般而言,每件工艺品(art)都是一个由认识构成的体系,这一体系就是数。因此如下断言是正确的:"万物莫不与数类似。"即,万物莫不与用以判断事物的理性类似,万物莫不与组成万物的数类似。

毕达哥拉斯学派的学说大致如此。但是,根据那些对克色诺芬尼做出不同的阐释的人的理解②,当克色诺芬尼说以下这段话的时候,

关于诸神,我这么宣布:
无人见过,也无人能清晰知之。
即便他碰巧说出来真实存在的事实,
他自己也不知道;主导一切的乃是意见而已。

他好像不是在否定所有的理解,而是在否定那些所谓认知性的和永远正确无误的知识;③但是,他承认意见性的理解,因为他说"意见统治了一切"。因此,按照他所说的,意见性的理性,即把握可能性的而

---

① 即建立在罗德斯岛的巨型雕塑像,是古代世界七大奇迹之一,高150英尺以上。——译者注
② 即提出了与琐提温对克色诺芬尼的解释不同的解释的那些人。
③ 也就是提供对真理的绝对认识。

非确然性的知识的理性，就是真理的标准。

但是，他的朋友巴门尼德却拒绝意见性的理性——也就是只有微弱理解能力的理性。他认为，认知性理性，即可靠的理性，才是理解的标准，所以他也放弃了对感官的信任。在他的《论自然》的开篇，他这么写道：

> 我乘坐的驷马高车拉着我前进，极力驰骋随我高兴，
> 后来它把我带上天下闻名的女神大道，
> 这条大道引导着明白人走遍所有的城镇。
> 于是我的马车沿着那条道路趱行，
> 拉车的马儿十分聪明，载着我前进，
> 少女们为我指点出途径。
> 车轴磨得滚烫，在轴函中发出震耳的啸声，
> 因为它的两端被旋转的车轮带着飞速地翻腾。
> 那时太阳的女儿们离开夜宅，掠过头上的纱巾，
> 把马车赶向光明。
> 那里矗立着一座大门，把白天和黑夜的道路划分，
> 上边有门楣，下边有石头的门槛；
> 这天门上巨大的双扉闭得紧紧，
> 保管启门之钥的是狄凯，那专司报应的女神。
> 少女们用恭维的辞令央告这位尊神，
> 机灵地劝她同意把插牢的门闩拿开。
> 于是门闩除去，
> 两根嵌着钉子的黄铜门轴在轴函中一根接着一根转动，
> 门道洞开。
> 少女们驱着驷马高车笔直地走进门来，
> 女神亲切地将我接待，

握着我的右手，用下面的话语向我说：

青年人，你在不朽的驭手陪同下，

乘着高车驷马来到我的门庭，十分欢迎！

领你走上这条大道的不是恶煞

（因为这大道离开人间的小径确实很远），

而是公平正直之神。

所以你应当学习各种事情，

从圆满真理的牢固核心，

直到毫不包含真理的凡夫俗子的意见。

意见尽管不真，你还是要加以体验，

因为必须通过彻底的全面钻研，

才能对假象作出判断。

——要使你的思想远离这种研究途径，

别让习惯用经验的力量把你逼上这条路。

只是以茫然的眼睛、轰鸣的耳朵或舌头为准绳，

而要用你的理智来解决纷争的辩论。①

在这段诗句中，巴门尼德所说的载他而去的"骏马"指的是非理性的冲动和灵魂的欲望，他们所走的"赫赫有名的女神的大道"是依据哲学理性进行考察所走的道路，哲学的理性像神圣的引路者一样，指明了通往一切知识的道路。巴门尼德认为，引领他的姑娘们是感官，他以谜语的方式，用"它装备着圆圆的双轮"一语暗示感官的报道；他把视觉活动叫作"太阳神所生的姑娘们"，它"脱离黑暗"、"冲入光明"，因为，如果没有光线，看的活动也就不会发生。而驰向拿着"开

---

① 此处所引的是巴门尼德哲学诗的开头部分，译文据商务印书馆版《西方哲学原著选读》。——译者注

门钥匙"的"正义女神,这判决的分配者",也就是驰向理智,它牢牢地紧握着对于万物的理解。在迎接他后,她答应教给他两件东西:首先,"对真理的认识,它理所当然地令人心悦诚服",不可动摇;其次,"不值得真正信赖的常人意见,习惯强迫你走上这条道路,只是以茫然的眼睛、轰鸣的耳朵或舌头为准绳,而要运用你的理性来辨析彼此矛盾的证据"。

这个人(巴门尼德),正如他的清晰的陈述所表明的那样,主张把认知性理性看作对现存事物中的真理的尺度,并放弃关注感官。但是,在那些所谓最简单地解释恩培多克勒的人看来,阿克拉伽斯(Acragas)的恩培多克勒(Empedocles)给我们提供了六条真理标准。他设置了万物的两条动力因原则即爱和争斗,同时还指派了四条质料因原则——土、水、气和火,他宣称所有这些都是标准。因为,像我前面所说的那样,有一个可以追溯到很古老的、在自然哲学家中普遍流行的看法:同类事物被同类事物所认识;德谟克利特论证了这一看法,柏拉图也在《蒂迈欧篇》中引入了这一看法。不过,德谟克利特把他的论证既建立在有生命的东西的基础上,又建立在无生命的东西的基础上。他说:"动物和动物的同类聚结在一起,就像鸽子和鸽子、鹤和鹤一样,其他非理性的东西也是如此。"没有生命的东西,像人们在筛选的种子或在海滩边的鹅卵石中看到的一样,也是同类相聚;因为,在前一种情况下,扁豆在筛子的急速筛选中逐个和扁豆排列在一起,小麦和小麦在一起;在后一种情况下,由于海浪的冲刷,椭圆形的鹅卵石被冲刷到椭圆形的地方,圆形的被冲刷到圆形的地方,就像万物中的相似性对这些东西有某种吸引力一样。

德谟克利特对真理标准的说法就是这样的。但是,柏拉图在《蒂迈欧篇》中用了同样的论证来确立灵魂是非形体的这一事实。因为,他说,如果感受光的视觉因此就与光相像,辨识振动的空气即声音的听觉因此也与空气类似,识别水蒸气的嗅觉毋庸置疑也与水蒸气类似,识别味道的味觉与味道类似，那么，由于灵魂接受非形体的理念，例如数中的、形体的边界①中的理念，所以灵魂也必然是非形体的。

这就是早期思想家们所持有的看法。恩培多克勒看来也接受同类相知论，并且断言，由于组成宇宙的原则有六条，因此，标准在数目上也是六条，因为他写道：

> 实际上，我们以土理解土，以水理解水，
> 以气认识气，以火认识毁灭性的火，
> 我们更以爱认识爱，以痛苦的恨来认识恨。

因此，他说，我们凭借分有土而把握土，凭借分有水而把握水，凭借分有气而把握气，同样凭借分有火而把握火。但是，还有另外一些人主张：根据恩培多克勒所言，真理的标准不是感官而是健全的理性。在健全的理性中，一类是神圣的，另一类是人类的。其中，神圣的理性是不可言传的，人类的理性是可以言传的。他认为判断真理并不依赖于感官，他的话如下：

> 我们身体中的力量是受到限制的，
> 因为，有很多病患阻碍着它们，并且钝化我们思想的锋芒，
> 人类的适宜的生活的范围太局促了，
> 他们的命运是瞬间的，就像烟雾的旋转一样，升起又消亡，
> 每一个人都只被他自己所遭遇的一切所说服，并且根深蒂固；
> 然而，人们都在愚蠢地虚夸
> 自己如何发现了大全（the Whole）。
> 但是，大全超出了我们的理解范围，

---

① 也就是用来框定物体的直线或平面。

它不在我们的视觉和听觉之内，
也不在我们的理性的掌控之内。

他认为真理并不是完全不可获得的，但是只有在人的理性范围内才能真正地获得。这一点，我们可以从他在上面的诗歌后添加的话中清楚地看到：

但是，既然你在此退却了，
你就不会被告知那些东西——它们超出了凡人才智的发现。

在对那些声称知道更多的东西的人们进行批驳之后，接下来，恩培多克勒试图确立被感官感知的东西都是可信的观点，因为理性控制着感官，尽管他在前面抛弃了由感官提供的证据。因为他说：

不，神灵们啊，请您让众人的狂言离开我的舌尖吧，
让言辞的河流从圣洁的嘴唇中激浊扬清起来吧，
手臂洁白的、圣洁的缪斯女神，在众多护卫下
驱车从虔敬的国度出发奔驰着，
请给我一切可以告知凡人的事情吧！
不必从凡人的手中接过荣耀神圣大胆言辞的鲜花，
以此来登上智慧顶峰的宝座。
来吧，你要用每一种官能来考察每一种美白的事物。
不要认为你的视觉比听觉更可信，
也不要认为你那轰鸣的听觉比分明的味觉更高明，
更不要低估其他官能的认识途径的可靠性。
谨慎运用你的信任，注意每一种明白的呈现。

恩培多克勒的观点就是这些。由于赫拉克利特也认为人类装备有两类器官来获得真理的知识，即感官和理性；所以，像上面提到的自然哲学家一样，他主张，在这些器官中，感官是不可靠的，应当把理性看作标准。他以这样的方式明确地宣判感官："只要人们有着粗俗的灵魂，眼睛和耳朵对他们而言就是坏的见证。"这也就等于是在说："粗俗的灵魂总是信任非理性的感官。"他还宣称理性是真理的判断者——然而，不是任意一种或所有的理性，而是"共同的"、神圣的理性。但是，我们必须要简要地解释一下这种理性到底是什么。自然哲学家们普遍认为"理性的和理智的东西弥漫在我们周围"。荷马在很久以前也表达过这样的观点，他说道[1]：

不朽的造物主给人类带来了白天，
同样，也带来了凡人的心智。

阿吉劳库斯（Archilochus）也说，人们进行思考的思维"正如宙斯带来的白昼一样"。欧利比得斯（Euripides）也说过同样的话[2]：

噢，宙斯，为了明白和认识你是谁
真是难为了我们的理智！
究竟你是自然之必然性，还是人类的理智？
无论如何，我向你祈求。

据赫拉克利特所言，正是通过呼吸，我们吸入了这种神圣的理性，我们变得明智；在睡眠中我们又遗忘了一切；但是清醒之后，我们又变

---

[1] 荷马：《奥德赛》第18卷，第136—137页。
[2] Euripides, *Troad*, 885.

得理智起来了。因为，在睡眠时，我们的感官通道关闭了，所以，我们的内心就切断了与周围事物的自然联系——只有呼吸与周围保持着联系，就像根子扎在土里；我们的内心由于这样的分裂也就丧失了先前所拥有的记忆力；但是，在清醒状态下，内心通过感官的通道又活跃了起来，这就像窗户一样，在和周围的事物的联络中又被赋予了理性的能力。这还像煤屑一样，当它放到火苗的近处时就有所变动并燃烧起来了；但是，远离火苗时，煤屑也就熄灭了。同样，由于分离，周遭实体的碎片就像一个陌生者一样滞留在我们的体内，几乎失去了理性；但是通过多种通道的连接，那一碎片也就和整体（the Whole）在种类上类似起来。赫拉克利特主张这一共同的、神圣的理性——由于分有了它，我们变成了理性的——是真理的标准。因此，通常对所有人都显现的东西是可靠的（因为它被共同的、神圣的理性所认识）；相反，只作用于一个人的东西就不可靠了。故而，此人在其著作《论自然》的开头部分这么论述周遭实体，他宣告，"这种真实存在的理性，无论是在听到它以前还是在第一次听到它，人们都不能认识它；因为当我在根据事物的各自本性定义它们和宣布它们的状态时，他们感知到我的言行，但是却像从未经历过根据这一理性所发生的事情的人似的。至于说其他人，他们醒着的时候所做的一切事情都逃脱了自己的注意，就像他们忘记了自己睡觉中干过什么一样"。既然这些话清楚地论证了我们通过神圣的理性的参与做和思考一切事情，在接下来的说明中，他补充道，"因此人们必须顺从全面的东西（comprehensive）"，也就是"共同性的东西"（因为"全面的"的意思就是"共同的"）；"尽管理性是广泛性的，大多数人却像独自拥有各自的私人理智一样生活着"。共同者不过是对大全（the Whole）的安排方式的一种解释。因此，只要我们分有了理性，我们就可以判断何为真的，但是，当我们用我们自己的私人的思维时，我们却在说谎。因此，赫拉克利特在这些话中清楚地宣称，共同的理性是真理的标准，普遍出现的东西因为被共同的理性判断，所以是可靠的。然而，那些私下向人们呈现的东西却是错误的。

赫拉克利特的看法就是这样。德谟克利特在一些地方推翻了向感官显现的东西，主张这些东西都不是在真理中，而是在意见中；存在的事物中的真正事实是原子与虚空的存在；他说："甜是约定的，苦是约定的，热是约定的，凉是约定的，颜色是约定的；但实际存在的却是原子和虚空。"（即，感性的对象是习俗约定的、设想的存在，它们不是真实存在，真实存在的只有原子和虚空）在其《论证明》中，尽管他许诺过把证明的证据归结为感官，但是，他仍旧谴责感官。因为，他说："实际上，我们不能认识不变的东西，我们所认识的只是根据物体的结构，或根据进入物体中的事物，与物体对立的事物而变化的东西。"他还说："实际上，我们往往并不认识事物的本性是什么或者不是什么，这一结论已经一再被证明。"在其著作《论形式》中，他说，"根据这一标准，人们一定要明白：他远离真实"；他还说，"我们不能真实地认识任何东西，人们的意见都是根据流入者（influx）[①] 而来"；他又说："然而，很明显，我们不可能认识每个事物的真实本性。"

在这些引文中，尽管他批判的只是感官，德谟克利特几乎完全否认了理解。但是，在他的"准则"中，他说有两类知识，一类通过感官获得，另一类通过理智获得。他把通过理智获得的认识称为"真的"，并认为这类认识在判别真理时是可靠的；他把那些通过感官获得的认识称为"伪的"，并否认了它在判别什么是真的东西的时候的正确性。他明确地主张："在认识中有两种形式，真的和伪的。视觉的、听觉的、嗅觉的、味觉的、触觉的东西都属于伪造品；但是，另一类和伪造品截然不同，而且是真实的"。他指出真实的认识优先于伪造的认识，他说："当伪造品无法看到太小的东西或听到、嗅到、

[①] 古代原子论的认识论认为，感性是对象发射出的"影像"流入人们的眼睛后形成的。——译者注

尝到或触到它们时，我们就必须诉诸另一类更精细的（工具）。"这样，依据德谟克利特所言，理性就是真理的标准，他称之为"真知识"。但是，迪奥提姆斯（Diotimus）经常说，根据德谟克利特所言，有三类标准：第一类是对非明白事物进行认识的标准，也就是明显的事物；因为阿那克萨戈拉说过（德谟克利特为此而称赞他），明显的事物是非明白的事物的图像；第二类是进行探询的标准，也就是概念——"因为，无论如何，我的孩子，我们的出发点是知道考察的对象是什么"①；第三类是选择和回避的标准，也就是情感——因为，与我们亲近的东西，我们就去选择它们，而和我们陌生的东西，我们就回避它们。

早期哲学家们对真理标准问题的论述大致就这些。接下来我们探讨出现在自然哲学家之后的那些人的真理标准观。

柏拉图在《蒂迈欧》中，把事物分为理智的和感性的两类，并主张理智的事物可以被理性所认识，而感性的事物只是意见的对象。随后，柏拉图明确地把理性当作认识事物的标准，尽管他也把感官的清晰证据一并列入了标准之列。他这样写道②："什么是永远存在的、没有生成的东西？什么是一直生成却从未存在的东西？在这些东西中，一类是在推理的辅助下由思维来把握的，另一类则在感觉的辅助下由意见来把握。"柏拉图主义者认为，柏拉图把既包含感性事实又包含着真理的理性称为"综合性的理性"。因为，在对真相（truth）进行判断的活动中，理性必须从感觉事实出发，如若这样，对真实的东西进行判断就受到感性事实方面的影响。但是，这一感性事实并不能单独靠自己就认识真理；因为，一件东西明白地显现出来，并不因此一定就真实地存在着；因此，我们还需要一种用以判别哪些东西只是显现的、哪些东西是

---

① 柏拉图：《菲德罗篇》237B。
② 柏拉图：《蒂迈欧》27D。

除了显现以外也真正地存在的工具，这就是理性。这样，我们就需要把二者结合起来——既需要感觉事实，因为它是理性对真理进行断定的起点，又需要理性自身，因为它对事实做出评估。然而，为了与事实发生关联并对事实中所包含的真理做出评估，理性反过来也需要感觉作为同盟军；因为，只有通过感觉，理性才接受呈现、产生思考并对真的东西进行认识，因此，这一过程既是对事实又是对真理的"综合"，而"综合"也就是"把握"。

柏拉图的观点大致就是这样。但是，斯彪西普（Spesuippus）① 认为，既然有一些东西是感觉的，另一些是理智的，那么，"认知性理性"就是理智性东西的标准，"认知性感觉"就是感性东西的标准。所谓"认知性感觉"，就是分有了理性真理的感觉。因为，尽管长笛演奏者的手指或竖琴师的手指进行艺术活动，然而，这种艺术活动的完善化主要不是由手指本身完成的，而是在理性指导下共同实践的结果；音乐家的感官具有领会和谐与不和谐的活动能力，然而，这一活动能力不是自发的而是从理性中获得的；同样，很明显，认知性感觉也从它所分有的理性中得出了认知性经验，这样的经验导致了对客观对象的正确无误的辨别。

但是，克塞诺克拉底说存在物分为三种形式：感性的存在物、理智性的存在物、复合性和意见性的存在物；在这些存在物中，感性的存在物是在天界（Heaven）内部存在的东西，理智性的存在物是那些在天界之外存在的东西，意见性的和复合性的存在物就是天界自身；因为天界可以被感官看到，但需凭借天文学知识才能认识它。由此出发，克塞诺克拉底宣称，对于天界之外存在的、理智性的存在物，其标准就是知识；在天界内的、可感觉到的东西的标准是感觉；复合种类的存在物的

---

① 斯彪西普是柏拉图的侄子，继承柏拉图担任柏拉图学园的领导人。他和克塞诺克拉底都属于"老学园派"。——译者注

标准是意见。一般而言，在这些标准中，由认知性理性所提供的标准既牢固又真实，由感觉所提供的标准也是真实的，但不如认知性理性所提供的标准那样真实，然而，复合种类的标准既有真实的，又有虚假的；因为意见是真假混杂的。因此，我们就有了传说中的三种命运女神：阿特洛波斯是理智性的东西的命运——因为她是不变的，克洛索是感性的东西的命运，拉基西斯是意见性的东西的命运。①

阿尔凯西劳斯（Arcesilaus）② 本来并没有确立任何特定的标准，并且，那些被认为确立了标准的人也是由于反对斯多亚主义者的标准才提出标准的。因为，斯多亚主义者主张存在三种标准：知识、意见以及处于这两者中间的"理解"（apprehension）；在这三种标准中，知识是通过理性获得的、一贯正确的、不会变动的、固定的理解；意见是脆弱的、虚假的赞同；理解作为对"可理解的呈现"（把握性呈现）的认可，是这二者的中介状态。依据他们所言，"可理解的呈现"是真的，并且是不可能变成错误的那种呈现。他们说，在这些标准中，只有贤哲才有知识，愚人只有意见，但是"理解"为这两类人所共有，而且是真理的标准。阿尔凯西劳斯证明了理解不是处于知识和意见之间的标准，以便反驳斯多亚主义者们的这些主张。因为，他们（斯多亚主义者们）称为"理解"和"对可理解的呈现的赞同"的东西既会出现在贤哲身上，又会出现在愚人身上。但是，如果这种东西出现在贤哲身上，就是知识；如果出现在愚人身上，就是意见，除了名称不同之外，我们在这二者之外根本不能获得任何别的东西。如若理解确实是"对可理解的呈现的赞同"，它就不可能存在。首先，因为，赞同并非与呈现有关，而是与理性有关（因为赞同是针对判断的）；其次，因为，正

---

① 这三位是希腊神话中的命运三女神：阿特洛波斯（Atropos）是命运之线的切割者；克洛索（Clotho）是命运之线的纺织者；拉基西斯（Lachesis）则专司命运之索。——译者注
② 阿尔凯西劳斯是"柏拉图中期学园"领导人，他领导柏拉图学园转向怀疑主义。——译者注

像各种例子所表明的那样,没有任何一个真的呈现会无法被证明是假的。但是,如果没有可理解的呈现,也就没有理解,因为理解是对可理解的呈现的赞同。如果理解不存在,万物也就是不可理解的。如果万物是不可理解的,根据斯多亚主义者的理论,贤哲也必然会悬搁判断。让我们这么思考这一问题:由于斯多亚派的标准不存在,万物就都是不可理解的,那么,如果贤哲有所赞同,他就会是在发表意见;因为,当无物可以被理解时,如果赞同任何东西,那么他也就会赞同那些不可理解的东西,而赞同不可理解的东西也就是在发表意见。因此,如果贤哲是赞同者,贤哲也就属于那些持有意见的人。可是,贤哲显然并非持有意见的那类人(因为,根据斯多亚派所言,意见是愚蠢的标志和诸多罪孽之因);因此,贤哲并不是赞同者。但是,如果贤哲不是赞同者,那么他就必然会拒绝赞同;但是,拒绝赞同也就是悬搁判断;因此,贤哲无论如何都会悬搁判断。接下来,我们需要对生活的指导做一下考察;显然,如果不存在标准,生活就不能得到指导,幸福——即生活的目的——的得到依赖于这样的标准。阿尔凯西劳斯主张,对一切事物都悬搁判断的人通常会用"合乎情理"(reasonableness)的准则来指导他的追求、回避和行为,行动依据这一标准就会在进程中恰如其分;因为,幸福是靠智慧来获得的,智慧就在恰如其分的行动中,恰如其分的行动也就是具有合乎情理的正当性辩护的作为。因此,注意"合乎情理性"的人将会行动恰当从而是幸福的。

阿尔凯西劳斯的学说就是这样。卡尔尼亚德(Carneades)[①] 有关标准的论证的宗旨不仅是反对斯多亚学派,而且还反对所有的前人。实际上,他的第一个论证是针对所有这些人的:他论证了根本就不存在真理标准——既不是理性,也不是感觉,也不是呈现,也不是任何存在的事

[①] 卡尔尼亚德是"柏拉图新学园派"领导人,据称是学园派怀疑主义最为出色的领导人。——译者注

看作复仇女神①中的一个,并哭喊道:

> 走开!你是追逐我的复仇女神之一②。

  在那些显然是真的呈现中,一类是含糊的——例如,由于观察对象的体积小或者距离远或者视觉的虚弱等原因,使得知觉混乱不清晰;而另一类,除了显然是真的之外,同时,这种显然程度非常强烈。在这些呈现中,模糊不清的呈现就不再会是标准;因为不清晰地指向它自身或者那些产生它的东西,它就不具有像说服我们或者诱导我们赞同等这样的属性。但是,根据卡尔尼亚德学派所言,那些显现为真的和生动逼真地显现的东西才是真理的标准。作为标准,它的范围很广,其中,有的呈现比另外的更加可能、更加生动。在此,可能性(probability)一词用于三种含义:第一种,既是真的又显现为真的东西;第二种,那些实际上是假的但显现为真的东西;第三种,那些既是真的又是假的东西。因此,标准是明显显出是真的呈现,这就是柏拉图学园派称作"可能的"的东西;但是,有时可能的呈现实际上是假的,因此我们常常被迫使用既是真的、又是假的呈现。但是,这一类情况——我指的是模仿真理那一类——的偶然发生不应该让我们怀疑"一般来说"如实地汇报的那一类;因为,我们的判断和行动实际上受"一般规则"之标准的指导。

  依据卡尔尼亚德所言,这就是最重要、最一般的标准。但是既然没有一个呈现在形式上是简单的,而总是像链条上的环节一样相互牵挂着,我们就必须再补充第二条标准:同时既是可能的又是"不可更改的"(irreversible)的呈现。例如,我们在感受一个人的呈现时,必然

---

  ① Furies 是希腊神话中司复仇的三女神之一。三位长着翅膀和蛇发的可怕女神是阿勒克图、墨纪拉和底西福涅;她们追捕和惩罚那些犯下无法饶恕的罪行的人。——译者注
  ② 欧里庇得斯,《奥瑞斯特斯》264。

既接受那个人的属性，又感受到外在的境况。他的个人属性是诸如肤色、身材、体形、言辞、衣着、鞋袜等；外在的境况是诸如空气、光线、白天、天空、土地、朋友等其他的一切。因此，只要这些呈现不像是假的，从而阻挠我们的信念，而是共同一致，显出真理，我们的信念就会更强烈一些。因为我们根据这个人具有所有他通常的那些属性——肤色、身材、体型、谈话、外套，就可以断定他是苏格拉底。一个医生并不能从一个症候（例如心跳加快或者很高的体温）中断定发烧，而必须考虑同时存在的情形，诸如伴随很高的体温的脉搏加快、关节溃疡、脸红、口渴以及类似的症候；同样，学园派也是根据与呈现同时存在的情况形成其关于真理的判断的，当同时存在的情形没有使他怀疑这里有错误时，他就断定这一呈现是真的。"不可更改"的呈现就是能够导向信念的各种呈现的共同一致，这一点，可以从墨涅拉俄斯（Menelaus）① 的例子中清楚地看出来；因为当他把海伦的幻影留在船上——这是他从特洛伊带来的，他以为她是真的海伦——并登上法罗（Pharos）岛后，他见到了真实的海伦；但是，尽管他从她那里感受到一个真实的呈现，他却不相信它，因为他的心灵被另一呈现——即他据以相信自己把海伦留在了船上的呈现——所阻挠。这就是"不可更改的"呈现；它看起来更为扩展了，因为有的呈现比另一个呈现更加"不可更改"。

比"不可更改的呈现"更加值得信赖和最完满的呈现是那些产生判断的东西；因为，它除了是"不可更改的"之外，还是"被检验过的"（tested）。这一呈现的独特特征是我们接下来要阐述的。在不可更改的呈现中，要求的只是同时存在的呈现中没有任何会引起我们怀疑其有误的，从而阻挠我们认可的，而是所有的都应该明显是真的，并且不

---

① 在希腊悲剧中，墨涅拉俄斯是特洛伊战争期间的斯巴达王，海伦之夫及阿伽门农的弟弟。——译者注

是不可能的；但是，在涉及"被检验过的"呈现的那些同时发生情形中，我们仔细地考察同时存在的情形中的每一个呈现——就像人民在集体大会上所做的那样，他们质询那些想做执政官或法官的每一个人，以便考察他是否具有值得信赖的执政能力或审判能力。比如，在判断的位置上，既有判断的主体，又有被判断的客体，还有实施判断的媒介、距离、间隔、地点、时间、情绪、性格、活动等。我们要考察所有这些因素中的每一个的独特特征。就进行判断的主体而言，要考察他的视觉能力是否昏暗无力（因为那一类的视觉不适合进行判断）；在被判断的客体方面，要考察它是否过小；就判断实施的中介而言，要看环境是否黑暗；至于距离方面，要看它是否太远；间距，要看它是不是过小；地点，要看它是否过于广大；时间，要看它是否过短；性情，要看有没有发疯；活动，要看它是否不可接受。

这些要素一起形成了标准，一共有这样三种：可能的呈现，既是可能的又是不可更改的呈现，以及既是可能的、不可更改的、又经过检验的呈现。正如在日常生活中，我们考察小事时只审问一个证人，但在考察更重要的事情的时候审问几个证人，而当被考察的事情是格外重要的时候，我们要审问另外的证人中的每一个；同样，卡尔尼亚德说在平凡的小事上，我们只用可能性的呈现作为标准，但是在更重要的事上，就用不可更改的标准；在与幸福有关的问题上，采用经过检验的呈现。而且，正像他们说的，他们针对不同的情况采纳不同的呈现，因此他们在不同的环境中并不信守同一个呈现。因为他们宣称在环境急迫、没有时间精确考察事情时，他们就只关注直接可能的呈现。例如，一个被敌人追赶的人跑进一条沟中时接收到一个呈现：那里有敌人的埋伏；于是，在这一可能呈现的支配下，他奔出那条沟，听从可能呈现的指导，而不去仔细确定那里是否确实有敌人的伏兵。但是，在有充足的时间来对被呈现的对象作出全面而仔细的判断的情况下，他们遵循可能的、经过检验的呈现。例如，当一个人在光线不够充足的房间里看到了踩在脚下的卷曲的绳子，当时把它看作一条蛇；当他转过身调查真相的时候，发现它一动不动，这时他已经倾向于认为它不是一条蛇；而当他又想到蛇有时会被寒霜冻得失去知觉，也是一动不动的，于是他用棍子戳一下那蜷曲的物体。这样在检验过所接受的呈现后，他就会同意：呈现给他的那个物体是一条蛇的说法是错误的。让我再说一遍，当我们清楚地看到一个事物的时候，我们会认可这是真的，只要我们已经通过测验证明我们拥有健全的感官，并且我们是在十分清醒的时候而不是在睡眠中看到它的，同时环境清晰、距离适中，被看到的对象不会移动，我们又用了足够的时间来详细考察处于呈现的位置上的各种事实；因此，由于这些条件，呈现是可靠的。这也可以说明"不可更改的呈现"；因为，只要不存在可以反驳这一呈现的其他情况，比如上面提到的墨涅拉俄斯的例子中那样，他们就接受这一呈现。

现在我们已经阐明了自柏拉图以来的学园派的学说。我认为，在此讨论昔勒尼派（Cyrenaic）① 也是合适的；因为昔勒尼派来源于苏格拉底的教导，而柏拉图学派及其后继者也源于这一传统。昔勒尼派主张，感受（affection）是标准，只有它们可以把握事物而且正确无误；但是引起感受的那些东西没有一个是可以把握的或正确无误的。因为，他们说，我们感觉到甜或白，这是我们能够正确无误且毫无争议地陈述的事实；但是那些引起感受的对象是白的还是甜的，则是不可能断定的。因为很可能一个人被迫由不是白的东西而感到是白色的，或者由不是甜的东西而感到是甜的。因为正如昏晕的人或黄疸病的患者把一切物都感受为黄色的，结膜炎的患者把一切物都看作红色的，把眼睛向边上挤的人得到的是一种双重的印象，疯子看到了一个"双重的底比斯②"，并且

---

① 昔勒尼派属于所谓"小苏格拉底派"三家之一，以感觉主义和快乐主义著称。——译者注

② Thebes，底比斯（古希腊 Boeotia 的主要城邦）。——译者注

看到了一个双重的太阳的图像;① 在所有的这些情况下，尽管他们所拥有的具体感受（例如具有黄色、红色或者双重事物的感觉）是真的，但是如果断定那些给他们带来印象的对象是黄的、红的或者双重的，则是错误的说法。因此，最为合乎情理的说法是：我们只能感知我们自己的直接感受。因此，我们必须要么把感受当作是明显的，要么把产生感受的物体当作是明显的。如果我们断定感受是明显的话，我们就必须宣称所有的明显的事物都是真的，并且是可以认识的；但是如果我们把产生感受的事物称作明显的话，那么明显的事物就都是错误的并且是不可认识的②。因为发生在我们身上的感受向我们揭示的只不过是它自身。因此，（如果一个人必须说出真相的话）唯有我们的感受对我们而言才是明显的；至于产生感受的外在对象，尽管可能是存在的，对我们而言并不是明显的。这样，尽管我们对我们自己的感受可以进行正确无误的判断，在外在的实在对象方面，我们都是错误的。前者是可认识把握的，后者是不可认识把握的；由于处所、间隔、运动、变化，还有其他许多原因，灵魂非常虚弱，无法辨别它们。因此，他们主张根本就不存在对人类而言的共同的标准，存在的只不过是称呼诸多对象的共同名称。因为，尽管人们共同使用"白的"、"甜的"这样的术语，但是对象并没有共同的白色的或甜的属性。因为每个人都感受他自己独特的感受，至于这一感受在他自身中、在他的邻人身上是否由白色的对象产生的，无法经验到他邻人的感受的那个人不能做出断定，而他的邻人没有经验到这个人的感受，也不能做出断定。既然对我们大家而言，没有共同的感受，那么，断定对我显现为这个样子的事物也会对我的邻人显现为这个样子，就是轻率的做法。因为，很可能尽管我是这样构成的，以至于从外面给我以印记的事物中获得一种白色的感觉，但另一个人的感

---

① 欧里庇得斯,《酒神的伴侣》,918。此处的"疯子"指的是潘休斯（Pentheus）。
② 也就是说，昔勒尼派假设感受是可以把握的和真的，但是它们的原因并不如此。

官构造方式使得他接收到不同的感受。因此，对我们显示的东西并不总是对所有的人都是相同的。实际上，由于我们的感觉器官的不同的构成，我们并不能接收同一的印象，这一情况在黄疸病人、眼炎病的患者以及那些处于常规状态下的人们的情况中也是显而易见的。因为正像在同一个对象的影响下，一些人有黄色的感受，另一些人有深红色的感受，还有一些人有白色的感受；同样的，那些在常规状态下的人们由于他们感觉器官的不同构成也不会从同一对象接收到相同的印象；而是：灰色眼睛接收的是一类，蓝色眼睛接收的是另一类，黑色眼睛接收的又是截然不同的另一类。因此，我们给事物一个共同名称，但是我们所拥有的感受对我们每一个人而言是独一无二的。

看来，与这些人对标准所做的陈述相应的，是他们关于目的（ends）所做的陈述。因为感受还延伸到伦理目的上。在感受当中，有些是令人快乐的，有些是令人痛苦的，还有一些是居于二者中间的；他们说，痛苦的是坏的（evil），其终极状态是痛苦；令人愉快的事物是好的，其正确无误的极致状态是快乐；居于中间的是既不好也不坏的，其极致状态是不好不坏，是对快乐和痛苦之间的中间状态的一种感受。因此，对存在的万物而言，感受是标准和终极目的。他们说，我们遵照感受和认可生活，就其他的感受而言，我们注意感性事实；在快乐方面，我们注意赞同。

这些就是昔勒尼派的观点，和柏拉图主义者相比，这些更加严格地限制了标准的本性；因为柏拉图派把标准看作是事实与理性的复合体，而昔勒尼派把它限定在事实证据和感受上。

与昔勒尼派立场不远的，是那些宣称感觉是真理的标准的人。有些人坚持这一观点，学园派的安提奥克已经说过了，他在其《标准论》第二卷中这样写道："但有那么一个人，在医学技艺方面首屈一指，也是研究哲学的，他相信感觉是实在的，能真正觉察；我们根本不能用理性来把握任何东西。"在这些话中，安提奥克在表述上面提

43

到的观点，并且是在暗指阿斯克勒皮亚德斯，那位废除了"主导原则"的医生，他们生活在同一个时代。不过这个人的态度我们在《医学回忆录》① 中已经更详尽具体地讨论过了，因此这里也没必要再重复。

伊壁鸠鲁主张存在两类相互有关的东西，即呈现和意见；其中，他命之为"明白的事实"② 的呈现是永远真的。因为正如最原初的感受——即快乐和痛苦——的产生是来自特定的作用者，并且与这些作用者吻合（例如，快乐来自令人快乐的事物，痛苦来自令人痛苦的事物）；而且，产生快乐的作用者永远不可能是不令人愉快的，产生痛苦的东西也永远不可能是不令人痛苦的，应当说，产生快乐的东西就其真实本性而言必然是令人愉快的，产生痛苦的事物就其本性而言必然是令人痛苦的；同样的说法也适用于呈现，呈现正是我们的感受，产生各种呈现的作用者总是完全被呈现出来；而且，既然它呈现出来了，就不可能在产生呈现的同时自己的真实原貌却不像它所呈现的那样。

同样，针对各种具体感觉，也应当以同样的方式论证。于是，可见的对象不但显现为可见的，而且实际情况就是和它显现的一样；听觉的对象不但显现为可听到的，而且实际上果真是可听到的；其他的感觉也是如此。所以，一切发生的呈现都是真的。而且这完全有道理，伊壁鸠鲁派说，如果一个呈现来自真实的对象并且与其一致就可以被称为"真的"，那么，既然所有的呈现都来自一个真实的被呈现的对象并且与该对象一致，所以，所有的呈现必然都是真的。但是有的人受到了似乎由同一个感觉对象——比如一个可见的对象——所引起的各种呈现中的差异的欺骗，便认为同一个对象显出了不同的颜色

---

① 塞克斯都的这本书已经遗失。

② Enargeia 这个词的原义是"清楚明白"，所以往往指的是感性事实，有时也可以翻译为"证据"。所谓"让事实说话"，就是让清楚看到的事实作为证据。——译者注

或是不同的形状，或是出现了其他某种变动。他们假设：在出现了如此差异和冲突的呈现中，有一种必然是真的，而源于相反的事物的必然是假的。但是这是愚蠢的说法，这些人的想法说明他们没有充分考虑事物的真实本性。因为——就让我们以视觉对象为例论证——我们看到的不是整个的固体事物，而是它的颜色。在颜色当中，有一部分位于物体上（比如在近距离或是不远的距离下所看到的对象的情况中），另外一部分则外在于物体，并且存在于临近的空间中（比如在远处所看到的事物的情况中）。① 这一在居间空间中变化了的颜色就具有了自己的一个特定形状，于是产生了一个与对象自身的实在本性相似的呈现。因为，正如我们听到的既不是处于被演奏的铜管乐器中的声音，也不是处于喊叫的人的嘴里的声音，而是撞击到我们感官上的声音；而且，正如当在远处听到轻微声响的人走近时听到的是巨响时，我们不会说他听错了；同样，我也不会说一个人的视觉是假的，因为在远处它看到的塔是小而圆的，但是近处看是大而方正的；我会说的是：这一视觉的报告是真实的，因为当感觉对象对于它显得是小的而且具有某种形状的时候，那个对象就是小的而且具有某种形状，这是由于影像②的边界在穿越空气时被磨损掉了；同样，当它显得大而且具有不同的形状的时候，它也确实就是大的和具有不同的形状的，因为两种情况下的对象并不是同一个。唯有扭曲的意见才会把近处看到的物体想象为就是远处看到的那个物体。但是，感觉的特定功能是仅仅察觉呈现的和影响感官的东西——比如说颜色，而不去识别此处的对象是一个东西，远处的对象又是另外一个东西。由于这些原

---

① 伊壁鸠鲁对于我们关于有色物体的印象随着它与我们的距离的变化而变化的解释是：物体的颜色部分地被居于物我之间的空间所吸收了，从而"外在于坚固的"（物体）了。

② 根据伊壁鸠鲁派的理论，感觉是由影像或"流出的东西"（effluences）引起的。外在对象总是在持续不断地向四周发射出快速运动的原子流，它们保持着原物的形象。当它们击打到感官上时，就产生感觉。

因，呈现都是真的，（但是意见并非都是真的）而且是有所不同的。有些意见是真的，有些是假的，因为它们是我们对于呈现的判断；我们有时做出正确的判断，有时做出错误的判断；在判断中如果对于呈现添加和附上了某些东西，或者减去了某些东西，那就都会把非理性的感觉弄错。所以，根据伊壁鸠鲁，意见当中有的是真的，有的是假的；真的意见就是那些为感觉证据所证明的而非否证的，假的意见就是那些被感性证据所否证，而非证明的。"肯定的验证"就是通过感性证据确切把握这一点：我们对其持有某种意见的东西确实就是我们的意见所认为的那样；比如，当柏拉图从远处走来时，我因为太远，只能猜测和提出一个意见，说那是柏拉图；当他走近了，他是柏拉图的事实就被进一步证实了，因为距离缩小了，而且得到了实际的感性证据的确证。"未被否证"指的是所假设的关于不明白的事物的意见与明显的事物相一致，比如当伊壁鸠鲁说虚空——这是一种不明白的事物——存在时，这得到了一个明显的事实即运动的支持：如果虚空不存在，运动也就必然无法存在，因为运动的物体将没有处所可以穿越其中，所有的一切都紧密充实。所以，既然运动存在，明显的事物就没有对关于不明白的事实的意见提出相冲突的验证。"与事实冲突的验证"与"未被否证的验证"是相互冲突的验证，它是由明显的事实和被假设的不明白的事物联合起来的一种反驳——比如当斯多亚说虚空不存在时，断言了某种不明白的东西；人们在反驳这一假设的事物的同时，必然联合在一起反驳的，是一个明白的事实，即运动；因为如果虚空确实不存在的话，根据我们在上面提出的论证，运动也必然不存在。所以，同样的，未被事实所确定的验证与被确定的验证是相反的，因为这指的是：来自感觉证据的印象证实了，我们对其持有意见的事物并非我们的意见所设想的那样；比如，当一个人从远处走来的时候，因为距离远，我们只能猜测他是柏拉图；但是当距离缩短后，我们从感觉证据中得知他不是柏拉图。这样的意见就是未被事实所确定验证的；因为我们对其持有意见的东西并没有得到明显的事实的确证。所以，被事实确定的验证和未被事实否证的验证构成了一个事物的真理的标准；但是未被事实确定的验证和与事实冲突之验证则构成了该事物的错误性的标准。总之，所有这一切的基础和根基都是感性事实。

这就是伊壁鸠鲁所说的标准。但是亚里士多德和色奥弗拉斯多（Theophrastus）以及一般来说散步学派因为看到万物的本性分为两大类——正如我前面已经说过的——一类是感性的，另一类是理性的，他们就也同意有双重标准：感觉是感性事物的标准，理性是理性事物的标准；而对于二者共同的标准，按照色奥弗拉斯多的说法，是感性事实。故而，从顺序上说，排在第一的是非理性的和无法证明的标准——感觉；但是从力量上说，排在前面的是理性，尽管理性在顺序上看来排在感觉的后面。因为感觉受到感性事物的作用，而感性作用很明显会在更高级、更好，并且能自主运动的生物的灵魂中带来一种灵魂的感受，他们称此为"记忆"和"呈现"——也就是对于感性的感受的记忆，以及对于产生感受的感性物体的呈现。[1] 因此，他们说这样的感受可以比作一个足印；正如它（我指的是足印）是由某种东西造成的，而且来自某种东西——所谓"由某种东西造成"，我指的是比如由脚的踩压所造成；所谓"来自某种东西"，我指的是比如来自狄翁；同样，上面提到的灵魂的感受是由某种东西产生的，比如是由感觉的感受造成的；也是来自某种东西的，比如是来自感性对象的，而且它与后者保持着某种相似性。而这一被称为"记忆和呈现"的感受，本身又具有第三种随

---

[1] 希腊哲学关于感觉理论经常使用的一对概念很难翻译，感觉发自外部对象对于我们的灵魂的作用（运动、影响、扰动）。与这种主动作为对应的，是被动的"感受"（affection）。Affection 翻译成"感受"似乎太狭窄，过于主观化。翻译成"效应"、"效果"，似乎又不够醒豁。总之，哲学家们是想表明感觉是我们灵魂中受到外部影响后的产物。读者请仔细明察。——译者注

后产生的不同感受——理性呈现，这是我们的判断和选择的结果；这一感受被称为心智和思想。比如，当一个人接受了狄翁的明白印象，便接受了某种感性的感受和扰动，然后由于他的感官的感受，在他的灵魂中就产生了一个呈现（我们前面说过，这就是记忆，与足印类似），由这一呈现出发，对其自主描画和表现，又产生了一个想象的客体，即一般性的"人"。散步学派根据这样的灵魂感受的不同状况，或者称为心智，或者称为思想：当它是潜能时称为心智，当它是现实时称为思想；因为只要灵魂潜在地能够形成这一呈现——即当它本性上已经能够这么做时，它就被称为心智，而当它已经实际在这么做的时候，就被称作思想。进一步，从思想和心智的行动中又产生了理解、科学和技艺。因为心智的行为有时处理具体个体，有时处理个体和共相二者。这种思想的意象的集合，以及个体被总结为一般性概念，被称为"把握"（理解）；而在这样的集合和总结的过程的最后阶段，就出现了科学和技艺；所谓"科学"就是拥有精确性和无误性的，所谓"技艺"就是并非总是具有这些属性的。再者，正像科学和技艺一样，被称为"意见"的东西也是在后来出现的。因为当灵魂顺从感觉在自己当中产生的呈现，首肯和同意显现的对象的时候，就被叫作"持有意见"。综上所述，有关事物的知识的首要标准是感觉和思想，前者扮演工具的角色，后者扮演工匠的角色。我们无法在没有天平的情况下衡量事物的轻重，在没有尺子的情况下无法把握事物的曲直差别，同样，思想在缺乏感觉的情况下自然也就不能评估对象。

　　散步学派的观点大致就是如此。下面剩下的就是斯多亚学派的教义，让我们接下来考察。这些人断言说真理的标准是"把握性呈现"（apprehensive presentation）①。为了了解这是什么意思，我们首先要了解在他们看来，什么是"印象"，它有什么类别。根据斯多亚派的说法，

---

① 也翻译为"把握性表象"、"理解"、"认知性印象"，等等。——译者注

印象就是灵魂上的一个"印象"。至于这又是什么，他们当中就开始争论不休了。克里安提斯（Cleanthes）把"印象"理解为与凸出和凹下有关，类似于戒指在蜡上印出的印迹。但是克吕西波认为这全然是荒谬的。他说，首先，当心灵在同一时刻想象一个三角形的对象和一个四边形时，同一个物体①就会在同一个时刻被不同的形式所包围，同时既是三角形的又是四边形的，甚至是圆形的，而这是荒谬的。其次，当我们心中同时出现许多印象时，灵魂就会接受无数的形式，这样的后果比前面的情形还要差。所以，克吕西波自己猜想，当芝诺使用"印象"一词的时候意思是"变动"；所以上述定义应当这样理解："印象是灵魂的一种变动"；因为当我们心中同时存在许多印象的时候，同一个物体会发生无数的变动，那并不是一件荒谬的事情。正如当许多人同时说话的时候，空气就在同一时刻接受无数的和不同的印压，并且立即接受众多的变动；同样，当主导部分（灵魂）同时接受了各种各样的意象的时候，它也会经历类似的事情。

但是有人说，即使按照克吕西波修订过的定义，也是不正确的。如果一个印象存在着，那么它就是一个印象和灵魂的变动；但是如果灵魂的一个印象存在着，它却并非总是一个印象。事实上，当敲打手指和抓挠手掌时，灵魂中确实会产生一个印象和变动，但是不会出现一个呈现，因为呈现并不会在灵魂的任意一个部分中发生，而是仅仅发生在心灵和主导部分中。为了应答这一反驳，斯多亚派宣称，"灵魂的印象"一语蕴含了这些词："当灵魂是作为灵魂的时候。"这样，完整的表述就应当是："呈现是灵魂中的一个印象，当灵魂是作为灵魂的时候。"因为"白内障"（ephelotes）②被定义为"眼睛中的白色"，在此定义中我们也蕴含了这样的意思："就眼睛作为眼睛而言"（换句话说，即"在眼睛的某个特定部

---

① 即心灵，或者接受印象的那部分灵魂。斯多亚哲学认为灵魂与身体一样是真正"物体性"的。

② 这是一种眼疾，据说来自太阳光的照射。

位中"），它当中存在了白色，否则的话，我们所有人都得了白内障了，因为我们眼睛当中天生就有白色。同样，当我们把呈现定义为"灵魂中的印象"的时候，我们的意思也是它发生在灵魂的某个特定部位，即"主导部分"中，故而，在清晰的表达下，这个定义乃是："呈现是主导部分中的变动。"还有些人也是从这一论证路线开始的，提出了一个更为复杂精微的辩护。他们说"灵魂"被用于两个意义，一个指的是把整个身体维系在一起的东西，一个指的是主导部分，后者是特指的"灵魂"。所以，当我们在为"善"分类的时候，我们说有的是灵魂的善，有的是身体的善，有的是外物的善，这时我们不是在说整个灵魂，而是指灵魂的主导部分，因为感受和善属于这个部分。所以，当芝诺说"呈现是灵魂上的一个印象"的时候，我们必须把灵魂理解为并非整体，而是它的那个主导部分，于是这个命题就可以表达为这样的形式："呈现是主导部分的变动。"然而，即使以这一形式表达，有人还是说这是错的。因为事实上冲动、认可和理解都是主导部分的变动，但是都与呈现不同。因为呈现是我们的一种被动状态，一种状况，而冲动、认可和理解却更应当说属于主动行动。因此，这一定义很糟糕，因为它适用于许多不同的东西。正如如果谁在定义"人"时说，"人是一个理性的动物"，那就没有对"人"的概念给出一个正确的描述，因为"神"也是一个理性的动物；同样，宣称呈现是"主导部分的一种变动"的人也犯了错误，因为这与其说是对呈现的描述，不如说是对上述运动中的任何一种的描述。这些就是进一步的反驳。对此，斯多亚派又一次诉诸他们的"蕴含"解释，说我们应当理解，在这个定义中蕴含了"通过被动性"这样的词语。因为正如说爱是"一种赢得热爱的冲动"，就蕴含了"那些朝华青年的"（热爱）的意思，尽管没有明白地说出来（因为没人会爱老人和韶华已逝的人）；同样，他们认为，当我们把呈现描述为"主导部分的变动"的时候，我们也已经蕴含了这一变动是"通过被动性"而非通过主动性的方式发生的意思。但是，即使如此，斯多亚派似乎也没能逃脱指责，因为当主导部分受到了滋养并且成长时，它确实被动地变动了，但是尽管这样的变动是通过被动性的，是一种状况，它依然并不就是呈现——除非斯多亚派还要说呈现是一种特定形式的被动性，与被动状况截然有别，或者这么说：既然呈现或者是关于外在事物的，或者是关于我们自己的内在感受的（后者被他们更为精确地称为"空洞的吸引"①），在呈现的定义中就总是蕴含着这样的意思："被动性"或者是就外在印压而言的，或者是就我们的内在感受而言的；但是，这一附加的蕴含在由生长过程或营养过程所导致的变动的情况中却是不可能的。

因此，斯多亚学派教义中的"呈现"很难定义。而且，在呈现当中还有许多不同的区分，对此我们只要提出以下几点就可以了。有些呈现是"可能的"，有些是"不可能的"，有些是既可能又不可能的，有些是既非可能又非不可能的。所谓"可能的"，指的是在灵魂中产生平滑的运动的，比如在当下的时刻的"这是白天"和"我在讨论"的印象，以及所有具有类似的明显程度的印象。"不可能的"是那些不是如此，而是令我们拒绝同意的呈现，比如"如果现在是白天，太阳就没有升起"、"如果现在天黑，现在就是白天"这样的判断。"既可能又不可能"的呈现是这样的，即它们会因为所处的关系，有时是可能的，有时又是不可能的，比如那些有争议的陈述的呈现。"既非可能的也非不可能的"呈现是那些涉及下面这类判断的呈现，比如"星星的数目是偶数"，"星星的数目是奇数"。在可能的呈现中，有的是真的，有的是假的，有的是既真又假的，有的是既非真又非假的。真的呈现是可以对其做出真的断言的，比如在现在的时刻，说"现在是白天"或"天色很亮"；假的是对其可以做出一个假的断言的，比如水中的船桨是弯的，或者走廊在远处缩小成一个点；至于既真又假的呈现，一个例子就

---

① 也就是背后没有任何真实的"被呈现的"对象的"呈现"（并且因此是纯粹主观的和幻觉的），它把心灵"吸引"到"幻象"或想象的对象上去。

是奥瑞斯特斯在疯狂中对伊莱克特拉所感受到的印象（因为就其印象是关于一个存在对象的，它是真的，伊莱克特拉确实存在着；但是就其印象是"一个复仇女神"而言，它是假的，因为那儿没有复仇女神）。而且，人们在梦中会经验到一个假的和"空洞的吸引"，比如想象狄翁站在自己边上，而事实上狄翁活着。既非真也非假的呈现是一般性呈现：个体之所以属于这一类和那一类，是因为归属于一般种类，但是这些种类既不属于这一类也不属于那一类。比如，有些人是希腊人，有些人是外邦人，但是一般种类"人"既不是一个希腊人（否则的话所有的个人就都成了希腊人），也不是一个外邦人（理由同上）。

在真的呈现中，有的是把握性的，有的不是。不具有把握能力的呈现是人在病态中体验到的，因为无数处于疯狂病态中的人接收到的呈现尽管是真的，但是不是把握性的，而是外在地和偶然地发生的，所以他们经常对此不作出肯定的断言，不认可它。一个把握性的呈现是由一个外部对象所引起的，它按照与该对象一致的方式印入主体和被想象，这是绝不会来自一个不存在的对象的。因为他们认为这种呈现敏锐地觉察了真实的对象，并且以极高的工艺精准地再现了对象的所有特征，所以他们宣称它拥有所有这些属性。这些属性中，首先就是"来自存在的对象"；因为许多呈现来自非存在的事物，比如在疯人的情况中，那样的呈现就没有把握力量。其次是"既是来自一个存在的对象的，又是与该存在对象一致的"，因为许多呈现虽然来自一个存在的对象，却与其不相像，比如我们在前面提到的奥瑞斯特斯的例子中所指出的。虽然他从一个存在的对象——伊莱克特拉——那里获得了一个呈现，但是他的呈现与对象却并不相符；因为他把她看作是复仇女神之一，于是就在她走近想要照料他的时候驱赶她，喊道：

走开！你是追逐我的复仇女神之一。

赫拉克勒斯（Heracles）也从一个存在的对象那里获得了底比斯的印象，但是与该对象不相吻合。① 但是，把握性呈现却必须与对象自身相符；不仅如此，它还必须被印入主体中和被想象，以便被呈现的对象的所有特征能够得到具有极高工艺水平的精确性的再现。正如雕刻师的双手处理了他们所完成的作品的所有部分，戒指上的印章总是准确地把自己的痕迹全部印在蜡上，同样，对真实对象进行把握的人也应当觉察到它们的所有特征。斯多亚派之所以还附加了"是绝不可能来自非存在的对象的那一类呈现"一句，是因为学园派与斯多亚派不同，认为并非不可能找到一个在所有方面都完全相似的呈现。斯多亚派宣称具有把握性呈现的人以工艺般的精确性辨识存在于对象中的差别，因为这样的呈现与其他呈现相比，具有自己的独特特征，就像长角的蛇与其他所有的蛇相比都截然不同。但是，学园派却肯定相反的立场，说总能找到与"把握性呈现"一模一样的另一个呈现。

早期斯多亚学派宣称把握性呈现是真理的标准，然而后期斯多亚学派添加了一个条件句："只要没有阻碍的话。"因为有的时候尽管出现了把握性呈现，还是由于外部环境而显得不可信。比如，当赫拉克勒斯为阿德麦图斯（Admetus）从墓地中带回了阿尔克斯提斯（Alcestis）时，尽管阿德麦图斯从阿尔克斯提斯那儿接收到了一个把握性呈现，但是他还是不相信它；再如，当墨涅拉俄斯从特洛伊返回时，把海伦的影像留在了船上（人们为"她"打了十年的仗），后来他在普鲁提乌斯（Proteus）家里看到了真实的海伦，尽管这时他接受的是一个来自实际存在的对象的印象，他所具有的呈现也与对象相符，他还是不承认这是真实的。所以，唯有在没有阻碍的情况下，把握性呈现才是标准。上面

---

① 塞克斯都这里可能是记错了，"误以为看到底比斯"的人应当是潘休斯而不是赫拉克勒斯。

这些例子中的呈现尽管是把握性的，但是都有阻碍因素。比如阿德麦图斯就在心中思索：阿尔克斯提斯已经死了，而死者不会复生，有时会有些精灵在四处游荡。至于墨涅拉俄斯则这么思索：他已经把海伦留在船上，有人看管；完全有可能他在法老的宫中发现的"她"不是海伦，而是某个幻象和超自然的东西。因此，把握性呈现并非无条件地是真理的标准，唯有在没有阻碍的时候才是。因为他们说在那样的场合下，呈现一清二楚，生动逼人，几乎是像抓住我们的头发那样抓住我们，把我们拖去认可，不再需要任何其他东西来辅助说明它的生动性或是提示它超过了其他所有呈现。因为这个原因，所有的人，当他急于精确地把握任何对象时，都会努力寻找这种呈现；比如，就可见物体而言，当他接收到真实对象的一个模糊的呈现时，他会竭力注视，靠近要看的东西，以免完全走偏了，他会擦亮眼睛，并想方设法，直到对考察的东西具有一个栩栩如生的呈现，显然他认为呈现的可靠性依赖这么做。进一步，也无法同意相反的论断；那不承认呈现是标准的人，既然他是因为其他的呈现的存在而这么做的，他还是因此必然肯定了呈现是标准这一事实。自然似乎在感官中和通过感官发生的呈现中为我们点燃了一盏灯，帮助我们识别真理。所以，抛弃如此强大的官能并且剥夺我们的白昼之光，实在是太荒诞了。正如承认颜色及其差别存在的人却指斥视觉为不实在的或者不可能的，承认声音存在的人却断言听觉不存在，是完全违背逻辑的（因为如果我们借以察觉颜色和声音的器官没有了，我们也就无法感受到颜色或声音）；同样，那些承认客体存在但是又指责借以把握客体的感性呈现的人，完全丧失了理智，使自己落入了那些毫无灵魂可言的东西的行列中。

这些就是斯多亚学派的教义。现在，关于标准的所有争论都已经摆在我们的眼前了，我们应当开始反驳的论证，并将其运用到标准上去。正如我前面所说的，有人认为标准在理性中，有人认为在非理性的感觉中，有人认为在二者之中。此外，有人把"人"称作"由谁评判"的主体（agent），有人把感觉和理智称为"借助于什么"的工具，有人认为印压过程比如呈现也是一种标准。故而，我们将尽量陈述与这些不同观点对应的各种困难；这样我们就不必逐一攻击上面列举的哲学家们，不必重复了。

第二章 真理标准三个方面的考察[①]

第一节 "由谁评判"意义上的标准（"关于人"）

按照顺序，首先让我们考察"由谁评判"之标准，或者说主体，这就是人。在我看来，如果我们一上来就怀疑了这一标准，就不再有必要对其他标准继续讨论了，因为它们或者是人的某个部分，或者是人的行动，或者是人的感受。如果要把握"人"这一标准，必须在此之前就明白了人是什么，因为在所有情况下，领会总是先于把握。但是，迄今为止，人都是无法领会的，这一点我们马上就会论证；因此，人也就必然是无法把握的。由此出发可知，关于真理的知识是无法发现的，既然认识真理的主体是无法把握的。比如，在探究过这一概念的人当中，苏格拉底就是一个怀疑者，他不加断言并宣称自己对自己是什么、自己与宇宙处于何种关系中，都统统不知道，他说："我不知道我是一个人还是某种比泰丰（Typhon）还要复杂的野兽。"[②] 德谟克利特自诩为宙斯的声音，论说着万物总体，确实尝试解释这个概念，但是他最终得出的只不过是个非常粗糙的说法："人是我们都知道的东西。"然而，首先，我们也都知道狗，可是狗并不是人。我们也都知道马和植物，但是

[①] 本章原先只有"关于人"这个标题。我们认为并不能充分表达下面内容的意思。所以按照其逻辑增加了第二章和三个小节的标题。

[②] 参看柏拉图《菲德罗》230A。

这些也都不是人。进一步，他其实假设了正在讨论的问题；没人能够立即同意人的本性是已知的，因为我们看到德尔菲祭司宣布"认识你自己"是人的主要问题。而且，即使我们同意这一点，也不能说对于人的知识是所有人都有的，而只能说是名副其实的哲学家才有。伊壁鸠鲁和他的追随者认为人的概念可以通过指示而告诉别人，他们说："人是这种形状的东西再加上生命。"但是他们没有注意到：如果被指示的东西是人，那么没有被指示的东西就不是人。而且，这样的指示或者是针对一个男子的，或者是针对一个女子的，或者指着一个老人，或者指着一个青年，或者是塌鼻子的，或者是鹰钩鼻子的，或者是直发的，或者是弯发的以及诸如此类的各种差别的人。但是，如果指着一个男子说，则女子就不是人；如果指着一个女子说，则男人都被排除了；如果指着一个青年说，则所有其他年龄的人都被挡在人性之外了。

还有些哲学家通过逻辑规定人的种类，认为从这一类属概念可以得出具体的个人概念。在这些哲学家中，有的给出了这样的定义："人是一种理性的、会死的动物，能接受思想和知识。"但是，他们这样说还是没有告诉我们什么是人，只是说了人的属性。然而，一个事物的属性与拥有属性的事物本身还是不同的，否则的话，它就不再是属性，而是实际事物本身了。而且可以肯定的是，虽然有的属性不能与它所从属的事物分离，比如物体的长度、宽度和深度；但是有些属性是与它们所从属的事物分离的，而且即使这些属性都离开了，事物还继续存在，比如一个奔跑、谈话、睡觉和走路的人；因为这些属性都属于我们，但是不是连续不断地属于我们；当我们不跑不说的时候，我们还是人；这也适用于这些属性中的其他几种。这样，存在着两种不同种类的属性；而我们将发现它们都与实体事物不是一回事，而总是有所区别。那些把人定义为"一种理性的动物"之类的人，是徒劳无益的，因为他们并没有给出人的定义，而仅仅列举了人的属性。在这些属性中，"动物"属于恒常的属性，因为人不可能不同时是一种动物。但是"会死的"甚至不是一种属性，而是某种依附在人身上的东西，因为当我们是人的时候我们就是活的而不是死的。"推理和拥有知识"确实是他的一个属性，但是不是恒常的；因为事实上有些不进行推理的人也是人，比如那些"被昏睡的甜蜜所征服的"；而有些并不"拥有知识"的人也并未丧失人的身份，比如疯人。故而，我们在找的是一样东西，而他们给我们的却是另一样东西。

不过，"动物"并不一定是"人"，因为否则的话所有动物都会是人。至于"理性的"一词，如果指的是"发挥理性"，那么诸神在行使理性的时候也就成了人了，而且也许有些其他的动物也会如此；如果"理性的"指的是"发出有意义的声音"，那么我们将说乌鸦和鹦鹉之类的生物也是人了，而这是荒谬的。进一步，如果人们说"会死的"是人，那么就能推出：既然非理性的动物也会死，那么它们也是人。我们还是必须同样地考察"能够接受思想和知识"一语。首先，这也适用于诸神；其次，如果人能够接受这些属性，人并不是这些东西，而只是能够接受这些东西的东西。人本身的真实本性还是没有得到解释。

然而，独断论学派中的某些享有机智盛名的人在回答这些批评时说，并非列举的属性中的每一种都是"人"，而是它们全部结合在一起构成了"人"——这属于"部分与整体"那种情况。因为正如一只手并不是人，一个头也不是，一只脚也不是，其他这样的身体部分也不是；但是它们结合在一起是作为一个整体来看的；同样，"人"并不简单地就是"动物"，也不仅仅是"理性的"，也不单独地是"会死的"，而是所有这些属性的集合；也就是说，同时是动物、会死的和理性的。但是，对于这一说法也有一个现成的反驳。因为第一，这些属性分开来看各自都不是"人"，它们结合起来怎么就构成了"人"，而不会超出他的所是，也不会不足以描述他的真实外延，也不会以任何方式扭曲？其次，它们不可能聚合成一体就构成了"人"；比如，"会死的"，当我们是人的时候不是我们的属性，而是从相伴发生的回忆中推导出来的。

我们是看到狄翁、铁翁、苏格拉底以及一般而言与我们相似的个体去世了，才推理说我们也是会死的，尽管死亡对于我们尚未出现——因为我们当然还活着。进一步而言，理性也是有时与我们一道，有时不出现；至于"拥有知识"，也正如我们已经阐述的，也不是人的恒常属性中的一种。所以，甚至所有这些属性的联合也不就是"人"。

柏拉图对于人给出了更差的定义，他说："人是没有翅膀的动物，有两只脚和宽指甲，能够接受政治科学。"对于他的批驳是显而易见的。因为他也没有解释人，而是列举了人的正面的和负面的属性；"没有翅膀"是其负面的属性，"动物"、"两足"、"宽指甲"是其正面的属性，而"能接受政治科学"有时是正面的，有时是负面的属性。所以，我们在寻求知道一件事情，他却给我们拿来了另外一件事情。

这样，我们必须承认无法对于人立即形成一个观念。同样地，我们也必须宣称对于人无法理解把握，尤其是这实际上已经被证明了（因为不可思议的东西就无法被理解，而我们已经证明了人——就独断论者关于他的概念而言——是不可思议的；因此，也就是无法理解的）。① 不过，我们还是可以从另外一条论证路线证明它。如果人是可以把握的，或者他作为一个整体而完整地探究和把握自己，或者作为一个整体他是被探究、被把握的对象（或者他部分地是把握的主体，部分地是把握的对象），正如我们想象一个看着自己的视觉一样；因为它或是完全在看，或是完全被看，或者部分地看着自己，或者部分地被自己所看。但是作为整体的人如果完全在探究自己并因此而被领会着（亦即他作为一个整体整个地在领会自己），那就不再有任何被把握的对象；而这是荒谬的。另一方面，如果他作为整体都是被探究的对象并整个地被这么领会着（亦即事实上他在被探究），那么我们就没有在探究或者

---

① 怀疑论的意思是：研究某一个事物分为两个阶段，首先要知道自己的对象是什么，然后才能深入了解它。但是第一阶段就不可能。即，对象的概念是无法"思议"（领会，构想，conceive, conception）的。更不要说进一步去"理解"（把握）它了。——译者注

进行把握的主体。进一步，也不可能把他分为两个部分看——他在一个时间里整个地是正在探究的主体，在另外一个时间里他整个地是被探究的对象。因为当他作为一个整体在探究，作为一个整体被领会着的时候（亦即事实上他确实作为一个整体在探究），就没有剩下什么对象让他探究了；反过来，当他作为一个整体是被探究的对象时，正在探究的主体就不会存在了。

余下的可能性就是：人不是作为一个整体领会他自己，而是通过他的某个部分对自己形成把握。但是这也是不可能的事情。因为人不过是他的（身体性）实体、感觉和理智，所以，如果他用自己的某个部分把握自己，那么他或者是用他的身体领会他的感觉和理智，或者反过来用自己的感觉和理智领会他的身体。但是，他不可能用自己的身体领会他的感觉和理智，因为身体是非理性的、无感觉的和不适于进行这样的探究的。此外，如果身体能够领会感觉和理智，那么在把握它们的时候就必须要与它们相似，也就是说处于相似的状况中并且既是感觉又是理智。因为，当它领会视觉的时候，就其看到视觉而言，它就是视觉；当它把握味觉时，它在品尝行动中就成了味觉，其他感觉的情况也是一样。正如在察知一个热的东西时，察知者是通过被烤热而察知其热的；而了解一个冷的东西的主体，也是靠感到其寒意，于是自己也成了冷的；同样，如果身体性的实体把感觉作为感觉来领会，那么它就具有了感知觉；而一旦具有了感知觉，它当然就变成了感觉；如此一来，正在探究的主体就不再存在，变成了被探究的对象。此外，假设身体性的实体与感觉和理智没有区别，也是极为可笑的；实际上，所有独断论哲学家都提到了它们之间的区别。

同样的论证也适用于理智；因为如果身体性实体把理智领会为理智——即领会为思考——那么身体性实体就会成了理智，而成了理智之后它就不再是探究者而是被探究者。所以，身体不能理解把握人。

事实上，感觉也不能。因为感觉都是纯粹被动的，就像接受印压的蜡一样，此外就不知道任何东西了；假使我们让感觉探究任何东西，那它肯定就不再是非理性的，而成了理性的，具有了理智的本性了。但是这不符合事实，因为，如果感受黑、白、苦、甜和味道以及一般而言的被动感受是感官的独特属性，积极的探究就不会是它们的独特属性。进一步，感觉自己并不拥有物体性的本性，怎么能够把握身体性的实体呢？比如，视觉察知着形式、大小和颜色，但是实体既不是形式、大小，也不是颜色，而是这些属性所从属的那个东西；因此，视觉没有能力察知实体，只能够看到实体的属性，比如它的形式、大小和颜色。"是的"，有人说，"但是这些属性的集合构成了实体"。但是这是愚蠢的说法。因为首先，我们已经证明了即使一个事物的属性的联合也不是属性所从属的那个事物。其次，即使它是的，身体也还是不能被视觉所察知。因为如果身体既不是单纯的长度，也不是形式自身，也不是孤立的颜色，而是它们的结合体，那么察知身体的视觉就必须逐一把它们结合到一起，以便称呼它们的总聚合体为"身体"。但是，把一件东西和另外一件东西结合到一起的行为，以及对于这样的大小与那样的形式在一起，属于理性官能；而视觉是非理性的，所以，察知身体不是它的任务。再者，它的本性不仅不适于领会作为聚合整体的身体，而且它也没有能力理解身体的这些属性中的任何一个。比如说长度，对于长度的理解当然靠扫描它的所有部分，亦即从一个点开始，越过一个点，再终止于一个点；然而非理性的事物无法做这种事情。再以深度属性为例，视觉总是在平面上徘徊，并不会穿透到深度中去。故而视觉无法发现镀金硬币下面的铜。而且，当我们在推翻昔勒尼派的理论时曾经说过，视觉不适于辨识颜色。因此，如果视觉甚至无法察知身体的属性，它就更加不能辨识身体本身了。这也不是听觉、嗅觉或味觉、触觉的任务；因为这些感觉各自只能觉察与自己亲近的知觉材料，而这不是身体性实体。听觉察知的唯有声音，而声音并非实体；嗅觉裁定的只是香味和臭味，但是不会有谁愚蠢到把我们身体的实体归为香的或臭的那类东西。简而言之，这样的论证也适用于其他的感官。所以，感觉并不理解身体性的实体。

实际上，它们也不能把握它们自己。谁用视觉看到过视觉？谁用听觉听到过听觉？谁用味觉尝到过味觉？谁用嗅觉闻到过嗅觉？谁用触觉触碰过触觉？这些都是理智的对象。所以，必须宣称：感觉甚至无法察知它们自己，因此也无法相互察知。因为视觉不能看到正在聆听的听觉，反过来，听觉也无法听到正在观看的视觉，同样的批评也适用于其他的感觉。如果我们断言作为听觉的听觉（即正在聆听中）可以被视觉所察知，我们就会承认视觉在实质上与前者相同，那它就不再是视觉而是听觉了；因为它怎么能察知到正在聆听的听觉呢，如果不是它自身就具有能够聆听的本性的话？反过来，如果听觉要察知正在观看的视觉，它自己就必须先成为视觉。但是这就荒谬到极点了。所以，我们不得不宣布，感觉既不能察知身体，也不能察知自己，也不能察知其他感觉。

"是的"，独断论者说道，"但是理智既察知身体实体，也察知感觉，也察知理智自身"。但是，这也是完全不可能的事情。因为，当我们宣称理智可以察知整个身体及其内容时，我们将会探究：它的察知是通过同时接触全部实体呢，还是接触其部分，然后再结合起来把握整体？他们不会同意是接触全体的，这一点从下面的论证中就可以看出。而如果他们说是通过结合各个部分来识别整体，他们又会陷入重重困难之中。因为在实体的各种部分中，有的是非理性的，它们影响我们的方式也是非理性的。于是，理智由于受到它们的非理性的影响，也就会变成非理性的；而变成非理性之后它就不再是理智了。所以理智无法理解实体。此外，根据同样的论证，它也无法理解感觉。因为，正如它具有理性能力，而身体是非理性的，所以它无法理解身体的；同样，它也无法理解感觉，因为感觉是非理性的，并因此会非理性地影响理解它们的东西。再者，在察知感觉中，理智必然会变成感觉本身。因为，为了理

61

解作为感觉的感觉（即作为正在进行感知的感觉），它就必须与其具有相同的本性，比如为了理解在观看的视觉，理智自己必须先成为视觉；为了理解在聆听的听觉，理智必须与听觉无异。同样的论证也适用于嗅觉、味觉和触觉。但是，如果察知感觉的理智变成了具有感觉的本性，那么就不再存在探究感觉的主体了，因为我们设定正在探究的东西已经变得与被探究的感觉同样了，并且因而需要别的东西来理解它了。"是的"，他们说，"可是，同一个东西可以既是理智又是感觉，但是不是在同一个方面；它一方面是理智，另一方面又是感觉；正如同一个喝水杯可以说既是凹下去的也是凸出来的，但是不是在同一个方面，而是在内部是凹下去的，在外部是凸出来的；同一条路也可以被理解为既是朝里倾斜的，也是朝外倾斜的：对于向上走的人是朝里倾斜的，对于向下走的人是朝外倾斜的；同样，同一个官能在一个方面是思考，在另一个方面是感觉，这样，当理智与感觉是同一个东西时，就不会无法理解感觉"。但是，他们的头脑也太简单了吧，根本没有真正回答上面的困难。因为我们断定了，即使承认这些不同的官能真实地属于同一个实体，我们不久前提出的困难依然存在。对于这种据说一方面是思想、一方面是感觉的东西，我可以追问：它如何通过它的思想的方面察知它感觉的方面？因为作为理性的事物，它在理解一个非理性的事物时，会被非理性地影响，而在非理性的影响之下它就会成为非理性的；这么一来它就不是在理解，而是在被理解。这还是荒谬的。

  这样，我们通过以上论证就证明了人无法通过身体察知感觉，反过来也无法通过感觉察知身体，因为它们既不能察知自己，也不能相互察知。下面，我们要证明理智也不能像独断论哲学家所宣称的那样认识它自己。如果心灵理解自己，它或者是作为一个整体理解自己，或者不是作为一个整体这么做，而是运用自己的一个部分。首先，它无法作为一个整体理解自己；因为如果它作为整体理解自己，它就会整个地成为理解，而既然它整个地成为理解主体，就不存在任何被理解的对象了；但是，存在理解的主体却不存在被理解的对象，那是极为有悖理性的事情。其次，心灵也不能为此而使用自己的一个部分；因为那个部分自己如何理解自己？如果作为一个整体的对象不存在，那么就一个部分而言，那个部分又怎么能识别自己？……如此下去，以至无穷。于是，理解成了一个没有开端的事情，或者找不到进行理解的第一个主体，或者不存在被理解的对象。再次，如果心灵理解自己，那么它会同时理解自己所处于其中的处所，因为一切被理解的东西都与某种处所一道被理解。而如果心灵在理解自己的同时一道理解自己处于其中的处所，那这又是哲学家争论不休的一个问题了；有人说心灵的位置在头脑中，有人说在胸腔中，更为具体地讲，有人说在脑子中，有人说在"首要物质"中，有人说在心脏中，还有人说在肝门区或是诸如此类的身体部位中。关于这些，独断论哲学家争论不休，故而心灵不理解自己。

　　以上可以视为对于困扰关于标准的探究的困难的一个陈述，普遍地适用于"人"这一较大的方面的标准。但是，因为独断论者极为自负，不承认其他人拥有对于真理的判断权，而是断言唯独他们自己才发现了它；我们就在他们这一论断的基础上建立我们的论证，并证明即使这样，也还是无法发现任何真理标准。每一个宣称自己已经发现了真理的人，或者仅仅是通过断言而宣布它，或者还诉诸一个论证。但是他不会仅仅断言它，因为对立面的一方也会有人断言相反的立场，于是前者不会比后者更为可信；因为仅仅一个断言将与另一个断言相抗衡。但是，如果他在宣称自己是标准的同时还伴以论证，就必须是一个正确的论证。但是，为了确定他用以宣称自己是标准的论证是正确的，我们又必须拥有一个标准，而且这一个标准必须是大家已经公认的。然而，我们并不拥有一个毫无争议的标准，因为这还是需要探究的主题；所以，不可能发现标准。再次，由于那些称自己为真理标准的人是从不和谐一致的思想流派中得出的，并且因此而彼此不同意，我们就需要拥有一个可以用来裁决他们的分歧的标准，以便同意其中一方，否认另一方。于是，这一标准必须或者与所有不同意的人不一致，或者与仅仅一个人一致。但是，如果它与所有人不一致，那它就会成为争议不一致中的一方，而作为这当中的一方，它就不再是标准，而是自己也和整个的争议一样，需要一个裁决者；因为同一个东西同时进行审查，又被审查，是不可能的事情。然而，如果它不与所有各方一致而只与自己一致，那么所唯一与之一致的，因为卷入不一致争议中，又需要一个审查者。而根据这一解说，与那唯一一方一致的标准，因为与这一方没有区别，也需要判断；然而需要判断的东西自身就不会是标准。但是，所有论证中最为重要的是这一个：如果我们说某个具体的独断论者是真理的判官，而且这一属性仅仅属于他，那么我们就应当仔细地考察他的年龄，或者不看他的年龄而看他的勤奋工作程度，或者不看这些而看他的智慧和智力，或者不看他的智慧而看大众的证据。但是，下面将要证明的是，在我们对真理的探究中，无论是注意年龄还是注意勤奋程度，或者是任何上面提到的其他因素，都是不合适的；因此，不应当断言任何哲学家是真理的标准。首先，我们不应当注意年龄，因为大多数独断论者在宣称自己是真理的标准的时候年龄都差不多，也就是都在老年的时候，比如柏拉图、德谟克利特、伊壁鸠鲁和芝诺，宣称自己发现了真理。再者，完全不是没有可能的，会出现这一种情况：正如在日常生活和普通交往中，年轻人往往比老人更为聪明，同样，在哲学中，年轻人也许比老人更为敏锐。因为有的人，包括医生阿斯克勒皮亚德斯在内，都公开肯定老人在智力和思想敏锐性上落后于年轻人，尽管相反的观点因为错误意见的流行而被大多数毫无头脑的人当作是真的。他们认为年轻人因为缺少老人的丰富经验而在智力上落后，然而相反的情况才是事实，因为尽管老人确实更有经验，但是他们并不比年轻人更有智力。所以，人们不应该根据年龄而说任何独断论者是标准。其次，也不能根据勤奋程度说。因为他们都同样地勤奋，而且没有人在真理的竞赛中断言自己已经找到真理后就懒散下来。既然所有人在这方面给出的证据是同样的，那么偏袒某一个人就不公平了。再者，人们同样也不能根据智力而把一人看作高于另一人。因为首先，他们都是富有智力的，并非有人愚钝，有人聪明。进一步，那些以智力著称于世的人往往并不倡导真理，而是倡导谬误。比如我们把那些卓有成效地支持错误的事情——把它说成与真理在可靠性上一样的演说家称为"有能力的和有头脑的"，而把不属于这类人的人称呼为"反应迟钝的"和"不聪明的"。所以，在哲学中，完全有可能那些真理追求者中最聪明的人看上去最有说服力，尽管由于他们的本性使然，他们在倡导错误的东西；相反，那些缺乏这一本事的人却说服不了人，尽管他们在真正追求真理。故而，既不能根据年龄，也不能根据勤奋或是智力，来支持一个人比另外一个人更好，说这个人已经发现了真理，而那个人没有发现。最后剩下的可能性是：我们应该注意达成一致的大多数人；因为有人可能会说他是对真理的最佳裁判者，大众的证据都与他一致。但是这是没有意义的，而且比我们已经拒斥的那些标准还要差劲。因为，且不必说其他的，无论关于什么事情，那些持反对意见的人与持同意意见的人的人数是相等的，比如伊壁鸠鲁派与亚里士多德派相等，斯多亚派与伊壁鸠鲁派人数一样，其他情况也是如此。所以，如果发现了真理的人就是最好的人，因为所有从他那儿接受真理的人都与他保持同样的观点，那么我们为什么要说这个人而不是那个人是最好的、是真理的标准？比如，如果我们推举伊壁鸠鲁是因为那些认同他发现真理的人是无数的，那么为什么推举伊壁鸠鲁而不是亚里士多德呢，既然站在后者一边的人的人数一点也不比前者的少？不过，无论如何，正如在日常生活中，一个聪明的人完全有可能比许多不聪明的人要好，同样，在哲学中，也完全有可能一个人是有头脑的，并且因此是值得信任的，而大众是笨蛋，并因此不可信任，即使他们众口一致地为某人作证。聪明的人是少的，愚蠢的人是多的。进一步，即使我们关注普遍的一致和大众的证据，我们还是会被再一次带回到与我们的假设相冲突的立场上；因为持不同看法的人必然比赞同的人要多得多。如果我举一个熟悉的例子，大家就会明白我的意思。为了论证的方便，让我们假设属于斯多亚哲学学派的人比属于其他所有学派的人的人数都要多，而且前者都一致同意说唯有芝诺发现了真理，其他任何人都没有。于是，伊壁鸠鲁派会反驳他们，而散步学派会宣布他们是说谎者，学园派会否认他们，其他学派的所有成员也统统会这么做；于是，那些一致赞同芝诺的人，当与一致宣布芝诺不是标准的人相比，人数就少得多了。另外，还有其他的理由：如果一个人要投票赞同那些在某件事情上众口一词的人们，那就必须承认没有人发现了真理；因为任何受到一定数量的人的支持的人总会受到其他学派的大批的人的激烈反对。不过，这些论证中最有说服力的乃是：那些一致同意某人发现了真理的人们，就其一致同意而言，必然处于某种状况中，这或者是不同的，或者不是不同的，而是完全一样的。但是他们绝不会处于不同的状况中，否则他们必然会分歧不一；然而如果他们处于同一个状况中，他们又会被带回到与陈述相反观点的人同等的水平上了。因为正如后者就反对他们而言处于一种状况中一样，前者也处于同等的状况中，他们人数的众多在确证信念上于是成了多余的；因为，事实上，只要他们中有一个人据说做出了这一陈述，他将会拥有与所有其他人同样分量的权重。

但是，如果那些在哲学中发现了真理的人据说是根据他的年龄，或者他的勤奋，或者他的智力，或者拥有许多支持者，而我们又证明了所有这些理由都不足以证明他确实是真理标准，那么很明白，哲学中的标准是无法发现的。

再者，那些宣布自己是真理标准的人说的只是向自己显现的东西，舍此无他。所以，既然其他哲学家也都在说向他们显现的东西，并且与前者的命题冲突，很明显，因为他们相互处于同一个水平上，我们就不能确定地说他们中谁是标准。因为，如果第一个人是可靠的，由于在他看来他是标准，那么，第二个人也应当是可靠的了，既然在后者看来他自己是标准；同样的情况也适用于第三个人和其他所有的人；由此可以推出：没有任何人确定地是真理的标准。进一步，一个人在说自己是标准的时候或者仅仅是断言，或者也运用一个标准。但是，如果他仅仅断言，他会被相反的断言所阻止；如果他使用一个标准，他将会被推翻。因为这一标准或者与他一致，或者不一致。如果不一致，那就不可信，因为它与这位自信是真理标准的人不一致；但是如果与他一致，那它还需要一个裁决者。因为正如宣称自己是标准的人不会被人信任，与他一致的标准也不会，既然它具有与他一样的品性，故而还需要第二个标准。如果事情是这样的，那么就不能断定每个哲学家都是标准，因为所有有待裁决的东西自身都是不可信的。还有，宣称自己是标准的人或者通过断言，或者通过论证这么说。不过，根据我已经给出的理由，他不能通过断言这么说；而如果他通过证明这么说，这证明当然必须是正确的。但是，说这一证明是正确的，或者仅仅断言，或者通过证明，如此下去，就会走向无穷。所以，根据这一理由也必须宣布：真理的标准是无法被发现的。

　　还可以这么论证：那些自称裁决真理的人必然要拥有真理的标准。那么，这一标准或者是没有得到一个裁决者的认可，或者是得到了认可。如果它没有得到认可，它怎么成为可信的呢？因为一切有争议的问题如果没有裁决，就都是不可信的。如果它得到了认可，那么认可它的人又或者曾经被认可过，或者没有……如此下去，以至无穷。还有，有争议的标准需要一个证据。但是既然有的证据是真的，有的证据是假的，被用以支持标准的证据自身必须要得到一个标准的支持；这么一来我们就陷入循环论证中了：一方面标准有待证据的确证，另一方面证据又有待标准的支持，它们各自都无法得到对方的确证。此外，同一个东西会既是可信任的又是不可信的——标准会因为它裁决证据而是可信的，证据会因为它证明标准而是可信的；但是标准又会因为被证据证明而是不可信的，而证据也会因为被标准裁决而是不可信的。

第二节 "通过什么"意义上的标准

所以,通过所有这些论证,怀疑论就批评了第一种意义上的标准——主体方面或"由谁"的标准。至于关于第二种意义的标准——我指的是"通过什么"或工具意义上的标准——也不难展开。因为如果人发现真理,那么他或是仅仅通过运用感性,或是运用理智,或是感觉和理智的结合。但是,我们将证明,他不能通过仅仅运用感觉或者理智或者二者的结合来发现真理,所以,人无法发现真理。首先,他无法仅仅通过感觉把握真理,这一点我们前面已经证明了,现在只要简短地回顾一下。因为感觉本质上是非理性的,它们除了被所想象的对象印压之外,再也没有进一步的能力了,所以它们完全无力发现真理。[1] 因为察知实在对象中的真理的东西必须不仅被一个白色或甜味的感受所影响,而且还必须能够对这一对象具有印象:"这个东西是白色的","这个东西是甜的"。其他感觉的情况也是如此。但是,察知那样的对象已经不再是感官的任务了,因为感官的本性是只能把握颜色、味道和声音,而对于"这是白色的"或"这是甜的"的认识,既不是颜色也不是味道,是不能被感官所经验到的。而且,感觉在许多情况中都提供了错误的报道,相互之间也不一致,这些我们在阐述安尼西德穆斯(Aenesidemus)的"十式"的时候已经阐明了。但是,分歧不一、互不一致的东西不是一个标准,相反它自身有待裁决。所以,感觉自身无力判断真理。它们有待于结合记忆,才能知觉实在的对象,比如人、植物,等等。因为人是颜色、大小、形状和某些其他特性的集合,但感觉在记忆的帮助下也无法结合任何东西,因为结合既不是颜色,也不是味道或声音——这些东西才是感觉能够感知的。

---

[1] 此处的"真理"就是"真"或"真理"。——译者注

理智也不行。因为如果理智要认识真理的话，那么它就必须以前已经认识了它自己；正如建筑师不会在判断曲直时不注意他的标准——比如尺子和圆规——的结构一样，理智如果能够区分真假的话，它必然早就认识了自己的本性，比如自己是由什么质料构成的，它处于什么位置，以及其他的方面。但是，它不能一下子就理解这些事情，因为有些人比如狄凯阿库斯（Dicaearchus）说，理智不过就是身体的某种状态而已，而其他人说理智存在，但是并未同意它都位于同一个地方：有的人比如安尼西德穆斯就说，"根据赫拉克利特"，理智在身体之外；有的人说在整个身体中（比如有些"根据德谟克利特"的人如是说），还有些人说位于身体的某个部位中，而在最后这一观点中，又有许多进一步的纷争。还有，有些人和大部分人一样认为它与感觉截然有别，但有的人说它就是感觉——它通过感官向外观看，就好像通过一个洞眼一样。这个理论首先是由医生斯特拉图（Strato）和安尼西德穆斯所提出的。因此，理智不是标准。再者，理智有许多种，而且因为数量多，它们分歧不一致，而既然分歧不一，它们就需要由谁来评判。这一评判者或者又是理智，或者是某种与其不同的东西。它不可能是理智，因为否则的话，它也成了争议的一方，于是也有待评判，无法充当标准；如果它是与理智不同的东西，那这又支持了"理智不是标准"的观点。我们还可以使用独断论者所做出的结论，因为我们没有必要重复我们自己。进一步，既然根据大多数哲学家，我们身上除了存在着理智部分之外，还存在着感知的部分，它被置于理智部分的前面；它既然处于理智的前面，就必然会阻挠理智感知外部对象。因为，正如处于视觉器官和被看到的对象之间的物体会阻挠视觉感知被看到的物体一样，如果非理性的视觉插入理智和视觉的外部对象之间，视觉势必阻挠理智感知外部的视觉对象；如果听觉插入理智和外部的可听对象之间，则它势必阻挠理智认识到听觉对象；同样的道理也适用于其余的感觉。因此，理智被困锁在内部，被感觉封闭在黑暗之中，从而无力感知任何外部对象。所以，也不能说理智自身是标准。

剩下来的就是说"它们二者",意思是理智通过使用感觉作为助手来把握外部对象。但是,这也是不可能的。因为感觉并不向理智提供外部对象,而是每个感觉都报告自己独特的感受,比如触觉在被火温暖的时候并不向理智提供外部的、燃烧的火,而是从中得来的温暖,而这是它自己的独特感受。不仅如此,因为如果思想接受了感官的感受,那么它自己就成了感觉了。因为接受视觉感受的东西就以视觉的方式受到了影响,而以视觉的方式受影响的东西就是视觉;能够接受听觉感受的东西就是以听觉的方式受到影响的,而以听觉的方式受到影响的东西就是听觉。其他感觉的情况也是如此。同样,理智如果接受了每个感觉的感受,就是以感觉的方式受影响,而由于它以感觉的方式受影响,它就是感觉了;而既然它是感觉,它就是非理性的;而既然它是非理性的,它就不再是思想了;而既然它不是思想了,它就不能作为思想而接受感觉的感受了。而且,即使它接受感觉的感受,它也不能认识外部对象。因为外部对象与我们的感受并不相像,呈现与被呈现的事物远不一样。比如,火的呈现与火不同,因为后者会烧掉东西,而前者不能烧东西。此外,即使我们假设外部对象与我们的感受相似,也不能确定理智通过接受我们的感受而理解外部对象。因为与某些事物相似的东西与那些东西毕竟不是一回事。所以,如果理智认识了与外部对象相似的东西,它并没有认识外部对象,而是那些与其相似的东西。正如不认识苏格拉底的人在观看苏格拉底的画像的时候并不知道苏格拉底是否与这个相似物相像,同样,理智感知着感受,但是无法察知外部对象,就不能知道这些对象的本性,也不知道它们是否与这些感受相似。由于它也不知道明白的事物,它就不能理解不明白的事物,后者据说是通过从明白的事物推导出去认识的。所以,它就不是真理的标准。

但是,有的独断论者在此不断重复上面提到的那个反驳,说灵魂的这些不同部分——即理性部分和非理性部分——不是分离开的,而是像蜂蜜那样,同时整个地既是液体又是甜味;灵魂也整个地拥有这两种官能,它们互相完全渗透,其中一种是理性的,另一种是非理性的;理性的部分受到理智对象的影响,而非理性的部分感知感性对象。所以,不应当说理智或者一般而言灵魂无法理解这类对象中的另一类,因为它具有双重的官能,它必然能够理解两类对象。但是,他们这话简直愚蠢到了极点。因为即使这些官能看来结合在一个实体中,相互完全渗透,遍布整个的灵魂,它们从类属上说还是互相有别的,这一个和那一个是完全不同的东西。这一点,人们可以从明明白白的事实中看到;因为经常有些东西依附于某种事物,却与其具有不同的本性。比如,重量和颜色都依附于同一个身体上,但是相互不同;而且,形状和大小是同一个实体的属性,但是本性各异,被各自理解为不同的东西。同样,前面提到的理性官能即使与非理性官能混合存在在一起,还是与其有别。这还会带来进一步的后果:由于前面提到的理由,一个官能不能像另外一个那样被影响,具有相似的感受;否则的话,二者就必然成了一个东西——如果它具有非理性的感受的话,它就是"理性的非理性";如果它具有理性的运动的话,它就是"非理性的理性"。而且,即使我们假设理智就像通过洞眼透过感觉通道观看,并且离开处于自己前面的感觉而与外部对象接触,那个理论也无法成立。因为以这样的方式把握真实对象的理智必须把对象理解为是自明的;但是,我们将证明没有任何东西是自明的;所以不可能把握真实对象的真理。我们的敌对者说,"自明的"就是"自身被感知的,不需要第二个东西来确立它的"。但是,没有任何东西本性上就是自身被感知的,所有的东西的被感知都要经由感受,而感受与产生感受的呈现对象不是一回事;因为我在品尝蜂蜜的时候感到了甜味,并猜测外部存在的蜂蜜实体是甜的;当我靠近火的时候感到温暖,于是就以为我自身的状况标识出外部的火的实体也是温暖的;同样的情况也适用于其他感觉对象。既然通过另外的东西被感知的东西被公认是并非自明的,而所有的东西都是通过我们的感受被感知的,而非它们自身，所以所有的外部对象都是不明白的，并且因此是我们所无法认识的。因为为了保证对不明白的事物的认识，我们必须有某些自明的东西；如果我们不拥有这类东西，那么对不明白的东西的把握也就消失了。同样，我们也不能说：尽管这些东西因此是不明白的，但是它们还是能被我们把握，因为由感受得出的标识指示是确定的。当我们品尝蜂蜜时感到甜，并不意味着蜂蜜本身必然是甜的；当我们品尝胆汁时感到苦，胆汁自身也并非必然是苦的；因为属于我们的感受未必一定属于产生它们的原因。因为，正如切入皮肉中的刀锋令皮肉感到疼痛而自己并不痛，令饮食者愉快的食物和饮料自己并不快乐，同样，火能引起温暖，但是自己并非必然是温暖的，蜂蜜能够给人甜味，但是自己不甜。同样的论证也适用于其他的感觉对象。所以，如果为了认识真理就一定要有某种自明的东西存在，而我们已经证明了所有的东西都是不明白的，那么就必须承认真理是不可知的。

而且，难道能够否认这一事实吗：哲学家中关于最重要的事情的争论不休消灭了真理的知识？因为，有些自然哲学家比如德谟克利特否认所有的现象，其他人如伊壁鸠鲁和普罗泰戈拉肯定所有的现象，而又有一些人比如斯多亚派和散步学派否认一些，肯定一些；那么，无论人们假设标准是理智还是感觉或者二者共同一道，在各种可能性中都必然需要采纳某种明白的东西或者不明白的东西裁判这些思想家们。但是，采纳明白的东西是不可能的，因为它来自有争议的东西，所以自己也必然是有争议的，因此无法充当标准。可是如果采纳不明白的东西，整个事情就彻底颠倒了：已经知道的东西看来却要由不知道的东西来确证。这太荒谬了。

第三节　标准的第三个方面：呈现过程

不过，让我们假设人的实在性，并假设感觉和理智的实在性，以便使独断论的命题可以继续前行。然而，甚至为了通过这些东西去认识任何事物，人们也还是需要同意第三个方面的标准，即呈现。因为，如果没有呈现中的变动，则感觉或者思想都无法意识到事物。① 但是，这个方面的标准也遭遇到了多种多样的质疑，这一点，当我们从头开始系统详尽地讨论了它们之后就可以看到了。在以呈现为规则的人当中，有的注重"把握性的呈现"，有的注重"可能的"呈现，② 我们将挑选出二者共同的种概念即"呈现"，并且推翻它；因为一旦它被推翻了，呈现中的具体差异也就被推翻了。正如当动物不存在了，人也就不存在了；同样，当呈现不存在了，把握性呈现或者可能性呈现也就都不存在了。如果呈现是"灵魂上的印象"，它或者是像克里安提斯建议的那样"通过凸起与凹下"而印压的，或者像克吕西波所建议的那样是"仅仅通过变动"而造成的。如果它是通过凸起和凹下而存在的，那么克吕西波所宣称的那些荒谬结果就会发生。如果灵魂在受到呈现影响的时候是像蜡一样受到印压，后面的印压必然总是会抹去前面的呈现，正如再盖下去的印章总是抹去了前面的印章。但是如果事实是这样的话，记忆就被消灭了，因为记忆是"呈现的储存"；而且所有的技艺也都被消灭了，因为技艺是"理解的体系和汇集"。于是，既然心灵的印象时时变动，主导部分中不可能同时存在众多不同的呈现。所以，心灵中主要的印象不会是呈现。其次，如果明白的东西是"对不明白的东西的一个图像"，而我们看到，明白的物体是由比"呼吸"更为紧密的部分所组成的，但是都无法保持印压在其上的任何印象，那么呼吸更加不能保持从呈现中得来的任何印象。③ 再者，水的组成部分比呼吸要紧密得多，但是当手指压到水上时，水并不能保持压力的痕迹，何况我为什么要说

---

① 呈现中的变动（presentative alteration）指的是感知物（percept）在感知者（percipient，感觉或者理智）中所产生的变动，这构成了"呈现"（presentation）。
② 前者是斯多亚派，后者是学园派。
③ "呼吸"（breath）也可以翻译成"嘘气"，也即"普纽玛"，被斯多亚学派视为世界的本原，尤其是灵魂（即人的"主导部分"）的实质。——译者注

水呢？即使是十分柔软的蜡——当然与水比要更为坚硬——尽管由于其弹性，它可以在瞬间接受一个印迹，但是它并不能保存它。如果这样一种与水相比更为坚硬的物体，都不能保持印压在它身上的印象，很明显呼吸就更不具有这样的本性了，"呼吸"与所有这些其他物体相比都更为精细和流动不定。

"是的；但是呈现并非严格意义上的一个印象，而只不过是理智中的一个变动。"但是，这种说法比起前面的定义更加差。因为在变动中，有一种是通过感受，其他的是由于实体中的变化。比如说，正是通过感受，雕像在保持实体和形状不变的同时，有时被太阳光加热，有时被夜露弄凉。但是当雕像被熔化成了一个铜球的时候，就是实体方面的变化了。故而，如果呈现是灵魂的一种变动，那么这一变动或者是通过感受，或者是通过实体的变化。如果这是通过感受，那么既然感受会由于呈现不同而不同，新的感受会改变老的，理智当中就不会存留下任何东西，而这是荒谬的。如果这是通过实体的变化，灵魂在接受一个呈现的同时，由于变动了，就不再是灵魂，而是被消灭了，正如被熔化成了一个铜球的雕像就不再是一座雕像了。所以，呈现也不是"灵魂的一种变动"。此外，它们还被有关变化的论证所摧毁。因为一个东西如果变化和被变动了，那么或者是保留下来的东西变化和被改变，或者是没有保留下来的东西。但是，既不是保留下来的东西被改变和变化了——因为它正是靠与过去一样而保留下来的；也不是没有保留下来的东西被改变和变化了——因为这已经被消灭了和被改变了，而不是在改变着。比如，如果白色改变，它或者是在保留为白色时改变着，或者在它不再是白色的时候改变着。但是它并非在依旧是白色时改变着，因为它依旧是白的，而就其还是白色的而言，它并不在改变；但是它也不在它不白的时候改变着，因为它已经被消灭和改变了，而不是还在改变中。故而，白色不改变。由此也可以得出，如果呈现是灵魂的一种变化和变动，那么它就不存在。

而且，即使假设了变动，也不能立即就承认呈现的真实存在。因为据说这是"主导部分的一个印象"，但是所谓"主导部分"是否存在，在何处存在，并没有公认的一致看法。有人（像阿斯克勒皮亚德斯）说根本不存在什么主导部分；有人尽管相信它存在着，但是对于包含它的处所没有一致看法。因此，就这一争论是无法解决的而言，人们必须悬搁判断，因为人们并没有公认呈现是主导部分的一种印象。

但是即使假设"呈现是主导部分的一种印象"，由于这一印象唯有通过感觉——比如通过视觉、听觉或其他这样的官能——才能报告给主导部分，我希望知道"在主导部分中发生的变动"与感官中的是同一类的还是不同的。如果它们是相同的，既然每种感觉都是非理性的，主导部分既然被变动了，也就会成为非理性的，与感觉完全一样的；如果变动是不同的，那么它就不能按照被呈现的对象的原样接受它们，于是，存在的对象是一回事，在主导部分中形成的呈现又是另一回事。而这也是荒谬的。所以，也无法通过这一方式说呈现是主导部分的一种印象和变动。

进一步，呈现是被呈现的对象的一种后果，被呈现的对象是呈现的原因，能够在感官上印压；而且，效果与产生它的原因是不同的。因此，既然心灵理解把握呈现，它就是在接受被呈现的对象的效果，而不是外部对象本身。假如谁想从他所经验到的感觉和感受出发论证说他理解把握了外部对象，我们将提到前面讲到过的那些困难。因为外部对象或者与我们的呈现是同样的，或者不同，但是相似。（但是它们当然不会是同样的）因为怎么能想象原因与其结果一样呢？然而，如果它们是相似的，既然与一个东西相似的东西与那个东西本身不是一回事，理智将知道与被呈现的对象相似的东西而不是被呈现的对象；而且这里也有许多困难。理智如何能知道被呈现的对象与呈现是相似的？它对此的认识或者是通过一个呈现，或者不需呈现。但是不通过呈现是不可能的，因为理智本性上就无法不通过经验呈现而接受任何东西。如果它是通过呈现而认识它的话，这一呈现必然既要感知自己，又要感知被呈现的对象，以便确定自己是否与产生了自己的那个被呈现的对象相似。呈现或许能够感知被呈现的对象，因为它就是对于它的呈现；但是它如何能感知自己呢？如果此事能够发生，它就必须既是呈现，又是被呈现的对象。而既然被呈现的对象是一回事（因为它是原因），呈现又是一回事（因为它是效果），同样的东西就会与自己有别了（它同时是原因又是结果）；这两种结论都是违背逻辑的。

让我们从上述困难向前走。即使承认呈现具有独断论者所希望具有的本性，也还是会出现新的困难。如果接受呈现作为标准，我们必须承认每一种呈现都是真的，正如普罗泰戈拉所做的那样；或者认为每一种呈现都是假的，正如科林斯的克塞尼亚德斯所做的；或者说有的真有的假，就像斯多亚派和学园派，以及散步学派所做的那样。但是，（正如我们将要证明的）我们不能肯定或者所有的呈现是真的，或者每个都是假的，或者有的真有的假；因此，我们就不得宣称呈现是标准。人们不能说所有呈现都是真的，因为这么说是自我反驳的，正如德谟克利特和柏拉图在反对普罗泰戈拉的时候告诉我们的；因为如果所有呈现都是真的，那么"并非所有呈现都是真的"之判断，作为建立在一个呈现之上的判断，也是真的；于是"所有呈现都是真的"之判断就是假的了。此外，除了这样的自我驳斥之外，宣称所有呈现都是真的，也与明白的事实和公然的证据相冲突，因为许多呈现都是假的。因为就目前来讲，我们的感受并不会同样地对待这些判断："现在是白天"，"现在是夜里"，"苏格拉底活着"，"苏格拉底死了"。这些判断也不会自身具有同等清晰的证据。"现在是白天"和"苏格拉底死了"看上去更为可信，而"现在是夜里"和"苏格拉底活着"就不是同等可信的，而是看来不是事实。同样的论证也可以被用于某些事情的一致和冲突上。因为天色明亮显然由现在是白天而来，你在运动显然可以从你在走路推出；而夜晚的存在显然与白天的存在冲突，你不在运动与你在走路冲突；对于其中之一的肯定就是对另一个的否定（如果一个事情来自另外一个事情，那么一个事情也会与另外一个事情冲突）。但是，如果有任何东西与任何东西冲突，那就不可能所有的呈现都是真的，因为与一个东西冲突的东西，是作为真与假冲突，或者假与真冲突的。另外，如果所有的呈现都是真的，那对于我们来说就没有任何不明白的东西了。因为只是当有的是真的，有的是假的，而我们又不知道这当中谁是真的，谁是假的，我们才有了一个不明白事情的例子；一个说"星星的数目是偶数还是奇数，对于我来说是不明白的"的人，实际上是在说他不知道星星的数目是偶数或者是奇数，哪一个判断是真的，哪一个是假的。所以，如果所有的东西都是真的，所有的呈现都是真的，那么就没有任何东西对于我们来说是不明白的了。如果没有任何东西是不明白的，那么，所有的东西都是明明白白的。而如果所有的东西都是明明白白的，那么就没有对任何东西的探究和质疑了；因为人们只会对在他看来不明白的东西进行探究和质疑，而不会探究明白的东西。但是，否认探究和质疑是荒谬的。所以，并非所有的呈现都是真的，也并非所有的东西都是真的。

进一步，如果所有的呈现都是真的，而且所有的东西都是真的，那就不再会有实在性、正确无误性，也不会有教导、技艺、证明、美德或是其他诸如此类的事物。让我们考察这一命题。如果一切都是真的，那就没有假的；而没有任何假的，也就没有说谎、犯错误、缺乏技艺、邪恶；因为所有这些都与虚假相关，从虚假中得到存在。如果没有人说假话，那也就没有人说真话；没有人犯错误，也就没有人是准确无误的。同样，如果没有人是缺乏技艺的，那也就消灭了技艺专家；如果没有恶人，也就取消了贤哲。因为这些事物都是在关联中被把握的；正像如果没有右手也就不存在左手，如果没有下面也就没有上面，同样，如果对立双方中的一方不存在了，另外一方也就不存在了。而且，证据和征象也都会消失。因为证据是为了证明真的而非假的存在着；但是，如果不存在虚假的东西，那么也就不需要任何东西来教导我们假的东西不存在。至于征象与征兆，据说它们的功用是有助于揭示不明白的东西的，但是如果所有的东西都是真的和自明的，我们就不需要任何东西来指明真的或假的未知事物了。

我们为什么要沉溺于这些细节中呢。要知道，如果大家公认所有的呈现都是真的，那么动物，甚至宇宙整个地都不会存在了。因为如果所有的东西都是真的，所有的东西就会对我们都是明明白白的；而如果这样的话，那么所有的东西对我们都是不明白的，也会是真实的，因为这句话也是"所有的东西"之一。而如果所有的东西都是不明白的，我们就无法肯定动物或者植物或者宇宙对我们显现；但是这是荒谬的。因此，由于以上这些原因，人们必须宣布并非所有的呈现都是真的和可信的。同样，由于类似的原因，也不能说它们都是假的。因为"所有的东西都是假的"与"所有东西都是真的"的效力是同等的。这样一来我们就可以再次启动前面讲的反对这类立场的所有驳论了。因为如果所有的呈现都是假的，没有任何真的，那么这句话"没有任何真的东西"至少是真的。所以，如果没有任何东西是真的，那么就至少存在一句真的命题；这么一来，那位说"所有呈现都是假的，世界上绝对不存在任何真的东西"的克塞尼亚德斯就被驱赶到自己原初立场的反面上去了。因为，作为一个普遍的规则，不可能在断言任何具体的东西是假的的同时却不肯定一个真理。比如，当我们断言 A 是假的时，我们就是在断言 A 的虚假性的存在；我们断言"A 是假的"，实际上就是在断言这样的话："'A 是假的'这句话是真的。"我们在断言一个东西是假的同时，就必然断言了真理的存在。以同样的方式，人们在此也可以证明呈现中的差异也是自明的，因为有的呈现吸引我们同意，有的却让我们感到排斥；但是并非所有的呈现都吸引我们或是令我们感到排斥，因为如果不存在任何区别，而是所有呈现都同等地不可信或是可信，那么就必然既不会有技艺，也不会有缺乏技艺；既没有赞扬，也没有批评，没有欺骗，因为技艺、赞同和欺骗都是通过真实地呈现而被理解的，而欺骗和批评都是通过虚假的呈现而被理解的。所以，不能断言所有的呈现都是真的和可信的，也不能断言一切呈现皆假、无物可信。

于是，剩下的可能性就是肯定有的呈现是可信的，有的是不可信的，就像斯多亚派和学园派所说的那样；斯多亚派认可的是"把握性的"呈现，而学园派认可的则是那些看上去"可能的"呈现。但是，对此仔细考察之后得出的结论是，这一观点看来更是一个虔诚的期望而非真理。首先以"把握性"呈现为例，它是所谓"由一个实在的对象印入、印压在心中的，与那个对象一致，是绝不可能由不真实的对象产生的"。在这些描述中，卡尔尼亚德说他大部分会同意斯多亚派，但是不会同意"是绝不可能由不真实的对象产生的"这一句。因为呈现既能由实在的对象产生，也能由不实在的对象产生。而这两类呈现同样都是自明的、栩栩如生的，这表明它们之间无法区分；人们对其相应的反应就表明了它们是同样栩栩如生和自明的。比如在醒着的生活中，口渴的人在畅饮中感到快乐，逃离野兽或其他可怕的东西的人大声喊叫，同样，一个在梦中口渴的人以为自己在泉边饮水时也感到愉快，在恐慌中的人也同样感到害怕：

  阿基里斯惊吓跃起，
  猛击双手，口出悲语。①

正如在正常状态中我们相信和同意非常清晰的现象，就像对待真的狄翁一样对待狄翁，对待铁翁就像对待真的铁翁一样；同样，在疯狂状态中，人们也受到同样的影响。比如，当赫拉克勒斯发疯时，他接受了

---

① 荷马：《伊利亚特》第 23 卷，101。

他的孩子的呈现,但是却把他们看作是尤里斯图斯(Eurystheus)的孩子,并按照这一呈现行动。① 而按照这一呈现行动就意味着消灭敌人的孩子,他正是这么做了。于是,如果把握性呈现就是那些吸引我们同意它并且随之按照它行动的呈现,那么错误的呈现看来也是这样的呈现;所以我们只能宣布:非把握性的呈现与把握性的呈现无法区分。进一步,正如那位英雄接收到了弓箭的呈现一样,他也接收到了他的孩子是尤里斯图斯的孩子的呈现。这些前面存在的呈现是同一个,而且是被一个在同一状况下的人所接受到的,然而关于弓箭的呈现是真的,而关于孩子的呈现却是假的。那么,既然两种呈现都同样地影响他,我们就必须承认它们之间无法区别。如果因为弓被他当作弓来用就称弓的呈现为"把握性"的,那么孩子的呈现与此也没有差别,因为他对孩子的呈现也做出了相应的行动反应,即履行杀掉敌人的孩子的责任。故而,这种在自明性和强烈性特征方面的无法区分性就被证明了。

关于印迹和印象方面的问题,学园派也同样有力地进行了论证。他们提醒斯多亚派注意明显的事实。在形状相似而实体不同的事物中,无法把"把握性呈现"和假的、非把握性的印象区分开来。比如,有两个完全一样的鸡蛋,我逐一拿给斯多亚派看,让他区分它们;贤哲在审视之后能够毫无疑问地宣布展示的鸡蛋是这一个还是那一个?同样的论证也适用于双胞胎的情况。即使是好人也会接收到虚假的呈现,即使他的呈现是"被一个实在的对象所印入和印压上的,而且与该对象一致",比如他得到的呈现是卡斯托尔(Castor),然而却像来自波吕克斯(Polydeuces)。② 正是这一点,导致了"被遮挡者"论证的出现:当一条蛇探出头来时,如果我们希望审视真实的对象,我们将陷入巨大的困惑中,将无法说出是否这是前面探出头的那条蛇,抑或是另外一条;同

---

① 赫拉克勒斯在疯狂中杀了自己的孩子,把他们都看作自己的敌人尤里斯图斯的孩子;尤里斯图斯就是强迫他承受"十二件苦差"的那位君王。

② 这是双子座的两颗星,在古人的传说中它们是双胞胎神。

一个洞穴中盘着太多的蛇。所以，把握性呈现不具有任何特定的特征，使其与假的和非把握性的呈现判然有别。

进一步，如果有任何东西可以把握任何东西，那么视觉必然是如此。但是事实上，正如我们即将证明的，视觉并不能把握任何东西；因此没有任何东西能够把握任何东西。视觉被认为感知颜色、大小、形式和运动；然而它不能感知任何这些东西，这一点我们马上就会明白。让我们从颜色开始。正如学园派所说的，如果视觉把握任何颜色，它必然能把握人的颜色；但是它并不能把握此，故而它也不能把握其他颜色。它不能把握人的颜色，这是很明显的；因为人的肤色根据季节、职业、本性、年龄、环境、疾病、健康、睡觉、清醒等而改变，故而我们知道它是如此变化不定的，但是我们不知道它真的是什么。而如果这种颜色不可被把握，任何其他颜色也就不可知。进一步，我们将在形状方面也发现同样的困难。因为同一个东西会被感知为既是平滑的又是粗糙的，比如在图画中；同一个东西也会被感知为既是圆的又是方的，比如塔就是如此；也会被感知为既是弯的也是直的，比如船桨在水中和出水时。就运动而言，同一个东西会被感知为既在运动又是静止的，比如当人是坐在船中还是站在岸边时。

而且，如果非把握性的呈现与把握性的呈现完全一致，那么把握性的印象也不能充当真理的标准。因为正如与扭曲的东西一致的东西不能成为笔直的东西的标准，把握性的呈现如果与虚假的、非把握性的呈现一样，那它也不能成为标准。但是，把握性的呈现确实与非把握性的、虚假的东西是一样的，这一点我们将要论证；所以把握性的呈现不是真假的标准。比如从 Sorites（渐变悖论）看，最后的把握性呈现与最初的非把握性呈现紧挨着，基本上无法区分开来；克吕西波宣称说，在呈现之间的区分极小的情况下，贤哲将停止判断，保持沉默；但是在区别大的时候，他将承认前者是真的。所以，如果我们证明了许多假的、非把握性的呈现与把握性的呈现紧紧挨着，那么很明显，我们就已经证明了

81

人们不应该同意把握性呈现，以免由于同意了它而被迫进一步同意紧挨着的非把握性的、虚假的呈现，尽管呈现之间或许看上去存在着最大的差别。我的意思用一个例子说明就清楚了。让我们假设一个把握性呈现："50是少的。"这句话与另一句话看上去相差很远："10000是少的。"既然非把握性呈现"10000是少的"看上去与把握性呈现"50是少的"相差很远，好人就不会在感知到这一巨大差异时悬搁判断，而是会同意把握性呈现"50是少的"，并且不会同意非把握性呈现"10000是少的"。但是，如果贤哲不同意"10000是少的"的理由是它与"50是少的"相差太远，那么很明显，我想他会同意"50是少的"，因为这两句话（呈现）之间没有其他东西了。但是，"50是少的"是在顺序上排在最后的把握性呈现，而"50是少的"是第一个非把握性呈现。因此，好人会同意非把握性呈现"50是少的"。但是，假如他因为这句话与"50是少的"没有差别而同意它，那么他也将同意非把握性呈现"10000是少的"，因为所有非把握性呈现都与所有其他的非把握性呈现相等同。既然非把握性呈现"10000是少的"与"50是少的"是等同的，而后者又与把握性呈现"50是少的"没有实质性差别，那么，"50是少的"就与非把握性呈现"10000是少的"等同了。因此，把握性呈现由于这一无法区分性，就与虚假的、非把握性的呈现一道消灭了。

实际上，如果有谁想论证各种非把握性呈现之间还有区别，有的更为"非把握性"一些，有的少一些；这样的论证也是无法成立的；因为首先，斯多亚派将既与他们自己冲突，也与事物的本性冲突。因为正如人作为人与人没有区别，石头与石头也没有区别，同样，非把握性呈现作为非把握性呈现，也与其他的非把握性呈现没有区别；虚假的呈现作为虚假的呈现，也与其他的虚假呈现没有区别。芝诺正是从这一点出发，说"邪恶都是同等一样的"。进一步，即使假设这一呈现"更为非把握性一些"，那一呈现的非把握性更少一些，这对于他们又有何补益？因为由此得出结论说贤哲会不认可更为非把握性的，而认可"非把握性更少些"的；这样的说法是荒谬的；因为根据他们的说法，贤哲拥有一个永远不会出错的标准，并且在各个方面都近乎神，原因就是他从不持有意见，亦即从不同意虚假的东西；厄运的顶点和愚者的毁灭就是由于同意虚假的东西。

再者，他们认为，为了感性呈现——比如视觉呈现——能够发生，必须要有五样东西同时出现，即感官、感觉对象、场所、方式、理智。他们说，即使所有其他因素都有了，但是少了其中一样（比如，如果理智处于不正常状态中），感知也就不会安全地进行。因此，有人说把握性呈现并非普遍地是标准，而只是在不存在任何障碍的情况下才是标准。不过，这是不可能的；因为，由于感官通道的不同，外部环境的不同，以及其他许多情况，同样的东西或者对我们呈现为同一个东西，或者不会以同样的方式呈现，这是我们上面已经论证了的；所以，虽然我们可以说一个东西通过这一感觉在这一特定的环境中呈现出来了，但是我们不能确定地说是否它确实就像它所显现的那样，抑或它真实的是一个样子，而显现出来却是另外一个样子。由此可见，没有任何呈现的存在是会没有障碍的。

而且，他们当然陷入了循环论证的错误之中。因为当我们探究什么是把握性呈现时，他们把它定义为"由一个实在的对象印入、印压在心中的，与那个对象一致，是绝不可能由不真实的对象产生的"。然而，既然一切得到确切解释的东西都是通过已知的东西解释的，当我们进一步询问什么是"真实的对象"时，他们又转回来说"一个真实的对象就是能够引起一个把握性呈现的对象"。于是，为了理解把握性呈现，我们必须首先理解真实对象；而为了理解真实对象，我们又必须诉诸把握性呈现；这么一来，它们两个都是不清楚的，因为它们各自有待来自对方的确证。因为有的呈现对象是既显现又真实的，还有的则虽然显现但是不真实，所以我们需要一个标准来确定哪一种是既明显又真实的，哪一种是虽然显现但是不真实的。同样，既然有的呈现是把握性的，有些不是，我们就需要一个标准来分辨哪一种是把握性的，哪一种不是把握性的，是虚假的。这一标准，或者是把握性的呈现，或者是非把握性的呈现。如果它是非把握性的，那么就可以推出：把握性呈现不是所有东西的标准，因为那样的标准也必须负责对把握性呈现的审查。这是他们所不会同意的一个结论。可是如果它是把握性的，那么首先，这么说是愚蠢的（因为我们要研究的问题就是判定这一具体的呈现何时是把握性的）；其次，如果我们采纳把握性呈现作为区分把握性呈现和非把握性呈现的标准，那么必然会出现这一情况——用于判定它们确实是把握性呈现的自己却又有待另一个把握性呈现的检验，而这个呈现又有待另一个把握性呈现的检验，如此下去，以至无穷。

但是，有人或许会说，把握性呈现既是被呈现的对象之真实存在性的标准，也是它自己的把握性的标准。然而这与相反的论断没有区别——被呈现的对象既检验自己，也检验呈现。因为，正如当明显的事物处于对立冲突中时，问题是我们应该通过什么东西来判定什么是真的，什么不是真的；同样，当呈现之间不一致时，我们追问应当通过什么来判定它们当中谁是把握性的，谁不是。因此，既然事情都是相似的，而呈现在争执不一时可以充当自己的标准，那么被呈现的对象尽管也是冲突矛盾的，也可以凭借自身就是可信的。但是这是荒谬的。如果后者由于处于冲突之中就需要某种东西裁决它，那么呈现也需要某种东西检验它，以便确定它是否真的是把握性的。

还有，如果按照他们所说的，愚蠢的人的所有概念都是无知，唯有贤哲说出的是真理，并且对于真的东西具有坚实的知识，那么也可以得出结论：既然迄今为止都证明了贤哲是无法发现的，真的东西也必然是无法发现的。正因如此，所有的东西都是不可把握的，反正我们大家都是愚人，都不具有对于存在的事物的坚实的把握理解。既然如此，怀疑论就可以在反驳斯多亚派攻击怀疑论时重复斯多亚派的论证。因为，根据斯多亚派自己，芝诺、克里安提斯、克吕西波以及其他学派中的人没有一个不是愚人，每个愚人都陷于无知之中，芝诺肯定不知道自己是在宇宙之中，抑或宇宙在他之中，或者自己究竟是男人还是女人；克里安提斯不知道自己是一个人还是一个比泰丰还要野蛮的动物。进一步，克吕西波或者知道斯多亚派的这一教条——即"愚人不知道任何事情"，或者甚至连这个也不知道。如果他知道它，那么说愚人什么也不知道就是错误的；因为克吕西波作为一个愚人，居然知道愚人不知道任何事情这一事实。但是，如果他甚至不知道这一教条，那他就什么也不知道了，他怎么还对那么多事情进行独断——宣布存在着一个宇宙，宇宙是由天命安排的，它的实体会整个地改变，[①] 以及成千上万其他的理论。而且，如果谁愿意的话，批评者还可以把斯多亚派习惯用于攻击怀疑论的所有其他困难都反过来用到批评斯多亚派身上。但是既然现在论证的特性已经搞清楚，就没有必要进行冗长的阐释了。

　　反对那些接受"可能的"呈现[②]的论证是简短的。对于这些标准来说，两件事情中的某一件必须是真的：他们之所以采纳这样的呈现，或者是对于生活指导有用，或者对于发现存在事物的真理有用。如果他们的意思是前者，那么他们是荒谬的；因为这些呈现中没有一个自身就足以满足生活指导的需要，每一个呈现都还需要一定的观察，以便确证这个呈现由于某个理由而是"可能的"，另一个呈现则由于另外的理由是"审查过的，不可更移的"。但是，如果他们想宣称它们对于发现真理有用，他们就要悲哀了。可能的呈现自身不是真理的标准，因为为了发现真理，这样的呈现必须早就受到过审查，因为我们在审查与它相关的各种事情时，我们必然会怀疑，可能某种应当被检验的东西被忽视了，否则，一旦在理智中出现了一个否证，那么真理的知识就被推翻了。而

[①] 根据斯多亚派的自然哲学，宇宙由本原实体大火而来，最终又会变回到大火中去。
[②] 这主要是学园派的卡尔尼亚德的学说。

且一般而言，他们看来也被他们自己的批评所击败了。因为正如他们在批评（斯多亚派的）的"把握性呈现"学说时，他们不断地强调这不是真理的标准，因为紧挨着的无法区分的呈现是虚假的；同样，完全有可能，当我们在审查"可能的呈现"时，有些虚假的东西紧挨着这些被审查过的东西边上，于是看上去我们处于灵魂的适宜状况中，但是实际上并没有，或者看上去被呈现的对象位于适当的距离中，但是事实上不是。

综上所述，如果既非所有的呈现都是可信的，也非都是不可信的，也非有的可信，其他的不可信，呈现就不是真理的标准。这么一来，结论就是：不存在任何标准，因为三个方面的"标准"——主体的，手段的，"根据什么进行的"——都不能提供扎实可靠的知识。

但是，独断论者习惯于这么反驳怀疑论："怀疑论怎么能证明不存在标准？谁要想肯定这一点，或者不用裁决，或者借助于某种标准。但是如果没有裁决的话，他自己也不会被信任；而如果借助于某种标准的话，那他就自己反驳自己了：在断言没有标准的同时他却同意接受一个标准以确证这一断言。"而且，我们提出过这一论证："如果存在着标准，它或者受到过裁决，或者没有。"并且推导出这两种荒谬的结论中的一种：或者是无穷倒退，或者是自己充当自己的标准。他们听了后愤怒地反驳说：承认一个东西是自己的标准，并没有什么荒谬的；因为笔直的东西能够既检测自己，又检测其他的东西；天平能够既称重自己，又称重其他东西；光线既能照亮其他东西，也能照亮自己；因此，标准能够既充当其他东西的标准，也担任自己的标准。就回答第一个反驳而言，需要说明的是：怀疑论的实践是不提出任何要人们相信的东西。在各种情况下，怀疑论都满足于一般假设，认为它们都有一定的自足性。怀疑论相反，喜欢提出看上去不可信的东西，并且把它们置于"同等效力"（二律背反）中，赋予各自以那些看上去值得接受的东西所具有的可信度。在目前这个例子中也是如此，我们并不是用反对标准的论证来消灭标准，而是旨在表明标准的存在是不可信的，因为人们可以对相反的观点也提出同等有力的理由。其次，即使我们看上去真的在消灭标准，我们也可以使用手边的呈现，但是不是作为一种标准；因为当我们根据它说出在我们看来的关于标准之不存在的可能的论证时，我们确实说出了它们，但是我们并没有同时加上我们的同意，因为我们看到了相反的论证是同等可能的。"然而"，他们说："一个东西可以充当自己的标准，比如像尺子和天平那样。"但是这是幼稚可笑的。因为在这些标准之上还有更高的标准，是诸如感觉或者心灵，因此我们才去努力建构它们。但是斯多亚派不允许在我们现在讨论的标准之上还存在任何东西。因此，当它对自身说任何话，同时又没有任何可以证明它的真理的证据的时候，它就是不可信的。

　　这些就是关于标准的讨论。因为这一讨论已经足够长了，我们将另外起头，尝试专门讨论关于真理自身的主题。

事物是"独立存在的且与某事物相反对的东西",① 虚假的事物是"不独立存在且与某事物相反对的东西";真的事物是非形体性的判断,故而它是一理智对象。

这些就是关于真理的最初的纷争;不过还存在着另一纷争,在这一纷争中,有些人认为真假存在于被指称的事物中,有些人认为存在于人的发音中,有些人则认为存在于理智活动中。第一种意见的倡导者是斯多亚派,他们认为"有三种事物是相互关联在一起的:被指称的事物、用来指称的事物和存在着的事物"。其中,用来指称的事物是我们的发音(如"狄翁");被指称的事物是通过声音所指涉的事物,② 我们把它理解为有赖于我们的理智而存在,因为异族人虽听到发音却不理解其义;存在着的事物是外在实物,如狄翁本人。这三者中,有两个是物质性实体:人的发音和存在事物;另一个是非物质性的:即被指称的表述("*lekton*",道出者),唯有它才有真假可言;但是,不是所有的表述都有真假可言,有的表述是不完整的,有的自身就是完整的(可以为真或为假的)。自身完整的那类表述被称作"判断",用他们的描述就是:"判断是有真有假的。"但伊壁鸠鲁和自然哲学家斯特拉图只承认三者中的两者:用来指称的事物和存在着的事物,他们看来持第二种观点:把真或假归属于发音。最后一种意见,即那种认为真理存在于理智活动中的观点,似乎只是一个学校教师的发明。

这样,我们就对这一问题的考察给出了总的概述。接下来我们谈谈一些具体的批评,其中有的普遍地批驳上述所有人的观点,有些则分别地批驳那些观点中的某一个。我们首先来论述一下普遍的批评。认为存在着真实事物的人,要么仅仅宣称真实事物存在着,要么还进行证明。对于仅仅下断言的人,人们将会向他断言相反的立场,即"没有东西

---

① 一切命题都必然有相反对的命题。——译者注
② 此即语句的"意义"。——译者注

是真的"。至于试图证明某事物是真的人，他要么用真的证据来证明，要么以不真的证据来证明；但是他当然不会认为自己是根据不真的论据进行证明，因为没有人会信任这样的证据。如果他根据真的论据，那么用以证明某事物是真的论据本身的真又是由何而来的呢？如果它凭其自身就是真的，那么"真理并不存在"的说法也可以凭其自身就是真的。如果是从证据中推演得到的，那么又可以追问同一问题："这一证据为何是真的？"如此下去，以至无穷。既然为了弄清真的事物存在着，必须首先把握一个无穷系列，而无穷系列不可能被把握。那么，就不可能确切地知道有真的事物存在着。

另外，如果有真的事物存在着，那么它要么是明显的，要么是非明显的，要么部分明显、部分非明显。但它既不是明显的，也不是非明显的，也不是半明显半非明显的。我们将证明这三者；从而证明不存在任何真的东西。如果它是明显的，那么或者任何明显的东西都是真的或有些是真的。但，并非所有明显的东西都是真的（因为睡梦中或发疯时所经历的东西并不是真的），而且，因为明显的东西总是相互矛盾的，所以这样一来，我们将不得不承认相互矛盾的事物是同样现实的、同等是真的；而这是荒谬的。因而，并非任何明显的事物都是真的。如果说，有些明显的东西是真的，有些则是虚假的，那么我们必须有一个判定哪些明显事物是真的、哪些是假的的标准。这个标准要么是对所有人都明显的，要么是非明显的。但如果它是明显的，由于并非所有明显的事物都是真的，且这一明显的事物需要用另一明显的事物进行检验，另一明显的事物又需要再用一个明显事物进行检验，这样我们就会陷入无穷系列。如果它是不明显的，那么"真的东西"将不单是那些明显的事物，还会包括不明显的事物。因为如果我们承认被用来确证明显事物的某些非明显事物的话，那么有些非明显的事物就必须是真的；因为可以肯定，真的事物不是根据假的事物来判断的。但如果有些非明显的事物是真的，那么，前面所假设的"仅仅只有明显事物才是真的"就不对了。

进一步说，非明显事物的真实性又是如何得到保证的呢？如果它自身就是真的，那么所有非明显事物都将自身为真。但如果它是由于论证而为真的，那它之所以为真，要么根据非明显的证据，要么根据明显的证据。如果根据的是非明显证据，那么这一非明显证据将需要用某一其他证据加以判断，而第三者又需要有第四者，如此下去，以至无穷。但如果根据的是明显证据，那么我们将陷入循环推理的谬误中——当我们用非明显事物来确证明显事物时，却反过来又根据明显事物来确证非明显事物。但如果既不是每一明显事物，也不是某些明显事物是真的，那么就没有明显的事物是真的。其次，非明显事物其实也不是真的。因为如果真的东西是非明显的，那么要么任何非明显事物都是真的，要么并非所有非明显事物都是真的；但既不是每一非明显事物都是真的，也不是有些非明显事物是真的，这一点我们下面就会证实，因而，真的事物不是非明显的。因为如果所有非明显事物都是真的，那么，首先独断论者将没必要发生争论，他们有的说只存在一个元素，有的说存在着两个元素，有的说元素有确定的数目，有的则说元素是无数的。他们也将没必要相互证明对方意见是假的。如果所有非明显事物都是真的，那么相互矛盾的事物就将是真的，例如"星星的数量是偶数"和"星星的数量是奇数"这两种说法，因为它们同样地都是非明显的，而（你又断言了）所有非明显事物都是真的。当然相互矛盾的事物不能是真的；所以，不是所有明显事物都是真的。其次，也不是有些非明显事物是真的；因为"这一非明显事物是真的，那一非明显事物是虚假的"的命题，要么凭自身作出而没有标准，要么有一标准。如果这一说法是不假思索地说出，我们将无法回答宣称与此对立的命题是真的人。但如果该说法有一标准，那么当然地这一标准要么是明显的，要么是非明显的。如果它是明显的，那么原初认为"只有非明显事物是真的"这一假设就是错误的。再者，我们判断明显事物是真的的标准本身的真实性由何而来？如果它由于自身就是真的，那么反对者说"它不是真的"也将按其自身就是可信的；如果它是因为某个明显事物而为真，那么该明显事物也要从另一明显事物得出，如此下去，以至无穷。如果它之所以为真，是由于非明显的事物，那么论证将采取循环推理的形式，因为我们既不可能离开非明显事物而把明显事物看作是可信的，也不能离开明显事物而把非明显事物看作是牢靠的。因而，非明显事物也不能是真的。

这样，余下的可能性是：部分明显、部分不明显的东西是真的（但这是愚蠢可笑的）。因为如果我们认为明显的事物因为明显而是真的，则我们主张它是真的，要么是因为每一明显事物都是真的，要么不是因为每一明显的事物都是真的。如果不明显事物是因为不明显而是真的，那么，它要么是因为每一非明显事物都是真的而为真，要么不是因为每一不明显的事物都是真的而为真。由这些假设出发，我们将继续提出相同的困难。于是，如果明显事物不是真的，不明显事物也不是真的，部分明显部分不明显事物也不是真的；而除了这些之外别无其他选择，那么必然地，没有任何东西是真的。

有些人还提出与"最高种"的概念（summum genus）相关的困难。最高种是处于其他种之上的种，其自身不从属于任何其他种；① 它要么是真的，要么是虚假的，要么同时既为真又为假，要么既不为真也不为假。如果它是真的，那么一切事物将都是真的，因为一切事物都是它的特殊个例。正如，因为所有人的种是"人"，具体个例是个人；而且，因为"人"是"有理性的"，所以一切个体的人都是有理性的；因为"人"是"会死的"，所以具体个人同样地也是会死的；与此类似，如果包含一切的种是"真的"，那么一切存在事物也将必然地是真的。如果一切事物都是真的，则没有东西是虚假的；如果不存在虚假的东西，也将不存在任何真的东西；这一点我们在阐明对立面只有彼此相互关联

---

① 一般人认为这样的最高种就是"存在"，斯多亚学派认为它是"某个东西"或"某物"。

中才能理解时已经指出过。另外，如果一切事物都是真的，那么我们将是在肯定相互对立的事物是真的，而这是荒谬的。因而，最高的种不是真的。实际上，它也不是虚假的，其理由也是上述那类困难；因为如果它是虚假的，那么一切分有它的事物都将是虚假的。但一切事物，包括物体性的和非物体性的，都分有它，因而一切事物都将是虚假的。但是，说一切事物是虚假的，将得出类似的各种困难。于是，余下的可能性就是说它同时是真的和假的，或它既不为真也不为假。但这比前述的其他两种情况更糟糕，之所以如此，是由于这会得出"一切个体都同时既为真又为假，或既不为真又不为假"，而这一说法是可笑的。因而，不存在任何真的东西。

另外，真实事物要么是绝对的和自然的事物，要么是相对的事物。但它不是其中的任何一种，我们将证明这一点，因而真的东西不存在。绝对地、自然地独自存在的东西会以同样方式影响处于同样条件下的人，就此而言，真的东西不是绝对地、自然地存在的东西。比如，热的东西并不对某人为热而对另一个人为冷，而是对所有处于相同条件下的人都是热的。但是，真的东西却并不同样地影响所有人，而是，同一个事物在与此人的关联中看来是真的，但在与另外一个人的关联中却是假的。因而真的事物不属于绝对地、自然地独自存在着的事物。如果它属于相对事物这一类，那么由于相对事物只是被设想的，没有真的存在，所以真的东西也将肯定仅仅是一概念，并不真实地存在。另外，如果真的事物是一相对事物，则同一事物将同时既为真又为假；正如同一事物既在左又在右——"右"相对于该事物，"左"相对于另一事物，而且正如同一事物被说成既在上又在下——"上"相对于低于它的东西，"下"相对于处于其上的东西，同样，我们将不得不说同一事物既为真又为假。如果是这样的话，那么这一事物就很难说更是真的而不是假的，它肯定不是真的。

关于这一话题，安尼西德穆斯实际上也论述了类似的困难。如果有真的东西存在,那么它要么是感性的,要么是理智性的,或者要么既是理智性的又是感性的。但真的事物既不是感性的,也不是理智性的,也不同时兼是两者,我们将确证这一点;因而不存在任何真的东西。首先它不是感性的,我们将以这种方式来论证:——感性事物中有些是种,有些是个体;种是渗透于个体中的普遍属性——如"人"是分布于所有特殊个别人中的东西,"马"是分布于所有特殊马匹中的东西;个体是狄翁、铁翁等的分离的个体属性。如果真的东西是感性的,那么它将要么是众多事物的普遍属性,要么形成其个别属性;不过它既不是普遍属性,也不是个别属性,因而真的事物不是感性的。另外,正如可视事物被视觉所感知,可听事物被听觉所认知,可闻事物被嗅觉所认知,同样,可感事物一般而言总是被感官所认知。但真的事物并非由一般感官所认知,因为感官是非理性的,而真的东西并不是被非理性地认知的。因而真的东西不是感性的。然而,实际上它也不是理智性的,因为如果这样的话,那么将没有感性事物是真的,而这又是荒谬的。因为它要么对普遍的所有人都是可理解的,要么是单独对某些人是可理解的。但真的东西既不能对普遍所有人,也不能对单独某些人是可理解的,因为它不可能被普遍所有人所思考,而如果它被一个或几个人分别地思考,它就变得是不可信的和引起争议的。因而,真的东西也不是理智性的。它也不是既是感性的又是理智性的。因为要么所有感性的和所有理智性的事物都是真的,要么有些感性事物和有些理智性事物是真的,但断言"所有感性的和所有理智性的事物都是真的"这种说法是实际上不可能的事,因为感性事物与感性事物相互矛盾,理智性事物与理智性事物相互矛盾,而且反过来,感性事物与理智性事物也相互矛盾。如果所有事物都是真的,将必然地得出同一事物既存在又不存在以及既为真又为假的结论。认为有些感性事物是真的和有些理智性事物是真的,这种看法也是不可行的:因为这正是我们在争论的问题。另外,说一切感性事物是真的,或说一切感性事物是虚假的,这在逻辑上是一致的;因为所有的感性事物都同样处在一个平等的层面上，不会这个更多一点感性，那个更少一点感性。所有的理智性事物也都是平等地为理智性的，不是这个更理智性，那个更不理智性。但不是所有感性事物都被称作是真的，也并非所有感性事物都被称作是不真的，因而没有任何东西是真的。

"然而，真理之被觉察到不是由于它显现出来，而是由于另外的原因。"那么，这另外的原因究竟是什么呢？让独断论者公开地阐述它，以便要么吸引我们赞同，要么驱使我们躲避。再者，他们是如何觉察这一原因自身的？是否是它显现于他们的那个样子？如果是，那么当他们说真理并非由于其显现出来而存在时，就是在说谎；但如果不是作为显现于他们的样子，那么他们如何觉察并未向他们显明的东西？通过真理自身还是通过其他东西呢？通过真理自身而感知到它，是不可能的，因为没有不明显的东西是可以通过其自身而被感知的；然而，如果是由于另一原因，那么接下来我们要追问：这另一原因是否是明显的呢？这样一来，考察就会走向无限，真的东西就变得不可被揭示了。

那么，能不能说使我们感到可信的、"可能的"事物可以被称作"真的东西"——不管它拥有什么本性，不管它是感性的或是理智性的，或是两者的结合？① 但是，这一观点也无法成立。如果可能的事物是真的，那么因为同一事物并不会使所有人相信，也不会使同一个人一直相信，我们就必须假定同一事物既存在又不存在，以及假定同一事物同时既为真又为假。因为就其使一些人相信而言，它将是真的和存在的；但就其并不使其他人相信而言，它将是虚假的和不存在的。但同一事物既存在又不存在，既为真又为假是不可能的。因此，可能的事物也不是真的；除非我们应当声称：使许多人相信的东西就

---

① 这是柏拉图学园派卡尔尼亚德的观点。可能性即 probability 也可以翻译为"或然性"、"可信度"。——译者注

是真的，比如，使众多健康人相信其甜但并不使患黄疸病的人相信的蜂蜜，我们可以真实地把它描述成是甜的。但这是愚蠢荒谬的。因为当我们考察真理时，我们不应当关注于意见一致者的数量，而应当关注他们的状况。患有疾病的人处于一种状况中，所有健康者处于同一种身体状态中。我们不应该相信一种状况而不相信另一种状况，因为如果我们反过来假定许多人从蜂蜜中尝到苦的滋味（如发烧的人们），而一个健康者尝到甜味，那么将肯定会得出结论：我们应当说蜂蜜是苦的。但这是荒谬可笑的；在这个例子中，我们把数量这一证据放在一边，仍然说蜂蜜是甜的，同样，当众多人尝到甜味而一个人尝到苦味时，让我们放弃根据那些尝出甜味者的数量而称蜂蜜是甜的，让我们用其他方式来考察真理吧。

人们关于"真的东西"所提出的普遍性的困难大体就是这样的。接下来我们来讨论一下各种特殊的困难。对于那些认为所有事物都是虚假的人，我们前面已证明他们被驳倒了。因为如果一切事物都是虚假的，那么作为"一切事物"之一员的"一切事物都是虚假的"这一陈述也将是虚假的。而且，如果"一切事物都是虚假的"这一陈述是虚假的，那么它的对立面"并非一切事物都是虚假的"将是真的。因而，如果一切事物都是虚假的，那么并非一切事物都是虚假的。德谟克利特和柏拉图通过拒斥感官、抛弃感性事物和只遵从理智性事物，使事物陷入混乱，不仅把存在事物的真理，甚至把关于它们的观念都打碎了。因为每一思想要么由感官知觉产生，要么离不开感官知觉；要么产生于经验，要么离不开经验。于是我们将看到，即便是所谓的虚假呈现，如睡梦中或疯癫时的各种呈现，也并不脱离我们感官所经验到的各种事物。其实，当那位英雄（奥瑞斯特斯）在疯狂中想象自己看到了复仇女神，那些"形状像龙、遍布鲜血的少女们"，[1] 他所想象的形状是由曾经在

---

[1] Eurip, *Orest*, 256.

其感官中出现过的事物复合而成的。同样地,梦见飞人的睡眠者,如果没有看过长着翅膀的东西,没有见过人,是不会做这样的梦的。一般的,要在观念中找到不在我们经验所知事物中的东西是不可能的。因为要把握这样的事物,要么是借助于它与经验中所呈现事物的相似性,要么借助于把经验中所呈现的事物放大、缩小、拼合。比如借助于相似性:通过与我们所见过的苏格拉底相像的东西,我们便想象出从未见过的苏格拉底;借助于放大,我们从普通人出发,可以得到这样一种变大的人的概念:

> 他,不像食谷物的人,倒像是森林密布的高峰;①

相反,借助于缩小:我们缩小普通人的尺寸来想象关于侏儒的观念;借助于拼合:我们从人和马中得出一种从未感知过的事物的观念即半人半马的怪物("马人")。所以,每一种观念之前必定先有感觉经验。因为这个缘故,如果感性事物被抛弃了,那么一切观念也会被抛弃。进一步说,宣称一切明显事物都是虚假的,只有理智性事物真实地存在着的人,在这样说的时候,将要么只是口头宣称,要么还进行论证。但如果他仅仅只是宣称,他将被别人的宣称断言所驳倒;如果他试图进行论证,他将被推翻。因为他将要么根据明显事物,要么根据非明显事物,来表明只有理智性事物真实地存在着。但他既不能根据明显事物表明这一点,因为明显事物并不存在②;也不能根据非明显事物表明这一点,因为非明显事物必须首先被明显事物确证。因而,德谟克利特和柏拉图的观点逻辑上并不牢靠。

伊壁鸠鲁声称:"一切感性事物都是真的,每一呈现都是实在

---

① 荷马:《奥德赛》第9卷,191。荷马在此描述的是独眼巨人。
② 根据他自己的原初假定。

的客观事物的呈现，呈现与激起感官知觉的客观事物同样是真的。那些认为有些呈现是真的、有些呈现是虚假的人，由于不能区分清楚的感性事实与意见，从而被引入歧途。比如，在奥瑞斯特斯身上发生的是：当他幻想他看到复仇女神时，他的被影像刺激的感觉是真的（因为那个影像是真实存在的），但他的心智在认为确实有实体性的复仇女神时，却形成了一个虚假的意见。"另外，他说，"以上所提到的这些人，当他们试图在呈现中建立区别时，是无法确证'有些呈现是真的，有些呈现是虚假的'这一观点的。因为他们既不能根据明显事物来证明这一观点（因为有疑问的正是明显事物），也不能根据非明显事物（因为非明显事物需要被明显事物证明）"。伊壁鸠鲁这样说时已经在不知不觉中陷入了一个类似的困难：因为如果他承认，有些呈现来自实在的有形体，有些来自影像，并假定清楚的感性事实是一回事，意见是另一回事；那么我就会问：他是怎样区分开产生于实在有形体的呈现和来自影像的呈现呢？他既无法根据感性事实来区别（感性事实本身正是有待讨论的问题），也无法根据意见（因为意见必须被感性事实确证）。另外，他试图用更成问题的东西去证明更不成问题的东西，这是荒谬的。因为当我们在考察明显事物的可靠性时，他却建立了一个自己的关于"影像"的奇异而神秘的学说。

其实斯多亚派的理论也存在着困难，因为当他们竭力主张感性事物中和理智性事物中都存在区别，即有的真、有的假时，他们并不能根据逻辑推演出这一点。因为他们已经承认有些呈现是"虚构的"（如奥瑞斯特斯从复仇女神那得到的呈现）；有些呈现是"歪曲的"，它们来自实在的客观事物，但并不与那些客观事物本身相一致，比如赫拉克勒斯发疯时从他自己孩子们那得到的呈现却好像来自尤里斯图斯的子女们那样。这一呈现来自实在存在的孩子们，却与实际存在的对象不一致，因为他并不把这些孩子们看作是他自己的，而是声称：

> 这些被我杀死的尤里斯图斯的孩子，用死偿还他父亲的仇恨吧。①

这样，呈现是不可以区分的，斯多亚派无法说出哪些呈现真的是具有把握性的、来自实在客观事物并与其本身相一致的呈现，哪些不是这种类型的呈现，这一点我们在前面已经更详尽地证明过了。

我们关于这个观点所说的一切，大体上也适用于我们对余下的可能观点的讨论上：即，有些人认为真与假存在于被标示的事物——非物体性的"表述"——当中，有些人认为存在于声音当中，有些人认为存在于理智的运动中。比如就第一种观点而言，斯多亚派主张真与假存在于"表述"中。他们说"表述"乃是"与一个理性表象一致而存在的"东西；而一个理性表象就是可以据以通过理性证成被呈现的对象的表象。他们还把表述分为"有缺陷的"与"自足的"。我们可以暂时不管有缺陷的表述。他们进一步认为自足的表述又有几种变式，其中有的被他们称作"命令式"的，即我们在下令时所说的，比如：

> 到这边来，亲爱的女士啊。②

有的则是"宣布式"的，即当我们陈述一件事时所说的，比如"狄翁来回走着"；还有的则是"询问式"的，即当我们问问题时所说的，比如"狄翁住在哪里？"另外还有一些被他们称作"指责式的"，即当我们骂人时所说的，比如：

---

① Euri, Herc, Fur, 928.
② 荷马：《伊利亚特》第 3 卷，130。

让他们脑浆涂地，就像这酒溅地一样！①

还有的是"祈祷式的"，即当我们在祈祷时所说的，例如：

宙斯，我的父亲啊，您在伊达山上充满威严和力量地统治一切！请赐给埃阿斯（Ajiax）胜利吧，请让他享有荣誉和盛名吧！②

他们还把一些自足的表述命名为"命题"，我们在说出命题时要么真要么假（骗人）。有些表述甚至超出了命题。比如下面是一个命题的例子：

牛群确实像普里阿姆王的儿子们。

因为我们在说出这句话时要么在告诉人真实的事情，要么是在骗人。但是让我们看看下面这样的话：

牛群是如何地与普里阿姆王的儿子们相像啊。

这样的话就超出命题了，它不是一个命题。既然表述又存在着如此之多的差异，那么，为了有真假可言，他们说它必须首先是表述，然后是自足的表述，而且不能是随便任何种类的，必须是一个命题；因为正如我前面说的，只有当我们说出一个命题的时候才有真假之分。然而，怀疑论说：他们怎么证明存在着与标示的声音比如"狄翁"和实际对象比如狄翁本人都分离开来的非物体性表述？因为斯多亚派要么径直宣

---

① 荷马：《伊利亚特》第 3 卷，300。
② 同上书，第 7 卷，202。埃阿斯是特洛伊战争中希腊联军英雄之一，据传说其勇敢和力量仅仅次于第一号英雄阿基里斯，在战争中总是冲锋在前。——译者注

布这种非物体性表述实存着,那我们也可以径直宣布它不存在;因为正如他们希望不需要证明就被信任,同样,怀疑论在表达反面观点时也应当仅仅断言就得到信任。如果怀疑论不被信任,那么斯多亚派同样也不会被信任。不过,如果他们用论证支持自己的命题,那么情况会更糟糕。因为论证是说话,而说话是由表述构成的。于是斯多亚派将是在用一批表述论证一个表述的存在,而这是毫无道理的,因为如果谁不同意任何表述的存在,他也不会接受许多表述的存在。再者,当论证的表述的存在有疑问时,如果他们说可以直接看到它们的存在,那么怀疑论者也可以直接看到它们的非存在;如果他们说可以通过论证来认识它们,那么就会陷入无限倒退之谬误;因为别人会要他们拿出对于第二个论证中的表述的论证,倘若他们拿出了第三个论证,则别人又会要他们拿出对其中的表述的论证;倘若他们拿出了第四个论证,则别人还可以要他们拿出对第四个论证中的表述的论证。这么一来,他们对表述的存在的论证将找不到一个出发点。

就这一主题而言,还可以添加许多驳难,不过我们最好是在"关于证明"一章来讨论它们。就目前而言,我们只要这么说就足够了:他们认为自足的命题是一种复合物。比如"白天存在"就是由"白天"和"存在"复合而成。然而,非物体性的事物不可能是复合的,也不可能分开;因为复合与分解只能适用于物体性事物。所以,不存在自足的命题。再者,顾名思义,一切表述都必须被表达出来。然而怀疑论者可以证明表述无法表达,故而不存在表述。由此便可以得出:真或假的命题是不存在的。斯多亚派自己说"表述"是"发出能够标示所了解的对象的声音",比如:

女神啊,歌唱珀琉斯的儿子阿喀琉斯的愤怒吧![1]

---

[1] 这是荷马史诗《伊利亚特》的第一句诗,见《伊利亚特》1.1。

但是，发出能够标示这件事的声音是做不到的，因为一个对象的各个部分如果不能同时存在，那么这个对象本身就无法存在；而表述的各个部分并非共同存在的，所以它自身也无法存在。至于它的各个部分不能共同存在，这立即就可以证明。因为当我们说出诗句的前半部分时，第二部分尚未存在；而当我们说出后半部分时，前面部分已经不存在了。所以我们并没有说出整个诗句。事实上，甚至半句诗也说不出。同样地，当我们说出前半句诗的第一部分时，还没有说出其第二部分；而当我们说出其第二部分时，已经不在说第一部分；所以半句诗都不存在。沿着这个思路再想想，则我们甚至说不出一个单独的表述，比如 fury。因为当我们说第一个音节 fu 的时候，我们还没有说 ry；而当我们说 ry 的时候，我们已经不在说 fu 了。所以，如果一个事物的组成部分不能共同存在则该事物本身也无法存在，而我们已经证明了一个话语的各个部分无法共存，那么我们不得不宣布话语是不存在的。因为同样的原因，命题也不存在；因为他们说命题是一种复合物，比如"苏格拉底存在"。因为，当"苏格拉底"被说出时，"存在"尚未存在；而当"存在"被说出时，"苏格拉底"没有被说及。所以，整体命题不存在，存在的只是整体的部分；但是这些部分并非命题。故而，命题不存在。不过我们没有必要讨论整个命题如"苏格拉底存在"，因为它的主语"苏格拉底"自身就因为同样的理由——即其各组成部分无法共存——而无法被视为是存在的。

即便我们承认命题存在，怀疑论也不同意真或假的命题存在，因为和怀疑论争辩的人很难解释清楚这些事。这些人断言说一个真的命题就是实存的并与某种东西对立的，而假命题就是非实存的但是与某种东西对立的。如果有人问他们，"什么是实存的？"他们回答说："就是能引发一个把握性呈现的东西。"然而当问到何为把握性呈现时，他们又诉诸"实存的"（而这同样是未知的东西），说"一个把握性呈现就是来自一个实存的对象的表象，并符合这一对象"。但是这种做法岂不是用

103

未知的东西来教导未知的东西,从而落入循环论证的错误中了?因为,为了使我们知道什么是实存的,他们让我们去看把握性呈现,说实存的就是能引发把握性呈现的;而为了让我们能知道什么是把握性呈现,他们又让我们回到实存的。既然我们无论前者还是后者都不知道,我们也就无法知道由它们所解释的真或假的命题。

即便我们把这些困难放在一边,另外一个更为严重的问题又会立即涌现,倘若我们接受斯多亚派的逻辑体系的话。因为比如说,如果我们想要知道什么是人,就必须先知道什么是动物、什么是理性以及什么是有死的(因为人的概念由这些要素构成),同样,如果我们想要知道什么是狗,我们就必须先把握什么是动物和什么是"能够吠叫"(因为我们用这些来构成狗的概念);类似的,如果"真"在斯多亚派看来就是"实存的并与某种东西对立的","假"是"不实存的并与某种东西对立的",那么,为了了解这些东西,我们就必须首先知道什么是"对立的"。但是斯多亚派肯定无法解释什么是对立的,于是真和假也就无法理解。他们说"对立的东西就是那类东西,其中一个东西通过一个否定而超出(多出)另外一个东西"。比如,"这是白天"与"这不是白天"对立,因为命题"这不是白天"由于多了一个否定词("不")而超出命题"这是白天",因此它与后者对立。不过,如果这就是对立的,那么下面这样的命题也将是对立的:"这是白天而且天亮"与"这是白天而且天不亮",命题"这是白天而且天不亮"因为多了一个否定词而超出了"这是白天而且天亮"。可是事实上,他们却说,这样的命题并不"对立";故而命题之对立并非源于加上了一个否定词而超出了另外一个命题。"是的",他们回答说,"但是如果否定词加在整个命题的开头,它们就是对立的了,因为此时否定词控制整个命题",而在"这是白天而且天不亮"的情况中,否定词因为是命题当中的一个部分,就并不控制整个命题并从而使其成为否定的。在这种情况下,我们的回答是:就"否定的"概念而言,他们还应该补充说明:命题的对立不是出现在其中一个命题仅仅因为多了否定词而超出另外一个命题之时,而是当否定词加在整个命题前面之时。

其他有些人会使用柏拉图在《论灵魂》① 一书中的论证方式来表明:命题无法通过分有否定来超过没有否定词的命题。因为没有任何东西会因为分有热而变冷,没有任何东西会因为分有小而变大。一个东西是靠分有更大者而变大的,一个事情也是靠分有小而变小的。同样的道理,9 不会因为添加了 1 而变大,因为 1 小于 9,所以加上了 1 之后,9 不会超出 9,反而会小了。故而,既然否定词"不"是一个比命题小的东西,它无法使得命题变为更大;理由就是:正如一个东西是通过分有大者而变大的,它也是通过分有小者而变小的。

有些人认为柏拉图的这个论证可以用在我们现在的讨论中。不过让我们在已经讨论的论证中补充这一论证:如果"真"乃是一个命题,那么它必然或是一个简单命题,或者不是简单命题,或者既是简单的又不是简单的。因为辩证法家宣称,命题中首要的区分就是简单命题与非简单命题的划分依据。简单命题并非是通过对一个命题重复两次而组合成的,也非不同的命题借助一个或多个连词组合成的。比如"现在是白天","现在是晚上","苏格拉底在谈话",以及具有类似形式的所有命题。正如我们称网是"简单的",尽管它由许多丝线构成,因为网并不是由许多与自己同类的网编织而成。同样,简单命题之"简单"在于它们不是由命题组成的,而是由其他东西组成的。比如"现在是白天"之所以是一个简单命题,就在于它既不是由自身重复两次、也不是由不同的命题构成的,而是由某种其他的要素即"现在是"、"白天"所组成的。而且,它当中也没有连词。"非简单命题"是那些双重的,即那些或是通过重复说一个命题两次,或是由一个或多个连词连接的不同命题的命题,比如"如果现在是白天,现在就是白天","如果现在

---

① 参看柏拉图《菲多》103c。

在，部分地不存在。此外，造成某种东西不存在的东西是在造成某种事情，而能造成的东西是一个东西，它存在着；故而，否定词作为不存在者，就不能造成任何东西为不存在的。余下可以说的，就是它既非存在的也非不存在的。但是，如果这就是它的本性，那么让我再问一次：既然它既不存在也不不存在，它在加到一个存在的东西上时怎么会令其不存在，而在加到一个不存在的东西上时会令其存在？因为，正如既不热又不冷的东西被加到热的东西上时，不可能使其变冷，加到冷的东西上时也不可能使其变热一样，那既不存在又不不存在的东西在加到存在的东西上使其不存在，在加到不存在的东西上时使其存在，都是荒谬悖理的。如果他们宣称否定词是部分存在，部分不存在的，我们也可以提出同样的困难对其质疑。

现在我们已经大体上处理了辩证法家关于简单命题的规定，让我们继续探讨关于非简单命题的规定。所谓非简单命题是上面我们已经说过的，或是由重复同一个命题构成，或是由一个或多个连词组合不同命题构成。让我们先考察所谓假设命题。这种命题据说由重复命题或是靠连词"如果"、"如果事实上"连接不同命题而构成，比如，重复命题的有："如果现在是白天，现在是白天。"由连词组合不同命题的有："如果事实上现在是白天，则天是亮的。"假设命题中，放在连词"如果"或者"如果事实上"后面的句子叫"前件"或是"第一命题"，另外一句则叫"结果"或者"第二命题"，即便整个命题为了表述的目的而颠倒秩序。比如"现在天亮，如果事实上现在是白天的话"；因为在这个命题中，"现在天亮"还是被称为"结果"，尽管它被首先说出；而"现在是白天"是前件，虽然它是后说出来的，原因就在于它被置于连词"如果事实上"之后。这些简而言之就是假言命题的结构，这类命题似乎应当保证第二句逻辑地跟着第一句；如果前件存在，则结果也存在。因此，如果这种保证可以实现，结果可以从前件得出，则假言命题就是真的；但是如果这种保证没有实现，它就是假的。那么，就让我们从这个问题开始，考察是否能找到任何真的，并能实现上述保证的假言命题。

所有的辩证法家都同意，一个假言命题当其结论可以逻辑地从前件中得出时，就是真的；但是何时和如何会有这样的"得出"，他们就意见不一了，他们对这一"得出"提出了相互冲突的标准。菲洛宣称说"一个假言命题当它不是以真命题开始而以假命题结束时，就是真的"。于是在他看来假言命题可以在三种情况下为真，在一种情况下为假。因为只要它以真命题开始，以真命题结束，它本身就是真的，比如"如果现在是白天，天就是亮的"。当它以假命题开始，以假命题结束时，它本身也是真的，比如"如果大地飞翔，则大地有翅膀"。同样，那些以假命题开始但是以真命题结束的假言命题也是真的，比如"如果大地飞翔，则大地存在"。它仅仅在一个情况中是假的：开始于真，结束于假。比如这类命题："如果现在是白天，则现在是夜晚。"因为当现在是白天时，从句"现在是白天"是真的，这就是前件；但是从句"现在是夜晚"作为结果，是假的。

不过狄奥多罗宣称："假言命题只有在不曾允许，也将不允许前真后假的情况下才是真的。"但这与菲洛的说法是对立的。因为这类假言命题"如果现在是白天，我就在谈话"，当现在确实是白天而且我在谈话时，根据菲洛的说法就是真的，因为它开始于一个真的从句"现在是白天"并结束于一个真的命题"我在谈话"；但是根据狄奥多罗的说法这是假的，因为它允许开始于一个有时真的从句，并以假从句"我在谈话"结束；因为倘若我没有谈话，则它开始于一个真句子"现在是白天"，并以一个假句子"我在谈话"结束。再有，一个这样形式的命题"如果现在是晚上，我在谈话"，当出现在白天并且我沉默的时候，按照菲洛的说法是真的，因为它开始于假，结束于假。但是根据狄奥多罗的说法，它就是假的，因为它允许以真命题开始却结束于假命题，"如果夜色降临而我依然沉默不语"。还有，根据菲洛的看法，命题"如果现在是夜晚，现在是白天"在白天时是真的，因为它开始于假句子"现在是夜晚",并结束于真句子"现在是白天"。但是根据狄奥多罗,这是假的,因为它允许开始(当夜色降临)于真句子"现在是夜晚",但是结束于假句子"现在是白天"。

这些(正如各种例子表明的)就是假言命题的标准的矛盾特性,故而恐怕区分正确的假言命题的任务很难完成。因为我们要完成这一任务,首先必须裁定辩证法家们关于其正确性的争吵。只要这些无法裁定,正确命题自身也必然存疑无解。这是很自然的;因为我们要么听从所有辩证法家给出的标准,要么只听从其中一人的。但是听从所有人的是不可能的,因为——正如我在关于那两位①的对立情况中所说的——他们相互之间是对立的,而对立的东西不是同等可信的。但是如果我们只听从其中某些人,那么我们这么做或是直截了当且非批评地,或者提出理性支持表明这类标准是正确的。如果我们直截了当且非批评地同意任何标准,那么我们为什么要同意这个标准而不是那个呢?而且这就等同于对谁都不同意,因为它们是冲突的。但是,如果我们提出理性的支持证明我们所采纳的关于假言命题的标准是正确的,那么这一推理或者是推不出结论的和没有决定力量的,或者是结论性的和能决定的。不过,如果它是推不出结论的和没有决定力量的,那么它在主张某种关于假言命题的标准时,就是不值得信任的和不对的。而如果它是结论性的,这又必然来自它的结论是从它的前提推出来的,从而它是因为某种一致性而被认可的。但是在假言命题的情况中所寻找的一致性必须得到推理的认可。于是,这么一来就陷入循环推理的错误中了;因为,为了了解有待其一致性认可的假言命题,我们必须诉诸一种推理,而为了使得这种推理是正确的,判定其正确性所依据的一致性又必须事先被肯定。既然会陷入这一僵局,那么我们就不拥有正确的假言命题,我们于是也就不拥有结论性的推理;又由于不拥有此,我们也将不拥有证明,

---

① 即菲洛和狄奥多罗。

因为证明就是结论性的推理。如果证明消失了，那么独断论的整个耀眼光芒就黯然失色了。

由此我们可以向前继续讨论联言命题和析取命题，并普遍包括所有剩下的各种形式的非简单命题。联言命题必须或者由简单命题，或者非简单命题，或者由混合的命题所组成，而所有这些，当简单命题受到质疑后就都处于被质疑之中。再者，他们宣布联言命题当其各个部分都真时就是正确的，比如"现在是白天，而且天亮"；当有一个部分是假的，则联言命题也是假的，这样他们就又是在为自己立下法则。因为由此可以推出，如果组合物的所有部分是真的就是真的，所有部分是假的就是假的，可是组合物有的部分假，有的部分真，则组合物本身不应该真而非假；因为如果我们允许他们立下自己喜欢的法规，并且自行选择有关这些事情的规则，我们就必须同意他们的断言：包含了一个假分句的联言命题是假的；但是其他人也可以指定相反的规则并断言包含了几个真命题和一个假命题的联言命题依然是真的。如果我们应当认真考察这些事情的真实本性，那么逻辑上肯定会得出难以判断联言命题在有一个部分真、有一个部分假的时候是真还是假，因为正如由白和黑构成的东西很难说是白还是黑（因为白是白，黑是黑），同样，真事实上只是真，而假只是假，由二者构成的东西则无法说是真还是假。

不过，他们说，正如在日常说话中我们并不说，当一件衣服大部分是好的，只有一小块地方破了时，还是完好的；我们称这样的衣服为破的，就因为它破了一小块地方。联言命题也是如此，它虽然只有一个部分是假的，其他几个部分是真的，整个联言命题也应该按照那个假的部分被评判。然而这是愚蠢的。因为我们必须允许日常语言使用不精确的词语，因为它并不追求真正真实的，而只是被视为真实的。比如我们说挖一口井，编织一件袍子，建造一所房屋，但是这些说法都不是精确的；因为如果那儿有一口井，那它就不是在被挖，而是已经挖好了；如果有一件袍子，它就不是被编织，而是已经编织好了。所以在日常生活和通常的谈话中，可以使用不精确的说法；但是当我们研究真实事实时，就必须严守精确性。

综上所述，主张真与假在于非物体性的"表述"之中的论证是毫无希望的和充满混乱的。我们也不难指出，那些认为真与假处于说话（speech，phone）中的人的论证也是无法令人满意的。因为一切说话，只要是存在的，那么就或是在产生中，或是沉默了；但是在产生中的东西并不存在，因为它的非实体性；沉默的也不存在，因为尚未产生；所以，说话是不存在的。产生中的东西尚未存在，这可以用类似的例子证明，比如一个产生中的房子就还不是一座房子，一艘船也不是，其他类似的东西都不是。同样地，说话也不是。沉默地说话不算存在，这也得到同意。那么，如果说话或者在产生中，或者是沉默了，而它在这两个阶段都不存在，那么说话就不存在。

这里还有一种反驳：如果"真"在于说话中，那么它或者是在很短的话或者是在长篇大论中，但是它并不在很短的话中，因为很短的东西无法划分，而真并不是无法划分的；它也不在于长篇大论中，因为长篇大论并不存在：当其前面部分说出来时，后面的还未存在；而当后面的说出来时，前面的已经不存在了。所以，真并不在于说话中。再者，它如果在于说话中，它或是在有意义的或是在无意义的说话中。但是它不会存在于无意义的话比如"不力图李"和"是金大坡喉使"中，因为怎么能接受一个无意义的东西为真呢？所以，只能说它存在于有意义的话中。但是这又不可能，因为话本身并无意义，否则的话，希腊人和外国人在听到彼此说话时就都会懂得它们意指什么。所以，由此可知真不可能位于说话中。还有，有的话是简单的，有的是复合的。简单的话是比如"狄翁"，复合的话是比如"狄翁在走路"。如果真位于话语中，那么，它或者是位于简单的话中，或者是位于复合的话中；但是它并不存在于简单的和非复合的话语中，因为真必须是一个命题（的属性），而命题不会是非复合的。然而它也不存在于复合的话中，因为复合的表述（诸如"狄翁存在"）并不存在；因为当我们说出"狄翁"的时候我们还没有说"存在"；而当我们说出后者的时候我们已经不再说前者了。所以真并不位于说话中。

真也不像某人所想的那样存在于"理智的运动"中。因为如果真是理智的运动，那么就不会有任何外部的东西为真了；因为理智的运动存在于我们自身之中，不是外在的。但是说外部的东西没有真的，那也太荒谬了；所以，将真视为存在于理智的运动中，也是荒谬的。

此外，理智的运动是因人而异的，就不会存在普遍真的东西；但是，如果不存在对所有人都真的东西，那么一切就都会可疑且混乱了；因为此人视为真的（即他的理智之运动），其他人却并不同意；相反，那个人视为真的，此人却无此感受。但是，说共同认可的东西不是真的，那就太荒诞了；于是，宣布真存在于理智的运动中也是荒诞和不对的。

还可以推出：那些认为真在于理智的运动中的人必须同意所有这样的运动都是真的，比如伊壁鸠鲁的理智运动、芝诺的理智运动、德谟克利特的理智运动，以及其他人的理智运动，都是真的，因为它们都同样是理智运动。但是它们都真是不可能的，正如它们不可能都是假的；故而真不是理智的运动。

现在我们已经提出了关于标准和"真"的种种困难，让我们接下来考察建立在标准之上的旨在把握并非直接呈现的"真"的方法，即征象与证明。按照顺序来，我们将先讨论征象；因为证明是靠使用征象而显示结论的。

第二章 征象存在吗？

万物有一种最一般的二分法：有的是自明的，有的是不明白的。自明的东西中，有的是直接明白的，自身就呈现于感觉和理智面前，有的是不明白的东西，无法自身被把握。我们对标准的讨论已经在适当时候讨论过了，① 可以用以显示明白的事物的可疑性；因为如果标准被证明是可以的，那就不可能断定明白的东西事实上如同其显示的样子。不明白的东西还有待讨论，所以我们认为为了也将它驳倒，可以启用一个简洁的进攻方式，将征象和证明都驳倒。当这些依次被驳倒后，通过它们来把握"真"也就动摇不可信了。不过，或许在开始讨论细节之前，我们不妨简短地讨论一下征象的本性。

"征象"（sign, semeion）一词有两个含义，一个一般，一个特殊。在其一般意义上，征象乃是使得某个事物明白的东西，在此意义上我们经常会把一个用于唤醒曾经一道被体验的事物的东西称作征象。在特殊意义上，征象指的是可以指示不明白对象的东西；我们现在打算要讨论的是这个意义上的征象。不过，为了清楚地了解其本性，我们必须首先明白，正如我们上面说过的，那些自行让我们知道的东西是自明的，比如就现在而言，"现在是白天"和"我正在谈话"这样的事实。而不属于这类事物的东西就是不明白的。

第一节　不明白事物有哪几类？

在不明白事物中，有的是绝对不明白的，有的是本性上不明白的，有的是暂时不明白的。这些之中，所谓"暂时"不明白的是那些虽然其本性是明白的，但是有时因为外部环境的原因使我们感到不明白，比如雅典城在当下对我们而言就是如此，因为它虽然本性上是明白的和自明的，可是距离遥远使得它不明白了。"本性上"不明白的是那些永远隐藏、无法清晰地呈现于我们感知之前的东西，比如理智

---

① 即标准论已经先行讨论过了。这表明作者十分注意逻辑顺序，有条理地进行自己的讨论。

上设定的管道①和宇宙之外存在的无限虚空（这是某些自然学家所主张的）。"绝对"不明白的据说是那些本性上永远无法呈现于人的理解力的东西，比如星星的数目是偶数还是奇数的事实，以及利比亚的沙子究竟有多少粒。既然存在着四类不同的事物——明显的事物，绝对不明白的事物，本性上不明白的事物，暂时不明白的事物，我们可以说并非所有类别的事物，而只是其中某些，是需要征象的。因为很明显，绝对不明白的事物和明显的事物都不需要征象：明显的事物是因为它们可以直接触及感觉，不需要其他事物来表征它们，而绝对不明白的事物是因为它们完全无法被把握，所以也就无法通过征象被把握。唯有本性上不明白的和暂时不明白的事物需要征象带来的观察——暂时不明白的事物之所以需要征象，是因为在某些场景中，它们不为我们清晰知觉所把握；本性上不明白的事物之所以需要征象，则是因为它们永远是不明白的。那么，既然有两类不同的事物需要征象，征象就表现为两种方式："提示的"（commemorative），即主要用于暂时不明白事物的，以及"指示的"（indicative），即似乎适用于本性上不明白的事物的。

　　提示的征象，当曾经与被其标示的事物一道被人清晰观察到后，一旦再次出现而被标示的东西此时不明白，就能让我们回忆起曾经与其一道被观察的、现在不清楚的事物，比如烟与火。因为我们经常观察到它们相互联系在一起，所以我们只要看到其一，比如烟，那么我们就能回忆起其二，比如此时未看见的火。同样的说法也可以用于受伤而留下的伤疤，以及死亡之前的心疼；因为看到伤疤时就会回想起它过去的受伤，而看到心上的戳伤，就会预见到死亡的来临。这些，就是"提示的"征象的特点。但是"指示的"征象完全不同。因为它和前者不一样，不会和被标示者一道被观察到（因为本性上不明白的东西自始至

---

① 微观的、无法观看到，只能被理智设定的体内小孔。

终就是无法被知觉到的,因此就不能与明白的事物一道被观察到),而是全然以自己的本性和结构大声疾呼,据说表征着它们所指示的东西。比如灵魂就是这种本性上不明白的东西,因为它的本性就是从不向我们的清晰感觉呈现自己,于是便由身体的运动"指示性地"被道出。因为我们论证说是身体中的某种力量在身体内部激发这样那样的运动。

那么,存在着两种征象——"提示的"征象主要用于暂时不明白的事物,而"指示的"征象用于本性上不明白的事物。我们建议完全放弃提示的征象(因为通常所有的人都认为这种征象是有用的),集中全力批评指示性征象,因为这是独断论哲学家和逻辑自然学家们①所发明的,据说能够给予他们最需要的帮助。所以,我们并不是在攻击人类的共同预设概念,也不是如某些诽谤怀疑论的家伙所说的在通过否认征象的存在颠覆生活。因为,如果我们推翻一切征象,那倒或许是在攻击日常生活和全人类;但是我们实际上和大家一条心,也从烟推出火,从伤疤推出过去的受伤,从心上的过去戳伤推出死亡,从过去的头带推出油脂。② 于是,既然我们肯定日常大众所使用的提示性征象,推翻独断论者错误地想象的征象,人们应该说的乃是:我们不仅不攻击日常生活,我们甚至还充当其保护者,因为我们借助自然科学反驳那些挑衅共同判断的独断论者,这些人宣称自己通过征象认识到了本性上不明的东西。

这些就是我们所要讨论的征象的一个概要说明。在此我们应当记住怀疑论者的做法。这就是提出论证反对征象的存在,但是并不自信满满或是对此认可(因为认可地做此事,就等于和独断论一样主张征象的存在),而只是将研讨带到"同等力量"的境地,并证明征象的不存在与其存在是同等可信的;或者相反,征象的存在与其不存在是同等不可

---

① "逻辑派"或"独断派"乃是希腊化时代医学中的一个主要派别。
② 这里指的是运动员戴头带和身上涂油的习俗。

信的；因为这样一来就可以在理智中产生中性意识和悬搁判断。进一步，根据这一说法，甚至那些看上去与我们矛盾的人在我们宣称不存在指示性征象的时候，实际上也是支持我们的，他们通过采纳这一看法，就确证了他们应当怀疑地对待的看法，因为怀疑论者反对征象的论证是无比强大的，几乎无法反驳，而独断论者确证其存在的论证也毫不逊色，于是乎我们只好对其存在悬搁判断，而不是不公正地认可任何一方。现在我们已经介绍了怀疑论者的做法，接下来我们就考察当下的主题吧。

第二节　对征象的质疑

正如怀疑论者同意的，存在的东西中有的绝对存在，有的只有相对存在。绝对存在的东西是那些具有自己的实存并且绝对地被认识到的东西，比如白、黑、甜、苦，以及一切这类东西；因为我们认识它们是独立的、分别的，不必伴随任何其他知觉。那些被知觉为处于与其他事物的关系中的，而非绝对地（即分别地、仅仅通过其自身地）被把握的东西就是相对的，比如更白、更黑、更甜、更苦，以及任何具有同样品性的东西。因为更白和更黑并不是以白和黑的方式被分别地知觉到的；为了认识更白，人们就必须同时认识被比较的那个白东西，为了认识更黑，人们就必须同时认识被比较的那个黑东西。同样的说法也适用于更甜和更苦。既然有两类完全不同的事物，一类是绝对的，一类是相对的，指示性征象必须或是属于绝对的或是属于相对的事物，因为二者之间再也没有第三类事物了。但是它不会属于绝对的事物，这一点，持其他立场的人都同意。那么，它属于相对的事物这一类。因为正如被标示的事物是在与征象的关联中被认识到的，故而是相对的（征象也同样是相对的），因为征象是对某种东西即被标示的东西的征象。让我们这样想：如果我们取走其中之一，剩下的东西也会随之被取消，这样的事情发生在诸如左与右的情况之中：如果没有了右面，则左面也就不存在，因为它们二者都是相对的；如果没有了左，右的概念也同时被消灭。进一步而言，相对的事物是被共同认识的，因为正如我说过的，不可能在认识更白的事物的同时不一道认识被比较的那个白东西，对于更黑的东西的认识也是如此。既然我们已经证明了征象是相对的，那么它所标示的东西就要和征象一道被认识。但是，与它一道被认识的东西不会是它的征象，因为如果认为与其一道被理解的东西可以是那个东西的征象，实属荒谬之至。尽管二者是在同一时刻被认识的，却既不能证明这一点，也不能指示这一点；而且二者中的任何一个在自己呈现时，也都无法做到这一点。再者，人们还可以提出这样的论证：征象如果是可以理解的，则或是在被其标示的事物之前被理解的，或是随之一道被理解的，或是在其之后被理解的。然而我们将论证，它既非在前面，也非同时，也非在后面被理解的，所以征象是无法理解的。说征象是在被其标示的事物之后被理解的，显然是荒谬的，因为这样一来征象怎么还能展示那些在其之前已经被理解的事物？此外，如果这一可能性成立，则独断论者就会接受与他们的通常教条冲突的一个立场。因为他们断言被标示的东西是不明白的，无法通过自身被理解的，但是如果在对其理解之后征象也被理解了，那么这种东西就不再是不明白的了——它在展示它的事物之前就被识别了。所以，征象不是在被其标示的事物之后被认识的。但是，它也不是与其同时被认识的，理由前面已经陈述；因为共同被理解的东西不需要相互加以展示，而是同时展现自身。否则的话，就不再能说征象是征象，而被标示的东西是被标示了。那么，最后剩下的可能性：征象是在被其标示的事物之前被认识的。不过这也会遭到批判。独断论者应当首先证明，征象不是一种相对的事物，或者相对的事物不是相互一道被认识的，然后才能说服我们承认征象可以在被其标示的事物之前被认识。但是，我们前面的假设尚未改变，所以，无法为对征象的事前理解提供证据，既然它属于相对事物，从而必须与被其标示的事物一道被理解。总之，如果征象要被理解，就必须要么在它标示的事物之前，要么同时，要么之后被理解，而这些可能性又被我们证明都不可能，我们只能宣布征象是不可理解的。

再者，还有人向独断论者提出了另外一种反驳：如果存在着指示性征象，它要么是对明白的事物的明白的征象，要么是对不明白的事物的不明白的征象，要么是对不明白的事物的明白的征象，要么是对明白的事物的不明白的征象。但是它既不是对明白的事物的明白的征象，也不是对不明白的事物的不明白的征象，也不是对不明白的事物的明白的征象，也不是对明白的事物的不明白的征象，所以征象是不存在的。这个论证的形式就是如此，而且它显然具有强大的证明力量。如果我们指出独断论者对此的反对，就更能体会到其力量了。独断论者说只能接受其中的两种组合，但是不同意我们对于其他两种组合的看法。他们是这么说的：明白的东西可以是明白的东西的征象，也可以是不明白的东西的征象，但是不能说不明白的东西可以指示明白的东西，或者不明白的东西可以标示不明白的东西。比如，明白标示明白的例子有影子和身体的关系，因为影子作为征象是明白的，而身体作为被标示的东西也是明白的东西。明白的东西也可以指示不明白的东西，比如脸红标示耻辱感，因为前者是明白的和自我展现的，而耻辱是不可见的。不过我以为这么说的人蠢到极点。因为如果我们同意征象是相对的，而相对的事物必须一起被认识，那么在这样同时呈现的事物中，就不能说一个是征象，另外一个是被标示的。在一切情况下，因为二者很明显是共同呈现的，它们中没有任何一个可以是征象或是被标示者，因为其一没有什么好揭示的，其二不需要其他事物来揭示自己。同样的话也适用于剩下的可能结合，即所谓明显者是不明显者的征象。因为，如果事情是这样的话，那么征象就必须在被标示者之前被认识，而被标示的东西应当在征象之后被认识；但是这是不可能的，要知道它们属于相对之事，必须一道被认识啊。

在被人认识的东西中，有的看来是被感觉认识的，有的是被理智认识的；前者是诸如白、黑、甜、苦；后者是诸如美好、丑陋、合法、非法、虔诚、不敬，等等。故而征象如果是可以认识的，也必须属于可感知的，或者属于理智的对象。那么，倘若它不属于二者之一，它就绝对不存在了。于是，我们这里立刻又能举出一个证明其不可理解的证据，我的意思是：它的本性一直在争议之中，有的将其归为感性，有的将其拉入理智。伊壁鸠鲁及其学派的领导人们说征象是感性的，但是斯多亚派认为它是理智的。我们可以说，这种争论永远无解。既然无解，那么我们只好将征象悬搁起来，因为它或是感性的或是理智的。最为严重的乃是，它所承诺的无法实现：它承诺自己有助于展示其他的事物，可是现在看来事实相反，它需要其他的东西来展示自己；因为任何有争议的东西都是不明白的，而不明白的东西只有通过征象加以理解，那么征象既然有争议，就有待别的征象来澄清不明白的自己。再者，他们不能宣称自己可以通过证明来解决争议，令人信服。因为如果他们开始就能证明它，那就接受其为可信的吧。但是只要他们仅仅拥有一个承诺而非证明，悬疑就必须维系下去。进一步，证明也是个可以争议的事情，而既然自己陷入争议中，本身就需要其他东西来支持自己。但是用可疑的东西来证明可疑的东西，乃是荒谬之至。还有，证明一般来说是一种征象；因为它是被用来显示其结论的。那么，为了确证征象，证明就必须是可信的；而为了让证明是可信的，征象又必须被确证。于是二者都有待来自对方的确证，就都和对方一样不可信。除此之外，用于证明征象的东西要么是感性的要么是理智的。如果它是感性的，前面的讨论就还是依然生效，即人们在关于感性事物上纷争不已。倘若它是理智的，那也同样不可信任，因为理智无法在与感性事物的分离中被单独认识。

不过，就让我们暂且让步同意征象或者是感性的或者是理智的。即便如此，它的存在还是很难得到信任。我们要依次讨论这两种可能性，首先就来讨论它是感性的这一观点。为了同意这一观点，感性事物的存在必须首先得到公认，并被所有自然学家都同意，这样才能使对征象的研究从这一共识之处出发。然而，这并没有得到公认，而是只要河水长流、大树长青，自然学家们就永远不会停下他们的相互争吵；比如德谟克利特断言没有任何感性的东西真实存在，我们对其知觉不过是某种空洞的感官感受而已，外部的事物中不存在任何甜与苦或是热与冷或是白与黑或是任何明显的事物，因为这些无非是我们感受的名字。但是伊壁鸠鲁宣称所有的感性事物都是如其所显现在感官中的那样真实存在的，因为感觉从不说谎，即便我们认为它在说谎。斯多亚派和散步学派则取居中立场，说有的感性事物真实存在，是真的，而有的则不存在，感觉对它们说了谎。小结一下：如果我们宣称征象是感性的，就必须先同意并确证感性事物具有实存，这样才能说征象也肯定是能被理解的；否则的话，如果它们的存在都永远处于争议之中，那就不得不说征象也会卷入争议之中了。正如感性事物的实存性如果不被承认的话，白色也就不能被理解，因为白色正是感性事物之一种；同样，如果征象属于感性事物范畴，那么只要涉及感性事物的冲突永无解决之日的话，那么征象也就丧失了稳定的存在。暂且让我们先假设关于感性事物有共识，对于它不存在任何方面的争议。我要问的是：我们的对手如何能向我们证明征象确实是感性的呢？一切感性的事物都必须在所有处于同样状态中的人眼中的呈现应该是一样的，被相同地认识到。以白色为例，不可能希腊人这样看，而外国人那样看；或是工匠对白色的认识不同于日常人的认知；所有感官没有问题的人对白色的认知应当是一模一样的。甜与苦也不会在这个人和那个人的品尝中不同，而是在所有身体状况相似的人那里被同样感知。但是征象作为征象，并不以同样的方式影响那些处于同样身体状况中的人；对某些人它完全不是任何东西的征象，尽管它明明白白地呈现给这些人；对另外一些人来说它们是征象，但是标示的不是同样的东西，而是别的东西。比如在医学中，同样的症状对有的人比如伊拉西斯特拉图斯（Erasistratus）是这样的病的征兆，但是对另外一个人比如希洛菲路斯（Herophilus）则表征其他的病，而对又一个人比如阿斯克勒皮亚德斯则标示另外的病。① 所以，我们不能说征象是感性的，因为如果感性事物必然同样影响所有人，则征象就不是感性的。还有，如果征象是感性的，那就可以推出，正如作为感性事物的火会烧伤所有能够被烧伤的人，雪作为感性事物会冻伤所有能够被冻伤的人，同样的，征象如果属于感性事物，就能引导所有人走向同样的被标示的事物。但是事实上，它并没有这么引导大家；所以它不是感性的。再有，如果征象是感性的，不明白的东西或者能被我们所理解，或者不能。如果它们不能被我们理解，那么征象就消灭了；因为事物属于两类，明白的与不明白的，如果明白的东西不需要征象，自己就可以显示，而不明白的东西也不需要，因为它们是无法理解的，那么征象也就不存在。但是，如果不明白的东西可以被理解，同样还是可以推出，既然征象是感性的，而感性的事物应当同样影响所有人，不明白的东西就会被所有人理解。但是有些人——诸如经验派医生和怀疑论哲学家——断言它们无法被理解，其他人则说它们可以被理解，但是不能被同样理解。所以，征象不是感性的。

"是的"，他们回答道，"但是正如火作为感性事物会因为施加其上的材料不同而展现出不同的效应，当烧到蜡的时候使其融化，烧到泥土时使其坚固，烧到木头的时候则烧掉之，同样，征象也可以作为感性事物在不同理解的人那里标示不同的事物。这没有什么悖谬的，因为这在提示性征象那里也可以看到：高举火炬对于有些人来说标示敌人到来，而对其他人来说标示的是朋友的到来；钟声对于有些人标示着卖肉，对于别的人标示需要在路上洒水了。故而，指示性征象具有感性特征，也能显示出不同种类的事物"。但是，人们会要求那些用火的例子进行推理的人证明：在火的情况下发生的事情也适用于在征象的情况下。因为

---

① 这三位都是独断派（逻辑派）的医学家。

前者所拥有的能力是没有争议的，没有人对蜡可以被火烧熔化，陶土可以被烧硬，木头可以被烧掉这些事实提出质疑。但是在指示性征象的情况下，我们如果同意类似的结论，那就会陷入荒谬的境地中了，即断言被它标示的每样东西都存在，比如稠体液、酸体液和体质变化都是同一疾病的原因。但是这是荒谬的，因为如此冲突和相互反对的原因无法一道存在。要么独断论哲学家同意这一点，尽管这是不可能的；要么征象作为感性事物，其自身力量不指示任何东西，而我们因为各自品性不同不会受到其同样影响。但是这个他们又不愿意同意。此外，火的这些力量并未得到公认，而是受争议的。因为如果火能燃烧，那就应该能烧任何东西，而非只烧一些东西，不烧其他一些东西。如果它具有熔化之力，那它就应该烧掉一切而非烧化一些，不能烧化另一些。但是看来火的这些功效并非来自其本性，而是来自它所接触的材料的本性。比如，它能烧木头，这不是因为它自身有燃烧之力，而是因为木头适宜在火的运作下被燃烧；它能熔化蜡，不是因为它有熔化之力，而是因为蜡在受到火的共同作用之时，宜于被熔化。不过，我们会在讨论种类物质的存在时更为精确地解释这些事情。就目前而言，为了回答那些从提示性征象进行推理并以火炬或是钟声为例的人，我们必须宣布：这些征象完全可以展示许多东西而非一种东西。他们说，立法家已经决定了征象的标示对象，我们有能力按照我们所愿意的规定征象标示一件事，或者能展示几个东西。但是，既然指示性征象据说本质上揭示它所标示的事物，那它就必然只标示一件事。而且这必须是只有一种形式的事物，因为如果它对许多东西都是共同的，它必然就不是一个征象了。如果一个事物是被许多东西标示的，那它就不可能被确定地认识。比如一个人由富转穷，同样可以是放纵生活、海上遇难、慷慨助友等的征象，既然它对许多东西都是共同的，它就无法标示其中任何特定事物，因为如果它可以标示这一个，那为什么是这个而不是另外那个？如果是另外一个的，那为什么不是这个的？它也完全不可能是标示所有东西的，因为它们并不能共同存在。所以，指示性征象与提示性征象不同，人们不应当从后者推出关于前者的结论，因为其一仅仅指示一种对象，其二却可以展现几种对象，并具有我们自己可以确定的那些意义。

还有，每一种感性事物作为感性事物都无法被教导。因为一个人不可能被教会看到白色，他也不是学会品尝甜味、感受炎热以及其他这类东西；我们之所以知道了所有这些，都是源于自然而不用经过教导。但是他们承认，征象作为征象却是由教导习得的，而且要费老大的劲，比如那些标示风暴或好天气的征象。同样，还有那些处理天文学的人比如阿拉图斯（Aratus）和艾托里安（Aetolian）的亚历山大（Alexander）① 所关注的征象；同样，还有经验派医生所面对的征象，比如脸红和汗腺膨胀以及口渴，等等，那些未受教导的人不会将它们作为征象来理解。所以，征象不是感性的，因为如果感性事物是无法被教导的，那么征象作为征象却可以被教导。故而征象不会是感性事物。

感性事物作为感性的，被视为是绝对的。比如，黑白甜苦等。但是征象作为征象，却是相对的，因为它总是在与被其标示的东西的关系中被认识的。因此，征象不属于感性事物的范畴。

再者，每种感性事物顾名思义就是由感官所把握的，但是征象作为征象却并非被感官，而是被理智所把握的。故而我们说一个征象是真的或者假的，但是真假都不是感性的，因为它们都是一种判断，判断不属于感性而属于理智。所以，我们必须宣布：征象不属于感性事物的范畴。

我们还可以用这个论证：如果指示性征象是感性的，那么感性事物就应当在很早以前即可以标示某种东西了。但是事实并非如此。因为，如果感性事物标示任何东西，那就或者是相同的东西标示相同的东西，或者是不同的东西标示不同的东西；但是既非相同的东西标示相同的东

---

① 公元前3世纪的希腊诗人，他们写了以天文为主题的诗歌。

西，也不是不同的东西标示不同的东西，所以，感性事物并不标示任何东西。比如，假设我们从未经验到白色或是黑色，第一次看到了白色，那么我们无法从对白的了解就了解黑，因为虽然我们或许能形成一个观念：即黑是另外一种颜色，与白色不同类，但是，通过看到白而理解黑还是不可能的事。同样的道理也适用于声音，以及其他所有感性事物。所以，同样的感性事物不能表示同样的东西，即视觉不能标示视觉，听觉不能标示听觉，味觉不能标示味觉。而且，不同的东西也不能标示不同的东西，比如视觉不能标示听觉，听觉不能标示味觉或是嗅觉，因为一个人不可能通过闻到甜味而理解白色，也不能通过察觉一个声音而获得一种甜味感。

不过，毫无必要去考察是否同样的东西可以充当同样的东西的征象，或者不同的东西是否是不同的东西的征象，任何有理智的人都会对一个更为切近的事情感到绝望，我指的是感性事物甚至无法标示其自身这一事实。因为正如我们经常指出的，在那些研究过感觉的人当中，有的人①断言就感官所了解的东西而言，与事物的自然本性是不同的；因为事物并不是白的黑的或是热的冷的，或是甜的苦的，或是具有任何这类其他属性，它只是显得真的是如此；我们的感官的感受是空洞的，给出的报告是虚假的。但是其他人②却认为有的感性事物是真正存在的，有的不是。还有些人则认为所有感性事物都是存在的。既然在感性事物的真实存在上有如此巨大的无解纷争，又怎么能断言感性事物能展示自己，要知道甚至那些争议中的观点何者为真都无法知道啊？总之这一点是明确无疑的：如果既非同样的感性事物标示同样的感性事物，也非不同的感性事物标示不同的感性事物，那感性事物也不能标示自身，那么结论就是：无法说征象是感性的。

---

① 即德谟克利特。
② 比如亚里士多德和斯多亚派。第三种观点是伊壁鸠鲁派的。

安尼西德穆斯在其《皮罗主义谈话》的第四章中对这一主题提出了一个论证，大致的形式如下："如果明显的东西对所有处于类似状态中的人都显出是同样的，征象是明显的事物，那么征象就对所有处于类似状态中的人显出是同样的。但是征象并不对处于类似状态中的人显出是同样的，而明显的东西对于所有处于类似状态中的人显出是同样的，所以，征象不是明显的东西。"安尼西德穆斯此处似乎是称感性事物为"明显的东西"，他提出的论证是在第三个不可证条件上加上第二个，其格式是这样的："如果以第一和第二，则第三；但第三不成立，而第一成立，所以第二不成立。"这确实是如此，我们下面会说明的。不过就目前而言，我们将更为简单地证明论证的前提是对的，而结论可以从前提中得出。让我们开始先设定大前提是真的，因为结论可以从联言前提得出，即从"明显的东西对所有处于类似状态中的人都显出是同样的，征象是明显的事物"中可以得出"征象就对所有处于类似状态中的人显出是同样的"。因为如果所有那些具有同样未受损的视力的人都看到同样的白色，没有差别，如果所有味觉器官都处于自然状态中的人都把甜味感受为甜，那么所有处于类似状态中的人都必然同样地感受征象，倘若征象就像白和甜一样是感性事物的话。所以大前提是对的。第二个前提也是对的，即"但是征象并不对处于类似状态中的人显出是同样的"。比如在患上热病的人那里，脸红血管肿，皮肤出汗而且发烧，心跳加快等征象并不会对那些感觉及身体情况都处于相同状态中的人显现为同一个东西的征象，也不会对所有人显示为同样的，比如它们对希洛菲路斯显现为血液良好的征象，对伊拉西斯特拉图斯却标示了血液从血管流入动脉，对于阿斯克勒皮阿德斯则表明细微分子在体内细微交叉口堵住了。① 所以，第二个前提也是对的。但是第三个前提也是对的，即"明显的东西对于所有处于类似状态中显出是同样的"。比如，

---

① 即，不可感（不可见的）的物质分子在身体的不可感的通道中。

白色尽管并不对黄疸病人、眼睛充血的人以及健康的人显现为一样的（因为他们的身体状况不同，故而白色对黄疸病人显现为黄色，对眼睛充血的人显现为红色，对健康人显现为白色）；不过，对处于相同的状况即处于健康状况中的人，它仅仅显现为白色。所以，从这些真的前提就可以推出结论"征象不是明显的东西"。

这样，我们对这一论证的考察表明它是真的。它既是无法论证的，也是三段论的，这一点我们在分析之后就可以看清楚。让我们回到第一原则，先看"不可论证的"。这个词有两个意思，既指无法证明的论证，也指那些不需要证明的论证即一目了然是结论性的。我们经常指出，克吕西波在其第一部《三段论导论》的开头提出的论证就是在此第二种意义上的"不可论证的论证"。知道这些之后，我们必须明白，第一种不可证明的论证由一个假言大前提及其前件构成，大前提中的结果就是结论。换句话说，当一个论证由两个前提，一个是假言大前提，另外一个是大前提中的前件，而且其结论就是该假言大前提中的后件，那么这种论证就被称为"第一种不可证明的论证"，比如这样形式的论证："如果现在是白天，天就是亮的；而事实上现在是白天，所以现在天是亮的。"因为这个论证以一个假言大前提作为自己的前提，即"如果现在是白天，天就是亮的"，并且以这个大前提的前件作为第二前提"现在是白天"，最后，其结论就是大前提的后件"所以现在天是亮的"。第二类不可证明的论证由一个假言大前提和大前提中的后件的否定构成，其结论就是前件的否定。也就是说，一个论证还是由两个前提构成，其中一个是假言大前提，另一个是这个前提中的后件的否定式，结论则是前件的否定式；那样的话，这个论证就是"第二类不可证的"。比如"如果现在是白天，天就是亮的；但是天不亮，所以现在不是白天"。因为论证中的一个前提即"如果现在是白天，天就是亮的"是假言大前提，而"但是天不亮"作为论证的另外一个前提，乃是对假言大前提中的后件的否定，结论"所以现在不是白天"就是对前件的否定。第三类不可证的论证由否定式联言命题以及此联言命题的一个分句构成,其结论是对联言命题中的另外一个分句的否定。比如,"并非现在既是白天又是黑夜,但是现在是白天,所以现在不是黑夜"。因为前提"并非现在既是白天又是黑夜"是一个联言命题"现在既是白天又是黑夜"的否定式,而"现在是白天"是这一联言命题中的一个分句,"所以现在不是黑夜"则是对此联言命题中的另外一个分句的否定。

这些论证的情况就是如此。这类论证由之构成的"式"(moods)或"格式"(scheme)是这样的:就第一类不可证论证而言是:"如果第一,则第二(是真的);但是第一(是真的),所以第二(是真的)。"就第二类不可证的论证而言是:"如果第一,则第二(是真的);但是第二不是(真的),所以第一不是(真的)。"第三类不可证论证的格式是:"第一句和第二句不是同时(真的);但是第一句是(真的);所以第二句不是(真的)。"

再者,还需要注意到有些不可证论证是简单的,有些是非简单的。简单的是那些立即就清晰地宣布得出结论的,即推论与前提是一道提出来的。上述论证就是这一类,因为在第一个例子中,如果我们同意"如果现在是白天,天就是亮的"是真的——所谓"真"就是指光亮的存在由白天导出,又同意第一个从句是真的"现在是白天"——这是假言大前提中的前件,那么就必然推出现在天是亮的,这就是论证的结论。非简单的乃是由简单论证组合而成的,在了解它是否能推出结论之前必须先将其拆散为简单论证加以考察。在非简单的论证中,有的是由同类的论证构成的,有的是由不同类的论证构成的。同类的例子是比如由两个第一种不可证论证构成的,或是由两个第二类不可证论证构成的;不同类的例子,是比如由一个第一类不可证论证(和一个第三类不可证论证)构成的,或者是由一个第二类论证、一个第三类论证构成的,以及诸如此类等。像下面这样的论证就是由不同类的部分构成的："如果现在是白天，天就是亮的；而事实上现在是白天，所以现在天是亮的。"因为它是由两个第一类不可证论证组合而成的，这一点我们分析之后就会明白。我们必须看到，有一个辩证法规则是专门用来分析三段论的，即："一旦我们知道蕴涵了某个特定结论的前提，我们也就潜在地知道了包含于其中的结论，即便它没有被清晰地表述出来。"那么，既然我们有两个前提：大前提"如果现在是白天，天就是亮的。"这是由简单命题"现在是白天"引导的，而结束于非简单的假言大前提"如果现在是白天，天就是亮的"及其前件"现在是白天"，从这些东西中我们就可以按照第一类不可证论证推出那个假言大前提的后件，即"所以，如果现在是白天，天就是亮的"。故而，我们已经潜在地在论证中作出这一推理了，但是它在明白的表述中是省掉了的，当我们将其放到表述出来的论证"现在是白天"的小前提边上时，我们就可以按照第一类不可证论证推出从句"现在天亮"，这句话是公开表述出来的论证的结论。于是，就构成了两个第一类不可证论证，一个是这样形式的："如果现在是白天，天就是亮的。"另外一个是这样形式的："如果现在是白天，天就是亮的；而事实上现在是白天，所以现在天是亮的。"

  这些就是由同类部分组合而成的那类论证。下面是用不同类部分构成的论证，比如安尼西德穆斯所提出的关于征象的论证，其形式如下："如果明显的东西对所有处于类似状态中的人都显出是同样的，征象是明显的事物，那么征象就对所有处于类似状态中的人显出是同样的。但是征象并不对处于类似状态中的人显出是同样的，而明显的东西对于所有处于类似状态中的人显出是同样的，所以，征象不是明显的东西。"这样的论证是由第二类不可证论证和第三类不可证论证组合而成的，这一点我们分析一下就可以知道；如果我们给出其"格式"，那就更清楚了："如果第一而且第二，那就第三（是真的）；但是第三并不是（真的），而第一是；所以第二不是（真的）。"因为，如果大前提中的前件是由第一句和第二句构成的，而第三句是后件，并且从句"第三不是真的"是后件的否定，那么我们也就能按照第二类不可证论证得出结论及对前件的否定："所以第一句和第二句不是真的。"但是事实上，这个结论本身已经潜在地包含在论证中了，因为我们拥有可以证明它的前提，只不过没有明白陈述它而已。当我们把这些放到余下的前提即第一前提的边上时，我们就可以按照第三类不可证论证推出结论，"所以，第二句是不真的"。所以，这里有两种不可证论证，一种的形式是："如果第一句和第二句（不真），那么第三句（是真的）；但是第三句不真；所以第一句和第二句也不真。"这属于第二类不可证论证。另外一种是第二类不可证论证，其形式如下："第一句与第二句是不真的；但是事实上第一句是真的；所以，第二句不是真的。"

这些就是对"格式"的分析，对论证的分析也与此类似，因为第三个前提省略了，即："并非征象对处于类似状态中的人显出是同样的，而且征象是明显的东西。"这个前提与前提"明显的东西对所有处于类似状态中的人都显出是同样的"一道，就能根据第三类不可证论证证明公开表述出来的论证的结论。所以，这里有一个第二类不可证论证："如果明显的东西对所有处于类似状态中的人都显出是同样的，征象是明显的事物，那么征象就对所有处于类似状态中的人显出是同样的。但是征象并不对处于类似状态中的人显出是同样的，所以，征象不是明显的东西。"又有一个第三类不可证论证"并非征象对处于类似状态中的人显出是同样的，而且征象是明显的东西；但是事实上明显的东西对所有处于类似状态中的人都显出是同样的；所以，征象不是明显的"。

同样的推理方式也可以用来支持这样的论证："如果明显的东西对所有人都显现得一样，明显的东西是不明显的东西的征象，那么不明显的东西也对所有人都显得一样；但是不明显的东西并不对所有人显得一样，尽管明显的东西确实对所有人都显得一样；所以，明显的东西不是不明显的东西的征象。"对这一论证的分析也是类似的，（因为其中有一个第二类不可证论证被加到一个第三类不可证论证之上）诸前提的逻辑力量也是显而易见的。因为很明显，明白的东西对所有感觉未受损伤的人都显得一样；白色对不同的人不会显得不同，黑色也不会显得因人而异，甜也不会因人而异；它们都以同样的方式影响我们。那么，如果这些东西对所有人显得都一样，并且具有标示不明白事物的能力，那么不明白事物也应该被所有人同样地认识到，因为原因是相同的，而质料性基质也是一样的。但是，事实并非如此；因为大家并不同样地认识不明白的事物，尽管他们同样地认识感性对象；有些人甚至无法对不明白事物有任何概念，其他人虽然有，但是立即就陷入复杂多样的冲突宣称之中。因此，为了避开这一荒谬结果，只能说征象不是感性的。

我们还可以将前面的讨论压缩为这样的简洁形式："如果明白的东西对所有人都展现，征象却不对所有人展现，明显的东西就不是征象。但是事实上第一（是真的）；所以第二（是真的）。"还有："如果明白的东西作为明白者不需要解释，而征象作为征象是需要解释的，那么征象就不是明显的。但是事实上第一（是真的），所以第二（是真的）。"

总之，这就是对主张征象是感性事物的人的反驳。下面我们考察与此对立的观点，即认为征象是理智的。不过我们不妨先简短讨论他们所接受的观点，即征象据说是一个命题，并因此是理智的。他们是这样描述的："征象是一个正确的假言大前提中的前件命题，是用来展示后件的。"他们说，有许多检验这种正确大前提的方式，不过其中之一将被讨论，尽管它也没有得到公认。一切假言大前提或者开始于真，结束于真，或者开始于假，结束于假，或者从真走向假，或者从假走向真。命题"如果诸神存在，世界就是由诸神天命所安排的"就是由真开始，由真结束；而"如果大地会飞，那么大地有翅膀"是从假走向假；而"如果大地会飞，大地存在"则是从假到真；而"如果这个人在运动，则这个人在走路"是从真到假，如果他并不在走路但是在运动的话。

那么，就有四种大前提的组合方式：从真到真，从假到假，从假到真，或者相反，从真到假。他们认为，前三种前提形式都是真的（因为如果它从真到真，那么它是真的；如果它从假到假，它也是真的；同样，当它从假到真时，也是真的）。它唯有在一种形式中是假的，即从真到假。既然如此，他们说，人们不应该在这一不正确的大前提中寻找征象，而应当在正确的当中找；因为这个是"作为正确假言前提中的前件的命题"。但是既然不止一种而是三种正确大前提，即从真到真，从假到假，从假到真的，那么我们就要问是否征象在所有这些正确前提中，还是只在某些中，还是只在一种中。所以，如果征象必须是真的，而且标示真理的，那么它就不能是那种从假到假的命题或者是从假到真的命题。所以，它只能存在于从真到真的命题中，因为它是确实存在的，而且被它标示的东西也应该与它一道存在。所以，如果征象是"作为正确假言前提中的前件的命题"，那么我们就必须明白，它仅仅是那种从真到真的正确大前提中的前件。再者，并非从真到真的正确假言前提中的前件的所有命题都是征象。比如，这样的大前提"如果现在是白天，则天亮"，它开始于真句子"这是白天"，结束于真句子"天亮"，但是它并不包含任何作为后件的征象的前件命题；因为"这是白天"并不用于展示"天亮"；因为正如后一事实是通过自身被把握的一样，"天亮"也是由于自身的明显性被当下把握的。所以，征象不仅要是一个正确大前提（即从真到真的前提）中的前件，而且还要具有一个可以展示后件的品性；比如，这样的命题"如果这个妇女有奶，那么她就怀孕了"中的前件；以及"如果这个人咳痰不止，那么他的肺部有伤"中的前件。因为这个前提是正确的，它开始于真句子"这个人咳痰不止"，也结束于真句子"他肺部有伤"；此外，前件还有助于展现后件，人们正是通过观察到前件描述的事实而把握了后件中的事实的。

进一步，他们说，征象必须是对现在事物的现在征象。因为有的人错误地宣称现在的东西也可以充当过去事物的征象,比如在"如果这个人有一个伤疤,他就曾经负过伤"的情况中(因为他是现在有伤疤,这很明显,但是他受伤是过去的事,因为现在已经不再受伤了);而且,现在的东西也可以是将来事情的(征象),比如在这样的前提中:"如果这个人心受伤了,他就将死去",因为他们说心受伤是已经存在的事,而死亡是将来的事。但是,这么说的人无视了这一事实:虽然过去的和将来的事情是不同的,但是在这些情况中,征象还是对现在事情的现在征象。因为在前面的(前提)——"如果这个人有一个伤疤,他就曾经负过伤"——中,受伤是已经存在了,并且过去了,但是关于这个人受伤的陈述作为一个命题,却是现在的,是对一个已经存在的东西的陈述。在"如果这个人心受伤了,他就将死去"中,他的死亡是将来的,但是命题"他将死去"是现在的,虽然陈述的事情是关于将来的,因为它即便现在也是真的。所以,(总而言之,)征象是一个命题,而且是一个从真到真的正确假言命题的前件,是用来显示后件的,并且总是对现在事物的现在征象。

既然我们已经按照他们的逻辑规则解释了这些事情,那么就可以首先这样回答他们:如果征象根据某些人说是感性的,根据另一些人说是理智的,而关于这个问题的争论迄今为止没有解决,我们就不得不宣布征象还是不明白的。作为不明白者,它自己都有待别的东西来揭示它,不可能有能力揭示其他东西。再者,如果征象按照他们的说法从本体上应当归类为"表述",而表述的存在还在争议之中,有待研究,那么在种类得到共识之前认为具体个例是确定无疑的,就是荒谬的。确实可以看到有的人是否认"表述"的真实存在的,他们不仅是其他学派的,比如伊壁鸠鲁派的,而且甚至连斯多亚派的人比如巴西莱德斯(Basileides)也主张,非物体性的东西是不存在的。所以,我们必须在征象问题上坚持悬搁判断。不过他们又说,我们只要先证明了表述的存在,我们就可以坚实地证明征象的实在性了。"是啊",我们可以回答说,

133

"如果你能证明它的话，那么就也认可征象的存在也是可信的了；但是，只要你仅仅只是在承诺，我们也就必然保持悬疑的态度。"还有，怎么可能证明表述的存在呢？因为要么是通过征象来，要么是通过证明来。但是通过这两种办法都不可能做到这一点，因为这些东西本身就是表述，和其他表述一样都处于争议中，远远无法确定地证明什么东西；相反，它们自己需要别的东西证明自己。斯多亚派也无意中陷入循环推理的谬误之中。因为，为了认可表述，证明和征象必须存在；而为了使证明和征象真实存在，表述的实在性又必须事先被确证。由于它们相互依赖，有待来自对方的证明，它们就同等地不可信任。

不过，为了推进我们的探究，就让我们姑且同意表述是存在的，尽管涉及它们的战斗永无止境。如果它们是存在的，斯多亚派就要宣称它们或者是物体性的，或者是非物体性的。他们不可能说它们是物体性的；如果它们是非物体性的，那么根据他们的说法，它们或者能影响某些东西，或者不能。他们不能宣称它们可以影响其他东西，因为根据他们的说法，非物体性的东西本质上就无法影响和被影响。既然它们不能影响其他东西，那它们就甚至无法标示和展现它们充当其征象的那些东西；因为标示和展现就是影响。但是，征象既不能标示也不能展现，那也太荒诞了吧。所以，征象不是理智的东西，也不是一个命题。

还有，正如我们在许多地方都经常论证的，有的东西可以标示，有的东西是被标示的。声音是标示的，但是"表述"是被标示的，这也包括命题。既然命题是被标示的而非标示者，征象就不是命题。

再有，让我们暂且同意表述是非物体性的。既然他们认为征象是一个正确大命题中的前件，那么正确大前提就应该首先被检验和考察，看看它是根据菲洛的"正确"，还是根据狄奥多罗的"正确"，还是根据二者的吻合，或者是根据其他标准的判断而是正确的；因为在这一点上有许多争议的观点，在纷争解决之前就不可能牢固把握征象。

进一步，除了前面这些论证之外，即便我们同意正确的标准已经得到共识，毫无争议地是斯多亚派所宣称的那一种标准，他们还是得同意包含了征象的前提是不确定的。因为他们认为被标示的东西或者是自明的，或者是不明的。如果它是自明的，它就不可能被标示，它也不会被任何东西标示，而是由自身就被认识到；如果它是不明的，那就无法知道它是真的还是假的，因为如果可以的话，那它就是自明的了。包含了征象和被标示的东西的前提，既然结束于不明白的东西，就必然是不确定的。因为它开始于真，这个我们知道；但是它结束于不知道的东西。但是，为了对它下判断，我们必须首先知道它究竟结束于什么之中，这样，如果它结束于真，我们就宣布它是真的，因为它由真到真；但是如果结束于假，我们就相反，宣称它是假的，因为它由真到假。所以，征象不应该说是一种命题，或者是一个正确的前提中的前件。

在这些反驳之上，还可以加上这一点：那些主张这种意见的人与明白的事实是冲突的。因为如果征象是一个判断和正确大前提中的前件，那些对什么是判断一无所知的人以及没有学过逻辑专业知识的人就完全不能通过征象进行解释了。但是事实并非如此。因为没文化的水手、不懂逻辑规则的农夫经常能很好地用征象进行解释——前者在海上能预知暴风和宁静、暴雨和好天气，后者在农庄能预见好收成与坏收成、干旱与下雨。我们为什么要谈论人呢？要知道有的斯多亚派甚至认为非理性的动物也能理解征象。事实上，狗在跟着脚印追踪一个野兽时，便是在用征象进行解释；但是它并未因此推出一个判断的印象："如果这里有脚印，野兽就在这儿。"马在被棍子戳和响鞭赶的时候也会向前跳跃奔跑起来，但是它并不逻辑地宣称一个前提的判断："如果鞭子响了，我就必须奔跑。"所以，征象并不是一个作为正确的大前提中的前件的判断。

这些具体的论证都可以反对主张征象是理智事物的人；不过也可以用一个一般性论证来反对他们，我们在批评主张征象是感性事物的时候用过这个论证。如果征象是一个正确大前提中的前件命题，而在所有大前提中后件都是从前件中导出的,而且这些都是现在事物之间的关联,那么,征象和被表征的事物既然是同时出现的,就一定是共同存在的,其一不会揭示另一,双方都是通过自己被知道的。

进一步,征象是用来显示被标示的东西的,而被标示的东西是被征象所显示的。这样的东西不是绝对的,而是相对的;因为被揭示的东西是在与揭示者的关系中被认识的,而揭示者是在与被揭示者的关系中被认识的。但是,如果二者作为相对的事物在同一时间呈现,它们就是共存的;而如果它们是共存的,它们就各自都是由自身被理解的,就都不是通过对方理解的。还可以提出这一点:不管征象的特性是什么,它或者是自身拥有标示和揭露不明白者的特性,或者是我们能记得曾经和它们联系在一起的东西。但是它不会拥有标示不明之物的特性,因为(否则的话)它就应该对所有的、同样的标示不明之物。所以,它依赖我们关于事物真实本性的观点的记忆。

但是,既然我们已经证明了征象既不是感性的,也不是理智的,而此外又没有第三种可能,那么结论只能是:征象不存在。但是独断论者对这些反对都保持沉默,他们还是坚持论证反题,说人在言语理性方面与非理性动物并无区别(因为公鸡、鹦鹉和乌鸦都可以说出清晰的声音),区别在于内在理性上;在简单印象上人与动物也没有区别(因为动物也接受印象),区别是在过渡性印象和建构性印象上。① 既然人对逻辑序列有概念,他也就可以通过序列直接掌握征象的观念,因为事实上印象自身有这样的形式:"如果这个,那么这个。"所以,征象的存在可以从人的结构和本性推出来。再者,一般人都同意,证明属于征象这一大类。因为它被用来揭示结论,它的前提的组合是结论存在的征象。比如,在这个证明"如果运动存在,虚空存在;而运动存在,所

---

① 即一种组合印象(或表象),其中有着从一个被呈现的观念向另外一个观点的"过渡"(比较:观念联想)。

以虚空存在"中,这个组合"运动存在,而如果运动存在,虚空存在"同时也是结论"虚空存在"的征象。他们认为,怀疑论者用来反对征象的论证要么是有证明力的,要么是没有证明力的。如果它们是没有证明力的,就不值得信任,因为即便有证明力都难以被信任;如果它们是有证明力的,那么很显然征象存在,因为证明就其所属的大类来说,是一种征象。还有,如果没有什么东西是别的东西的征象,用来反对征象的那些话就或者标示什么,或者什么也不标示。如果什么也不标示,那它们也不能摧毁征象的存在;因为什么也不标示的词语在说及征象的非存在性时怎么能被信任?如果它们标示(某些东西),怀疑论就蠢到极点了,因为他们口头上拒绝征象,但是实际上却接受之。还有,如果技艺没有任何特定规则,那么技艺和没技艺就无法区别了。而如果技艺有特定规则,那它或者是明白的,或者是不明白的。但是它不可能是明白的,因为明白的东西不用教导也对所有人都显得一样。而如果它是不明白的,它就将通过征象被认识到。但是,只要存在通过征象认识的东西,征象也就存在。

有些人还这样论证:"如果征象存在,那么征象存在;如果征象不存在,那么征象存在。一个征象或是存在或是不存在,所以征象存在。"在这样的论证中,他们说第一个前提是正确的,因为它是复制的,即"征象存在"是从"征象存在"推出的,只要第一句真,第二句也真;它们之间没有任何差别。前提"如果征象不存在,征象存在"自身也是正确的;因为说征象不存在的就是在说征象是存在的。因为如果没有征象存在,那么就不会有征象标示这个事实。(他们认为)这是很有道理的,因为那些说征象不存在的人作出肯定的时候或是仅仅断言,或者是通过证明。如果他仅仅断言,别人也可以用相反断言反驳;如果他试图证明他的陈述的真理性,那么他在论证征象的不存在中,他就要标示征象的不存在,这么做意味着他承认的征象的存在。他们说,所以前两个前提是真的。第三个前提也是真的,因为这是一个析取命题，由矛盾命题构成（即征象的存在与不存在）。如果所有的析取命题当中一个分句真时整个命题则真，而矛盾命题中，一个从句是真的，那么如此构成的前提毫无疑问也是真的。所以，结论"因此征象是存在的"是与被同意的前提一道被推出的。

他们说还可以这样论证：在论证中，有两个假言命题和一个析取命题；其中，假言命题保证后件从前件中得出，析取命题则有一个分句是真的，因为假如二者皆真或者皆假，则整个命题为假。这就是这些前提的属性，让我们设定析取命题中的一个分句是真的，并看看结论是怎么导出来的。先假设"这些存在"是真的，那么，既然这是第一个假言前提中的前件，前提中的后件也可以得出。那个后件是"征象存在"，这与结论是一样的。所以，结论在析取命题中的分句"征象存在"为真的情况下就可以被推出。相反，也可以假设另外一个分句"征象不存在"为真；此时，既然这是第二个假言前提中的前件，就可以推出其中的后件。由此得出的乃是"征象存在"，而这也是结论。所以，这样也可以推出结论。

这些就是独断论者的争论观点。让我们依次来看。就第一个而言，即从"人"的结构推出征象存在的，我们直截了当的回答是：他们是在企图用更有问题的东西解释问题较少的事情。因为征象的存在，尽管受到有些人比如怀疑论者的质疑，还是普遍被所有独断论者接受的；但是"人是先天构成的"则是甚至在独断论者中都常闻争议之声的。试图用被更多人争议的东西解释较少被争议的东西，简直是荒诞无比。再有，赫拉克利特断言"人不是理性的，只有环宇大火才是理智的"。[①]但是恩培多克勒更为语出惊人地主张所有的东西都是理性的，不仅包括动物，而且包括植物，他写道：

---

① 赫拉克利特认为环绕万物的是火（那样）的世界物质（即逻各斯）。

你知道，所有东西都分有智慧和思考之力。

此外，还有一个可行的论证，能够证明非理性动物并非没有智慧。因为通过它们拥有"道出的理性"，那么他们就必然也拥有"内在的理性"，因为没有后者就没有前者。即便我们同意人因为拥有理性、过渡印象、逻辑序列而与其他动物不同，但是我们肯定不能同意人因此就在涉及不明白的、无解争论的事情上也是如此；而在明白的事情上他对事情的先后顺序有记忆能力，可以用以记住曾经和其他东西一道被观察到的东西，先于和后于这个东西的，然后根据对过去事情的经验而预见到一件事唤醒对其他东西的记忆。但是，他们说，如果同意证明从大类而言是一种征象，那么用来反对征象的论证不是证明，就不值得信任；如果是证明，则征象存在。但是我们前面已经说过，我们并不反对提示性征象，只反对指示性征象，故而我们可以承认反对征象的论证标示着某些东西，但是不是以指示的方式，而是以提示的方式；因为我们受其影响并且在记忆中回想起与指示性征象相悖的东西。同样的反驳也适用于他们的下一个诘难，即他们说反对征象的话语是标示着某种东西还是不标示某种东西。如果我们摧毁任何征象，那么结果必然或者是我们所说的反对征象的话什么也不标示，或者它们能标示，那么征象的存在就被认可了。不过，既然我们进行区分，摧毁一类征象而肯定另外一类，即我们使用话语反对指示性征象，并认为否认指示性征象存在的话是有意义的。还有，大家同意如果技艺有其特别的规则，那它不应该是自明的，而应该是不明白的，是通过征象把握的。但是，这是忽视了一个事实（我们下面会阐释的）：虽然关于其他事情的技艺没有规则，但是关于明白的事情的技艺却有特别规则，因为这种技艺通过被经常观察到和考察的东西形成了自己的规则；而经常被观察到和考察的东西唯有经常观察的人才知道，并非所有人都具备的。

就他们提出的最后那个论证"如果第一句，则第一句；如果并非第一句，则第一句；或者第一句或者不是第一句；所以，第一句"而言，这也许也是不正确的，因为其前提中存在冗余，这显然在他们心中也激起了焦虑。我们先来看看冗余问题。如果论证中的析取前提是真的，那么就必然有一个从句是真的，正如他们自己前面所说的。既然有一个从句真，那么假言前提中就有一个是多余的。因为，一方面，如果其从句之中有一个，即"征象存在"，被假设是真的，那么为了推出它，重复的假言前提"如果征象存在，则征象存在"就是必需的，但是余下的前提"如果征象不存在，则征象存在"就是多余的。另一方面，如果其从句"征象不存在"被假设为真，则自我复制而成的前提对于论证此就是多余的，而前提"如果征象不存在，则征象存在"是必需的。所以，这一论证因为"冗余"而不正确。但是我们不必跟着对手走进烦琐的细节中；人们还可以提出下面这样的论证：如果一个说征象不存在的人会被转变成说征象存在，那么一个说征象存在的人也会被转变成说征象不存在。但是一个用怀疑论的态度说征象不存在的人按照他们的说法被转变成说征象存在，所以，以独断论态度说征象存在的，也会被转变成说征象不存在。这一点我们下面会阐明。比如，一个说征象存在的人必然用征象来确证自己的肯定，但是既然征象的存在还没有得到公认，他怎么能用征象确证征象的存在？而如果他不能用征象证明征象的存在，他就被转变为同意征象是不存在的。不过，暂且假设唯有用来阐明征象存在的这一特定征象是存在的，可这对他们又有什么好处呢？他们甚至都无法提及他们特定教义中的任何征象。所以，关于征象存在的一般认可是无益于他们的，他们或许还应该在不确定的说法"征象存在"同时加上"这一征象存在"的确定表达。但是他们不可能这么做。因为任何征象，与它们所标示的东西同样，都是意见，处于无止境的争议之中。正如从句"有人穿越岩石航行"是假的，因为它不可能被同时加上确定真理"此人在穿越岩石航行"，同样，既然我们不能在不确定的句子"征象存在"上同时加上确定的和真的句子"这个征象存在",从句"征象存在"就是假的和矛盾的,而"征象不存在"为真。

不过,就让我们同意斯多亚派提出的论证是强有力的,而怀疑论的论证也是无法驳倒的,那么在面对双方的这种"同等有力"的情形下,我们能做的大约只能是悬搁判断和避免对这些问题做出确定裁决,既不肯定征象存在,也不肯定其不存在,唯有小心宣称其存在与否是"no more"(没有任何一方更对)的。

然而,既然证明归属于征象的大类下,为了通过共识的前提展示不明的结论,或许我们在考察了征象后应当再讨论一下证明。

第三章 论证明

第一节 何为证明

我们为什么现在要讨论证明,理由已经在研究征象及其标准的时候说过了。不过,为了使我们的讨论有条不紊,我们的悬疑和与独断论者的争论可以继续下去,我们必须阐释证明的意义。证明(proof)从其大类上看,是一个论证(logos[①]);因为它当然不是一种感性事物,而是心智的某种运动和认可,而这些都是理性的。论证一般而言是由前提和结论构成的。我们所谓"前提"不是指那些被迫接受的假设,而是因为其自明而被对话者接受和认同的。比如,下面这个结构就是一个论证:"如果现在是白天,则天亮;但是事实上是白天,所以天亮。"其前提是"如果现在是白天,则天亮"和"但是事实上是白天",其结论

[①] 此即所谓三段论(syllogism)。

是"所以天亮"。在论证中,有的是结论性的,[1] 有的不是;结论性的论证是那些前提如果被同意为真则结论就能推导出来的,比如上面刚刚提到的这个个例。因为这是由假言大前提"如果现在是白天,则天亮"——这个前提保证如果第一句真,第二句也真——和"现在是白天"之前提——它是大前提中的前件——组成。我说的是,如果假设大前提为真,从前件可以导出后件,而且假设其第一个从句真,即"现在是白天"是事实,那么,因为这些都真实,第二个从句即"现在天亮"就可以推导出来,这就是结论。按照他们的分类法,这就是"结论性论证"。在结论性论证中,有的推出自明的东西,有的推出不明白的东西。自明的东西是比如在这样形式的论证中的"如果现在是白天,现在天亮,但是事实上现在是白天,所以天亮";因为"天亮"与"是白天"同样明白。还有这样的论证:"如果狄翁在走路,他就在运动;但是他确实在走路,所以狄翁在运动。"因为作为结论的"狄翁在运动"自身就是明白的。但是下面这样的论证推出不明白的东西:"如果汗从皮肤表面流出,身体中必然存在微观小孔;但是事实上前者为真,所以后者为真。"因为身体的微观小孔不是明白的事物。还有:"如果身体离开它人就会死的东西是灵魂;而身体离开血液人就会死,所以血液是灵魂。"因为灵魂位于血液中,这并不是一件明白的事情。在推论出不明白事物的论证中,有的通过"推进"(progress)就可以引导我们从前提走向结论,其他的则既通过推进,也通过发现。在它们当中,那些依靠信念和记忆的论证是仅仅依靠推进引导我们的,比如:"如果神对你说过这个人将发财,这个人将发财;但是这个神(假设我指着宙斯)是对你说过这个人会发财,所以,他将发财。"因为在此我们接受这个人会发财的结论,不是因为它得到论证的支持,而是因为我们相信神的话。但是,那个关于微观小孔的论证则既通过推进,也通过

---

[1] 即可以推出结论的,形式正确的。

发现而引导我们从前提走向结论。因为前提"如果汗从皮肤表面流出,身体中必然存在微观小孔"和"汗从皮肤表面流出"让我们从其本性得出结论"身体中必然存在微观小孔",这是靠推进即:"液体不可能流经无孔坚固身体,但是汗水确实流出了身体;所以,身体的结构不可能是坚固的,而是有孔的。"

于是,证明必须第一是一个论证,第二是结论性的,第三是真的,第四是要有一个不明白的结论,第五是这个结论必须是通过前提的力量发现的。那么,当现在是白天的时候,这样的一个论证"如果现在是黑夜,天是黑的;但是事实上现在是黑夜,所以天是黑的"在形式上是结论性的(因为其前提被接受后其结论也就成立),但是它显然不是真的(因为它包含虚假前提:"现在是黑夜");故而它也不是能够证实的(probative)。还有下面这个论证"如果现在是白天,天是亮的;但是现在是白天,所以天是亮的"就不仅是结论性的,而且是真的,因为其前提被接受,而且结论也被接受,而且通过真前提它证明了某种真的事。不过尽管如此,它依然不是一个证明,因为它的结论是自明的而非不明白的。同样的,还有这种论证:"如果神对你说过这个人将发财,这个人就将发财;但是这个神是对你说过这个人会发财,所以,他将发财。"在此当中,结论是不明白的:"此人将发财。"但是不是能够证实的,因为它不是由前提的力量发现的,而是由对于神的信任而被接受的。当所有这些要素都凑齐——当论证同时是结论性的、真的、揭示不明白事物的,则证明就存在了。所以他们是这么描述它的:"一个证明就是一个例证,它通过得到公认的前提,用演绎的方式,揭示一个不明白的结论。"举例而言:"如果运动存在,虚空就存在;但是事实上运动存在,所以虚空存在。"因为虚空的存在是不明白的,而且它似乎是被用演绎的方式从真前提"如果运动存在,虚空就存在"和"但是事实上运动存在"中揭示出来的。

这些就是我们要讨论的对象的观念的主要要点,先阐述一下它们很有必要。接下来我们就可以探讨这个主题本身了。

第二节 证明的主题对象

正如我们前面经常说的，人们认为有的东西是明显的，有的是不明白的；明白的东西是那些通过呈现和感受而被非主动地认识到的，比如现在："这是白天"，"这是一个人"，以及诸如此类的事情；而不明白的东西是并非此类的东西。在不明白的东西中，根据有人进行的划分，有的本性上就是不明白的，有的只是属于"不明白"的大类。本性上不明白的东西是那些过去没有被认识，现在也没有被认识，而且将来也不会被认识的，是永远无法认知的，诸如星星的数目是偶数还是奇数。所以，它们之所以有"本性上不明白"之名，并非因为它们自身就拥有什么不明白之本性，因为这么说就是矛盾（即，说我们不知道它们，但是又说出它们所拥有的本性），而是因为它们对于我们的本性来说是不明白的。按照种类被称为不明白者，是那些其自身本性就是隐匿的，但是据说可以通过征象和证明被人所知，比如在虚空中运动的不可见的元素的存在。如果存在的事物中有这样的区分，那我们认为证明既不是自明的（因为它既不是自身就让人知道的，也不是通过一个必然的感受而为人所知的），也非本性上不明的（因为对其理解并非绝无可能），而是属于剩下那种不明白类的事物，其本性深隐而晦暗，但是通过哲学论证为我们所认识。不过，我们不确定地肯定这一点，因为在承认证明的真实存在之后却还是不断质疑探究之，显然是可笑的。我们只是说从其观念看，它属于上面描述的那一类。因为这样一来，从它的观念和前概念，就可以出现关于它的存在的论证。那么，证明就其观念而言，是一种不明白的东西，不可能通过自身被认识。对此，论证如下。

自明的和明显的东西从任何方面看都是自明的和明显的，会得到公认，不允许引起争议；但是不明白的东西就得不到共识，而且很自然就容易陷入争议之中。这也是很有道理的，因为一切论证都会被判定为或真或假，依据的是它们是否能指涉所讨论的对象；倘若它符合它所关乎的对象，就是真的；如果不符，就是假的。比如，有人宣称现在是白天。那么，将这个话指涉事实，并且发现事实的存在可以确证这句话，那么这句话就是真的。所以，如果论证所要讨论的事实是明白的和自明的，就很容易将言说指涉之，并由此断言论证确证了事实从而为真，或是与之冲突而为假。但是，当事实是不明白的，对我们隐匿的，那么就无法将论证确定地指涉到它，心灵只能通过或然性来被说服和认可。但是，当有人猜测和试图用一种方式说服，而另外的人用其他方式，则争议产生矣，因为错失真理的人不知道自己已经错失，而击中目标者也不知道自己击中了。故而，怀疑论颇为精当地将研究不明白的事物的人比作暗中打靶者；因为很可能这些人当中有些人打中，有些未中，但是谁打中了谁没有打中，则无法知道。同样，那几乎隐藏于黑暗深处的真理，也有许许多多的论证向其射去；但是谁与它符合，谁与其相悖，那是不可能为人所知的，因为研究的对象不在明白域之中。克色诺芬尼第一次说出了这个意思：

> 关于诸神，我这么宣布：
> 无人见过，也无人能清晰知之。
> 即便他碰巧说出来真实存在的事实，
> 他自己也不知道；主导一切的乃是意见而已。

如果按照前面阐释的理由，自明的东西是得到公认的，而不明白的东西是处于争议之中的，那么证明既然处于争议之中，就是不明白的。而它确实是处于争议之中的，不需要用许多论证来向我们证实，只要用手边一个简短的现成论证即可：因为独断论哲学家和逻辑学家认可它，但是经验派否认它，而且德谟克利特或许也否认它（因为他在其《标

145

准论》中强烈批评它），怀疑论则小心地对此悬搁判断，启用公式"没有一方更强有力"。即便在那些认可它的人当中，分歧还是很大，这一点我们在下面的讨论中自会阐述。所以，证明是一种不明白的东西。

进一步，如果在前提中包含了意见的每种证明都无疑是一种意见，而一切意见都有争议的话，那么所有的证明都是有争议的，是有待研究的。比如，伊壁鸠鲁就认为自己对虚空的存在提出了一个强有力的论证，即"如果运动存在，虚空存在；而运动存在，所以虚空存在"。但是如果这个证明的前提得到所有人的公认，那么结论也必然由此推出，并得到所有人的公认。可是实际上，有些人是反对它的，我的意思是，是反对从前提推出这一结论的，这倒不是因为推不出，而是因为它们是假的和得不到公认的。我们就不要对此说太多了，而是立即提出这个观点：一个正确的假言前提是那种不是由真到假的命题，那么，根据伊壁鸠鲁，前提"如果运动存在，虚空存在"就是开始于真，"运动存在"，也结束于真，所以是真的。但是根据散步学派，它开始于真命题"运动存在"，但是结束于假命题"虚空存在"，故而它是假的。而根据狄奥多罗，它开始于假命题"运动存在"，也结束于假命题"虚空存在"，所以它自身是真的。不过小前提"运动事实上存在"是假的。然而，在怀疑论者看来，它结束于不明白的事实，所以它是不明白的；因为他们认为"虚空存在"属于不可知的事情。由此可见，证明的前提是有争议的。而有争议的东西都是不明白的，所以依赖其上的证明也就完全是不明白的。

还有，证明是相对的，因为它不是自身呈现的，而总是与被其证明的东西一道呈现的。相对的东西是否存在还是有待研究的，许多人说它是不存在的。处于争议中的东西是不明白的。从这个方面看，证明也是不明白的。此外，证明或者是由声音构成的，比如伊壁鸠鲁派就这么看，或者是由非物体性的表述构成的，比如斯多亚派就这么主张。但是，无论它由哪一种构成，都会遇到严重的问题。因为"表述"是否真的存在，是一个问题；许多论证都是反对它的；而声音是否有意义，也是一个被人怀疑的事情。然而，如果证明的基础是何种主题对象尚且是有问题的，而有问题的是不明白的，证明也一定是不明白的。

这些就是我们对证明的驳难的基础。下面我们就考察证明是否存在的问题。

第三节　证明存在吗？

我们既然已经解释了证明的主题对象是哪些东西，下面就可以考察那些动摇其实在性的论证了，我们将考察其真实存在能否从其观念和前概念中推出。有的人，尤其是伊壁鸠鲁派，当然会粗鲁地顶撞我们说："要么你理解什么是证明，要么你不理解；如果你理解了，对此有观念，那么证明存在；如果你不理解，你又怎么研究一个你毫无所知的事情呢？"可是，他们这么说会立即被他们自己所推翻，因为人们同意任何研究对象之前都必须有前概念和观念。因为人如果不知道要研究的对象是什么，他怎么能开始他的研究呢？那样的话他即便击中了靶子也不知道击中了，错失了也不知道错失了。所以我们同意这一点，而且我们完全没有在说我们对于研究的整个对象没有观念，我们宣称对它具有许多观念和前概念；我们只是因为无力裁决它们，无法发现其中谁最为合理，才诉诸悬搁判断和保持不决的。因为，如果我们只拥有研究对象的一个前概念，那么只要严密遵循它，那么我们就能据此相信对象就是我们所感受到的样子。但是现在我们却有一大堆关于这个对象的观念，它们虽然杂多而冲突，却由于自己内在的或然性和主张它们的人的信誉而同等可信。我们既然不能全都相信它们，因为它们是冲突的；也不能全都不信，因为我们也不拥有比它们更可信的其他观念了；也不能相信这个而不相信那个，因为它们的力量是一样的；于是我们被迫悬搁判断。不过我们是如上述那样拥有前概念的。而且因此，如果前概念是一种理解，那么我们既然对事物有前概念，我们就或许要承认对其有理解；但是实际上，既然事物的前概念和观念并非其存在，我们就说：我们对它有观念，但是因为上述原因对它不理解。因为，如果前概念是理解，那么我们反过来也必然要问他们：伊壁鸠鲁对"四元素"①是否有前概念和观念？如果他没有，那他对研究的主题怎么会有理解，又怎么能研究他甚至连观念都没有的事物？如果他有观念的话，他为什么又不理解四元素存在的事实？不过我想他们或许会辩护道：伊壁鸠鲁对四元素是有观念的，但是确实不理解它；因为观念仅仅是心灵的运动，伊壁鸠鲁持有这样的运动，即否认存在着四元素。那么我们也一样，对证明有着观念，并由此出发研究它是否存在；但是虽然我们拥有此观念，我们却并不承认有理解。

对这些人，我们稍后会回应的。但是我们既然应当有条不紊地提出反驳，就需要研究最让人反对的证明是什么。不过如果我们打算反对具体的证明和各种技艺中的证明，那么我们的反驳就太无序了，因为证明是无数的；而如果我们摧毁了据说是包含了所有具体证明的大类证明，那么很明显我们就由此摧毁了所有包含在其之内的证明。因为正如如果动物不存在则人也不存在，如果人不存在，则苏格拉底也不存在，具体事物总是随着类的消失而消失，同样，如果作为类的证明不存在，具体的证明也就彻底消失了。因为，虽然类不是随着其个例而彻底消失，比如人不会随着苏格拉底的消失而消失，个体却是随着类的消灭而消灭的。所以，怀疑证明的人应当心无旁骛，直接攻击类本身，因为其他的东西事实上都随之而去。

那么，既然证明如我们所论证的，是一种不明白的东西，那它就有待证明；因为一切不明白的东西如果不经证明就被接受，就是不可信任

---

① "四元素"也即"四根说"，是恩培多克勒的本原论，伊壁鸠鲁的原子论与其有很大差异。——译者注

的。因此，证明是某种东西，这个事实或者被一个类的证明或者被一个具体的证明所确证。但是它当然不能被具体证明所证明，因为具体证明还不存在，而这是由于作为类的证明尚未被承认。因为，正如如果动物是否存在还不清楚，马的存在也不知道；同样，作为类的证明如果尚未得到公认，具体的证明也就得不到信任。此外，我们还会陷入循环论证；因为为了确证作为类的证明的存在，我们必须有具体证明，而为了承认具体论证，我们必须先确证作为类的证明存在，这样我们就既不能在前者之前拥有后者，也不能在拥有后者之前拥有后者。所以，用具体的证明不能证明类的证明。反过来也不行，要知道具体证明正是研究的对象，是不明白的，故而无法自我确证，因为它自身还有待别的东西来揭示自己。除非，我们只是假设它能确证别的东西。但是，如果事情可以通过假设而被接受和具有可信性，那还要进一步去证明它干什么？既然我们可以通过假设而立即接受，无须证明而相信之。进一步，如果作为类的证明能够确证作为类的证明，那么同一个证明就会同时是明白的又是不明白的：它之所以是明白的是因为它能证明，但是它又是不明白的因为它是被证明的。它也会既是不可信的也是可信的，之所以可信乃是因为它有助于揭示某些东西，之所以不可信乃是因为它是被揭示的。但是，称一个东西同时是自明的和不明的、可信的和不可信的，简直荒诞透顶。故而，宣称作为类的证明能够确证自己也是荒诞的。

此外，还有一种方式可以阐明证明与任何其他存在事物都不能被作为类的证明所确证。因为作为类的证明要么拥有（要么不拥有）这些具体的前提及这个具体的结论。如果它拥有的话，它就是一个具体论证。如果它不拥有，既然证明的推导不能没有前提和结论，作为类的证明就什么也不能推导，这么一来它甚至连自己的存在都不能推导。那么，如果第一个证明应当被证明，而它既不能被大类的也不能被具体的证明所证明，那么，很简单，既然找不到这些证明之外的其他证明了，我们就应当对证明问题悬搁判断。还有，如果第一个证明被证明，它或是被一个有问题的证明，或是被一个没有问题的证明所证明的。但是不能被没问题的证明所证明，因为第一个证明一旦处于争议中，所有的证明就被质疑了；它也不能被一个有问题的证明所证，因为那个证明如果受到质疑，就有待另外一个证明的确证，而第三个又需第四个来确证，第四个被第五个……如此下去，以至无穷。所以，证明无法被确定地证成。

但是拉科尼亚的德米特里乌斯（Demetrius the Laconian），作为伊壁鸠鲁派的一个著名人物，曾经宣传说这个反驳很容易处理。他说："因为当我们确证了一个具体证明（比如用以推导不可见元素存在的证明或是虚空存在的证明）确定无误时，我们就立即在此当中同时获得了作为类的证明的可信性；因为只要找到一个类的具体个例，也就必定找到了个例所归属的类。"正如我们上面提到的。但是这尽管看上去有道理，却是完全不可能的。因为首先，没有人会同意这位拉科尼亚人在其"类的证明"尚未存在之时就确证他的具体证明；而正如他自己宣称的，如果他拥有了具体证明，他就立即拥有了类的证明，那么怀疑论者也宣称，为了具体证明获得信任，它的类必须首先被证明。更有甚者，即便他们允许他这么做（即确证一个具体证明来证明一个作为类的证明）其他许多学派的人也不会沉默无语，而是会推翻他所提出的那个证明，而且许许多多的人都会拒绝接受它。比如，如果他提出关于原子的证明，无数人都会反对他；如果提出关于虚空的证明，一大群人都会抗议；关于（伊壁鸠鲁派的）"意象"学说的证明也是如此。尽管怀疑论者可以对其选择宽容让步很多，他也还是不能确证他的任何证明，因为独断论者分歧无数，永无解决。

此外，他说他拥有何种确确实实的具体证明？它或者是自身能让他满足的，或者是无论什么的证明，或者是被证明的证明。但是使用让自己满足的证明是自我意志至上和任意选择式的；如果他说随便什么证明，他就会采纳所有证明，不仅是伊壁鸠鲁派的，而且是斯多亚派的，还有散步学派的；但是这太荒诞可笑了吧。如果他接受被证明了的证明，那它就不是一个证明，因为它是被证明过的，那就说明它原先有问题，也就是说它不值得信任，而是需要其他东西去确证它。因此，接受任何具体证明为可靠的，都是不可能的。还有，那位拉科尼亚人所提到的证明的前提或者是有争议的从而不可信，或者是没有争议而是可信的；但是，如果它们有争议并且不可信，它们所构成的证明就当然不能被信任以确证任何东西。而指望它们是可信的和无争议的，却是一个虚幻的期望而非事实。因为如果所有存在的东西或者是感性的或者是理智的，证明的前提也必然或是感性的或是理智的。无论它们是感性的还是理智的，它们都有待探究。因为感性的东西或者如其所显现那样真实存在，或者仅仅是空洞的感受，是心灵的虚构；① 或者，它们当中一部分不仅显得如此，而且确实存在着，另一些则仅仅显现，并不同时具有真实存在。我们可以看到名人大师，各个学派的领导人们，对此有不同看法，因为德谟克利特推翻所有感性实在性，而伊壁鸠鲁宣称一切感性的东西都有稳定的存在，而斯多亚的芝诺进行区分。② 所以，如果前提是感性事物，它就被争议不休。如果前提是理智事物，情况也一样，因为普通大众和哲学家之间有许多分歧冲突，人的品位不同嘛。进一步，除了前面所说的，如果所有理智事物都从感性事物中获得自己的起源和确证，而经由感性所认识的事物已经被我们证明是争议不休的，理智事物也同样属于同一类；所以，证明的前提无论属于哪一类，都是不可信的和不确定的。因此，证明也是不可信的。

更一般而言，前提是明白的东西，但是明白的东西是否真的存在还是一个问题；受到质疑的东西就不能成为立即被接受的前提，而必须被别的东西确证。那么，我们通过什么方式能确证明白的东西如其所显现

---

① 这是古代自然哲学对感受质（qualia）的一般看法。——译者注
② 即，斯多亚派认为有的感性事物是真实的，有的则不是。

的那样真实存在？如果通过不明白的东西，那是荒谬的，因为不明白的东西远远不能揭示任何东西，相反，它们自身还需要别的东西来确证。通过明白的东西？那更荒谬了，因为它自己还是有问题的东西，而有问题的东西无法确证自己。所以无法这样来确证明白的东西，使得证明可信。"但是"，独断论者会说，"我们必须接受明白东西，因为首先，我们除了它们就没有任何东西更可信的了；其次，因为攻击它们的论证会自我毁灭。因为这些论证在攻击中或是仅仅使用断言，或是使用明白的东西，或是使用不明白的东西。如果它使用断言，那就无人信任；因为很容易提出相反的断言。如果它使用不明白的东西，它还是不可信的，因为它企图用不明白的东西推翻明白的东西。如果它用明白的东西攻击明白的东西，那么这些东西必须是可信的，可这么一来，明白的东西立即就成了可信的。所以这个论证是自我毁灭的"。但是，就我们而言，明白的东西究竟是感性的还是理性的，是一个在哲学家和日常大众之间激烈争论的问题，这一点我们已经论证过了。所以，为了回答上述悖论，目前我们必须肯定我们并不会使用断言或是不明白的东西攻击明白的东西，而是通过将它们自己进行相互比较。如果感性事物与感性事物是一致的，理性事物与理性事物是一致的，那么我们或许可以让步同意它们确实是如其显现的；但是现在，当我们比较它们的时候，发现了无解的矛盾，其中有的排挤另外的；我们无法同时主张所有这些观点，因为它们是矛盾的，也无法主张一些，因为对立面们旗鼓相当，也不能拒绝一切，因为我们除了现象就没有其他更加可信的东西了；于是我们只能退到悬搁判断。但是，他们说，那些从明白事物获得自己可信性的论证在攻击明白事物的同时就自我毁灭了。但是，这是仓促假设有争议问题者的说法。因为论证并不是被明白的东西确证的，而是明白的东西是被论证确证的。这是非常自然的：因为如果它们处于争论中（有人说它们真实存在，有人说它们不存在），它们就必须通过论证加以确证。目睹这一点的人就是那些相反学派的人，他们试图用论证证明明白的东西是真的。而且此外，人们应当基于什么而信任明白的东西呢？所以，不是明白的东西比论证更为可靠，而是论证比明白东西更为确实，因为论证既支持自己也支持明白的东西。

既然证明的前提是不明白的，结论也是不明白的，而且如果由不明白的东西构成的东西是不明白的，那么，证明就是不明白的，有待其他东西来支持它，但这可不是证明的品性啊！

不过，他们又说，一个人不应当对所有东西都要求证明，而是由假设接受某些东西；因为如果不接受某些东西是自身可信的，论证就无法向前推进。然而我们的回答是，首先，他们的独断论论证毫无必要向前推进，反正都是虚构的玩意儿。其次，他们究竟想推进到什么结论上？明白的东西只能确证它们的表象，并不能证明它们同时还实存；那么我们也主张：证明的前提是显现的，结论亦然。但是即便如此，正在争议中的主题也无法推导出来，也不能建立"真"的实存性，只要我们仅仅守着自己的断言和感受的话。那些试图确证明白东西不仅显示而且实存的人，是不满足于对实践生活必要的东西的人，他们热切地匆匆假设只有或然性的东西。

一般而言，既然独断论者主张不仅证明，而且整个哲学都从假设出发，我们将努力尽可能地简短回答那些靠假设接受事情的人。如果那些他们说是靠假设接受的东西是由于假设而可信，他们的对手也会在靠假设被接受时显得可信，那样一来我们就会是在提出对立冲突的东西了；但是，如果后者（对手）的假设太虚弱而不能支持自己，那么前者的假设也一样会太虚弱；结果我们还是谁也不能接受。再者，一个人所接受的或者是真的而且如其所接受那样，或者是假的。如果它是真的，接受它的人就是在伤害自己，因为他可以不是假设它而是接受它为真，他在假设自身为真的东西的时候就是在诉诸被严重怀疑的东西（即假设）。但是如果它是假的，使用假设的人就不再是伤害自己，而是伤害事情的真实本性：他宣称不存在的东西应当自身就被自己接受为是存在的，并强迫人接受假的作为真的。再者，如果一个人宣称，所有从假设所接受的事情中推导出来的东西都是确定的，他就是在搞混整个哲学研究。因为，这就是在假设比如 3 是 4，并由此推导出 6 是 8，而这 6 就是 8 是真的。如果他们告诉我们这样的情况是荒谬的（因为假设的东西必须是确定的，以便推出结论被接受），他们就会听到我们回答说：没有任何东西可以自身被接受，一切被肯定的东西都需要精确地被肯定。还有，如果假设作为假设者是确定的和可靠的，那么就让独断论哲学家不是假设他们由之推导不明白之物的东西，而是直接去假设不明白者自身，即不是假设证明的前提而是结论。不过，他们即便千百次地假设它，它还是不可信，因为它是不明白的，是有待研究的。所以可以肯定，如果他们假设证明的前提而不对此证明，他们就并没有支持它，因为前提自身还在争议之中。

是啊，我的神；他们或许会打断我们说：对假设的力量的一个保障是：由假设所接受的前提所得出的结论是真的。从前提中得出的东西是真的，则这前提自己也是真的和无所争辩的。但是，有人会说，我们怎么证明通过假设接受的前提所推导出来的东西是真的？通过其自身还是通过这些推导东西的前提？但是这不可能是通过自身，因为它是不明白的。那么，是通过那些前提吗？也不能通过这个方式，因为冲突分歧正是关于它们的，它们首先必须被确证。不过，就让我们先同意从假设的前提推导出来的东西是真的，被假设的前提还是一样不能为真。因为假如他们认为真的只能从真的当中推导出来，这个论证就能成立：既然前提的结论是真的，被假设的前提也是真的。但是实际上，他们肯定假的可以从假的中推出，真的也可以从假的中推出，那么，如果结论真，前提并没有必要也是真的；完全有可能结论真而前提假。

这些所说的可以作为"我们旅途的一个副产品"，以及对用假设来建立证明的错误性的一个附录。下面我们将指出它还涉及循环推理，而这是更没有希望的。因为我们已经确证了证明是一个不明白的东西，而一切不明白的东西都有待考察，需要考察的东西有待一个标准来决定它是正确的还是不是；正如一个有待量度的东西必须要量衡来量度，被测量的东西需要尺子来测量，同样，被考察的东西也需要用标准加以考察。那么，既然标准的存在也是有问题的，有的人宣布没有标准，有的人说标准存在，还有人对此悬隔判断，标准存在一事于是又要靠某种证明来论证。但是为了让这个证明得到确证，我们又要回到标准上，这么一来，我们既不能在前者得到信任之前信任后者，也不能反过来在后者得到信任之前信任前者，于是就只能对双方都悬搁判断。

除了上面所说的之外，还可以在其概念（conception）的基础上攻击证明。尽管它可以被理解（conceive），它并不必然就存在；因为正如我说过的，有许多东西可以被理解，但是并不具有真实存在。但是实际上，甚至证明的概念都是不可能的，所以其存在的希望是毫无争议地被毁了。存在着两种证明，类的与具体的，我们将看到类的证明自身是无法被理解的；因为我们没有人知道类的证明，也不曾通过它证成过任何东西。此外，人们还可以问是否这类证明有或没有前提与结论。如果它没有，它怎么还能被理解为一个证明？要知道任何证明的概念都无法离开其前提和结论而形成。如果它有前提和结论，那么它又成了一个具体证明了；因为一切被证明的和进行证明的东西都属于具体事物的范畴，那么证明也就必然属于具体事物之一了。但是我们的论证不是关乎具体而是类的，所以，类的证明无法理解。具体证明事实上也不能被理解。因为独断论者说证明是"通过某些明白的东西用演绎的方式展示某些不明白的东西"。那么，要么整个结构——即由前提和结论构成的这个东西——是证明，或者唯有前提是证明，而结论是被证明的。但是不管他们宣称哪种可能，证明的概念都会被颠覆。因为如果前提和结论的组合是证明，证明就必然是不明白的，因为它包含了某种不明白的东西；而这样一来它还需要其他证明，这是荒谬的。那么，前提与结论的组合并不是证明，因为我们所了解的证明既非不明白的，也不需要证印记都没有共识，那么，一直在争执之中的印象必然也只能被我们悬搁判断，依靠它的证明也是如此。再者，即便同意印象存在，无论它是他们想说的什么东西，是字面意义上的凹凸"印记"也罢，是"改变"也罢，但是这个印记是如何产生的，确实是一个十分可疑的事情。呈现的对象当然应当是主动者，而接受印象的主动部分应当是被动的主体，这样前者才可以压印，而后者才可以被压印；此外再也想不出印象发生的方式了。主导部分可以是被动的东西，这一点或许可以同意，尽管它其实不可接受；但是证明怎么能成为一个主动者？因为，按照他们的说法，证明或者是物体性的，或者不是。如果它是非物体性的，因为它由非物体性的"表述"构成，那么既然非物体性的东西按照他们的说法既不能影响任何东西也不能被影响，证明作为非物体性东西也不能影响任何东西；既然不能影响，那它也就不能在主导部分中压印；既然不能压印，它也就不能在其中产生自己的印象，那么，也就不能产生"把握性呈现"。但是，如果主导部分中不能产生任何关于它的把握性呈现，也就不可能对它有理解把握。所以，根据斯多亚派逻辑的严密规则，证明是无法理解的。

再者，不能说非物体性的东西不能影响任何东西或是在我们心中激起印象，是我们从它们形成了印象。因为要是大家都同意如果没有一个主体和一个被动者，就不会有任何效应的话，那么证明的印象作为一种效应，就不可能在离开主体和被动者的时候得到理解。斯多亚派已经承认被动者是主导部分，而主体根据他们的说法是制造值得考虑的印象的东西。那么，或者是证明在主导部分中压印并激发关于自己的印象，或者是主导部分压印自己并引发印象。但是证明不能压印主导部分，因为它是非物体性的，而他们说非物体性的东西是既不能影响也不能遭受的。如果是主导部分压印自己，或者压印的与印象是同一类东西，或者印象是一类东西，压印的是另一类不同的东西。如果它是不同的，因为背后存在的对象是不同的，那么印象就是不同类的东西；这又会迫使斯

158

多亚派承认万物的不可理解性。但是如果印象与压印者是相似的，那么就是主导部分在压印自己，它将接受自己的印象而非证明的印象；这依然是荒谬的。

但是他们努力用例证阐释的方式使自己的观点显得可信。他们这么说，正如一个训练者或是教官有时会在教导小孩子韵律与做某种运动的时候拿着他的手，有时站在一旁表演动作，提供榜样让小孩模仿，同样的，有些呈现的对象在主导部分中产生印象是靠触及它，比如白与黑，以及一般来说的物体，而其他事物不是这样的，主导部分是作为它们的结果接受其印象的，但是不是由它们施加影响的，比如那些非物体性表述。不过，这样进行论证的人，虽然使用了一个不错的例示，却不能证明眼下的主题。因为训练者或是教官是物体性的，因此他才能在小孩的心中产生一个印象；但是证明是非物体性的，而且因此受到质疑它是否能作为印象压印于主导部分中。所以原先有疑问的论点并未被他们所证明。

这些论证已经阐明，现在让我们接下来看看他们归之于证明的伟大重任能否被他们的逻辑理论所证实。他们认为有三种形式的论证是相互联系的：结论性的、真的和能够证实的，其中，"能够证实的"（probative，发现的）是永远真而且结论性的，"真的"是永远结论性的但是并不一定同时是能够证实的，"结论性的"（形式正确的）是并非总是真的而且能够证实的。所以，当现在是白天的时候，一个论证"如果现在是黑夜，现在天黑；但是事实上现在是黑夜，所以现在天黑"能推出结论，因为其形式是正确的，但是它并不真，因为第二个前提是假的，即小前提"事实上现在是黑夜"。当现在是白天的时候，这样的论证"如果现在是白天，现在天亮；但是事实上现在是白天，所以天亮"就既是结论性的也是真的，因为它不仅形式正确而且通过真的前提推出了真的结论。他们还说，结论性的论证之所以被判定为结论性的，是当结论由前提的组合推导出来的，比如，如果现在是白天，则这样的论证"如果现在是黑夜，现在天黑；但是事实上现在是黑夜，所以现在天黑"可以说是结论性的，虽然它因为导出了假结论而不是真的论证。因为当我们将前提这样组合起来时"如果现在是黑夜，现在天黑；但是事实上现在是黑夜"，我们就组成了一个假言三段论，它开始于这个组合，并以这样的结论结束："所以现在天黑。"这一个假言三段论是真的，因为它并不是开始于真并结束于假。如果现在是白天的话，那么它就会是开始于假即"如果现在是黑夜，现在天黑；但是事实上现在是黑夜"，并结束于假即"所以现在天黑"，于是整体还是真的。如果现在是黑夜，那么这个命题就是从真开始，结束于真，并因此是真的。所以，结论性论证是正确的情况是：当我们结合前提并形成一个开始于前提的组合并结束于结论的假言三段论时，这一三段论本身是真的。真的论证被判定为真的，不仅是因为这个由前提和结论组成的假言三段论是真的，而且因为前提组合也是真的；因为如果其中有一个是假的，比如现在是黑夜，有人却说"如果现在是白天，现在天亮；但是事实上现在是白天，所以天亮"，这就是假的了，因为它包含了一个假前提："现在是白天。"前提的组合也是假的，因为前提之一是假的"现在是白天"。但是由前提的组合与结论构成的假言三段论却是真的，因为它从来都不会开始于真而结束于假。在黑夜里，它开始于假命题的结合；在白天，它开始于真并结束于真。然而这样的一个论证是假的，"如果现在是白天，现在天亮；但是事实上现在天亮，所以现在是白天"，因为它可能会让我们从真的前提走向假的结论。但是事实上，如果我们考察它，当现在是白天的时候前提的组合可以是真的，比如"如果现在是白天，现在天亮；但是事实上现在是白天"；但是开始于前提组合并结束于结论的假言三段论却可能是假的，比如这个论证："如果现在是白天，并且现在天亮；但是事实上现在天亮，（所以现在是白天）。"因为当现在是黑夜的时候，这个三段论就会开始于真的前提组合而结束于假的事实"现在是白天",并因此是假的。所以,一个论证的真既不是在仅仅前提组合真的时候,也不是在仅仅三段论真的时候,而必须是二者皆真时。但是能够证实的论证与真论证又有不同,因为真论证可以各个部分都是明白的(我的意思是前提和结论都是明白的),而能够证实的论证还想做到更多的事情,即发现结论,这是通过前提发现不明白的结论。比如这样的论证"如果现在是白天,现在天亮;但是事实上现在是白天,所以天亮"中的前提和结论都是明白的,是真的,但不是能够证实的;然而这样的论证"如果这个妇女有奶,那么她就怀孕了;但是事实上这个妇女有奶了,所以她已经怀孕了"除了是真的之外,还是能够证实的,因为其结论是不明白的:即她已经怀孕了。这是由前提发现的。

于是,就有三种论证:结论性的,真的,能够证实的。一个论证如果是能够证实的,就必须已经是真的和结论性的;但是一个真的论证不必也是能够证实的,但是它必定是结论性的;而一个结论性的论证并非总是真的,也并非总是能够证实的。既然结论性的论证之特点必须是它们三者共同拥有的,如果我们证明了斯多亚派无法发现结论性的论证,我们就也能证明真的论证和能够证实的论证是无法发现的。要证明不存在任何结论性的论证,是一件轻而易举的事情。如果他们说只要存在一个真的假言三段论就会存在一个结论性的论证,即开始于前提的组合并以结论结束,那么三段论的真就必须事前得到判定,然后,依赖它的结论性的论证才能被确定地接受。但是正确的三段论迄今为止还没有定论可言,那么结论性的论证也就无法确定。因为正如标准度量衡不稳定而是时刻变动的话,那么被量度的东西也就不是稳定的,同样,既然正确的三段论据说是推导论证的标准,那么当前者不确定时,结论是后者也不清楚。斯多亚派在其《导论》中已经告诉我们正确的三段论是一个不确定的事情,在那里他们提出了许多对此的规定,但是它们相互矛盾而且迄今没有解决。那么,既然结论性的论证是属于这种东西的，真的论证也就必定处于怀疑之中了，"能够证实的"论证也是如此。

不过，即便我们忽视这一反驳，而继续考察关于"确定"和"不确定"论证的逻辑规则，能够证实的论证也依然无法建构起来。就确定的论证而言，讨论已经很多，现在没有必要再讨论它，我们来看看不确定的论证吧。他们说，不确定的论证因为四种情况而发生：或是通过不一致，或是通过冗余，或是通过错误的形式，或是通过残缺。由于不一致而不确定的论证，是当前提之间、前提和结论之间出现不一致，比如"如果现在是白天，现在天亮，但是事实上麦子已经在市场上出售了，所以现在天亮"。在这个例子中，从句"现在是白天"与"麦子已经在市场上出售了"之间没有任何关联，而且它们中任何一个也与"所以现在天亮"没有关系，它们互相都是不一致的。由于冗余而不确定的论证是当论证中除了前提之外包含了某种外在的和多余的东西，比如"如果现在是白天，现在天亮，但是事实上现在是白天，而且德性是有益的，所以现在天亮"。因为这当中"德性是有益的"是多余的，它被排除后，从余下的前提"如果现在是白天，现在天亮，但是现在是白天，所以现在天亮"也可以推出"所以天亮"的结论。由于形式错误而不确定的论证是那些不按照正确形式提出来的论证，比如，这样的形式是正确的"如果第一，则第二；但是事实上第一，所以第二"；这个也是正确的："如果第二，则第二；但是不是第二，所以，也不是第一。"我们说这样形式的论证"如果第一，则第二；但是并非第一，所以并非第二"是不确定的，这不是因为一个通过真前提推导真结论的论证不能以这样的形式提出（因为这是可能的，比如"如果 3 是 4，6 就是 8；但是 3 不是 4，所以 6 不是 8"），而是因为有些坏的论证可以用这样的形式提出，比如"如果现在是白天，现在天亮，但是事实上现在不是白天，所以现在天不亮"。由于缺陷所导致的不确定论证是那些推导前提中缺了一个时。比如"要么财富是恶，要么是善，但是财富不是恶,所以财富是善"。这个论证的析取前提中漏了"财富是中性的"的情况。而正确的表述应当是这样的:"要么财富是恶,要么是善,要么是中性的;但是财富不是恶也不是善,所以财富是中性的。"

这些就是斯多亚派建立的逻辑理论。我们怀疑如果遵循之,是无法判定一个论证为不确定的,① 比如所谓由于不一致而不确定的论证的例子:"如果现在是白天,现在天亮,但是事实上麦子已经在市场上出售了,所以现在天亮。"它的前提是不一致的,并且相互没有关联,与结论也没有关联。然而,对这一事实的肯定或者是通过断言,或者是靠某种技术的和学理的方式来建立。但是如果他们仅仅断言,那就很容易用相反的断言加以反诘,即宣称所有因为不一致而不确定的论证都是确定的。倘若这些人可以在仅仅断言的基础上就被信任,那么那些做出相反断言的人也可以被信任;因为他们的断言是同等有力的。而如果他们用某种方法来建立这一点,我们就会进一步研究这方法究竟是什么,如果他们宣称由于不一致而不确定的论证的征象乃是这一事实——结论并不总是从前提的组合中推导出来,由前提的组合开始、由结论结束的三段论不是正确的,那么我们就会说他们再次陷入了开始的困难之中;因为,为了识别由于不一致而不确定的论证,我们必须拥有确定的正确三段论,可是迄今为止我们还没有建立这一点。故而我们当然无法确定由于不一致而不确定的论证。但是还存在着第二种不确定的论证,即由于冗余的,在其中存在某种对于建立结论是多余的东西。但是,由此看来,第一类论证也会是由于冗余而不确定的了,既然它的假言前提是多余的。我们只要对比一下论证就能看出这一点。因为他们说这样的论证是不确定的:"如果现在是白天,现在天亮,但是事实上现在是白天,而且德性是有益的,所以现在天亮。"因为此中的"德性有益"对于结

---

① 在《皮罗学说概要中》中,"不确定的"一词所指的现象由"非结论性的"(无法推导的)一词表达。

论的推导是多余的，它即便被拿掉也不妨碍结论的推出。余下的两个前提并无所缺。

于是，怀疑论者将回答道：如果这样的论证就是因为多余而不确定的——即抽取其中一个前提而结论依然能从余下的前提中推导出来，那么我们就必须说第一种形式的论证也是不确定的，即"如果现在是白天，现在天亮，但是事实上现在是白天，所以现在天亮"。因为在其中，假言前提"如果现在是白天，（现在天亮）"对于建立结论是多余的，"所以现在天亮"可以从从句"现在是白天"本身当中推导出来。这本身就是自明的，而且也可以从它与后面的从句的逻辑关联中加以论证。因为他们会说"现在天亮"或者是从"现在是白天"中推出的，或者不是。如果是，则当从句"现在是白天"是真的时，"现在天亮"也就推导出来了，因为它必定跟着前者；而这正是结论。如果不是，那么在假言前提的情况下，也无法从中推出；于是假言前提也就是假的，因为其中的后件不能从前件中推出。所以，从上述逻辑理论看，二者之一必然是对的：或者第一种形式的论证也是不确定的，因为它的假言前提是多余的，或者因为它的假言前提是假的而整个论证都是假的。有人或许会反驳说：克吕西波并不同意只有一个前提的论证。然而，这种说法毫无道理。因为既没有必要相信克吕西波的话，似乎将它当作德尔菲神的神谕似的，也没有必要关注一个人的聪明；要知道其他人也很聪明，但是却反对他；比如斯多亚派中最著名人物之一安提帕特就说：单一前提的论证是可以构建的。

此外，第三种不确定的论证据说是"因为错误的形式"。那么他们或者这么断言，或者提出一个论证来证明所谓坏形式的论证的不确定性。但是，如果他们只是断言，那么我们也可以相反断言说论证的形式不坏。如果他们提出论证，那它就必须是真的。但是怎么证明这个论证（我是说，可以证明一个论证形式上有错误的论证是真的）是真的？很明显，它必须是形式正确的。那么，为了知道一个形式错误的论证是以错误形式提出来的，就必须提出一个正确的论证；而为了使其正确，其提出的形式必须是正确的。由于这个理由，既然正确的论证不可能在其形式被一个论证确证为正确的之前被肯定是正确的，那么就无法逃离循环论证了。

最后余下的不确定论证的种类是"由于缺陷的"。这个我们早已批评过了。因为正如我们所论证的，一个彻底完全的论证是无法发现的，欠缺的论证也就无法发现；但是确实无法发现彻底完全的论证，这我们已经证实了，所以欠缺的论证也无法知道。

如果根据斯多亚派，一共有四种不确定的论证，我们又证明了它们各自中都无法发现不确定的论证，那么结论就是：不确定的论证是不可知的。而如果这个是不可知的，那么能够证实的论证也是不可发现的。

还有，在所有的真论证中，前提都必须被同意（因为一旦前提被同意，结论就可以从中导出而被接受），但是在证明的情况下，前提并未被同意，正如我们已经证实的；所以，证明不可能是一个真的论证。因为正如我们上面阐明的，他们说假言前提当开始于真（并结束于真，或者开始于假）并结束于假的时候就是正确的，或者开始于假并结束于真，也是正确的；它仅仅在一种情况下是假的：即开始于真而结束于假。如果是这样，那么我们就可以看到，证明就是不确定的了。因为在所有情况下，它都开始于小前提并结束于结论，比如在这样的论证中："如果运动存在，则虚空存在；但是事实上运动存在，所以虚空存在。"在此当中，假言大前提开始于小前提"运动存在"，而且也结束于结论"虚空存在"。那么，或者结论是一个自明的事实，人人皆知，或者它是不明白的和无法知道的。如果它是自明的和可知的，则论证就不再是"可以证实的"，因为它由全都是自明的部分——前提与结论——所构成。但是如果它是不明白的，则大前提必然就是不确定的了。因为它开始的事实是我们所知的（因为它是自明的），但是它结束的部分却由于不明白而不是可知的。但是，如果我们不了解这是真的还是假的，我们也就没有办法对大前提进行判断。而如果它是不确定的，则论证也是不正确的。

再有，证明是相对的事物，而相对的东西只是被理解的，并不也具有真实的存在；所以，证明也只是存在于我们的理解当中，没有真实的存在。相对的东西实际上只能被概念所把握，并无真实存在，这一点独断论也是同意的。因为他们在描述相对的事物的时候一致同意："相对的东西是相对于另外的东西被理解的。"如果它分有真实存在，他们就不会这么说，而是会说："相对的东西是相对于其他事物存在的。"所以，相对的事物不属于真实存在的事物。还有，真实存在的东西不可能在不受影响的情况下发生任何改变，正如白色如果没有被转化就不可能变黑，黑色也不可能在保持为黑的时候变为其他颜色，同样，甜的东西当未受影响和改变的时候不会变苦。所以，真实的存在在没有受到影响的时候不可能变成别的东西。但是相对的事物可以在没有受影响、没有发生变化的时候就被改变。比如，当一根一尺长的棍子在和一尺比较的时候，被说成是与其相等的；但是在和两尺相比的时候，它就不再是相等的，而是不等的；尽管它自己没有发生任何改变或变化。当我们想到一个用水罐倒水的人时，如果此人下面放着另外一个水罐，那么就可以说他在向里面倒水。但是如果下面没有水罐了，他就是在向外倒水，尽管此人本身没有发生任何变化或改变。所以，如果真实存在的特性就是不受影响时不变化，那么相对的事物就没有这种特性，于是人们只能说相对的事物并不真正存在。此外，相对的事物相对于和它分离的事物，因为"高于"与"低于"是分开的。但是，如果相对的事物有真实的存在，不仅是概念，那么一个东西就会同时是其对立面了。但是称一个东西为其对立面，那当然是荒谬的。所以，相对的东西并不真实存在，而仅仅是在理解之中。因为，如果一尺长的物体与半尺长的东西对比时被称为更长的，与两尺长的东西对比时就被称为更小的。但是，同一个东西同时会真的更长和更短——即对立双方——是完全不可能的事情。

因为，一个东西可以在联系到不同的事物时这么理解，但是不能真的这么存在。所以，相对的事物没有真实的存在。

然而，如果相对的事物确实存在，那么就会存在和自身反对的同一个东西；但是没有这样的东西；所以这样一来，我们也不能说相对的事物真的存在。再者，如果相对的东西真实存在，那就会有与自己反对的东西，但是说有自身反对的东西是不合情理的；那么，说相对的东西真实存在也是不合情理的。因为"高于"与"低于"是相反的，同样的东西相对于在自己下面的东西是"高于"，相对于在自己上面的东西是"低于"。如果有三种东西，高于，低于和居于高于、低于中间的，那么居中的就会相对于自己下面的东西是高于，而相对于自己之上的东西是低于，同一个东西就会既是高于也是低于，但是这是全然不可能的。因此，相对的东西并不真实存在。但是，即便相对的东西是存在的，同样的东西就会是高于的与低于的。因此，即便它存在，同一个东西会因为与不同的东西的关系而被称为高于和低于。所以，同样的东西会与自己分离，[1] 这可是荒谬至极的事情啊。

如果相对的事物并不存在，那么证明作为相对的事物也就必定不存在了；但是相对的东西已经被证明是不存在的，所以，证明也就是一个不存在的东西。

这些，就是反对证明存在的论证。让我们也来看看反对这些论证的论证。独断论哲学家认为，主张证明不存在的论证会被自己所推翻，即，它摧毁证明的手段本身会确证证明。在反对怀疑论的时候他们说道："那些说证明不存在的人或是仅仅用一个未经证明的断言，或者用一个论证证明自己的说法。如果仅仅是断言，那么接受证明的人不会信任他，而且会用相反的断言即'证明存在'来对其反制。如果证明的

---

[1] "高于"与"低于"相互之间是分开的，但是它们又是合一的（等同的），因为它们都是"相对者"。

是啊，他们说，但是推导出证明不存在的论证既然自己是能够证实的，就否定了自己。对此我们必须回答道：它并不完全否定自己。因为许多东西据说都蕴含着例外。正如我们在说宙斯是"诸神和人类的父亲"的时候，蕴含了这个神自己是例外（他当然不可能是自己的父亲），同样，当我们说没有证明存在的时候，我们的话里蕴含了例外：即证明证明不存在的论证不在此中。因为唯有它是证明。而且，即便它同时否定了自己，证明的存在也并不因此就得到确证。因为有许多东西可以像它们在其他东西身上一样在自己身上产生同样效果。比如，正像火在燃尽了燃料后也摧毁自己，泻药在从身体中排出了秽物之后也排出了自己；同样，反对证明的论证，在摧毁了所有证明之后，也消灭了自己；同样，一个人完全可以在用梯子爬上高处后用脚踹翻梯子，怀疑论也可以在借助证明"证明不存在"的论证达到对自己主题的确证之后，就像借助梯子一样，推翻这个论证本身。

那么，既然我们已经提出所有这些关于（哲学的）逻辑部门的困难，下面就让我们转入对自然学的批评。

第二部分

反对自然哲学家

第一卷

虽然自然哲学部分就时间上来说似乎应当先于哲学的其他部分,但我们依旧把对该部分的考察放在逻辑学(部分)之后进行;之所以如此处理,其中的缘由我们在上面已作了解释。有关自然哲学部分的探讨我们仍将沿用相同的研究方法,并不过多地耽沉于那些具体的观点——克莱托马库斯[①](Cleitomachus)及学园派的其他成员就总是陷入陌生的议题而不拔,总是在接受独断论的、而不是自己观点的基础上进行论证,从而无谓地延宕了他们的驳论。相反,我们打算对重要的且综合性的独断观点进行抨击,对它们的怀疑必将把其他的独断论观点也一并包括在内了。这是因为,正如在攻城当中,城墙的墙基的捣毁往往会招致塔楼的轰然坍塌一样,在刨根问底式的哲学质询中,人们对担当理论根基的各种重要理论假设的攻击,同样也潜在地摧垮每一个具体理论的信念。因此,这样的类比不无道理:那些全然投身于具体事物研究的人就像徒步追捕野兽的人,或只想用一根绳索钓鱼的人,或仅凭一根缠着胶水的棍棒就想抓获飞鸟的猎人;相反,那些从最综合性的理论假设入手便动摇了所有具体理论进行质疑的人,就像是使用许多的绳索、棍棒和网兜来围捕猎物的高手。因此,正如一次进攻就能捕获大量猎物的人比

---

① 这个人是柏拉图"新学园派"怀疑主义学派领导人卡尔尼亚德的门生。

逐个辛苦追猎的人更显出高明的技艺，同样，与逐一反驳具体论点相比，倘若能整体驳倒共通性理论的话，那就更显出技艺高超。

在自然哲学领域中，那些对宇宙万物的始因（arxe）做出了最精确梳理的哲人们声称，有些始因是动力（主动）性的，另一些则是质料（被动）性的，——该观点的首创者据说是诗人荷马，尔后为克拉佐门尼（Clazomenae）的阿那克萨戈拉、阿克拉伽斯（Acragas）的恩培多克勒以及其他为数众多的哲人们所阐扬。荷马在以寓意方式说到普洛提斯和埃多帖时，实际上对宇宙万物的始因进行了叙述①，他（在诗歌中）把万物终极的、最初始的原因称为普洛提斯（Proteus），而把变换出具体事物的质料称作埃多帖（Eidothea）。阿那克萨戈拉则说道："万物本来合为一体，然后灵思（Mind）来到其中，将其一一安排有序。"在这里他显然把灵思——他认为它就是神——设想成动力因，而同类单体（homoeomeries）② 则是质料因。亚里士多德③认为克拉佐门尼的赫莫提牟斯（Hermotimus）、埃利亚（Elea）的巴门尼德以及更早的赫西俄德也都是持这种观点的，这是因为他们在描绘万物的起源时都援用了"爱"（也就是形成万物的推动性、结合性的原因），比如赫西俄德就说道④：

混沌（Chaos）是在宇宙最原初时被创造的，
尔后是宽阔胸膛的大地（Earth），万物的永恒不移的居所，
再后是爱神（Love），她确实是不朽之诸神中最为美好的神。

---

① 见荷马《奥德赛》，第 4 卷 §365 及其后面各行。此处的寓意式解释方式（人们不合理地将之归功于荷马）根植于词源学：πρωτευϑ（Proteus）系从 πρωτοϑ（第一）衍生而来，ειδοθεα（Eidothea）则源自 ειδη 即具体事物。

② 也即"相似部分的事物"——亚里士多德用来称呼阿那克萨戈拉的"质料元素"的另一名称。

③ 见亚里士多德《形而上学》，第 1 卷 3，984 b §18 及其后面各行；赫莫提牟斯是早期伊奥尼亚的自然哲学家（生卒年不详）。

④ 见赫西俄德《神谱》§116 及其后面各行。

而巴门尼德明晰地宣称，

爱神是最初之神，诸神是爱神用自己的智慧创生的。

正如我在这之前说过的那样，恩培多克勒看来也是持类似观点的，因为他把争（Strife）和爱（Love）与其"四根"相并列（爱是四根相聚合的原因，争是四根相离散的原因），他说道：

火、水、土和达于天际的柔软之气，
毁坏性的争，与之分离，均衡分布[1]，
爱，与之一体，在长度和宽度上与其同一。

斯多亚学派也是这么划分的，因为他们声称存在着神和无限定的质料这两种始因，并且还把神设定为主动的，把质料设定为受动的、被改变的。既然对万物的始因作如此划分是由那些最出色的自然哲学家们做出的，那么，让我们不妨先对那些动力因加以质疑，一方面考察对神的独断论式的论证，另一方面对所有那些主动者或被动者的非存在提出更为怀疑式的考察。但是，对于每一项研究来说，既然首先要澄清的总是有关主题的概念，那么，让我们首先审视人们是如何获取神的概念的。

第一章 论神

对独断论哲学家来说，他们对神所作的那些论断显然是必不可

---

[1] 这里是指"在重量上各方面都相等"、"完全平衡"，亦即对称（正如下一行中的爱一样）。

少的，因此，他们声言"哲学是智慧的实践，而智慧是关于神及人的事物的知识"。因之，倘若我们能够确立起对有关神的理论的怀疑的话，那么，我们实际上也就揭示了智慧既不是关于神和人的事物的知识，而哲学也不是智慧的实践。

有人断言，最先领导人类并在万物中明察出究竟什么有益于人类生活的那些人，由于秉有伟大的智能，不但发明了关于神的想象，还构设出了发生于冥间地府诸多神秘事件的信念。由于远古时期的生活是野蛮而无序的，因为正如奥菲斯（Orpheus）所说的——曾有过一个以吞食同类伙伴为生的时代，更为强健的人饱餐弱小者，于是他们先是订立诸法，旨在制约做恶者，对公开干坏事者予以惩戒；之后他们又发明出诸神作为人类恶行或善行的审察者，使得人们即使在私下也不敢做坏事，因为人们相信诸神以雾霭作为遮蔽自己的外罩，在大地上四处游走着，监视着人类的种种暴行和合法的行为①。

绰号"无神论者"的欧荷米卢斯（Euhemerus）② 就说："在人类的生活处于混乱无序状态下的时代时，有些人因为其体力和智力远胜于他人之上，以至于所有人都愿意听命于他们，这些人为了为自己谋取更多的崇敬，就把自己编造为具有超人的和神圣的威力，于是众人就把他们视为神。"科奥斯（Ceos）的普洛第库斯（Prodicus）也说："原始初民把太阳、月亮、河流、涌泉以及一般来说对人类生活有助益的事物都看作是神，因为它们确实有好处，恰如埃及人把尼罗河奉若神明一样。"在他看来，人们正是基于这个理由将面包尊奉为德墨忒耳（Demeter，谷神）、把酒敬拜为狄奥尼索斯（Dionysus，酒神）、将水尊崇为波塞冬（Poseidon，海神）、把火崇拜为赫费斯托（Hephaestus，铁匠神），也把

---

① 第一行诗句可参见赫西俄德《工作与时日》§255；第二行可参见荷马《奥德赛》，第 17 卷 §487。

② 欧荷米卢斯可能是西西里人，生活在马其顿的国王卡萨德（Cassander, 约 315 B. C.）宫廷中，他主要以对神话的理性主义解释著称于世。

其他有益的事物神圣化。德谟克利特（Democritus）也作过下述这番议论：某些影像作用于人类，其中有些影像是有益的，有些影像是有害的（为此他还祈祷自己也能拥有"吉象"），这些影像伟岸而硕大，尽管不是不可摧毁的，但也是难以毁灭的；这些影像显露于人并发出声音，能预示人们的未来。于是，当这些影像呈现时，先民就想当然地假定神的存在，故而神就是这些影像，再加上具有不可毁灭性。亚里士多德[①]也曾经说过，在人类那里所普遍存在的神的观念，其产生的起因不外乎以下两个，其一是源于与灵魂相关的一些事件，其二是来自天象的启发。神的观念之所以源自与灵魂相关的事件，是因为灵魂入睡时能接受感应并能预知未来。他认为，当灵魂安然入睡，回到自身的时候，就拥有了自己的天然本性并能预知未来；而当人在死去之时，灵魂与肉体的分离，也处于这种状态中。亚里士多德肯定会同意诗人荷马也观察到了这一事实，因为荷马曾叙述过帕特洛克卢斯（Patroclus）在他死去时是如何预言到赫克托耳（Hector）的被杀，以及赫克托耳临死前也预见了阿基里斯（Achilles）生命的终结[②]。亚里士多德认为，正是基于这些理由，人们设想出了某个类似于灵魂以及最富智能的神的存在。并且，古人还从天象推论出了神的观念，因为当人们在白天看到太阳的圆周运动，而到晚上则目睹到众星纯然有序运行时，就认定天体如此这般运行和秩序的原因定然是某个神[③]。

这些就是亚里士多德所主张的观点。然而，其他人断言说，敏锐而灵活的心智在审视自身天性的同时进而也会想到宇宙，并构思出一个认识能力极高的"伟力"（Power），这种"伟力"与自己相类似，但是赋有神性。又有人认为我们是从发生在世界上的巨大事件中构想出诸神的观念的，德谟克利特似乎主张这种观点："因为当远古时期的先民看到

[①] 亚里士多德"残篇"，§10（罗斯编）(Frag. 10)。
[②] 见荷马《伊利亚特》，第16卷850及其后面各行；第22卷358及其后面各行。
[③] 参见卢克莱修《万物本性论》第5卷§1183及其后面各行。

发生在天空中的诸多灾祸时,诸如惊雷和闪电、霹雳和众星碰撞、日食和月食,他们就会惊吓恐惧,于是想象神是这些天灾的原因。"不过,伊壁鸠鲁(Epicurus)认为,人们是从呈现于睡梦中的种种征象中生发出神的观念的,他说,"因为人们在睡眠时,当某种颇具人形的巨大影像印入人心之时,人们就想当然地相信某种长得像人形的神确实存在着"。① 为说明神的观念的来历,也有人求助于天体恒定而规则的运行,他们认为关于神的那些最初的信念就来源于此。因为,正如当一个人坐于特洛伊的埃达山(Ida)上,观看众多希腊人正以十分壮观的秩序和队列行进在平原上之时——

最前面的前锋是骑士,他们乘坐在众多的双轮马车和战马上,接下来是步行的士兵。②

这个人必将会得出这样一个判断,那就是,一定存在着某一个人,正是他安排了这个队列并对集结在他手下的士兵发出了指令,比如奈斯特耳(Nestor)或某个其他的英雄,他知道如何

有序地集合战马和手持盾牌的武士③。

也正如熟悉船舶航行的人远远看到一艘顺风而行、船帆井然有序的船舶时,他当下就能得出结论:必定有一个人,正是他指引着船只的航向并领导它驶向指定的港口。同样,最先仰望天穹并目睹太阳在自东向西的轨道上绕行,众多星体在井然有序地行进的那些人,一定会去寻求这一更为美好的队列的制作者,因为他推测这种规则绝不会是自发产生的,而一定是出于某种拥有超常而不朽本性的操纵者,而这就是神。晚期斯多亚学派④的一些成员声称,最早的先民们——大地的儿子们——的智力远远地超过今人(这一点只要把我们自己和古人比较一下就可

---

① 参见卢克莱修《万物本性论》第 5 卷 § 1168 及其后面各行。
② 见荷马《伊利亚特》,第 4 卷 297。
③ 同上书,第 2 卷 554。
④ 参看塞涅卡书信第 90 封。

以看出），并说这些古代的英雄们智力敏锐，似乎拥有某种额外的感官，能够悟解到神性并识别出诸神的某些伟力。

以上就是独断论者对神的概念所作的阐述。不过，它们实在不值得一驳，因为从他们所说的那些关于神的概念如此繁多看，已经足以表明他们对真理是多么的无知：他们所设想出来的神的概念因人而异，这表明其中没有一种是把握了真理的。而且即使我们对他们各自的具体设想进行考察，也可发现其中没有一个有着坚实的依据。比如，有人认为某些立法者和聪明过人者把神的信念灌输给了其他人，这种解答真可谓是文不对题。因为问题在于"人们究竟是从什么起点出发走向对神的信念的"，这些人回答以毫不相干的话，却全然没有看到原先的问题依然没有解决，因为人们还是会质问道："在没有任何前人传授给立法者有关神的任一传统观念的情况下，立法者本人究竟又是如何得到神的信念的？"其次，虽然每个人都会拥有神的观念，但其方式各不相同，比如波斯人崇拜火，埃及人尊奉水，而其他部族的人则敬拜另外的事物。况且说所有人都曾被召集在立法者的手下聆听有关神的观念的谆谆教诲，这是不可能的事，因为人类各部族彼此之间互不认识，它们并没有联成一体；至于航海沟通一事，按历史沿袭下来的说法，阿尔戈号（Argo）是第一艘驶向大海的船。是的，或许有人会说，在这一切之前，立法者和每一部族的首领们自己发明了神的观念。并且正是因此不同的民族设想出来的神各不相同。然而，这种说法也是愚不可及的。因为，恰恰相反，所有人对神都有着一个共同的"前概念"（preconception），即共同认为神是完满的生物，是不朽的、至福的、永不受伤的。而如果说所有人是由于偶然而不是自然把握到这些共同特征的，那也未免太荒谬了吧。由此看来，远古时期的人们是不可能通过约定的方式或立法的形式接受神的存在的。

至于说那些人的看法，即认为最先领导人类并掌管公共事务的人，为了确保众人对自己的臣服，先是以更大的权力和荣誉来制服众人，死后则被人们尊崇为神；持这种主张的人同样没有明了问题之所在。因为这些将他们自己荣升到神的地位的人，他们自称是"神"，但是他们本身又是如何获悉"神"的观念的呢？这一点本身还有待解释，却被忽视了。并且，持这一论点也相当不可信，因为领导者们所为之事——尤其是那些错误的事——仅仅是在这些领导者们还健在的时候才是不可更改的，而在他们死去之后也就随之终结了。人们完全有可能遇到许多在其生前被看作是神，而死后又遭受蔑视的人，除非他们采纳某个现成的神圣称号，有如"赫拉克勒斯——宙斯（Zeus）和阿尔克墨涅（Alcmena）的儿子"。正如人们所说的，本来那个人的名字是阿尔克尤斯（Alcaeus），但是他采纳了赫拉克勒的称号，而后者在那个时代被视作一个神。实际上，在很早以前的底比斯流传着这样一个故事：人们发现了一个私人拥有的赫拉克勒塑像，上面刻着这样的铭文："阿尔克尤斯，阿美菲特尔翁（Amphitryon）的儿子，敬奉给赫拉克勒。"他们还说，提达尔尤斯（Tyndareus）的儿子们①也采纳了"狄奥斯库里"（Dioscuri）之神名，因为那个时代的智者把两个半球——其中的一个半球在大地的上面，另一个半球在大地的下面——称作"狄奥斯库里"。诗人荷马在其谜语式的叙述中谈到了他们②：

一天活着，一天死去，就这么交替着，
他们的荣誉一点也不亚于神的荣誉。

---

① 即提达尔尤斯（Tyndareus）与勒达（Leda）的儿子卡斯托尔（Castor）和波吕刻斯（Pollux）。请注意，此处的"采纳"所翻译的希腊词隐含"遮蔽自己或隐藏自己真实身份"的意思（即用已经为人所熟知的神圣的名号来称呼自己。这与直接宣称自己的原来名字是神圣的，是有明显不同的）。

② 见荷马《奥德赛》，第 11 卷 303。

他们把毡帽戴到他们（英雄们）头上①，也戴到这些星星上，以象征半球的建立。因此，那些采纳了现有的神的名位的人总能确保住那种荣耀，相反，那些宣称自己本身就是神的人，则会为人们所鄙视和唾弃。

至于那些提出这样一种观点的人②：古人把所有那些对人类生活有助益的事物都看成是神，诸如太阳、月亮、湖泊以及与此相类似的事物，持这种主张的人不仅是在为荒唐的论点作辩护，而且还在把古人说得愚笨不堪。因为我们的古人不至于愚蠢到如此的地步，以至于会把眼前正在不断腐朽的事物当作是神，也不可能会把神圣的威力归之于那些被人类自己不断吞食和消化的事物中去。这是因为，尽管某些论点也许有其一定的合理性，比如相信土地是神圣的观点，不是指那供人耕犁成垄沟或挖掘的材质（泥土），而是指渗透于泥土里的威力以及泥土那多产的、最为神圣的性质。不过，若要把湖泊、江河以及其他凡对人类有用的事物都看作神，这种看法比之于疯狂的臆想是有过之而无不及的。因为，这种看法甚至要我们相信——人，尤其是哲学家们就是神（因为他们帮助我们生活），也要人们相信绝大多数非理性的动物（因为它们能与人类协作）、我们室内的家具甚而其他更为卑微的事物都是神。然而，所有这些观点是极其荒唐可笑的，为此，我们必须宣布他们所提出的观点都是不正确的。

德谟克利特的说法③也是不可信的——他是在用更为可疑的东西去解释较少可疑的东西。因为自然界已经提供了可用来解释人类是如何获悉诸神观念的大量而多样的事实，但"在周围的空气里存在着具有人形的巨大的影像"的说法，以及所有那些德谟克利特喜欢发明的构想，

---

① 参见卡图路斯（Catullus）第 37 卷 2。在那里，卡斯托特尔和波吕刻斯被称为"受尊敬的兄弟"（"pilleati fratres"）。
② 例如普洛第库斯。
③ "周围的东西"指的是围绕着我们的空气。

都是完全令人难以接受的。

我们也可以对伊壁鸠鲁做出同样的驳论。鉴于他认为人们所设想出来的诸神是"与呈现于睡梦中的颇似人形的影像相一致的",那么我们不禁要问,从这些梦境的呈现中,为什么产生的是诸神的观念而不是巨人的观念呢?对以上所有这些论点,人们或许可以做出下述总体性的反驳:单单借助于对某种人形生物的想象性扩展,是无法形成神的观念的;神的观念的建构还须包括以下这些事实,即他是至福的、不朽的,能在宇宙中发挥异常巨大威力的。但是,这些品性究竟是如何、从何处出发被那些最先创设出神的观念的人所想到的?对这一问题,那些主张神的观念产生自睡梦中的呈现的人,或主张神的观念来自诸多天体井然有序的人,并没有做出任何说明。

针对我们的上述质疑,他们或许会应答说,人们从梦中影像中或宇宙里的现象中生发出神的信念,而"神是永恒不朽、完满至福"的这种观念则是通过与人做类比而产生的。因为正如人们可以通过对普通人的想象扩展而构设出独眼巨人(Cyclops)这样的形象,

他不像是一个吃五谷杂粮的人,而像是一座森林密布的高峰①。

同样,要是我们已经构设出一个生活幸福、受人尊敬、拥有一切美好东西的人的观念,那么,就可以对这些品格加以强化,来塑造一个在所有这些方面都超众的神之概念。再者,古人在想象出一幅长寿者形象之后,通过把过去以及将来联结到现在之上的办法,就可以将这个人的寿命延伸至无限,从而获得"永生"的概念,进而他们就可以说神是永恒的。持上述观点的那些人确实提出了某种有道理的观点;然而,他们不自觉地滑入了循环论证这一最为无望的怪圈之中。这是因为,为了能首先设想出一个幸福的人,并以此为基础设想出一个神的概念,我们就必须先对"幸福是什么"已经明了,因为只有通过"分有幸福"才

---

① 荷马《奥德赛》,第 9 卷 191。

能想象"幸福的人"。但是,按照他们的说法,"幸福是某种护灵(daemon)或神的性质","拥有美好的护灵"就是"幸福"①;那么,为了能把握人的幸福,我们就必须预先具有一个"神"和"护灵"的概念;而为了能设想神,我们又事先必须把握"幸福之人"的概念。既然其中的任何一点的理解,都得诉求于另一个概念,这点的理解对我们来说就是不可能的。

上述这些就权且当作是我们对那些研究远古先民如何获得诸神观念问题的人的批驳吧,接下来让我们探讨神是否存在的问题。

第二章 神究竟存在吗?

既然并不是任何能够被设想(理解)的东西都存在,既然一个能够被设想的东西有可能并不存在——比如马人(Hippocentaur)和蛇头怪(Scylla),因此,在我们对诸神的概念进行讨论之后,有必要就诸神的存在问题再进行一番探究。因为人们将能发现,与持有其他观点的哲学家们相比较,怀疑论者拥有一个更为稳妥安全的立场,这是由于他遵循先辈的习俗及其规定,申言诸神是存在的;一切有助于信仰和尊崇的事,他也履行不误。不过,就哲学研究而言,他反对过于轻率的认信。

在对神的存在问题作过探究的人当中,有些人断言神的存在,有些人声称神不存在,而另一些人则认为,相比于神的不存在,神的存在(的理由)一点也不更多。认为神存在的乃是绝大多数独断论者以及普通民众的观点,主张神不存在的则是那些被称为"无神论者"的观点,

---

① 这一点指"幸福"的词源($ευδαιμων = ευ δαιμων$)。

诸如欧荷米卢斯①——

　　一个吹牛老头,写了些邪恶的书,

　　以及米洛斯(Melos)的狄阿戈拉(Diagoras)②、科奥斯(Ceos)的普洛第库斯、塞奥多瑞斯(Theodorus)和一大批其他持这种观点的人。欧荷米卢斯断言,那些被人尊崇为神的人,其实不过是些具有权能的人,他们正是因此才被众人奉为神明,并被赋予神的称号;而普洛第库斯则认为,神就是那些对人类生活具有助益的事物,诸如太阳、月亮、江河、湖泊、草原、农作物及诸如此类的事物。根据他们的说法,米洛斯的隐晦诗人狄阿戈拉,其早先所写的作品比谁都敬神,因为他的诗作是这样开头的——"万物的生成都在天意和命运的主宰之下";但狄阿戈拉后来受到一个人的不公正对待,并且这个人发伪誓却并没有受到任何惩罚;此后,他的看法就来了个急转弯,并断定神不存在。克里提阿(Critia),雅典僭主③中的一个,似可归入无神论者的阵营,在他看来,古时法律的创立者发明了神作为人的正确和错误行为的一个监督者,即利用人们对可能遭受神的报应的担心,来确保不会斗胆私下去伤害邻人,他叙述道④:

　　　　曾有过一个无政府状态盛行的时代,
　　　　那时人类就像动物一样生活,
　　　　受强大力量的奴役;好人没有好报,

---

① 引文出自卡利马科斯(Callimachus)(残篇,§86)。
② 此人是德谟克利特的门徒(约420 B.C.)。塞奥多瑞斯是一位昔勒尼派(约310 B.C.)。
③ 也即公元前404年雅典的"三十僭主"。
④ 就这首诗歌而言,塞克斯都此处的记载是我们唯一所能依据的可靠资料来源。但文本中也存在几个可疑之处,绝大部分我沿用了Diels版本(《前苏格拉底残篇》,第571页)。

也没有对邪恶者的惩罚。
接下来，在我看来，人们建立了进行惩罚的法律，
为的是使正义成为所有人的王，
约束粗野和傲慢无礼；
所有作恶的人都要受到惩罚。
再接下来，虽然法律限制了人们犯下
公开的暴行，但类似的恶行
依然在私底下进行——那时，我认为，
某个善于提出聪明建议的精明人，
最先发现了人们对神的敬畏。
并以此来吓阻那些罪人
哪怕其犯罪的行动、话语、思想在暗中进行，
于是他引入了神，
叙述神如何享受着永生，
用他的灵思倾听着、察看着，
并留心着所有的事，而且本性神圣。
所以他能听到人们的每一言语，
也有着觉察人们一举一动的能力。
即便你在暗自策划某件坏事，
也逃不出神的明察：因为智慧属于神。
这些就是他说的话，引进了最聪明的学说，
把真理掩盖在谎言之下。
他所说的神的居所，是最能恐吓人们的地方——
对于辛苦劳作的人们的威吓和安慰都来自那里——
这就是天上圆形的苍穹，他仰望那里，
那儿有闪电，有让人惊恐不已的雷鸣巨响，
还有那众星闪闪的景象。

> 这是那精湛绝妙的时间大师精美编织而成的——
> 那儿还有流星迅速地闪过
> 雨水徐徐降落到地面。
> 这些是他用以把人们围聚一处的恐惧。
> 这位高人只是凭借他的语言,
> 就替神设想了一个好居所,
> 于是用法律消灭了无法无天。

狄阿戈拉在接着叙述了一段之后,他又说道:

> 所以最先是某个人——我认为,
> 说服了人们相信诸神家族的存在。

"无神论者"塞奥多瑞斯也持有和这些人相同的看法,而且按照某些人的说法,阿布德拉(Abdera)的普罗泰戈拉也持此见。前者(塞奥多瑞斯)在其论著《论神》(Concerning Gods)中,曾通过多个论证来颠覆希腊人的神学信念,而普罗泰戈拉在某个地方也明确地写道:"说到神,我既无法说清他们是否存在,也无法说明他们是什么;因为限制我(去认识神)的事物是很多的。"当他由于该观点被雅典人判处死刑的时候,便逃了;后死于海上的一次船难。佛利(Phlius)的蒂孟在其讽刺作品《西利》(Silli)第二册中提到过这个故事:

> 也许是那时和迄今为止最伟大的智者,
> 他的言词既不含混,他的视力和行动也不迟钝。
> 普罗泰戈拉,他们都巴望着他的书顷刻间被化为灰烬,
> 因为他在书中如此论神:他既不知道神是什么,也无法发现神,
> 倘若神存在,那他们究竟是谁呢?他们的本性究竟又是什么呢?

论神的这些言辞显示出他的率直和坦白，但这样做却没给他带来任何好处。

反而令他择路而逃，

以免落到冥间地府里去，

被迫咽下那苏格拉底曾经喝过的冷飕飕的毒药。①

根据某些人的说法，伊壁鸠鲁在他的公开演说中承认神的存在，不过，在他阐释万物的真实本性时却并没认可。而由于互为对立的观点力量均衡，怀疑论者就宣称说，神的存在相比于神的不存在"一点也不更（具理由）……"只要把双方所提的相关论证稍作通览，我们就能明了这一点。

那些坚称神存在的人，试图通过以下四种论式来确证他们的论题：第一式是通过人类普遍一致的同意来进行论证；第二式是从宇宙那井然有序的安排来加以证明；第三式是通过由否认神的存在而必然导致的荒谬结果来进行阐释；第四式，也是最后一式，则是凭借对与己方观点相左的各种论证的否证。基于人类普遍观念的论证是这样的：实际上所有人，不论是希腊人还是外邦人都相信神的存在，正因为这一点，他们都献祭和祈祷，并为诸神设立了圣坛；其中有些人以这种方式从事这些活动，另一些人则以另一种方式进行；这表明所有人都共同相信神的存在，尽管关于神的本性他们并不具有相同的前概念。但是，如果这种前概念是错误的，那么，大家都不约而同地这么做，就是不可能的了；有鉴于此，神是存在的。另外，他们还论证说，错误主张及其暂时的流行是不能持久的，它们只会伴随这些主张的持有者走向自己的终点。例如，虽然人们用献祭和其他各种宗教仪式（这些都是用来敬神的）来礼敬国王，但是不难发现，这些礼拜活动仅仅在国王健在时为人遵守，

---

① 普罗泰戈拉在雅典被控不敬神而被判处（吃毒芹）死刑。

一旦国王过世，人们就会把这些活动看作是既不合法又不敬神的而予以弃绝；然而，诸神的概念却早就已经存在，而且将持存到永久，这可以从存在的种种事实本身推出。再次，即便人们理应摒弃常人的信念，转而去信任那些所谓聪慧并最富天才的伟人，然而，人们依旧能够看到，史诗所展现的伟大绚丽的作品中的主宰者全都是万能之神——在诗人荷马所描画的发生于希腊人和外邦人之间的那场战争中的神正是如此。人们还可以发现，一大批自然哲学家的观点是和史诗的观点颇为一致：因为毕达哥拉斯、恩培多克勒、伊奥尼亚学派、苏格拉底、柏拉图、亚里士多德以及斯多亚学派，或许还包括"花园哲学家"①（有如伊壁鸠鲁本人的公开表述所证实的那样）都承认神的存在。要是我们试图对目睹的事物加以探究的话，那么，信任那些最具敏锐视力的人不失为一种合乎情理的做法；要是我们试图对耳闻事物加以细究的话，相信那些具有最敏锐听力的人也必定是一种颇合情理的做法，同样，当我们要对一个被理性察觉的事物加以验证时，我们同样也应该只信任那些思维和理性最为犀利的人，而他们就是哲学家。

然而，针对上述有关神存在的论证，持与之相反立场的人总会提出下述反证加以回应：所有人对冥间传说也都具有共同的观念，并且诗人也都认同之，其一致程度甚至比对诸神的看法还要高。不过，我们不会因此就断言发生在冥间的传说是确有其事的，这是由于我们理解不了有关冥间的那些传说，而且总体而言，每个传说都包含着互为冲突的成分，因而也都是不可能的。例如：

> 我看见了光荣的大地之母的儿子——梯提尤斯（Tityus）。
> 他平卧在地面上，他伸展开来有九条大道那么大；

---

① 也即伊壁鸠鲁学派。"花园学派"的称呼源于伊壁鸠鲁在雅典郊外一个花园建立起了他的哲学学派。

一对秃鹫坐在两边啄着他的肝肺，

头插入他的内脏：他用双手无法赶走他们。

因为他曾经羞辱了宙斯的伴侣，卓越的莱托（Leto）。①

因为，如果他已经失去了生命，那他在已经不再拥有意识时又如何还能遭受惩罚呢？而如果他还拥有生命，那他又如何是死的呢？接下来还有这样的叙述②——

我亲眼看见坦塔鲁斯（Tantalus）无比痛苦地

伫立在湖泊之中；水涌到他下巴的下方；

他很渴地站立在那儿，既触及不到水又喝不到水；

因为这位老者一旦低头去饮水，

湖水立即就退去；而他的脚趾旁的大地发黑，

被神灵烤晒干裂。

然而，如果他从未品尝过水或食物，他如何生存，而非因缺乏必要的食物毁灭？而要是他是不朽的，怎么会出现所描写的那种情形？因为既然能感受痛苦者都是有死的，那么不朽的本性就与痛苦和折磨格格不入。但是，（斯多亚学派反驳道）神话虽然自身就包含着悖谬，但神的观念就不是这样，不可能前后不一，而是明显与事实一致的。同样，把灵魂想象为往下运动是不可能的，这是因为既然灵魂是极为精微的，具有火与气的本性，那么它们必定轻飘到上层。还有，灵魂能够永恒自存，并不会（如伊壁鸠鲁所说的）"在离开身体后像烟云似的消散得无

---

① 荷马《奥德赛》，第9卷576及其后面各行；参见卢克莱修《万物本性论》，第3卷996及其后面各行。

② 参见荷马《奥德赛》，第9卷582及其后面各行。

影无踪"①。因为在那（死亡）之前，不是肉体掌控灵魂，而灵魂才是肉体的结合性存在的原因，更是它们自己的原因。因为灵魂在离开太阳之后，便居住在月球下方，因为那里的空气纯净，它们继续存在了很长一段时间；而且和其他星体一样，它们把从大地上飘升起来的气流当作自己的食物②，并且那里没有能消解它们的东西。灵魂如果能持续存在，那它们就和护灵（Daemon）一样；而如果护灵存在，那人们就不得不断言诸神也是存在的，有关冥间传说的前概念无碍于诸神的存在。

这就是从对于神普遍一致的观念出发的论证。接下来让我们考察那种以宇宙的有序排列为基础的论证。他们说，因为现存物的实体本身是不动的、无形的，所以必定被某种原因赋予运动和形状，因此，恰如我们看到一些非常漂亮的青铜器物时就会急于知道谁是制作该器物的工匠，因为质料本身是静止不动的，同样，当我们看到宇宙中的质料以确定的形状有序运动和存在时，也就自然会去寻找推动它，把它塑造成各种形状的原因。也许，这原因不过是某种弥漫于事物中的力量，正如我们的灵魂弥漫于我们自身中一样。那么，这种力量或者是自身运动的，或者受另外某种力量推动；如果它受另外一种力量推动，那另外的力量就只有再受别的力量推动才能运动，但是这是荒唐的。因此，存在着一种其自身便能自我运动的力量，并且这力量是神圣的、永恒的。因为这种力量或者是永恒运动的，或者从某个确定的时间点才开始运动；然而它不会从某个时间点开始运动，因为在某个确定的时间点上并不存在导致它运动的原因，所以，推动质料并赋予质料有序生成与变化的力量是永恒的。这种力量因此必定是神。而且，创造理性的、智慧的事物的东西其自身必然是理性且智慧的；而上述那种力量具有创造人之本性，所以，这种力量必定是理性且智慧

---

① 参见卢克莱修《万物本性论》，第3卷437和457。
② 这是斯多亚学派的理论。

的，而理性且智慧正是神性的标志，因此，诸神存在。在物体当中，有些物体是一体的，有些物体是由相连事物构成的，有些物体是由相互独立的事物构成的。一体的物体是指那些受单一的"引力"（attraction）① 所控制的物体，如植物和动物；相连各部分构成的物体，是由紧贴一起的成分结合成的一个主体结构，如绳索、塔楼和船只；那些由诸多独立存在的事物构成的物体，则由分离的、孤立的、自在的事物复合而成，如军队、畜群与合唱团。既然宇宙也是一个物体，那么，它或是一体的，或是联合的，或是由独立的事物复合而成的，然而，正如宇宙所展现的"同感"现象可以证明的，② 宇宙既非联合而成，亦非复合而成。因为随着月亮的盈亏，许多海洋与陆地动物也会相应地起伏兴衰，海洋各处亦有潮涨潮落。同样，与星体的升落一致，周遭环境也会随之变动，空气中会发生各种变化，有时变得更佳，有时却又瘟气充斥。根据这些事实，宇宙显然是个一体性的物体。因为由相连的或独立的成分构成的物体，各部分之间不会彼此"同感"，比方说，如果某支部队的所有士兵全都丧命，只有一人幸存，此人不会因为同感而遭受痛苦。然而一体性的物体却存在着一定的"同感"，因为，当一个手指被砍断时，整个身体都要共担手指的痛楚。那么，宇宙也是一个一体性的物体。不过，在一体性的物体当中，有些物体仅靠"引力"结合在一起，其他物体则靠有机结构结合在一起，还有一些物体靠灵魂结合在一起，靠"引力"结合在一起的，如石头和树木；靠有机结构结合在一起的，如植物；动物则靠灵魂结合在一起，那么，宇宙当然也受其中某一种方式控制。宇宙不会仅靠"引力"结合在一起。因为受"引力"控制的事物（如树木和石头），没有发生任何巨大变更或变化的可能，仅会出现胀缩引发的结果。而宇宙却有发生巨大变化的可能，例如大气

---

① 斯多亚学派用"保持力"（字面意义为"保有"）来表示无机物中的聚集、结合原则。
② 原文意为"同情"、"同感"，此处意指宇宙的一种相互呼应与和谐状态。——译者注

在这个时候会变得寒冽刺骨,在另一个时候又变得炽热难当;它这个时候干燥,另一个时候又潮湿,还有些时候则会依照天体的运行发生其他方面的变化,因此,宇宙不会仅靠"引力"结合在一起。但是,如果宇宙不靠"引力"结合在一起,那它靠的当然是有机结构,因为,即便是那些受灵魂控制的物体,它们首先也得靠有机结构结合在一起。因此必然是,宇宙一定是靠最好的结构结合在一起,因为宇宙包含了所有事物的结构。而那包含了所有事物的结构的宇宙,也包含了理性生物的结构;而且,包含着理性的有机结构的宇宙必定是理性的,因为整体不可能低劣于部分。如果统辖宇宙的结构是最好的,它必将是智慧的、德性的、永恒的。如此一来,它就是神。因此,神是存在的。再有,既然在稠密粗厚的陆地上和海洋上,存在着分有精神和感官能力的各种生物,那么,在空气(与土、水相比,它是十分清新纯净的)当中就更有可能存在赋有精神和智能的生物了。因此,有这样一个说法,说的是狄奥斯库里①是好护灵②,"航海船舶的救助者",还有

> 宙斯在繁衍万物的大地上,为凡人安排了三万个(神圣和)不朽的守护者。③

然而,如果说在空气中存在着生物是可能的,那么,在"以太"中存在生命有机体也就是完全合理的,人类也是从那里分有并获得智慧的力量的。正因为以太生命存在,并因为它们的不生不灭而比地上的生命高级得多,那就必须承认,与这些生命并无二致的诸神同样存在。

---

① Διόσκουροι,宙斯的孪生子 Κάστωρ 和 Πολυδεύκης 的合称。——译者注

② Δαίμων,意谓神灵、命运、守护神、介于神人之间的灵魂、鬼魂、恶魔等,在此取褒义,故译为"好护灵"。——译者注

③ 参见赫西俄德(Hesiod)著,张竹明等译《工作与时日》,商务印书馆1997年版,第8页。

克里安提斯如此辩说道:"如果一种本性好于另一种本性,那么就会存在某种最好的本性;如果一种灵魂好于另一种灵魂,那么就会存在某种最好的灵魂;那么,如果一种生物好于另一种生物,那就会存在某种最好的生物,因为这不是可以无限延续下去的。因此,正如善之本性不能无限增加一样,灵魂和生物的本性亦是如此。一种生物好于另一种生物,比方说马好于乌龟、公牛好于驴、狮子好于公牛。在所有地上生物中,就身体和灵魂的性质而言,人是最高级和最美好的,因此,某种最美好的、最不同凡响的生物必定存在。然而,人绝对不可能是世间最美好的生物,因为,比方说,人会在邪恶中度过他的一生,或者,如果不是一生,至少也是一生的大部分(因为如果他真能拥有美德的话,那也很迟,得等到生命的晚年),人还弱小薄微,受着命运的摆布,需要无数的外援——诸如衣食和身体的各种必需品,这些就像一个严酷的暴君统治我们,要求着每日的贡奉,而且,除非我们为身体提供清洗、涂油、衣食等服务,否则它就会以疾病和死亡相威胁。依此看来,人不是完美的生物,而是不完美的,与完美差着十万八千里。而那完美的、最美好的生物一定比人更为美好,一定拥有所有的美德,不掺杂丝毫的邪恶,这种生物与神无异,所以,神存在。"

上述是克里安提斯的观点。色诺芬,一个苏格拉底的信徒,也在质问阿里司托得姆(Aristodemus)时提出了一个诸神存在的论证,并把这个论证归属于苏格拉底的名下。他是这样说的[①]:"阿里司托得姆,告诉我,有没有谁的智慧令你醉心倾倒?"他说,"有的"。"那他们是谁呢?""我欣赏荷马是因为他的诗歌,我钦佩波利克莱图(Polycleitus)是因为他的雕塑,我羡慕宙克西斯(Zeuxis)当然是因为他的画作。"[②] "你欣赏他们是否是因为他们作品中那精妙绝伦的技艺?"他说,"是的"。"如果

---

① 见色诺芬《苏格拉底回忆录》,第1卷§4、§2。
② 波利克莱图和宙克西斯是希腊著名的艺术家(约公元前440—前400年)。

波利克莱图的雕塑能够活起来，你肯定对这位艺术家更为欣赏吧？绝对如此。现在，如果你在看到一尊雕塑时，你说它是由某位艺术家精雕细琢而成，那么，当你看见一个配备着精美灵魂、装备着精妙身体的人时，难道你不会认为他是由某个最超凡的精神制造出来的么？而当你进一步观察到他各部分的组合和功能时，如，首先，他让人直立，他给了人见可见之物的眼睛，听可听之物的耳朵，（你又会作何感想呢？）如果他没有给人提供鼻孔，芬芳的气味又能有什么用呢？或者，如果他没有在人的嘴巴里配备一个能辨别不同味道的舌头，各色的美味还会有什么用吗？而且，你知道在你的身体里面拥有一点土的成分，而土是如此广泛存在着，当你知道在你的身体里面拥有一点水的成分，而水是如此广泛存在着，同样如此的还有火与气；那么，如果唯有精神在别的地方都不存在，你认为你又是从什么地方侥幸获取了你的精神呢？"

这些就是色诺芬的论证，它拥有的推理力量在于："宇宙中有大量的土，而你只拥有其中的一小部分，宇宙中有大量的水，而你只拥有其中的一小部分，同样，你也只拥有存在于宇宙中的巨量精神的一小部分，所以，宇宙是有理智的，因而它就是神。"不过，有人通过改动该论证前提的方法，提出了一个与此相对抗的相应论证，他们说："宇宙中有大量的土，而你却只拥有了一小部分；宇宙中有大量的水，而你却也只拥有了一小部分，气和火也是如此；因此，你也拥有一小部分存在于宇宙中的大量怨愤、冷漠和仇恨；由此，宇宙制造和产生了怨愤和仇恨；但是这是荒谬的。"但也有人辩护说，这一对应的论证与色诺芬的论证不同，这是因为，在色诺芬的论证中，他把自己的研究奠基在简单、原初的物体之上，诸如土、水、气和火，而那些使用相应论证的人，其论证则跳到了复合物；因为无论是胆汁、血液，或是任何其他体液，它们都不是原初的、简单的，而是由基本的、原初的物体构成的复合物。

通过下述方式提出类似的论证也是可能的："在宇宙中如果不曾有过土之类的事物，那么，在你身上也就不会有任何土之类的事物；在宇宙中如果不曾有过液体之类的事物，那么，在你那里也就不会有任何液体之类的事物；气和火也是如此；因此，在宇宙中如果不曾有过任何精神，那么，在你那里也就不会有精神；但你是有精神的，因此，宇宙是有理性的；既然宇宙是有理性的，所以，它也就是神。"以如下方式提出的论证也有同样的效果："如果你看到了一尊制作精美的雕塑，你会怀疑是某个艺术家的心智创作了它么？或者，难道你不是完全确信你在真正地欣赏其技术精湛和手艺超绝？如果在那些情况下，当你看到外形，就认为这是存在建造者的证据，并断言存在着一个制作它的艺人，那么，当你明察到你自身具有精神，在复杂性方面远远超出任何一尊雕塑或一幅画作时，难道你认为它的产生只是偶然结果，而不是某个拥有至高力量和超绝智能的技艺大师的创制？他不可能居住在宇宙之外的任何别的地方，他统辖着宇宙，不断地创生并添增着宇宙中的事物；而这就是神，所以，神存在。"

基提翁（Citium）的芝诺（Zeno）追随色诺芬并主张："那播撒理性种子者自身就是理性的；宇宙播撒了理性种子；因此宇宙是理性的。由此还可推出它肯定存在。"这一论证明显是可信的，因为任何事物和灵魂的动因似乎都来自"主导部分"①，整体的各部分获取的力量都来自"主导部分"，就像来自一口涌泉，故而，存在于任何部分的力量也存在于整体中，因为那是从主导部分撒播而来的，因此，一切存在于部分中的力量，必先存在于整体中。因此，如果宇宙播撒理性生物的种子，它不会像人那样胡乱播撒，而是包含了理性生物的种子的播撒。不过，它包含它们的方式与我们所说的葡萄树"包含"葡萄不同，也就是说，不是通过成为其组成成分而被包含的方式，而是因为宇宙包含着理性生物的"种子因"②。所以这一论证就是："宇宙蕴涵着理性生物的

---

① ἡγεμόνικος，意为适于当统治者的部分，为斯多亚学派的术语。——译者注
② λόγοι σπερματικοί，译者在此将之译为"种子因"，按照斯多亚学派的理论，宇宙理性（逻各斯）作为具体事物不可或缺的形式因，存在于具体事物之中，并且这些以复数形式表示的理性被称为"种子因"。——译者注

种子因；因此宇宙是理性的。"

芝诺还说："理性的事物比没有理性的事物更高级；但是，没有比宇宙更高级的事物，所以，宇宙是理性的。智慧的事物以及分有生命的事物亦如此；因为有智慧的事物比无智慧的事物更高级，有生命的事物也比无生命的事物更高级；但没有比宇宙更高级的事物；所以，宇宙是智慧的，有生命的。"

柏拉图也曾阐述过类似的论点，他这样写道①："我告诉你们创造者创造这生成的一切的原因。他是善的，没有一位善者会对任何东西产生嫉妒。没有嫉妒，他就希求一切事物都能尽可能地与他相似②。我们完全应当从智慧的人那里接受这一原则，把它当成生成和宇宙的起源的至高原则。"他在作了进一步的评论之后，又继续说道："因此，基于这层考虑，他在创设大全时，在灵魂中创建了理性，在身体中创建了灵魂，这样，就本性而言，他的工作就可以是最美好、最好的。故而，为了与可信的解释相一致，我们必须宣称，这个宇宙确实是一个具有灵魂和理性的生物，因为神意而产生的。"由此可见，柏拉图事实上陈述了与芝诺相同的论点，因为前者也断言"大全是最为美好的，因为它是按照自然造出的，并被证明是赋有精神和理性之灵魂的生物"。

然而，亚历克西努斯（Alexinus）③ 以如下形式提出了一个相应论证来反驳芝诺："有诗意的胜过无诗意的，合乎文法的胜过不合乎文法的，所有艺术品胜过非艺术品；然而，没有比宇宙更高级的事物；因此，宇宙是富有诗意的、合乎文法的。"不过，针对这个抗辩，斯多亚学派做出了如下回应：芝诺所选择的都是绝对更高级的东西，即有理性的比之于无理性的、有智慧的比之于无智慧的、有生命的比之于无生命

---

① 柏拉图《蒂迈欧篇》§20 D 及其后面各行。
② παραπλήσια，近似的，几乎相等的。——译者注
③ 亚历克西努斯是欧毕里德（Eubilides）的门徒、麦加拉（Megaric）的哲学家，斯多亚主义者芝诺的同代人（约公元前 300 年）。

的，而亚历克西努斯却没有这样做，因为有诗意的作品并非绝对地比无诗意的作品更高级，合乎语法的作品亦非绝对地比不合乎语法的作品更高级。由此我们不难看出这两个论证之间所存在的巨大差别，因为我们可以看到，富有诗意的阿吉劳库斯，是如何不及不讲究诗意的苏格拉底的，合乎文法的阿里斯塔库斯（Aristarchus）①，是如何不及不重文法的柏拉图的。

再者，斯多亚主义者和他们的支持者们还试图根据宇宙的运动来证明诸神的存在。因为所有人都承认宇宙是运动的，因为许多证据表明了这一点。那么，宇宙的运动或者是本性使然，或者由意志（προαιρἐσεως）推动，或者由涡旋（δίνης）②和必然性推动。然而，宇宙不可能受涡旋必然推动，因为涡旋或是无序的，或是有序的。如果涡旋是无序的，那它就不可能以一种有序的方式去推动任何事物；然而，如果它能以一种和谐有序的方式推动任何事物，那它必定是神圣的、超自然的；因为如果它不是智慧的、神性的，它决不能以一种恒定有序的方式推动整个宇宙。然而如果涡旋是智慧的、神性的，它也就不再是涡旋；因为涡旋是无序的、短暂的。因此，宇宙不可能如德谟克利特所说的受涡旋推动而必然运动。又，由于理智的事物优越于非理智的事物，宇宙也不可能为非理智的事物推动；因此，宇宙本身必然拥有理智，它推动宇宙有序运动，而它无疑就是神。

并且，自运行的结构比其他结构更奇妙。因此，当我们目睹太阳、月亮及一切其他天体都运行其间的那个阿基米德球（Ἀρχιμήδειον σφαȋραν）③时，我们会深受震撼——我们肯定不是因为这木模，或者

---

① 帕罗（Paros）的阿吉劳库斯是一位用抑扬格律作诗的诗人（约公元前700），阿里斯塔库斯是亚历山大里亚（Alexandria）时期一位著名的语法学家和文学批评家（约公元前150）。

② 在德谟克利特的理论中，"涡旋"（δίνης）是对赋予原子旋转运动的回旋力的称呼。

③ 一种天体运行的模型，可以表现众多天体的运行轨迹，由阿基米德创制（约公元前230）。

因为这些部件的运行而震撼，而是因为设计者和运动的原因而震撼。所以，感知者要比被感知到的事物更为奇绝，同样，推动感知者运动的原因也更为绝妙。这是因为，既然马较之于植物是更优越的，那么，驱动马的原因较之于植物的驱动因也更为优越；既然大象较之于马更为奇妙，那么大象的推动因既然策动了如此庞然大物，也就比马的推动因更为伟大。当上升到最高的品类，较前述一切（更为奇妙的）是推动日月星辰运动的原因，而推动日月星辰运动的原因的原因——宇宙本性——甚至比推动日月星辰运动的原因还更伟大。因为推动部分的原因难以延展至整体，部分的原因也不能成为整体的原因，然而整体的原因却可延展至部分；因此整体的原因也就比部分的原因更加伟大。由此可见，既然宇宙本性是整个宇宙的排列次序的原因，它必定也是各部分的原因。要是那样的话，它就是最优秀卓绝的。如果它是最优秀卓绝的，它就是理性且智慧的，此外还是永恒不朽的。而这样一种本性与神完全一致。所以神存在。

另外，在一切受有机结构①控制的由多部分构成的物体中，必定存在着某个统治的部分，正如我们人类，据说主导部分要么存在于心脏里面，要么存在于大脑或身体的某个其他部位里；在植物那里，主导部分则以某种不同的方式存在，在某些植物那里存在于根部，在另一些植物那里存在于叶部，在其他植物那里又存在于中心部位。如此一来，既然宇宙也是多部分构成的，并且受有机结构的调控，那么，宇宙之中一定存在着一个控制并引发它的运动的部分。这主导部分不会是别的，正是现存事物的有机结构（本性），也就是神。因此神存在。

不过，也许有人会说该论证的结果是：在宇宙之中，土是种最具统治性的、占支配地位的力量，气则是一种更重要、更具支配性的力量；

---

① "有机结构"（φύσις）亦即"自然力"，它与"保持力"（ἕξις）有别，参见上文。"由多部分构成的物体"（πολυμερεῖ σώματι）是"有机体"。

因为要是没有了土与气，宇宙也就不可能存在；于是我们便要断言土和气都是神了。然而，这一说法是愚不可及的，好比说墙壁是房子里最重要的、最有支配地位的事物；因为没有了墙壁，房子就无法存在。因为正如在这个例子中，尽管没有墙壁，房子事实上就不能存在，然而墙壁并不占支配地位，它不比房子的主人更好。就宇宙而言情形亦是如此，尽管整个的结构没有土与气就无以存在，但是土与气并不能支配调控宇宙的本性或有机结构；这种有机结构与神并无分别。因此，神存在。

上述就是这些论证的总体特点，接下来让我们考察由否定神所导致的荒谬结果的论证方式。如果神不存在，虔敬也就不存在。因为虔敬是一门"供奉诸神的知识"，既然不可能存在任何对不存在之物的供奉，因此也就不会存在任何供奉的学问；正如因为马人①不存在，所以就不可能存在任何供奉马人的学问，如果诸神不存在，同样也不会存在任何供奉诸神的学问。因此，如果诸神不存在，虔敬也是不存在的。然而，虔敬确实存在，所以我们必须断言诸神存在。而且，如果诸神不存在，神圣②亦不存在，因为神圣就是"神所维护的正义"；但是根据所有人的共同观念和前概念③，神圣是存在的，因此神圣的事物也是存在的；所以，神存在。再有，如果诸神不存在，智慧也就消绝了，因为智慧就是"关于神圣的与人类的事物的知识"；恰如因为人存在而马人不存在这件事实，所以并不存在既关乎人类又关乎马人的学问，所以如果人存在而神不存在，那么也就不会有关乎神圣的和人类的事物的知识。然而，断言智慧不存在是荒谬的，所以，坚称诸神不存在亦是荒谬的。

而且，如果正义也是由人与人以及人与神之间的联结而形成的，那么如果神不存在，正义也就不复存在；然而这是荒谬的。毕达哥拉斯、恩培多克勒以及其他的一些意大利人宣称，我们不仅彼此之间、与神之

---

① ἱπποκένταυρος，上半身是人下半身是马的怪物。
② ὁσιότης，对神律的敬重，在此译为"神圣"。
③ προλόψεις，先行把握、先行接受的东西，在此译为"前概念"。

间,而且与非理性动物之间都有亲密联系。因为存在着一种精神,(如灵魂那样)弥漫于整个宇宙,这使我们与它们成为一体。因此,如果我们残杀它们,以它们的肉为食,我们就将做下不敬不义之事,恰如杀戮我们的同类。于是,那些哲学家们也建议禁绝以动物为食,并声称这样一些人是邪恶的,他们

用从牺牲中涌出的热血染红神圣的祭坛。

恩培多克勒在某个地方也说:

尔等还不罢息那丧人心魂的杀戮声么?
尔等亦未察觉
自己是怎样在冷漠的狂野中彼此吞噬么?

还有:

父亲将亲爱的孩子高高举起——儿子的面容是如何地
惨变啊!
蠢笨的老父,竟然杀他来祈愿;其余的人则震骇无比,
在他杀戮之际,他们都向他苦苦哀求;而他
对他们的大声疾呼却充耳不闻,
依旧在他的庙堂里残杀,备办着他那毛骨悚然的盛宴。
同样的,儿子抓住父亲,孩子们抓住母亲,
夺去他们的生命,贪婪地以亲人的肉体为食。

这些就是毕达哥拉斯的建言,然而却是错误的。因为,即便存在一种弥漫于我们和动物之中的精神,从中人们也不能立刻推导出这样一个结论,

即在我们人类和非理性的动物之间存在着某种形式的正义。因为你们看，这种精神同样也会延伸至石头和植物那里，以至于我们也与它们关联在一起，但在我们人类与植物、石头之间却没有什么正义的联系；当我们砍割、锯断这类物体时，也不能因此断言我们人类是在从事不正当的行为。那么，斯多亚学派凭什么断言在人类彼此之间以及在人类与神之间有着某种正义联系和联结呢？并不是因为贯穿于所有事物之中的那个精神的存在，因为那样一来，我们就也要负起一种对非理性动物的责任了，而是因为我们人类拥有着那可以扩展到彼此之间以及诸神那里的理性，非理性动物则由于不具有该理性，与我们之间也就不会有什么正义联系。所以，如果正义只是因为某种人与人之间以及人与神之间的共通性才能被设想，那么如果诸神不存在的话，得出的必然结论就是：正义也不存在。然而，正义是存在的，所以，我们就必须宣称，神也是存在的。

另外，如果神不存在，预言术也就无从存在，因为预言术就是"观察并解释由诸神给予人的诸多迹象的科学"，而且启示、占星术、占卜和释梦都不存在。然而，否弃如此丰富并业已为所有人所坚信的事物是荒诞不经的；所以，诸神是存在的。

芝诺也曾提出这样一个论证："人可以合理地（εϋλογοϽ）礼敬神；但不可能会合理地礼敬那些不存在的东西；所以，诸神存在。"不过有人提出一个相应的论证对此加以反驳："人可以合理地礼敬贤哲；但是人不可能合理地礼敬不存在的事物；所以，贤哲存在。"这一结论是不受斯多亚学派欢迎的，因为斯多亚学派所谓的"贤哲"至今尚未找到。为回应这一抗辩，巴比伦的第欧根尼（Diogenes）[①]辩解说，芝诺论证中所运用的第二个前提实际上是这样的——"但是人不可能合理地礼敬那些不具备真实存在的本性的东西"；因为一旦我们接受这个前提，那很明显神就拥有真实存在之本性。而倘若这样，那诸神便实实在在地

[①] 斯多亚学派的哲学家，是克吕西波（Chrysippus，约公元前160）的门徒。

存在。因为如果诸神曾在某时存在过，那他们现在也存在着，正如如果原子曾经存在过，那它们现在也就存在着，因为按照这类事物的概念，它们是不生不灭的，因此，该论证必将导出随后的结论（即神存在）。然而，贤哲并不具有存在的本性，故而他们并不真实存在。不过，另一些人认为芝诺的第一个前提——"人可以合理地礼敬神"——有歧义；因为它的含义之一是"人可以合理地崇拜诸神"，它的另一个含义则是"人可能尊敬他们"。① 但是第一个含义被当成论证的前提，而在关于贤哲的那个推论中，这么做是错误的。

以上所述是斯多亚学派以及其他学派的哲学家提出的赞同诸神之存在的论证；下面我们也必须以类似的方式展示，那些主张"神不存在"的论证就说服力而言也并不逊色。如果诸神存在，那他们就是动物②；通过运用与斯多亚学派断言宇宙是一个动物相同的论证，人们便可明证神也是动物。因为"动物比非动物更高级；但没有事物能比神更高级；所以，神是动物"。人们还可以援引人类所具有的共同观念来支持这样的论证，因为普通大众以及诗人，还有大多数最出色的哲学家们都证实了神是动物这一事实。故而逻辑程序的各步骤是有保障的。因为，如果诸神存在，那么他们便是动物；如果他们是动物，他们便有感觉，因为一切动物都是通过其拥有感觉而被设想为动物的。如果他们有感觉，他们也就能感觉到苦与甜；因为如果他们不是也通过味觉，就不会通过其他感官感受到感官对象了；因此，神完全地失去这一感官或任何其他感官，全然是不可能的事；因为他所拥有的感官越是众多，他就越高级；正如卡尔尼亚德所说的那样，更可能的是：除了属于所有人的五官之外，为了能把握更为大量的事物，尚有其他感官可以给他提供感觉，而不是让他连五官都要失去。因此，我们就不得不断定神是拥有味觉的，

---

① 第一种含义表示用献供等方式来进行宗教崇拜，第二种含义仅表示对可敬之人的尊敬。
② 也即"生物"意义上的"动物"，不是与"人"对立意义上的"动物"。

并凭借这种味觉品尝美味。而如果他能凭味觉进行品尝的话，那他一定能感觉出甜和苦；由于他感受着甜和苦，他就会因某些事物而喜悦，又会因另一些事物而不快；既然他会因某些事物而不快，那他就要遭受烦恼以及变得更差。但是，如果是这样，那他就是可灭可朽的。因此，如果诸神存在，那他们是可灭可朽的；由此可见，诸神并不存在。

倘若神果真存在，他便是个动物。如果他是个动物，他便有感觉，因为动物正是借着感觉与非动物区别开来。如果他有感觉，那他便能听、能视、能嗅、能触。假如果真如此，相应于每一个感官，必定存在着一些合其心意或令其厌恶的事物，例如，在视觉方面，那些匀称均衡的而非相反的事物；在听觉方面，那些悦耳动听的而非与此不同类型的声音。就其他感官而言，情况亦是如此。而如果真是如此，必定存在着某些令神烦恼的事物；如果存在某些令神烦恼的事物，神就可能向坏的方向变化，因此也是会毁坏的。因此，神是可灭可朽的。然而这与关于神的共同观念是相矛盾的，可见神并不存在。

将这一推论更为有效地建立在某一感官（如视觉）的基础之上，也是可能的。因为，如果神存在，那他就是一个动物，而如果他是个动物，那他必定能看，因为——

他投入地看，投入地察，投入地听①。

如果他能看，他就将看到白色和黑色的事物。然而，既然白色是视觉的分解，而黑色是视觉的压缩②，神就让他的视觉受到了分解压缩。如果他易受分解和压缩，他也就易于衰朽。因此，如果神存在，那他也

---

① 参见色诺芬尼《残篇》§2。
② 此处运用了柏拉图的如下理论（《蒂迈欧篇》67 E）：从白色物体流射出来的微粒流"分解"着从双眼里前行而来的影像流，而从黑色物体流射出来的微粒流则"挤压"着从双眼里前行而来的影像流。

是可灭可朽的。然而，他并不是可灭可朽的，所以，他并不存在。

另外，感觉是一种变动，因为，对于须借助于感官去理解对象的生物而言，依旧保持其理解行为之前的状态而不发生任何变动，乃是不可能的事。那么，如果神有感觉，他就会受到改变；如果他受到改变，那他就敏于改变和变化；由于他敏于承受变化，那么，他必定也易于朝向坏的方面变化，而如果真是如此，那他就是可灭可朽的。然而，说神可灭可朽，这是荒诞的；因此，宣称神存在也是荒谬的。

而且，如果有神存在，那他或者是有限的，或者是无限的。他不会是无限的，因为这样一来，他就是不动的、无生命的。这是因为，如果无限的东西能够运动，他就会在处所间穿行；如果他在处所间穿行，他就位于处所之中；由于位于处所之中，他就是有限的。所以，如果有什么无限者存在，那就是不动的；或者，如果它是运动的，它就不会是无限的。同样，他也是无生命的；因为如果他是靠灵魂维持在一起，他必然是靠从中心到边缘的运动以及从边缘到中心的运动维持在一起的①。然而，在无限者之中，既无中心亦无边缘；所以，无限者也是无生命的。因此，如果神是无限的，那他便既不会运动，也不会有生命。然而，正如人们声称的，神是运动的，并且分有生命；因此，神不会是无限的。然而他也不会是有限的。因为既然有限者是无限者的一个部分，而整体比部分优越，显然，无限者将比神更加优越，并将主宰神的本性，但若说有什么事物比神还优越并主宰神的本性，这是荒谬的。所以，神也不会是有限的。但是，如果他既不是无限的，也不是有限的，而除此之外，人们再也无法设想出第三种可能性，神就什么都不是。

另外，如果神是某种事物，那他或者是有形体的，或者是无形体的；但他不会是无形体的，因为无形体的是无生命的、无感觉的，没有

---

① 此处运用的是斯多亚学派的如下观点：感觉受着呼吸气流的作用和影响，而呼吸气流来回穿行于中心的感官（心脏）和外围的各感官（眼睛、耳朵等）之间。

任何行动能力；他也不可能是有形体，因为所有有形体者都会经受变化和朽坏，然而神却是永恒不朽的。既然如此，所以，神并不存在。

不过，如果神存在，那他定然是一个动物。而如果他是个动物，那他应当是拥有全德（παν - άρετος）和幸福（若无美德，幸福亦难以持久）的动物。如果他是全德的，他便拥有所有的美德。但是，除非他拥有自制和坚忍，他就不会拥有所有美德；然而，除非存在着对神来说也难以抵制和难以忍受的事物，否则，神就不会拥有自制和坚忍这些美德。这是因为，自制是"一种不逾越正确理性规则的精神状态，或者是一种能让我们超越那些看似难以抵制的事物的美德"。他们说，一个人的自制，并不表现在他能抵制一个一只脚已经踏进坟墓的老妇的诱惑时，而是表现在他虽有着享受拉尔斯（Λαΐδος）、伏尔茵（Φρύνης）[①]这类尤物的能力，却又能克己时。而坚忍是"一门关于可忍受的或不可忍受的事物的学问，或者是一种使我们超越那些看似难以忍受的事物的品德"，因为坚忍的人是那种刀砍火烧时仍能坚强自若的人，而非那正在品着甜酒的人。那么，必定存在着某些事物对神来说也是难以忍受或抵制的。因为如果这些事物不存在，神就不会拥有这些美德，即自制和坚忍。如果他不拥有这些美德，由于在美德和邪恶之间并无中间状态，神就会有与这些美德正相反的邪恶，诸如软弱和不自制；因为恰如不拥有健康者便有病，不具自制和坚忍者也就堕入了与自制坚忍相反的邪恶；但是，说神拥有这些邪恶是荒谬的。而如果存在神也难以抵制和忍受的事物，那么，也就一定存在着一些能让神变坏并惹他烦恼的事物。但如果真是这样，神将是易于烦恼并易于变坏的，这样一来，神也就是易于朽坏的。因此，如果神存在，那他也是可灭可朽的；然而，后者不会是真的；因此，前者也不会是真的。

而且，除了前述论证之外，还可以说：如果神是全德的，那他就一

[①] 以其美貌闻名于希腊的两个高级娼妓。

定拥有勇气；而如果他拥有勇气，那他就会拥有"关于可怕的和不可怕的事物以及居中事物的知识"；而如果真是这样，那就一定存在着即使对神来说也是可怕的事物。这是因为，具有勇气的人肯定不是因为他拥有对邻人来说是可怕的事物的知识，而是因为他拥有那些对他自己是可怕的事物的知识；并且，这些（对他来说是可怕的）事物不会与那些对旁人来说是可怕的事物一样。由此，既然神是具有勇气的，那就一定存在着对神来说可怕的事物；而如果存在着对神来说也是可怕的事物，那就一定存在着某些能引起神烦恼的事物；而如果真是如此，那他就会遭受烦恼，因此，他也会朽坏。所以，如果神存在，那他也是可灭可朽的；然而，他不可能是可灭可朽的；所以，神并不存在。

而且，如果神是全德的，那他就一定拥有灵魂的伟大；而如果他拥有灵魂的伟大，那他就一定拥有"使他得以超越于周遭事物的知识"；如果真是这样，那一定存在着他所超越的周遭处境；既然如此，也就存在着某些令他烦恼不已的周遭处境，因而他一定也是可灭可朽的。但这一结论是不正确的，因此，原先的假定（即神存在）也是不正确的。

另外，如果神是拥有全德的，那他一定拥有智慧；而如果他拥有智慧，那他一定具有"关于好事物、坏事物以及不好不坏事物的知识"；如果他具有关于这些事物的知识，那他一定知道好事物、坏事物以及不好不坏事物是什么；既然如此，那么，由于痛苦是不好不坏的事物之一，那他当然不但知道痛苦，而且知道痛苦的真正本性是什么；而如果真是这样，那他曾经体验过它，因为他若没有体验，那他就不能形成痛苦的观念，正如一个因天生盲瞎而从未感受到过白色和黑色的人不可能具有颜色的观念一样；同样，如果神不曾经受过任何痛苦，那他同样也不可能形成痛苦的观念。这是因为，即便我们这些经常经受着痛苦的人，尚且无法清晰地识别出痛风患者所经受的那种特殊疼痛，也难以从各种描述中猜出它的究竟，或从患者那里获得彼此一致的说法，因为他们往往会以不同方式解释它（即痛风之痛），有人说它与扭伤之痛类似，另有人说它与痉挛之痛相似，还有人说它与刀刺之痛类同——毫无疑问，如果神完全不曾体验过任何痛苦，那他就不能形成痛苦的观念。他们也许会回应说，他确实不曾体验过痛苦，却体验过快乐，并且他从这个形成另一个的观念。但是，这种应答是愚蠢的，因为：第一，没有体验痛苦就不可能获得快乐的观念，因为正是由于导致痛苦的事物消退后，快乐才真正存在；第二，即便接受上述说法，也能再一次推论出神是可灭可朽的。因为如果神可以遭受这样的损害，神就可以变坏，并且是可朽的。但这是不正确的，因此，原先的假设也是不正确的。

还有，如果神是全德的并拥有智慧，他就拥有正确思索的能力，因为合理的思考就是"有关需要思考的事情的智慧"；而如果他拥有正确思索的能力，那他就进行思考；如果他思考，那就存在对他来说也不显明的事物；因为倘若不存在对他来说不显明的事物，那他就无须去思考，也就不拥有正确思索的能力，因为思索是与不显明的事情相关的，是"在当前情境下寻找一条正确行为的道路"。然而，神不或不拥有正确思索能力的说法是荒唐的。既然这样，那他必定拥有这个品质，并存在对他来说不显明的事物。而如果存在对神是不显明的事物，那么，至少有一件事是对神来说一定是不显明的，即，在无限之中是否存在着伤害神的事物；而且如果这事对他来说是不显明的，那么，由于他老是惊恐不安于这些伤害，他必定感到恐惧；而如果他陷入这种不安之中，那他就易于变坏（差劲），因此，他就是可灭可朽的。从此可以得出结论：他根本不存在。

这里还有一个关于神不存在的论证：对神来说如果没有事物是不显明的，他凭借自身本性就能认识所有的事物，那么他就不拥有技艺。正如我们不能说天性就会游泳的青蛙和海豚具备游泳的技艺一样，我们同样也不该说凭借其自身本性就能认识所有事物的神是具有技艺的，因为技艺必定是处置那些不显明且不能自身被认识的事物。而如果神不拥有技艺，那他当然就不拥有生活的技艺；而如果真是如此，那他也不可能拥有美德；然而，如果神不拥有美德，那他就不存在。另外，既然神是理性的，如果他没有美德，那他就必定拥有美德的对立面即邪恶；然而，他不拥有美德的对立面即邪恶，因此神是拥有技艺的，并存在着对神来说非显明的事物。人们由此可得出结论：神是可灭可朽的，有如我们前面讨论过的那样；但他不可能是可灭可朽的，所以，他并不存在。

还有这样的论证：如果（有如我们业已表明的那样）他不拥有智慧，那他也不拥有节制（temperance），因为节制是"一种在喜爱和厌恶上保持智慧决定的状态"。而且，除此之外，如果不存在能激起神的欲望的事物，不存在能吸引神的事物，而这些都是定义"节制"的相关要素，那我们又怎么能说他是节制的呢？因为，正如我们不能说柱子是节制的一样，我们同样也必然否定神是节制的。而如果他被剥离了这些美德，那他就同时也被剥离了正义和其他美德；但是如果神不拥有美德，他就不存在；而既然前提是真的，所以，结论也是真的。

再有：如果神存在，那么，他要么拥有美德，要么不拥有美德。如果他不拥有美德，那他就是卑鄙的、不幸福的，而这是荒谬的。而如果他拥有美德，那就存在比神更好的事物，因为恰如马的美德比马自身更好，一个人的美德比具有美德的人更好一样，神的美德也必定比他自身更好。而要是美德比神更好，那么，由于他有所欠缺，很显然他就处在一个坏的状态中，必定是可灭可朽的。但是，倘若不存在介于对立双方之间的居中状态，而神又不位于任何一方，那么，我们不得不申明神是不存在的。

还有：如果他存在，那么，他要么具有言说的天赋，要么没有言说的天赋。然而，说神没有言说的天赋完全是荒谬的，也是与我们普遍具有的有关神的观念相抵触的；而如果神具有言说的天赋，那么，他就会运用言说并具有诸如肺叶、气管、舌头和嘴巴之类的言说器官。但这种说法显然也是荒谬的，几乎与伊壁鸠鲁的神话故事相似了。既然如此，我们不得不声称神是不存在的。另外，如果他能运用言说，那他就能交谈。如果他能交谈，那他必定是以某种方言交谈。但如果真是这样，那他为何使用希腊语言而不使用蛮族语言呢？而如果使用希腊语言，那他为何偏要使用伊奥尼亚语言而不使用埃俄利亚语言或别的其他语言呢？当然，他不可能使用所有这些语言，因此，他就什么语言都不使用。因为如果他使用希腊语言，那他是如何学会使用蛮族语言的呢？除非有人已经教授过他了（但那人又是如何教授他呢），除非他有我们当中那种能够翻译的译员？既然如此，我们不得不说神不能言说，基于这一理由，他是不存在的。

关于神不存在的论证还有如下：如果神存在，他要么是个有形的物体，要么是无形。但因为我们所曾经阐述的那些理由，他不可能是无形的。而如果他是个物体，那么，他要么是个由诸多单纯要素合成的复合体，要么是个单纯要素体。如果他是个复合体，那他就是可灭可朽的，因为每个通过诸事物联合的方式建构起来的事物，都必然是会消解和腐朽的。而如果他是一个单一体，那他或者是火，或者是气，或者是水，或者是土，然而，不论他是其中的哪一个，都必然没有灵魂、没有理性，但这种说法是荒谬的。既然如此，如果神既不是一个复合体，也不是一个单一体，而除此之外又不存在其他别的任何选项，所以，我们不得不声称神是不存在的。

上面所述就是这些论证的总体特征，其中的某些论证曾经被卡尔尼亚德以"反证法"[①] 论证的形式提出过，他的朋友克莱托马库斯把这些论证当作最富说服力和最精彩的论证记载下来。这就是其论证形式：如果宙斯是个神，那波塞冬（Poseidon，海神）也是个神。

> 我们三个兄弟都是克洛诺斯（Cronos，天神）和瑞亚（Rhea，地神）的孩子，

---

① 所谓"反证法"（"sorites"），即连锁论证（chain‑argument），这可以视为一种归谬法的运用。

宙斯和我自己（即波塞冬）以及第三个儿子冥间神（哈得斯，Hades），他与黑暗神（Shades）一道掌管着他的王国。

所有事物被分成三个等份，每个神都分有自己的荣耀。①

因此，既然宙斯是个神，那么，因为波塞冬是他的哥哥，因而也是个神。而如果波塞冬是个神，那么，阿克洛乌斯（Achlous）② 也是个神；而如果阿克洛乌斯是神，那么尼罗河（Neilos）也是神；如果尼罗河是神，那么每一条河流也都应该是神；如果每一条河流是神，那众多的溪流也都是神；而如果溪流是神，那湍流也是神；然而溪流并不是神，因此，宙斯也不是神。然而，如果世界上有神，那么，宙斯必定是神。所以，无神能够存在。其次，如果太阳是个神，那么白天（日子）也会是个神，因为白天无非是"太阳在地面之上"；而如果白天是神，那么月份也必定是神，因为它是由诸多白天合成的；而如果月份是神，那么年份也必定是神，因为年份不过是由诸多月份合成的。但这样的推论显然是不正确的，因此，起先的那个假定也是不正确的。另外，他们又推论说，断言白天是神而黎明、正午和傍晚不是神，是完全荒谬的。再次，如果阿尔忒弥（Artemis）是个女神，那么埃诺蒂亚（Enodia）③ 也是个女神，因为后者被认为是与前者相等同的一个女神；而如果埃诺蒂亚是个神，那么，普洛塞利蒂阿（Prothyridia）、厄琵弥琉斯（Epimylius）和厄琵克利巴纽斯（Epiclibanius）④ 也都是神。但这样的推定是不正确的，因此，起先的那个假设也是不正确的。复次，如果我们断定阿佛洛狄忒（Aphrodite，美神）是个女神，既然厄洛斯（Eros，爱神）

---

① 参见荷马《伊利亚特》第 15 卷 187 及其后面各行（说话者是波塞冬）。
② 埃托利亚（Aetolia）的一条河。
③ 也即"道口女神"。
④ 这些修饰性语词（当作尊称看待）分别指称"门廊女神"、"磨纺女神"和"烤炉女神"。

是阿佛洛狄忒的儿子,那么他必定也是一个神;但是,如果厄洛斯是个神,埃勒欧斯(Eleos)也就是神;因为他们两个都是心灵感受,并且埃勒殴斯("怜悯")① 像厄洛斯一样得到了人们的尊崇——至少在雅典人当中存在着一些供奉埃勒欧斯的祭坛;而如果埃勒欧斯是神,那么佛波斯(Phobos)也是个神——

> 我是畏惧,虚无缥缈难以捉摸,
> 是一个最少分有美丽的神②。

而如果佛波斯是神,那其他的灵魂感受也都是神。然而这些并不是神,因此,阿佛洛狄忒也不可能是女神。但是,要是他们是神,那么,阿佛洛狄忒也就是神了。由此可见,神并不存在。另外,如果德墨忒耳(Demeter,谷神)是个女神,那么戈尔(Ge)也该是个女神,因为他们说德墨忒耳无非是戈尔墨忒耳(Ge-meter)③ 而已。如果戈尔是个女神,那么众多的山脉和悬崖以及每一块石头都是神。然而,这一说法是不正确的。既然这样,因此,起先的那个假设也是不正确的。并且,卡尔尼亚德还提出了诸如此类的各种其他连锁论证,以证明诸神的不存在。不过,从我们所列举的论证例子中,已足以让人们领略到这种反证法的一般特征了。

那么,上述就是由那些主张神存在和主张神不存在的独断论者所提出来的相反的论证,此外尤其还要再加上普通民众对诸神的意见分歧,怀疑论者于是只能提出悬搁判断。关于神,由于不同的人有着彼此各不相同、互不一致的见解,因此,既不能相信所有这些观点,因为它们彼此冲突,也不能相信其中的某些观点,因为它们彼此间的效力均衡;这

---

① 也即"同情",下一句子中的佛波斯(Phobos)意指"害怕"、"畏惧"。
② Frag. Com. adesp. 154 (Kock)。
③ 也即"大地母亲"(Earth-Mother)。

一点还为神学家和诗人们的那些神话描述所进一步证明,因为在这些描述中,充满了对神的各种亵渎。所以,克色诺芬尼在批评荷马和赫西俄德时也说道——

> 赫西俄德对神的描述与荷马如出一辙,
> 在他们笔下的神的所有行为都令人感到耻辱和惭愧,
> 偷盗、通奸和相互欺诈。

总之,基于这些理由,既然我们已经确立起对有关动力因①的各种独断论证的悬疑,那么,接下来不妨让我们通过一种更具怀疑性的讨论方式来向世人表明,那些独断论者对被动质料所持的观点,一点也不比对主动原因所持的观点能少让人怀疑。

第三章 论原因和被动事物

我们已经在其他地方更为精确地探讨过原因的观念;现在只从原因的一般概念出发,我们可以说,在那些对原因作过审查的人当中,某些人断言事物的原因是存在的,另一些人断言它不存在,还有其他一些人认为原因存在比原因不存在并不更有理据。绝大多数的独断论者都宣称原因存在;否认变化和瞬时运动的智者们宣称原因不存在,因为没有这样的运动,那么运动者也不存在;而怀疑论者则宣称,原因之存在(的论证)一点也不比非存在更强。他们的结论是经过慎重考虑的,这一点人们只要认真审查双方提出的那些论证就不难明白。先让我们的讨

---

① 我们把 the efficient principles 译作"动力因",相应地把 passive matter 译为"被动质料"。——译者注

论从主张原因存在的那些人开始吧。

他们论证说，如果种子存在，原因也就存在，因为种子是那些生长和育出的事物的原因；而种子确实存在，这已经被植物的播种和动物的生育所明证。其次，如果自然存在，原因就存在，因为自然是那些发育生长和已经自然地成长起来的事物的原因；而自然确实存在，这已经被它的效果所显明。因为他们认为如下情形实际上是荒谬的：当我们参观一个雕塑者的工作间，看到了他的某些完整的和完成了的塑像、一些半成品的塑像以及其他一些成型初期的塑像时，我们会自然而然地相信一定存在着制作这些事物的手工艺人和娴熟匠人；而当我们进入这个宇宙，并发现大地位于它的中心，与大地毗邻的是水，接着是扩展在上面的气，还有那天空和众多的星星、湖泊、河流、各种动物群落以及形形色色的植物时，我们却不愿设想一定有某个创立这些事物的原因的存在。故而，如果自然确实存在，那么，原因必当存在。而实际上第一个（命题）是真的，因此第二个（命题）也是真的。再次：如果灵魂确实存在，它就是原因，因为它既是生命的原因，也是死亡的原因——生命是由于灵魂的在场，死亡源自灵魂与其肉体的分离。而由于即便主张灵魂不存在的人也得运用灵魂来做出这一陈述，故而灵魂确实存在。复次，如果神存在，那么原因就当存在，因为它是所有事物的统辖者。而根据人类普遍具有的观念，神是存在的，因此，原因存在。何况，即便神不存在，原因也是存在的，因为神的不存在也是由某个原因使然的。因此，无论是神存在还是神不存在，从中我们都能得出相同的结论：原因存在。还有，既然很多事物在发生和灭亡、增加和减少、运动和停止，那么，就必然要承认存在这些的原因——一些是发生的原因，另一些是灭亡的原因；一些是增加的原因，另一些是减少的原因；也有一些是运动或停止的原因。再者，哪怕这些结果并不真实存在，而只是现象而已，依然还是再次推导出原因存在的结论，因为总会存在一些使这些现象像真实事物向我们显现（但却不是真的）的原因。再有，如不存在任何原因，那么，所有的事物就能够从任一事物，在任一地点或任一时间之中产生了，但这又是何等荒谬啊！因为要是事物没有了原因，那么，毫无疑问：一匹马就会从一个人那里生产出来。与此类似，一株植物也许会从一匹马中产生出来。基于同样的理由，下面这样的情况也不是不可能的：大雪飘落于埃及而干旱发生于庞图斯（Pontus），夏季里才会发生的事物却出现在冬季，而冬季里才有的事物却发生在了夏季。因此，如果导致不可能后果的事情本身就是不可能的，而许多不可能的结果会由于不存在原因而发生，那么人们就必须宣称原因不存在是不可能的。另外，那些主张原因不存在的人之所以持如此主张，或者是没有原因的，或者是有原因的；如果他没有任何原因地持如此主张，他便不可信，此外，他还无法这么主张，因为事先并不存在任何促使他得出原因不存在这一结论的合理原因。而如果他是有原因地持如此主张，那他无疑是在自我驳斥，因为他的断定原因不存在的行为本身肯定了原因的存在。还有，提出与上述论证具有同样逻辑效力的论证，也是完全可能的，这涉及征象与证明，其形式①如下："如果原因存在，（那么）原因存在；但如果原因不存在，（那么）原因存在；但它或者存在，或者不存在；所以它存在。"原因存在可以从原因存在中推导出来，这是由于前提与结论没有差别；原因存在也可以从原因不存在中推导出来，这是由于当有人说原因不存在时，主张原因不存在的人必定是出于某种原因而作如此主张的。因此，既然假言前提是由一对矛盾组成的，而加上的选言前提也是真的；正如我们在上面所表明的那样，结论就从这些前提中被必然地推导出来。

我们上面所作的扼要阐述，就是由断定原因存在的一方的独断论者通常所提出的论证，下面让我们来考察一下那些怀疑者所提出的论证，

---

① 这是一个"运用两个假设"的论证，它由一对假设的大前提（"如果 A 是，那么 B 是；而如果 A 不是，那么 B 是"）和一个选言的小前提（"A 或者是或者不是"）构成，其结论为"所以 B 是"。

因为与前述的那些论证相比，这些论证将展现同样的份量和毫不逊色的说服力。他们认为，原因乃是一个相对的事物，因为它是某物的原因，也是作用于某物的原因；例如，刺血针是某事即砍刺的原因，也是作用于某物即肉体的原因。但是，相对性只能被设想，而实际上并不存在，正如我们在"论证明"一章中所阐明的那样；所以，原因也只能被设想而实际上并不存在。另外，如果原因存在，那必须有是其原因的事物，因为如果没有了该事物，那它就无以成为其原因，正如正当在缺少它所相对的那个事物之时成不了正当一样，原因在缺乏它所相对的事物的情况下，也无以成其为原因。但是在实际上，由于不存在发生、灭亡、影响和一般而言运动，有如我们在适当时会讨论和表明的那样，原因并不具有它成为其原因的那个事物，所以，原因不存在。

还有人进行过这样的论证：如果原因存在，那么，或者物体是物体的原因，或者非形体性事物是非形体性事物的原因，或者物体是非形体性事物的原因，或者非形体性事物是物体的原因；但是，正如我们将要确证的那样，物体不可能是物体的原因，非形体性事物也不可能是非形体性事物的原因，物体不可能是非形体性事物的原因，反过来，非形体性事物也不可能是非形体性事物的原因；因此，原因不存在。况且，当今的独断论者也都同意上述划分，因为斯多亚学派宣称，"每一个原因都是一个物体，即导致一个物体发生非形体性事件的原因"，例如，刺血针是一个物体，"肉体"是一个物体，而表述"被刺"则是非形体性的①。另外，火是一物体，木头也是一物体，而表述"被燃烧"则是非物体性的。但与此相反，有些人却主张神——世界的创造者和掌管者——是非物体性的，这就是断言非形体性事物是物体的原因。伊壁鸠鲁则认为，物体是物体的原因，非形体性事物是非形体性事物的原因，

---

① "表述"（λεκτον）是非形体的（在斯多亚学派那里，"表述"指的是语句的意义，也就是思想，因而是无形的。又，"形体"也可译为"物体"。——译者注

物体是物体的原因，犹如元素是复合物的原因；非形体性事物是非形体性事物的原因，恰如原初物体的无形属性是复合物的无形属性的原因。所以，要是我们能够说明物体不是物体的原因，非形体性事物也不是非形体性事物的原因，非形体性事物不是物体的原因，反之亦然（即，物体不是非形体性事物的原因），那么，我们据此就可确证前面所提到的那些观点没有一个是正确的。首先，物体永不可能是物体的原因，这是由于二者有着相同的性质；如果人们能够因为其中的一个是物体，就说它是原因，那也能因为另一个同样是物体，就必须将另一个也说成是原因；由于二者同等地都是原因，那就不会再有被动的结果了，而当没有了被动者之时，那主动者（原因）也将不复存在了。因此，如果物体是物体的原因，那就不可能存在原因。其次，基于同样的理由，我们不能说非形体性事物是从非形体性事物那里产生出来的，这是因为，如果二者分有同样的性质，那为什么这一个被称为是那一个的原因，而那一个却不能被称为这一个的原因呢？这样一来，留给我们能说的只是：或者物体是非形体性事物的原因，或者相反，非形体性事物是物体的原因；然而，这也是不可能的。这是因为，施加作用的事物必须在触碰到被动事物的情况下才能施加作用，但非形体性事物并不具有触碰或被触碰的性质①，既然这样，物体就不可能成为非形体性事物的原因，非形体性事物也不可能成为物体的原因。由此我们可得出没有原因存在的结论，这是因为，如果物体不是物体的原因，非形体性事物也不是非形体性事物的原因，物体不是非形体性事物的原因，非形体性事物也不是物体的原因，而除此之外又不再有别的可能性，那么，必定没有事物能够成为原因。

上述就是有人用更简洁的形式所阐发的论证之中的推论前提；不过，安尼西德穆斯在对此论述中更为详尽地利用了关于"生成"的诸

---

① 参见卢克莱修《万物本性论》第 1 卷 §304。

多困境。物体不可能是物体的原因,因为这样的物体或者是非生成的,有如伊壁鸠鲁的原子那样,或者是生成的,就如人一样;或者是像铁和火那样是可见的东西,或者是像原子那样是不可见的东西。而不论是哪一个,都不能影响任何事物。因为,如果它要影响任何事物,要么是在自身延续时,要么是在与其他事物联合后。然而,当它还是自身时,它除了能作用于它自身以及它自己的性质之外,无法影响到任何其他事物;而如果它与另一事物联合后,它也不能够产生一个预先并不存在的第三者,因为一个事物不可能变成两个(事物),两个事物也不可能产生出第三个事物。因为,如果一个事物能变成两个,那么,变成的每一个事物,既然都是一个,那就都又能产生出两个(事物)来,而这四个事物中的每一个,既然也都是一个,那也都能再产生出两个(事物)来;而这八个事物中的每一个,其情况也与此类似;于是,如此继续下去以至无穷;但是,说无限多的事物产生自一个事物是全然荒谬的,因此,断言所增加的更多事物都是从一个事物中产生而来的,这种说法也是荒谬的。假如真的有人主张"多"可以通过增加而从"少"中生成,那么人们可以提出同样的反驳:如果一个事物加一个事物能产生第三个事物,那第三个事物加上前两个事物就能产生第四个事物,第四个事物加上前三个事物又产生第五个事物,如此不断地增加下去,以至无穷。因此,物体不可能是物体的原因。再有,基于同样的理由,非形体性事物不可能是非形体性事物的原因,这是因为,从一个事物或多于一个的事物当中是产生不出更多事物的。此外,非形体性事物由于具有不可触摸的性质,就不能主动地(施加作用)和被动地(接受作用)。因此,非形体性事物也不可能创生出非形体性事物。并且,也正因为这一点,相反的观点也不成立,那就是说,不论是物体创生非形体性事物抑或是非形体性事物创生物体都是不可能的。这是因为,物体在其自身之中并不包含非形体性事物的性质,非形体性事物也不包含物体的性质。因此,其中的任何一个都不可能从另一个事物那里产生出来,而正如由于树木中不存在马的性质，从而一匹马无法从树木中产生出来一样，也正如由于在一匹马中不存在人的性质，从而一个人无法从马中产生出来一样，因此，由于物体中不存在非形体性事物的性质，非形体性事物永无可能从物体那里生发出来。相反的情况也不可能，也就是说，物体也不可能从非形体性事物生发出来。然而，如果一个（事物）并不存在于另一个（事物）之中，一个事物就更不可能从另一个事物中产生出来。这是因为，如果它们中的任何一个已经存在，那就不是从另外一个那里生成的，而是已经存在了；由于它已经存在，那它也就不可能生成了，因为生成是走向存在的过程。这样一来，物体不可能是非形体性事物的原因，非形体性事物也不可能是物体的原因；由此可得出结论：没有事物能成为原因。

有人进而如此论证：事物如果存在原因，那么，或者不动的事物是不动的事物的原因，或者运动的事物是运动的事物的原因，或者运动的事物是不动的事物的原因，或者不动的事物是运动的事物的原因；但是，不动的事物不可能是不动事物静止的原因，运动的事物也不是运动事物运动的原因，不动的事物也不是运动事物静止的原因，与之相反的情况也是不可能的，正如我们将要确证的那样。所以，原因不存在。首先，不动事物不可能是不动事物静止的原因，运动事物也不可能是运动事物运动的原因，因为它们之间没有分别。因为当二者都同等地处于不运动或二者都同等地处于运动的时候，我们可以说这（事物）是那个（事物）静止或者运动的原因，也同样可以说情况正好相反。因为，如果其中的一个事物能因为其自身是运动的，从而能成为推动另一个事物运动的原因的话，那么，既然另一个事物也同样运动着，那我们也可以说是它给第一个事物提供了推动力。例如，铁环（儿童游戏用的圈）在运动着，铁环的滚动者也在运动着，既然这样，那么，为什么说铁环滚动者的运动是因为铁环的推动，而不是反过来说铁环的运动是因为铁环滚动者的推动呢？很显然，如果其中的一个（事物）不运动，另一个（事物）也不可能运动。因此，如果原因就是"由于其出现而使结果发生的东西"，既然在结果发生之时二者都出现了，即，受影响时铁环和铁环的滚动者都没有缺席，那么，我们不得不宣称：可以说铁环的滚动者是铁环运动的原因，也同样可以说铁环是铁环滚动者的原因。再有，既然柱子是不运动（静止）的，房梁也是不运动（静止）的，因此人们也就没有理由这样说：与柱子的不运动（静止）是因为房梁的不运动（静止）这一观点相比，房梁的不运动（静止）是因为柱子的不运动（静止）这一观点具有更多的理由。这是因为，当其中的一个被移去之时，另一个也就随之倾倒了。因此，基于这个理由，我们不能说不动事物是不动事物静止的原因，或者运动事物是运动事物运动的原因。同样，不动事物不是运动事物运动的原因，运动事物也不是不动事物静止的原因，因为它们具有相反的性质。正如冷之所以永不可能产生热是因为冷不具有热的性质一样，也正如热之所以永不可能产生冷是因为热不具有冷的性质一样，既然运动并不具有静止的性质，因而运动也就永远产生不了静止，反之亦然。然而，如果不动事物不是不动事物静止的原因，运动事物也不是运动事物运动的原因，不动事物也不是运动事物运动的原因，运动事物也不是静止事物静止的原因，而除此之外又不再有其他可以设想的可能性，那么我们就不得不宣称：原因不存在。

还有，如果任何事物都存在原因，那么，或者同时的事物是同时事物的原因，或者先前的事物是后来事物的原因，或者后来的事物是先前事物的原因；然而，正如我们行将证明的那样，同时的事物不可能是同时事物的原因，先前的事物也不可能是后来事物的原因，后来的事物也不可能是先前事物的原因；因此，不可能存在任何原因。首先，同时的事物不可能成为同时事物的原因，由于二者是共同存在的，而且其一不可能产生另一，正如另外一个也不可能产生这一个一样，因为二者在存在上是完全相等的。先前的事物也不可能产生后来出现的事物；因为如果当原因存在，而结果尚未存在，那么先前事物就不再是原因，因为它的原因，却不是那些夜行鸟类如猫头鹰、蝙蝠等能目视的原因。因此，如果它具有一种作用力，那它理当在所有情境下都产生出同样的结果；然而，它并非在所有情境下都产生出同样的结果，所以，它并非具有一种作用力。原因也不是具有多种作用力，因为如果它具有多种作用力，那它在每一个情境下都会把这些作用力同时发挥出来——例如或烧焦每一个事物，或熔化每一个事物，或凝结每一个事物。但是，如果它既不可能具有一种作用力，也不可能具有多种作用力，那它必定成不了任一事物的原因。

是的，但独断论者对此总会如此回应：就如在太阳那里所出现的情形那样，由同样原因引起的结果，必然会由于所受作用的材料以及距离的不同而有所变化。太阳因为靠近埃塞俄比亚人就会烤焦他们，因为与我们的距离中等而温暖我们，也因为距离希匹尔波人遥远而不能温暖它们，只能照亮他们；太阳把水蒸气从泥土中分离出来从而晒干了淤泥，但由于蜂蜡没有淤泥的特殊性质，太阳就只能将蜂蜡熔化。作上述回应的独断论者对我们的如下看法，即施加作用者和受作用者没有任何分别，是不会有什么异议的。因为如果蜂蜡之熔化的发生，不是由于太阳而是由于蜂蜡之特性的话，那么，很显然，蜂蜡之熔化的原因不在于蜂蜡和太阳二者中的任何一个，而在于它们二者的联合作用。既然正是二者的共同作用才引发了这一结果即蜂蜡的被熔化，那么，与太阳之所以熔化蜂蜡是因为蜂蜡这一说法相比，蜂蜡之所以被熔化是因为太阳的作用这一说法并不更具有理由。所以，不是把由两个事物共同作用所引发的结果归因于那两个事物，而是仅仅归于其中的一个，乃是荒谬的。

还有人提出这样的论证：如果存在着事物的原因，那么，它或者是与承受作用的事物相分离的，或者是与承受作用的事物共同存在的；然而，正如我们行将确证的那样，发生因果作用既不是在原因与之相分离的时候，也不是在它与之共存的时候，因此事物的原因是不存在的。如果原因是与受作用物相分离的，那么，既然被原因所作用的事物并不在场，原因显然就不是原因；被作用物也不存在，因为作用物并不与它共在。而如果其中的一个事物是与另一个事物相伴相随的，那么，那个据说是原因的事物，或者只是施加作用而没有受到任何作用，或者在同一时刻既施加作用又受到作用。如果它既施加作用又受到作用，那么，它们中的每一个都必定既是主动的又是被动的；因为就原因是施加作用者来说，受作用物是被动的，但就受作用物也施加作用来说，原因又成了被动性的事物了。因此，施加作用者比起被动者来说一点也不更主动，接受作用的事物比起主动者来说也一点不更被动。然而，这种说法显然是荒唐可笑的。但如果它只施加作用而没受到任何作用，那么，它的施加作用，或者是仅仅通过接触的方式——也就是说表面的接触——完成的，或者是通过渗透弥漫的方式完成的。而如果它只是外在性地把自身投射到并作用于被动事物的表面，那它就不可能影响任何事物，因为表面是无形的，而无形的事物并不具有施加作用或承受作用的性质。所以，当它只作用于受事物的表面时，原因是难以对被动事物施加任何作用的。然而，它通过渗透的方式施加作用也是不可能的，这是因为，它或者是通过固态物体进行渗透，或者是通过可以理解但无法觉察的毛孔进行渗透。但它不可能穿行并通过固态物体，因为物体难以穿越物体；而如果它是通过某些毛孔穿行的，那它一定是在与包围着毛孔的表面接触时施加作用的；然而，表面是无形的，说无形的东西能施加作用或承受作用，这种说法是背离情理的。既然这样，原因不可能以渗透的方式施加作用。鉴此，我们可得出结论：根本就没有原因。

关于施加作用的事物和承受作用的事物，还可以提出一些与接触问题相关的更普遍性的困境。一个事物要能够施加作用或承受作用，那它就必须能够触碰或承受触碰，然而，正如我们将要表明的那样，没有事物能够触碰或承受触碰，因此既不存在施加作用的事物，也不存在承受作用的事物。这是因为，如果一事物与另一事物发生接触并触碰到它，那么，其方式或者是以一个整体与（对方的）整体，或者是以一个部分与（对方的）一个部分，或者是以一个整体与（对方的）一个部分，或者是以一个部分与（对方的）整体，但正如我们将要表明的那样，它既不可能以整体与整体，也不可能以部分与部分，又不可能以整体与部分以及相反的方式接触，因而任何事物都不可能相互触碰。而如果没有事物能够触碰到任一事物，那么，既不会存在承受作用的事物，也不会存在施加作用的事物。首先，一个整体难以与（对方的）一个整体相触碰，这一立论是合乎情理的。这是因为，如果整体触碰（对方的）整体，那就不会是二者的接触，而应该是二者的合一了；既然这两个（整体）都用自己的所有部分，即深度相互触碰，这两个物体就成了一个物体。其次，部分也不可能触碰（对方的）部分，这是因为，部分只能被设想成某个整体的一个部分；然而，在它自己有限的范围中，它又是一个整体，基于这一理由，情况就只能是：或者这整个的部分触碰整个的部分，或者它的一个部分触碰一个部分。而如果整体触碰整体，那它们将联结在一起，二者必将变成为一体；而如果只以一个部分去触碰一个部分，那么，由于部分就它自己有限的范围来说又被设想成一个整体，从而它或者以一个整体去触碰整体的部分，或者以一个部分去触碰它的一个部分，如此下去以至无穷。既然这样，一个部分也是不可能触碰（对方的）一个部分的。再次，一个整体也不可能触碰（对方的）一个部分。这是因为，如果整体触碰（对方的）部分，由于与部分相等的事物必定具有与部分相同的尺度，与整体相等的事物也必定具有与整体相同的尺度，因此，为了与部分相等，整体就得被缩减，从而整体就成了一个部分；而部分为了能与整体相匹配，就得被延展，从而部分就成了一个整体。但是，不论是让整体变成一个部分，还是让部分与整体相等，这都是十分荒诞的。既然这样，整体也不可能触碰到（对方的）部分。复次，如果整体触碰（对方的）部分，那它既要比自己小，同时又要比自己大，但这种说法的荒诞程度比前一说法可谓有过之而无不及。这是因为，如果整体占据着和部分同样的空间，那它必定与部分相等，既然它（整体）与部分相等，那它也就比自己要小；反之，如果部分为了能与整体相匹配而被延展，那它必将占据与整体同样大小的空间；而既然占据着与整体等量的空间，那它（部分）必定比它自己要大。最后，有关那些与之相反的情形，我们完全也可以运用同样的论证。这是因为，如果整体不能与部分触碰，那么，基于方才所提的理由，部分也不可能与整体触碰。鉴于此，既然整体不可能触碰整体，部分也不可能触碰部分，整体又不能触碰部分，反之亦然；那么，任何事物就不可能触碰任一事物，基于这个理由，任何事物就不可能成为任一事物的原因，任何事物也都不能被任一事物所作用。

有人还论证道：如果一事物能触碰另一事物，那么，它或者是在它受到某物——诸如一个毛孔或一条线——中途干扰的时候触碰它，或者是在没有受到任何事物中途干扰的时候触碰它。而如果它受到某物的中途拦截，那它必不可能触碰到它要触碰的那个事物，而只能触碰居于二者之间的（干扰的）事物；但如果一事物是在绝无居于二者之间的任何事物遮拦的时候触碰另一事物，那么，必将出现的是二者的合一而不是二者的接触。既然这样，任一事物就不可能以这种方式触及任一事物。所以，如果对主动（事物）和受动（事物）的理解预设一事物触碰另一事物，那么，既然业已明证没有事物能触及任一事物，那我们就不得不宣布，主动的事物和受动的事物均不可能存在。

由此可见，不论是单就原因自身来看，还是将原因连同受它作用的事物一并加以考虑来说，所谓主动的原因都是一个大可置疑的问题。而人们对承受作用事物所持的观点本身也是颇为可疑的。这是因为，如果一事物受到作用，那么，或者是存在的事物受到作用，或者是不存在的事物受到作用；然而，有如我们即将证明的那样，无论是存在的事物还是不存在的事物，都不可能受到影响（affected，或译"受到作用"）；故而没有事物能够受到影响（作用）。存在的事物不可能受到影响，这是因为，就它已经存在并且具有了它自己的性质而言，它是不可能受到影响的。而不存在的事物，由于它终究还尚未存在，因而也是不可能受到影响的。然而，除了存在和非存在之外，又没有别的什么选项可供人们设想，因此，没有事物能够受到影响。例如，苏格拉底或死于他存在之时，或死于他不存在之时。因为总共也只有这样两个时候——其一是那个他存在并活着的时候，其二是那个他不再存在并已经死亡的时候；因此，他必然死于这两个时候中的这一个或那一个。当他存在并活着的时候，他是不可能死去的，因为我们完全可以确信他是活着的；而在他已经死亡之时，他也是不可能死去的，否则，他就能死两次了，而这是极其荒唐的；既然这样，所以苏格拉底是不死的。这一事例中的类似论证，同样也适用于承受作用（影响）的事物。这是因为，就承受影响事物是存在的并按照它原有本性而被人设想时，存在物是不可能受到影响的；由于（不存在的）事物毕竟还没有存在，因而也是不可能受到影响的；所以，没有事物能够受到影响。我们还可以说得更清晰一些：如果存在者在它存在之时受到了影响，那么，对立的东西就会在同一时间存在于同一个事物之中；但对立的东西是不可能存在于同一时间的同一事物之中的；因此，当它存在之时，存在者是不可能受到影响的。例如，姑且假定某存在物在性能上是坚硬的并受到软化的影响，正如我们从炼铁中看到的那样。那么，当它坚硬并存在时，它是不可能变成柔软的，这是因为，如果在它在坚硬之时却变软的话，那么，相反的性质就存在于同一时间的同一事物中了：在它存在之时，它必是坚硬的，但就在它存在时却又受影响而言，它必定又是软的。但是，同一个事物在同一个时间里是不能被设想成既是坚硬的又是柔软的，所以，存在物当它存在之时是不能受到影响的。这同一个论证在黑白颜色的情形中也依旧有效。不妨暂且认可这样一个事实，即某存在物在存在时是白色的，并且受到了变黑力量的影响，那么，如果当存在物处在白色的时候受到了变黑力量影响的话，那它必将具有两个互为对立的性质，而这当然是荒谬的。因此，存在物就其存在着而言，它并不具有承受影响的性质。进而，如果我们说存在物在它存在之时受到了影响，那么，必定存在着某个在它变换之前就已经变成的事物（但是，在它已经变成之前不可能存在变成的事物），所以，存在物在它存在之时不可能受到影响。这是因为，如果就存在物存在时而言它是坚硬的，那么，它必定是坚硬而非软的；并且如果它变软，它将在变软之前就柔软。因为当它存在之时，它是硬的，而还不是软的；但是就当它存在的同一时间中已经受到了影响来说，它将在它变成软的之前已经成了软的。然而，这是一个荒唐的结果。为此，我们不得不断定，当存在物存在之时，是不可能受到影响的。我们通过同样的方式也可以证明，在非存在物处于非存在之时，非存在物也是不可能受到影响的。这是因为，非存在物不具有任何性质，既然承受影响不是一个不具任何性质的事物的性质，那么，非存在物根本不会受任何影响。但是，如果无论是存在物还是非存在物都不可能承受影响，而除此之外又不再有别的其他选项，那么，能承受影响的事物是不存在的。

还有，如果存在着能承受影响的某物，那它承受影响或者是通过加增，或者是通过缩减，抑或是通过变动和变化；但是，正如我们行将证明的那样，无论是加增还是缩减抑或是变化和变动，都是不可能存在的；所以，没有事物能承受影响。这是因为，正如在名词那里，变动通常以下述三种方式发生：当从名词 kobios 那里删减去第一个音节后，就形成了另一个名词 bios，而当把这个音节再加到 bios 上，就构成了先前的名词 kobios；而通过字母的交换，名词 archon 可以变成 Charon；同样，物体据说也是通过这三种方式承受影响的，即或通过加增，或通过缩减，或通过转变——通过缩减如减少事物，通过加增如增加事物，通过转变则有如从健康到疾病所经历的那种情形。倘若是这样，那么，要是能够表明无法从任一事物那里减去或加上或转移任何事物的话，就可以据此确证没有事物能够承受影响。为此，不妨让我们先对减去的方式加以讨论。

如果一事物能从另一事物中减除出去，那么，或者是物体从物体中减除，或者是非形体性事物从非形体性事物中减除，或者是物体从非形体性事物中减除，或者是非形体性事物从物体中减除；但是，如我们将要证明的那样，物体不可能从物体中减除，也如我们将要揭示的那样，非形体性事物也不可能从非形体性事物中减除，并将如我们将会确证的那样，物体既不可能从非形体性事物中减除，非形体性事物也不可能从物体中减除；因此，没有事物能够从任何事物中减除。从非形体性事物中减除非形体性事物是不可能的，这是因为，从一个事物中减除出去的东西不是无法触及的，但非形体性事物，正因为是无法触及的，就无法被减除和剥离。因此，当那些数学家们说他们能够对所给的直线作二等分时，他们只是在空谈罢了。这是因为，（画）在平板上呈示给我们的直线是具有长度和宽度的，而数学家们所设想的直线是"没有宽度的长度"。那么平板上呈现的线就不是一条线了，那些试图截断它的人，切分的其实并不是真实的线，而是一条虚假的线。或者我们也可以这样说，既然按照数学家们的定义，线被设想为是由点构成的，那就不妨让我们设想有这样一条直线，该直线据他们说能切分为均等的部分，它由一系列奇数点——比如九个点——构成。但是，若要对这条直线进行二分，那他们或者切分第五个点（我指的是位于前四点和后四点之间的一个点）；或者他们切分出的一部分由四个点构成，而另一个部分由五个点构成。不过，他们还不至于敢说他们能切分第五个点，这是因为，根据他们自己的说法，点是没有部分的，而把没有部分的东西划分为部分是不可能的。因此，留给他们做的只能是，将直线的一部分切成由四个点构成，而将直线的另一部分切成由五个点构成。但这种做法同样是荒唐的，而且也与他们所承诺的任务相背离。这是因为，他们原本承诺说要对所给的直线科学地划分为均等的两个部分，然而，他们到头来却把它切分成了不均等的两个部分。我们同样可以将上述论证运用于对圆切分的事例中去。这是因为，他们认定圆是"由一条线封闭而成的平面，在该平面中，从中心延伸到边缘的所有直线是彼此相等的"。那么，在这种情况下提出对圆进行二等分的问题，这是不可能的。因为，人们在对圆进行二等分时，处于整个圆最中间的那个圆心，或者被二等分，或者被加诸两个部分中的这一部分或那一部分中去。然而，对圆心加以二等分是不可能的事。这是因为，要把一个没有部分的东西划分为部分，这样做又如何可能呢？而如果将它加诸两个部分中的一个部分中去，那这两个部分就不再均等了，这也不是从中心点对圆进行二等分了。与此同理，那用来切分线或圆的东西，不是一个物体就是一个非形体性事物，然而，我们怎么将该物设想成一个物体呢？因为待切分的事物——也就是说线或圆——是难以触及的、无形的，并且难以为我们所觉察的。待切分的事物既然如此，那它就不可能被一个有形的物体所切分，因为能被物体所切分的事物，必然是能承受作用和触碰的事物，而非形体性事物不具有触碰或承受触碰的性质。所以，设想线能被物体所切分，或设想圆能被物体所划分，这种想法确实是悖乎情理的。并且，切分线或圆的东西，也不可能是个非形体性事物，这是因为，如果它是无形的，那么，它或者是一个用来切分点的点，或者是一条用来切分线的线。然而，点切分不了点，线也切分不了线。点之所以切分不了点，是因为它们二者都是没有部分的，即，切分的点没有可以切分的部分，被切分的点也没有被切分的任何部分。线同样也切分不了线，这是因为，切分的线和被切分的线之间，必须或结合成一个锐角或直角，因而切分的线必须在它自身的一个点上与被切分的线上的一个点相结合。但是，接合的线上的点是没有部分的，被切分的线上的那个点也是没有部分的，既然用于切分的线由于没有部分，在本性上就不适合用来切分，既然被切分的线由于缺乏部分，在本性上也是不适合被切分的，因此，没有切分能够发生。进而，我们也不可能说：用来切分线的事物，通过落在被切分线上的两个点之间将线加以切分。较之于前一说法，这一说法也许是更为荒诞不经的。这首先是因为，试图在一条线的连续绵延中确定一个居间端点①是不可能的，为此，人们不得不把切分设想成在击中了某点。其次是因为，即便人们都承认切面在被切分线的两个点之间对线实施切分，也会出现一个令几何学家们更为难堪的结局。这是因为，那些构成线的诸点或者是如此连续，以至于难以容许再从外头插入一个点，或者由它们（各个点）构成的线并不是一条单一而连续的线。但是，如果它们是如此连续，以至于在它们之间不能设想还有容留一个点的空间，使切面对线加以二分，那么就必然出现以下两个结果中的一个：或者我们必须将击中的点看成是可划分的，或者，如果这是不可能的话，我们必须把线上存在的各点看成是能够通过一会儿向这一边集结，过会儿向那一边集结的办法退行、腾挪出空间和间隙；然而，其中的任何一种假设都是荒谬的，这是因为，正如我们在上面业已指明的那样，由于点是没有部分的，因而它是不能被切分的，又由于受切分之线上的各个点都是固定不动的，因而它们也不具有诸如退行之类的性质。既然这样，非形体性事物既不能用来减除非形体性事物，也不能承受被减除。而且即便几何学家声称能运用他们的基于可感的线条和圆圈的论证，即用平板上可见的图像来演示一事物如何从另一事物中减除出去，其实他们不能做到。因为从整条线或整个圆或从它们中的某一个部分中加以减除，乃是一件难以想象的事情，有如稍后当我们论及物体的划分时将显示的那样。

  至此，我们已概要地表明了从非形体性事物那里难以减除非形体性事物，那么剩下的问题有：或者物体从物体那里剥离（减除），或者非形体性事物从物体那里剥离（减除），或者物体从非形体性事物那里剥离（减除）。然而，从非形体性事物那里减除物体就其自身来说是不可思议的，从物体那里减除非形体性事物也是不可能的事；因为用以减除

---

  ① 也就是（节段的）一个点，在线的中间，该点可以打断线之连续，起到"结束"（或终止）该线的作用。

的事物必须能够触碰到承受减除的事物,然而,由于非形体性事物是难以触及的,并且我们已经证明触碰是不可能的事,所以,非形体性事物是不能从物体那里剥离出去的。再说,从任何事物那里被剥离出去的事物,应当是它从中剥离出来的事物的一部分,但非形体性事物并不可能是物体的一部分。其次,物体也不能从物体那里减除。因为如果从物体那里可以减除物体,那么,或者从等量的事物中减除等量的事物,或者从不等量的事物中减除不等量的事物。然而,犹如我们行将表明的那样,从等量事物中不可能减除等量事物,也正如我们行将阐释的那样,从不等量事物中也不可能减除不等量事物,因此,从物体中不能减除物体。首先,从等量事物中不能减除等量事物,例如从 1 库比特(Cubit)① 中无法减除 1 库比特——因为这样的事情并不是减除,而是对象的完全移除。另外,如果我们要想从 1 库比特中减除,那么,或者是在它存在的时候,或者是在它不再存在的时候。而如果是在存在的时候进行减除,那我们就不是在消减它,而是在倍增着它,这是因为,在从 1 库比特中减去 1 个库比特之后,它怎么还可能依然是 1 个库比特呢?如果是在它不再存在的时候(对它加以减除),那我们全然没有留下任何东西可容许减除的进行,因为从并不存在的事物中是不可能减除去任何事物的。所以,从等量的事物中不可能减除去等量的事物。从不等量的事物也难以减除去不等量的事物,因为要是果真能够如此,那么,要么是从较小(少)的事物中减除去较大(多)的事物,如从 1 个帕尔姆(Palm)中减除去 1 个库比特,要么是从较大(多)的事物中减除去一个较小(少)的事物,有如从 1 库比特的长度中减除去 1 帕尔姆的长度。然而,从一个较小的事物中不可能减除去一个较大的事物,因为从任一事物中减除下来的事物必然包含于从中减除的那个事物之中,但较大的事物是不可能包容于较小的事物之中的。也正是由于这一点,正如

---

① 1 "库比特"("cubit")包括 6 个"帕尔姆"("palms"),相当于 3 英寸。

从5那里难以减除6一样（因为5不可能包含6），从较小的事物那里不能减除出较大的事物，因为较大的事物并不包含于较小的事物之中。既然这样，因此，较大的事物是不能从较小的事物中减除下来的。其次，从较大的事物中也不可能减除掉一个较小的事物，这是因为，正如我们已经说过的那样，从任何事物中被减除下来的事物，必须包含于减除由之得以进行的那个事物之中。然而，较少的事物不可能包含于较多的事物之中，这是因为，要是果真能够如此的话，那么，其结果必然是更大的事物和更多的事物都能包含在较小的事物之中，而这已经被我们证明是不可能的事。因此，较小的事物不可能包含于较大的事物之中，它因此也不可能从较大的事物被减除出来。从怀疑论者所给的那些例证中，我们也许并不难看出他们始终遵循着逻辑一致性的原则。因此，如果较小者包含于较大者，则5包含于6之中，而按照作为较小者包含于较大者，4也必然包含于5之中，3包含于4之中，2包含于3之中，1包含于2之中；如果这样，包含于6这个数之中的将会有5、4、3、2、1，合计有15。但是，如果15包含在6之中，按照这一特别定义，那么，4、3、2和1总计起来的10也必然包容于5之中。而且，正如10包含于5之中一样，3、2、1总计为的6也将内在于4之中，与此相类似，合计为数目3的2和1也包含于3之中，而在2之中则包含了1。因此，当我们把数目6中所包含的内容加和在一起——我指的是15加10加6加3再加1时，我们在数目6之中就可发现它又包含了数35。而如果这一点得到认同，那么，数目6还必将能够包含无数的数，这是因为，数目35还能再包含低于它的数，诸如34、33、32之类的数，如此下去以至无穷。但是，为了能从另一事物中减除掉一个事物，就必须满足下述要求：被减除的事物必须包含在减除由以进行的那个事物之中，而我们业已证明，较大的事物不可能包含在较小的事物中，较小的事物也不可能包含在较大的事物中；还由于进行包容的事物必须大于被包容的事物，而与一事物等量的事物并不小于或大于它与之等量的那个事物，因而等量的事物也不可能包含在等量的事物之中。既然如此，我们就不得不宣布：从任何事物中不可能减除掉任何事物。

另外，如果一个事物是从另外一个事物中减出来的，那么，它或者是从一个整体中减除出来的一个整体，或者是从一个部分中减除出来的一个部分，或者是从一个整体中减除出来的一个部分，或者是从一个部分中减除出来的一个整体；然而，正像我们行将确证的那样，它既不是从一个整体中减除出来的一个整体，也不是从一个部分中减除出来的一个部分，又不是从一个部分中减除出来的一个整体，还不是从一个整体中减除出来的一个部分；所以，事物是不可能从事物中减除出来的。首先，从一个整体中减除出一个整体是完全不可能的，因为从一库比特中不能减除出一库比特，从一品脱（Pint）中也不能减除出一品脱，因为如此的做法并不是减除，而是对存在物的整个移除。所谓从部分中减除整体，也是一个不可思议的武断，因为部分小于整体，整体大于部分，而说从较小者中能减除出较大者来，这实在是不可信的事。因为整体不可能存在于部分之中来让自己从中减除，只能是部分存在于整体之中。现在剩下一个似乎更具可能的选项，即或者从整体中减除部分，或者从部分中减除部分。然而，这也是一件行不通的事。不妨让我们对怀疑主义在数目上所作的陈述——这是怀疑主义的习练项目——略加考察吧。设定有一个10，并假定从10那里能够减除掉1，那么，这个被减除出来的1或者是从存在着的10那里减除的，或者是从减除之后所剩的9那里减除的；但它既不可能从9那里减除出来，也不可能从10那里减除出来，如我们行将表明的那样；因此，1是不可能从10中减除出来的。由此我们可以得出结论，从任何事物中都无法减除出任一事物。因为，如果1能够从10那里减除出来，那么，这个10或者是某个不同于各个单独的1的东西，或者是各个单独的1的汇总。但是，10不同于各个单独的1是不可能的，这是因为，当它们（即10个1）消失之时，它（即这个10）也消失，而当它们存在之时，它也就随之出现。而如果 10 不过是由它们即这些 1 构成的,如果我们说 1 是从 10 那里减除出来的话,那么,既然 10 不是别的而只是它的那些 1 而已,那我们当然必须承认 1 是从每个 1 之中减除出来的;还有,由于 10 被看作是包含着这个 1 的,我们还必须承认它(这个 1)是从它自身中减除的。然而,如果说单个的 1 是从每个 1 以及从它自身那里减除下来的,那单个 1 的减除也就是 10 的减除了。但是,说 1 的减除就等于 10 的减除,是极其荒谬的说法,所以,那种所谓 1 能够从 10 那里加以减除的说法,也是极其荒谬的。我们同样没有理由说 1 能够从所剩的 9 那里减除下来。这是因为,如果 1 能够从 9 那里减除下来,在减除之后 9 就应该不再是完整的 9。因为已经有某物被减除出来的那个事物在被减除之后就不再保持完整,否则就没有发生在该事物上的减除操作了。另外——如果 1 能够从所剩的 9 那里减除,那么,它或者是从整个 9 中减除,或者是从它的最后的一个 1 中减除。然而,它不可能从整个 9 中减除出来,这是因为——由于 9 不是别的而只是它的各个单独的 1 之和——那样一来,1 的减除就是 9 的减除,这是荒谬的;1 也不可能从(9 当中的)最后一个 1 中减除,这首先是因为 1 是没有部分的、不可再分的;其次 9 何以依然能保持着完整的 9 而没有被 1(之损失所消除)呢?但如果 1 既不可能从 10 那里减除出来,又不可能从所剩的 9 那里减除出来,而除此之外又不再有第三种可以考虑的可能性,那么我们就不得不宣称 1 不能从 10 中减除下来。进而言之,如果 1 能从 10 中减除,那么,或者是在 10 依然是 10 的时候,或者是在 10 已经不再是 10 的时候;然而,1 既不可能在 10 存在的时候被减除,也不可能在 10 不存在的时候被减除;而除了存在和非存在之外又没有其他的选项;因此,1 是不能从 10 中减除的。在 10 还依旧是 10 的时候,很明显,1 是不可能从它那里减除下来的,这是因为,就 10 依然是 10 而言,从它那里就不会有任何事物被减除;在 10 已经不再是 10 的时候,1 能从 10 那里被减除,这种说法同样也是十分荒诞的,因为没有事物能够从非存在那里加以减除;所以,一事物不可能从另一事物中减除下来。我们也可把上述论证运用于对可测量事物的减除。例如，从1"加仑"中减除1"杯"①，或从1"库比特"中减除1"帕尔姆"。由于我们必然得说或者是从1整个品脱（pint）中减除，或者是从它（品脱）的一个部分中减除，或者是在品脱依然是品脱的时候减除，或者是在品脱已经不再是品脱的时候减除；但是，有如我们业已证明的那样，我们无法在上述的任何一种情况下减除；既然这样，所以，任一事物都不可能通过这一方式从另一事物中减除下来。

因此，这些论证十分明显地表明了减除是不可能的；接下来我们要证明的是：一事物也不可能加增到另一事物中去。姑且让我们假定有一个1"库比特"（相当于6个"帕尔姆"）长的物体，并在它之上再加上一个1"帕尔姆"长的事物，如此一来，原先的物体和后来加上去的物体就形成了7"帕尔姆"长的物体，在这里我要质问的是：1"帕尔姆"长的物体被加增到什么事物中去了？因为这1"帕尔姆"或者是加增到它自身中去了，或者是加增到原先存在的1"库比特"中去了，再不就是加增到由二者组成的7"帕尔姆"大的物体中去了；然而，1"帕尔姆"既不可能加增到它自身中去，也不可能加增到原有的1"库比特"中去，又不可能加增到由二者——即先前存在的1"库比特"和加增物——组成的新物体中去；因此，一事物加增到另一事物中去是不可能的。首先，1"帕尔姆"不可能加增于它自身，因为当它就是它自己，并通过加增不是加倍于自身时，它将不能增加到自身。而如果它（1"帕尔姆"）被加增到原有的1"库比特"中去，那么，当它（1"帕尔姆"）被加增到1"库比特"的整体之时，它（1"帕尔姆"）岂不就与1"库比特"相等并进而能合成2个"库比特"了么？甚至于较大者变成了较小者，较小者又变成了较大者了么？因为如果通过加增能

---

① κοτυλη 杯（cup，或音译为"库泊"）是液量单位，相当于1/2品脱；the Χουσ"加仑"（"gallon"）是12杯（κοτυλαι），相当于3/4加仑（gallon）。

使1"帕尔姆"与1"库比特"相等，并使1"库比特"也与1"帕尔姆"相等的话，那么，较大者即1"库比特"由于相等于1"帕尔姆"，就变成了较小者，较小者即1"帕尔姆"由于等于1"帕尔姆"，又变成了较大者。既然1"帕尔姆"既不可能加增到它自身中去，也不可能加增到预先存在的1"库比特"中去，那么，剩下的可能就是：它被加增到由二者组成的7"帕尔姆"长的大物体中去了。但这样的假定同样是悖理的。这是因为，承受加增的事物必须在加增发生之前就已经存在，而由它们所产生出来的事物不可能存在于它们之前。因此，所加增的事物不可能加增到那个由加增物和先前存在物二者合成的事物中去。进而言之，加增物与由加增引起的事物是不同的，在时间上也是与它不相一致的；因为当加增正在进行时，由它们所引发的事物还没有存在，而当由它们所引发的事物已经存在时，加增却已经不复存在了，所以，1"帕尔姆"是不可能加增到那个由加增物和预先存在的1"库比特"二者引起的事物中去的。但是，既然我们再一次证明了被加增的事物既不可能加增到它自身中去，也不可能加增到预先存在的事物中去，又不可能加增到它们二者的总汇中去，那它就不可能加增到任何事物中去。

关于数量，我们可以提出类似的难题。因为，如果我们取一个数4，并把1加增到4那里去，那么，我们就可以质问：究竟能够把1加增到什么事物中去呢？因为1或者被加增到它自身中去，或者被加增到4中去，或者被加增到由二者的和所构成的5中去。然而，由于被加增到任何事物中去的事物并不是被加增物自身，而1是它自身，因而它不可能加增到它自身中去；并且因为它也不可能通过变成2的办法使自己加倍。它也不可能加增到4中去，因为，它们不相等或者不是倍数；因为由于整个4与它的四个单独的1不是不同的，被加增到整个4中去的事物是4。它也不可能加增到那个由它自身和4构成的5中去，这是因为，5在加增之前并不存在，而被加增的事物总必须被加增到某个预先存在的事物中去。所以，没有事物能够加增到任何事物中去。

但如果没有事物能够从任何事物中减除出去，有如我们业已阐明的那样，也没有事物能够加增到任何事物中去，正如我们刚才所证明的那样，那么，也就没有事物能够从任何事物那里转移出去，这一点应该说是十分明显的，这是因为转移不过是由一事物的减除和另一事物的加增构成的。而如果这些都是不可能的话，那么，就作用（影响）只能以这些方式中的某一方式发生而言，承受作用（影响）的事物必定是不存在的。这是因为，作用（影响）除了按上述这些方式中的一种方式发生之外，无法设想任何其他可能的方式了。

与这个难题相关的问题是关于整体以及部分的问题，因为减除看来似乎是从一个整体中减除一个部分，加增似乎是在一个整体上加增一个部分。因此，如果我们能够证明有关整体和部分的观点是可疑的话，那么，前面我们提到的关于加增和减除、被动和主动的难题就能变得更加清晰。鉴于对整体和部分的界定并非易事，因此，对它们的阐释就成为我们接下来的任务。

第四章 论整体和部分

对整体的研究是自然哲学家们不可或缺的工作，这是因为，他们既然以告知关于整体和全体的真理为职业，假若他们不知道该如何界定整体是什么以及部分是什么，那是相当滑稽可笑的；怀疑论者也必须研究这一主题，借以证明独断论者的轻率。斯多亚学派的哲学家们认为"整体"（Whole）不同于"全体"（All），因为他们说整体是宇宙，而全体是宇宙加上与其毗邻的外部虚空，并据此断言整体是有限的（因为宇宙是有限的），而全体是无限的（因为宇宙外部的虚空是无限的）。然而，伊壁鸠鲁通常不加区别地把"整体"和"全体"的名称冠于物体的本性和虚空的本性之上，因为他时而说"万物之整体的本性是物体和虚空",时而又说"就物体和虚空二方面而言,全体都是无限的,也就是说,在物体的数量和虚空的范围这两个方面,都是同样无限的"。而那些总体上否认虚空存在的哲学家们,比如散步学派,则断定"整体"和"全体"仅仅适用于物体而不适用于虚空。关于部分,也存在着一些不算太大的论争。因为伊壁鸠鲁坚称部分不是整体,有如原子不是复合物那样,因为前者缺乏特性而复合物有诸多特性,复合物或白或黑,或总体上说具有颜色,或热或冷,或具有某些其他的特性。但斯多亚学派声称,部分既非与整体相异,又不是与整体一样的事物,因为手既不是与人一样的事物(因为它不是一个人),也不是这人之外的异在(因为它包含在作为人的人的概念之中)。而安尼西德穆斯认为,"根据赫拉克利特的观点",部分既异于整体,又与整体相同,因为实体既是整体也是部分,因为它在宇宙中是整体,但在某个特殊的生物的本性中它是部分。人们则通常在两种不同的意义上来指称"组成部分"(particle),有时把它看作是和专门设想的"部分"有所不同的事物,在这一意义上他们把它说成是"部分中的部分",如同手中的手指以及头中的耳朵;而有时又把它看作是与那种专门设想的"部分"没有差别的事物,看作是整体中的一个部分,在这个意义上,人们通常上说,"组成部分就是整体的充填物"。既然我们对这些区分已经阐明,既然整体被认为是由部分充填所产生的,接下来就开始探究。

　　如果存在着整体,比如人、马、植物以及船舶等(因为这些都是各种整体的名称),那么,它或者与自己的各个部分不同,被认为具有自身独立的实体和本质,或者,诸多部分的总和被认为就是整体。但是,不论从可感的现象还是概念看,整体都不可能与它的部分有何不同。就现象来说,整体不可能异于它的部分,因为假若整体不是它的部分,是独立的,那么,当各部分被去除时,整体理当依旧还是整体;然而,当所有部分(比如说一个雕塑的所有部分)被去除后,整体还能继续保持存在,这是绝对不可能的;其实,即便是在只有一个部分被去除的情况下，整体也都不能够作为一个整体继续存在了。就其概念来说，整体也不可能异于它的部分，因为整体被认为就是"不缺任何部分者"，也正因为这一点，如果整体异于它的部分，那整体将缺了它所有部分，并因此不再能够存在。再有，整体是一个相对的事物，因为它之所以被看作是一个整体，是与它的部分相对而言的，正如部分是某物的一个部分一样，整体也是一个由某些部分构成的整体。但是，相对的事物必然是彼此共存并互不分离的，因此，整体既不会异于它的部分，也不会独立于它的部分。至此，留给我们的可能就只有：部分就是整体。但是，如果部分就是整体，那么，或者所有的部分是整体，或者某些部分是整体，或者某一个部分是整体。但，某一个部分不可能是整体，因为人的头毫无疑问不可能就是整个人，人的颈或人的手或人的任一部位也不可能就是整个人。整体同样不可能就是某些部分，这首先是因为，如果某些部分就是整体，那么，其余的部分就不再是整体的部分了，而这一说法显然是荒诞的；其次是因为，整体的概念会因此被颠覆，因为如果某些部分就是整体，那么，既然它缺了另一些部分，所谓"整体就是不缺任何部分者"的说法，很明显就是错误的。鉴于此，某一部分或某些部分都不可能是整体。而如果所有部分是整体，即如果整体不是别的东西，而只是所有部分的总和，那么，整体将不再是一个整体，这些部分也将不再是部分。因为正如分离不是别的而只是被分离的事物一样，或有如装橡子不是别的而只是按某一方式被安置好的橡子一样，或正像拳头不是别的，而只是做出一定姿势的手那样，整体也不是别的而只是诸多部分的总和，那么，部分也将不再是部分了。还有，正如当"右"不存在时"左"也不再能存在，当"上"没有被理解时"下"也无法被理解，同样，当整体不存在之时，部分也就无法被理解，且将不复存在。然而，我们姑且假定所有部分就是整体，由此我们还是禁不住要质问的是：这些（部分）将要构建成的究竟会是什么呢？是整体呢，还是相互形成呢？抑或就是部分呢？但正如我们行将证明的那样，它们既不是整体的部分，又不是互为部分，也不是部分自身的部分，因此，它们不可能是任何事物的部分。它们不可能是整体的部分，这是因为，整体不是别的而只是部分而已，并且它们自身就被称为整体。它们也不可能是相互的部分，因为任何事物的部分必包含于那些由部分组成的事物之中，例如，人之中的手和在手之中的手指；但人的各部分是独立存在的，并不包含于彼此之中，因为左手既不可能构建右手，右手也不可能构建左手，拇指既构成不了食指，食指也构成不了拇指，它们每一个都有自己独立的位置。因此，部分不可能是相互的部分。部分也不可能是自身的部分，因为任何事物都不可能成为它自身的一个部分。如果整体不是别的而只是部分，并且部分自己又不是整体，那么，整体就无法存在了。另外，部分（比如头之类）被称为构成了整个人并成为人的一个部分，而人当然应该被看作是包含了人头的一个人；因此，人头构成它自己，并且是它自身的一个部分。并且，正因为这一点，它（即部分）既会大于又会小于它自身：因为就它被认为是由它自身构成来说，它就大于它自己；但就它被看作是用于构成它自身的一个事物来说，它又小于它自身。上述窘境在诸如植物、"库比特"（cubit）以及所有通常被称为"整体"的其他事物中同样存在。因为既然"帕尔姆"（palm）被看作是"库比特"的部分（因为"库比特"之所以被看作是一个"库比特"，是由于它包含了"帕尔姆"），从而"帕尔姆"既要构成它自身，又是它自身的一个部分。然而，这种说法是荒诞的，并可以说与我们的普通观念相矛盾。

这种难题在语句的成分（部分）那里同样也是适用的，例如，在这样一个语句中——

"噢女神，歌唱珀琉斯的儿子阿喀琉斯的愤怒吧！"[1]

---

[1] 这是荷马史诗《伊利亚特》的第一句诗，见《伊利亚特》1.1。

——人们必须追问:"愤怒"、"歌唱"、"女神"、"珀琉斯的儿子"、"阿喀琉斯"这些语词是什么东西的部分？因为或者整行诗句异于这些部分，或者这些部分的总和就是整句。不过，人们在这里应当提及那些我们已阐述过的难题。如果语词"愤怒"是整行语句的一个部分，那它也将会是它自身的一个部分，因为整行语句被看作是包含着它的；而如果它是整行语句其余部分（女神、歌唱、珀琉斯的儿子、阿喀琉斯）的一个部分，那么这必定会引发出一个更大的困境。因为任何事物的部分应当包含在它作为一个部分存在于其中的那个事物中，但语词"愤怒"并没有包含在"女神"、"歌唱"、"珀琉斯的儿子"、"阿喀琉斯的"这些词语之中；因此，语词"愤怒"不可能是整行语句的一个部分。

　　由于在该论题上出现如此之多的困境，独断论者在试图寻求喘息机会时通常争辩道：外在真实可感的对象既不是整体也不是部分，而是我们把"整体"和"部分"的术语应用于它。因为"整体"是个相对的术语，既然它是在与其部分的关系中被认识的，相应地，部分由于是在与整体的关系中被认识的，从而"部分"也是相对的。而相对性是存在于我们的意识（consciousness）① 之中的，而我们的意识又是存在于我们之中的；因此，整体和部分存在于我们之中。外在真实可感的对象既不是一个整体也不是一个部分，而是一个我们用自己意识去称谓的东西。为回应他们，首先我们不得不说，辩解说颈与头不是外在的人的构成部分，而只是我们意识的构成部分，这是荒谬的。但是如果头和颈是人的构成部分且颈是在我们之中，那么人也存在于我们之中，然而这是荒谬的。所以，整体和部分不可能居于我们的意识之中。对此有人也许又会这样辩解：是的，但整个人通过意识存在于我们之中，并且不是用外在的颈和头，而是用这些部分的概念而构成自身。因为，事实上整个人也是我们的一个概念。然而，作如此辩解的人依然无法避免困境。因

---

　　① 原词为"同时回忆"（"concurrent recollection"），是斯多亚学派的用语。

为，无论他是一个概念还是我们的意识，这个在我们之中的人要么被设想为不同于他的部分，要么被设想为是他的部分。但是，如我们已经证明的那样，这两个选项都是不可能成真的。所以，这个概念本身被同样的困境推翻。而如果这样，那我们必须宣称整体不存在，并由此可进一步得出结论：部分也不存在。因为这两个东西都是相对的，而相对事物中的一个如果被否弃了，与之相对的另一个也就一同被否弃。

我们关于这些问题的存疑性辩驳暂且就在这里止步吧！既然我们已经就宇宙的动力因问题与独断论者展开了充分的论争，下面就不妨让我们用更为一般的术语，就它们以及质料因的困境作进一步的阐述。

第五章 论物体

在最原初的和最基本的元素[①]问题上，存在着两个主要的观点，这两个主要观点各自又都可以细分为一些从属的观点。有些人断定存在物的元素是（有形的）物体，另一些人则断言它们是无形的。在那些主张本原是物体的人当中，西罗斯的斐瑞居德[②]认为万物的始基和元素是土，米利都的泰勒斯（Thales of Miletus）认为是水，他的门徒阿那克西曼德（Anaximander）认为是"无限定者"，阿那克西米尼（Anaximenes）、希墨腊的伊戴乌斯（Idaeus of Himera）、阿波罗尼亚的第欧根尼（Diogenes of Apollonia）以及雅典的阿凯劳斯（Archelaus of Athens）（苏格拉底的老师）以及（根据某些人的说法）赫拉克利特则说是气，麦塔波顿的希帕苏斯（Hippasus of Metapontum）和（根据某

[①] 元素 element 与"本原"的含义大致相当。下面行文中我们经常译为"本原"。——译者注

[②] 斐瑞居德（Pherecydes of Syros）生活在公元前 650 年左右，是个半科学的宇宙演化论者。

些人的说法）赫拉克利特说是火，而色诺芬尼（Xenophanes）则说是水和土——

> 我们中的每个人都是从土中以及从水中涌现出来的。

雷奇姆的希波（Hippo of Rhegium）把本原归之于火和水，开俄斯的俄诺庇得①把本原归之于火和气，沃诺马克利特（Onomacritus）②在其著作《赞美奥尔菲》（Orphica）中把本原归之于火、水和土，恩培多克勒和斯多亚学派则把本原归之于土、水、气和火：

> 万物之根有四个，请先听听他们的称号——发光的宙斯（Zeus）、生育之神希拉（Here）、埃多涅乌（Aidoneus）③和奈斯提斯（Nestis），他以眼泪湿润了凡人的源泉。

德谟克利特和伊壁鸠鲁都把本原归之于原子，也有人认为把原子看成是本原的观点有着更为久远的渊源，如斯多亚学派的波多塞纽（Poseidonius）所断言的，该观点源自一位被称作摩赫（Mochus）的腓尼基人。而克拉佐门尼（Clazomenae）的阿那克萨戈拉则把本原归之于同类的基质（homoeomeries）④。在姓氏为克洛诺斯（Cronos）的第奥多罗斯（Diodorus）眼里，本原是微小的、不可分的物体，而在本梯人（the Bithynian）阿司克勒比亚德（Asclepiades）的眼中，本原则是不规则的分子（irregular molecules）。在那些独断地宣称本原是

---

① 开俄斯的俄诺庇得（Oenopides of Chios）是公元前 5 世纪的天文学家和数学家。
② 这是雅典的宗教诗人，据说是某些"奥尔菲赞美诗"的作者。
③ 宙斯可能代表元素"气"，赫拉可能代表"土"，埃多涅乌可能代表"水"，"源泉"（或身体之源）是精液。
④ 也可译为"同类的单体"，这是亚里士多德用来称呼阿那克萨戈拉的质料性"元素"的术语。

非形体性事物的人当中，毕达哥拉斯学派认为数是万物的本原；而数学派认为物体的边界（the limits of bodies）就是本原；柏拉图认为理念（Idea，或译"理型"）是本原。既然在总体观点上和具体观点上，自然哲学家们对万物的本原问题的看法如此众说纷纭，我们对物体和非形体性事物的困境依次探讨之后，就可以对这些分歧给出一个总体回答；因为这样一来，主张万物本原是物体的每一个人都不得不面对（有形）物体问题上的那些困境，而每一个声称万物的本原是非形体性事物的人，也都必须面对非形体性事物问题上的那些困境。现在我们首先讨论物体，并从审查"物体"这个概念开始。

首先，我们反驳那些主张"物体"是"能够承受作用或施加作用的东西"的人（据说毕达哥拉斯是这批人的领袖人物），我们已经相当充分地推翻了所谓"物体"的观念，从而已无须再提供其他新论证了。因为如果物体就是所谓能够承受作用和施加作用的东西，那么既然我们已经证明不存在能施加作用或承受作用的东西，则如此设想的物体也就不可能存在了。当前摆在我们面前的任务是，必须针对数学学派的概念进行系统的研究。他们认为物体是"具有长、深、宽三个维度的事物"，其中，长是指从上到下的范围，宽是指从左到右的范围，第三个维度（也就是深）是指从前到后的范围。因此，共有六个延伸方向，每个维度两个——上和下，左和右，前和后。这一物体概念明显会导致大量的困难。因为，依据这个概念，或者物体独立于这三个维度，那么物体是一个事物，而物体的长、深、宽是一些不同于物体的事物；或者物体是三个维度的总和。但是，把物体设想成独立于这些维度是不可能的，因为在既不存在长度也不存在深度、宽度的地方，物体根本无法想象。而如果这些维度的总和就是物体，那么，既然这些维度中的任何一个都是无形的，而由非形体性事物复合而成的事物必定也是无形的，从而所有这些维度的共同结合物也必定是非形体性事物，而绝不可能会是（有形的）物体。这是因为，正如线的结合体（由于线自身是非形体性事物）和点的结合体永不可能构成固体性的和不可入的物体一样，长、深、宽的联合体，由于它是一个由多个非形体性事物总和而成的联合体，同样也不可能形成一个物体。但如果离开这些维度就没有物体，而这些维度又不是物体，那么，物体是不可能存在的。其次，倘若长、深、宽的联合体构成物体，那么，或者这些维度各自在联合之前就已经包含了物体性和物体的"理性种子"（rational germs）①，或者只有在这三个维度结合之后才跟随出现"物体"。然而，如果它们中的任何一个维度在联合之前就已包含着物体性，那么，每一个维度必然就是一个物体了；进而，既然物体并不只是有长度，也不只是有深度，又不只是有宽度，而是长度、深度和宽度同时都有，而由于这每一个维度都拥有物体性，那就变成三个物体了。这么一来，长度不再仅仅是长度，它同时又是深度和宽度了；深度也不单单是深度，它同时又是长度和宽度了；宽度也是如此。而如果物体是在它们结合之后产生的，那么，它们原先的本性在它们结合之后或者依然能存留着的，或者变成了物体性。假若它们原有的本性能够依旧存留，既然它们是无形的并且依旧是无形的，那么，它们是无法产生出一个不同（于无形事物）的（有形）物体来的；而假若它们变成了物体，那么，既然能够变化的事物就是物体，于是，每一个维度在它们结合之前就已经是物体；这样一来，物体在物体存在之前就已经产生出来了。再次，正如能够变化的物体在接纳某一性质而去除另一性质时依然是一个物体，例如，一个正在变黑的白色物体和一个正在变苦的甜味物体，去除了某一性质而接纳另一性质，而依旧是个物体，同样，如果这些维度变成物体，那么也能用某一性质替换掉另一性质，而如果它们能这么做，那它们就成了物体了。因此，如果人们既不能把如此设想的物

---

① 亦即"种子理性"，按照斯多亚派的学说，这是从宇宙理性（即"逻各斯"，Logos）衍生而来的创生性本原。

245

体看作是存在于它们结合之前产生的，也不能看作是在它们结合之后产生的，因此，物体的理解是不可能的。

还有，如果长度、宽度、深度不存在，那么，被认为分有了这些维度的物体也就不复存在；但正如我们行将确证的，不存在长度、宽度、深度，因此，物体就不可能存在。长度是不可能存在的。这是因为，这长度是物体的最大维度①，数学家们称它为"线"，线是"流动的一个点"，而点是"一个没有部分、没有任何维度的记号"（因此，没有部分或维度的记号②如果不存在），线就不可能存在；而如果线不存在，那长度也将不复存在；而如果长度不存在，那物体也将无以存在，因为在目前的理解中，物体包含着长度。不存在任何没有部分或维度的记号（点），这一点不难获知：如果存在着任何诸如此类的事物，那么，它或者是个有形的物体，或者是个非形体性事物。然而，假若它真是个物体，那它就应当和物体具有三个维度那样，也应当拥有三个维度，由此可见，它并不是一个物体。它也不可能是非形体性事物，这是因为，如果它是非形体性事物，那么，从它那里就难以衍生出任何事物，因为那能产生事物的事物须通过接触方能产生，而它的本性既然是无形，它就不可能发生任何接触。鉴此，记号（点）也不是非形体性事物。但如果记号（点）既不是有形的物体，又不是非形体性事物，那它就是难以设想的。而如果记号（点）不存在，那线也不可能存在；由此我们可得出结论，即物体不存在。

再次，我们即便承认记号（点）是存在的，长度还是不可能存在。这是因为，长度是线，而线是记号的流动，因此，线或者是一个被延展了的记号，或者是排成队列形式的许多记号。然而，假若它是一个延展了的记号，那它必不可能是一条线，因为这记号或者占据着同一个空

---

① 即（与"宽度"和"深度"相比较）是首要维度，参见 Nicomachus, *Instit Arithm*, 第2卷§6。

② "记号"（"sign"）在这里与"点"（"point"）同义。

间，或者从一个地方变换到另一个地方。而假若这记号占据着同一个地方，那它就不会是线，而只是一个点，因为线被认为是一个已经流动的事物。而如果它从一个地方移动到另一个地方，那它或者是通过丢弃一个地方并占据另一个地方的方式移动的，或者是通过占据一个地方并延伸到另一个地方的方式移动的。然而，它是不可能通过丢弃一个地方并占据另一个地方的方式构成线的，这是因为，在它处在第一个地方时它依然是一个点，并且，正如当它占据第一个地方时被称作一个点一样，基于同样的理由，当它占据第二个地方、第三个地方以及所有其余地方时，它同样不可能是一条线，而只不过像以前一样是一个点。而假若它能通过占据一个地方并延伸到另一个地方的方式变成一条线，那它延伸过去的那个地方或者是可分的，或者是不可分的。如果它是不可分的，那它依然是一个点而没有变成一条线，因为线是一个可分的事物；而如果它延伸过去的是一个可分的地方，那么，由于那能够延伸过一个可分的地方的事物，其本身也是可分的、具有部分的，并且具有部分的事物必当是一个有形的物体，因而该记号必定既是可分的又是一个物体，但是，对于这一点他们是不会承认的。既然这样，所以，线不可能是一个单一的点。它（线）也不可能是排列成行的许多点，这是因为，这样设想的这些记号（点）或者是彼此相连的，或者是彼此不连接而被间隙所阻隔分离的。然而，假若它们为间隙所间隔，那它们就不再能构成线了。而假若它们是彼此相连的，那它们或者是整体与整体触碰，或者是部分与部分触碰。而假若它们以部分与部分碰触，那它们就不再是没有部分的；因为，举个例子吧，位于两个点之间的那个记号（点）必定有几个部分，一个部分是用来碰触它前方的那个记号的，另一个部分是用来连接它后方的那个记号的，第三个部分是借以连接表层的①，第

---

① 也即板（或纸）的表层，点标记在这个表层上。"位于上方的部分"就是观察者用眼睛（在一个较高的水平上）可以看见的部分，在该部分的下面就是"与表层相触碰的那个部分"。

四个部分是用以触碰位于上方的那个部分的。因此，它（点）就将不再是没有部分的，而是有着许多部分的。而假若它们是以整体与整体的方式相互触碰的，那么，点就必定包含在点之中，并占据着同一个空间。假若它们占据着同一个空间，那么，为组成一条线所应该存在的那一行列点就不可能存在了，所有这些点就成了一个点了。如果真是这样的话，那么，要形成一个物体的概念，首先就必须理解长度，而为了理解长度，又必须预先理解线，为了理解线，又得事先理解记号，那么，我们既然业已证明线既不是一个记号，也不是记号的复合物，线就不可能存在。而如果线不存在，那么，长度也不可能存在，由此可得出结论，即物体也不可能存在。

刚才我们通过对记号的考察已经指明了线是无法理解的，不过，我们也可能通过直接考察它的概念本身而否弃它。几何学家们认为，"线是没有宽度的长度"，而我们的研究表明，无论是在可感物方面还是在可理解物方面，我们都难以理解所谓的无宽度的线，这是因为，不论我们所看到的可感的长度是什么，它都是包含一定宽度的线。因此，在可感物中是不可能存在任何无宽度的物体的。在可理解物那里，我们也难以设想出任何无宽度的长度，这是因为，尽管我们能够做到把某一长度想象得比另一长度更狭窄，然而，当我们维持着同一个长度并在我们的思想中逐渐削去它的宽度直至某一个点时，我们是在设想宽度变得越来越小，但是到了宽度连同长度一起被灭掉之时，那我们恐怕连长度都难以设想了，届时所能设想的唯有：随着宽度的去除，长度的概念也会消失。

总体而言，每一个能被认识（conceive，构想，理解）的事物，或者是通过感官所明白的事物的呈现，或者是通过明白事物的转换而为人们构想，而后者又有着多种方式——有时通过相似，有时通过合成，有时则通过类推，而类推又有或添增或缩减等方式。诸如白和黑、甜和苦之类的事物，就是通过明白事物的呈现为人所认识的，因为这些事物尽管是可感物,也被理解了。而通过明白事物的中介而为人所构想的那些事物,或者是以相似性的方式被构想(例如,看到与苏格拉底相貌相似的人就想到不在面前的苏格拉底),或者以合成的方式被构想(例如,由人和马构想出人马,人马既不是人也不是马,而是二者的复合物),或者是通过把事物或夸张或缩小的手法加以类比的方式来认识,如当我们看到呈现于我们感官面前一个中等个子的人时,我们在想象中扩展他,构想出独眼巨人(Cyclops)这样的形象,他不像是

一个吃五谷杂粮的人,而像是一座森林密布的高峰[1]。

我们当然也可通过把他加以缩减的办法,构想出一个侏儒(Pygmy,俾格米人)。鉴于我们具有如此之多的概念构想的方式,因此,假若我们构想没有宽度的长度,那么我们必定运用其中的某个构想方式;但正如我们将要证明的那样,它无法通过其中的任一方式构想;因此,它是无法构想的。首先,没有宽度的长度概念无法借助于明白事物的显现的方式构想;因为,在那些明显呈现于感官面前的事物当中,我们还从未遇到没有宽度的长度。同样,借助于明白事物的中介这一方法,或者相似法,也不可能构想出所谓的没有宽度的长度这一概念。因为,在显现的事物当中,我们从来就不曾见过任何没有宽度的长度,可用于构想出一个与之相似的没有宽度的长度。因为与某事物相似的事物应当与为人知道和看到的事物之间具有某些相似之处。然而,既然我们并不曾明显地观察到过没有宽度的长度,我们也就无法识别任何与它相似的没有宽度的长度的存在。我们同样也不可能通过合成的方式构想没有宽度的长度,这是因为,请他们告诉我们,为了构想没有宽度的长度,他们把在感官中显现的什么事物与什么事物加以合成了?这他们不能告诉我

---

[1] 参见荷马《奥德赛》,第9卷§191。

们。没有宽度的长度概念也不可能通过类比的方式构想出来。这是因为通过类比方式构思出来的东西与那些从中衍生出它们的概念的事物，应该具有某些共同之处；例如，运用放大的手法，从人的身材的这一共同特点出发，我们构想出独眼巨人，反之，在同一个对象上运用缩减法，我们构想出一个侏儒。因而，假若在通过类比所构思的事物与概念从中衍生的事物之间有某些共同特点的话，那么，由于我们从未发现过任何既与没有宽度的长度，又与有宽度的长度具有共同之处的事物，以使我们能够从后者出发形成没有宽度的长度的概念，因此，这一构想也不可能通过类比的方式形成。所以，如果每一个能被构想的事物都必须通过上面所提到的方式之一方能为人所构想，又由于我们已经表明了没有宽度的长度是不可能以任何方式为人所构想的，因此，我们就不得不宣布：没有宽度的长度是不能构想的（无法理解的）。

然而，有人或许会说，我们可以取一条具有一定宽度的长度，并通过"加紧"（"intension"）① 的方法来构想没有宽度的长度。因为如果能以此为出发点，逐渐缩小宽度，那么它就将到达没有宽度的那一刻，于是缩减了。但是，首先我们已经表明，宽度的完全去除也就意味着长度的消失；其次，通过所谓加紧而被构想的事物，不过是先前构想的事物而已，只不过缩窄了。既然我们试图以具有一定宽度的事物为出发点，并通过所谓缩窄的方法来构想某物，那么我们就无法构想出没有宽度的长度（因为这是一个完全不同的事物），我们所理解的充其量也只是变得越来越窄的宽度，以至于我们的概念终止在最小可能的宽度，而接下来就会转变成完全不同的东西了，也就是说，这时候长度与宽度一同消失。还有，一般而言，如果我们能够通过缺乏宽度来构想没有宽度的长度，那么，由于所有的否定者②在现实中都是非存在，没有宽度的

---

① 也即"加强"（"intensifying"）或逐渐增加线的狭窄度，这就相当于缩减线的宽度。
② "缺失"（privation）、"缺乏"（privatives）是亚里士多德用来指称"否弃"（"negation"）、"否定"（"negative"）的专用术语。

长度就不存在，因此线也不存在。比如，马是一个在现实中存在的事物，而"没马"不存在；现实中人是存在的，但"没人"不存在。因而，如果我们看到一个宽度或一个长度，那它是存在于现实中的；但"没宽度"是不存在的。就像有人认为，通过把一个事物加于另一个事物的方法，就能构想出一个无限巨大物体的概念，这样是错误的；当他们通过许多事物的添加而获得了一个最大事物时，那还不是无限，而是有限的（因为他们最终所能构想出来的事物，终究能被理智包含，而能被理智包含的事物是有限的，否则，那些未为理智包含的事物自会提示被包含者不是无限的。），这里也是如此，当理智终止于一个最小的宽度之时，宽度的缩小还是宽度，而不是没有宽度的长度。进而，如果对于那些设想有一定宽度的长度的人来说，通过消除它的宽度构想出"没有宽度的长度"是可能的话，那么，对他们来说，当他们设想了具有脆弱特点的肉体时，就能通过消除脆弱特点的方法，构想出不脆弱的肉体；并且在构想具有坚固特点的物体后，就能通过消除坚固性特点构想出不坚固的物体。但是，这是不可能的，因为所构想的"不脆弱的东西"并不是肉体（因为肉体被理解为包含了脆弱），而被构想的"不坚固的物体"也不是物体（因为物体被认为包含了坚固性）。所以，构思出来的所谓没有宽度的长度也不再是长度（因为长度被设想为包含了一定的宽度）。

然而，亚里士多德①宣称，几何学家们的没有宽度的长度并非是不能设想的（"因为事实上我们去了解一堵墙的长度时，不必觉察到墙的宽度"）；但是他错了。这是因为，当我们在理解一堵墙壁的长度而不理会宽度时，我们并不把它理解为是没有任何宽度的，而只是没同时考虑属于这堵墙壁的宽度。因为通过把这堵墙壁的长度和某个宽度（不论它是什么）相结合的办法，就完全有可能形成（这堵墙的）长度概

---

① 参见亚里士多德《残篇》29（罗斯）。

为，如果最内的圆，即靠近中心的圆是最小的圆，并且如果最外的圆，即靠近圆周的圆是最大的圆，而它们都占据同一位置，那么，最小的圆就与最大的圆相等了。但这是与人们的感觉相矛盾的。鉴于此，这些圆不可能通过占据同一个地方的方式连续。而如果说它们是以没有任何点能插入其间的并列方式连续的话，那它们必定就填满了从中心到最外边的整个面的宽度。由于那充填宽度的事物必然具有宽度，因而充填宽度的这些圆也就必定是具有宽度的。然而，圆不过是线而已。因此，线就不是没有宽度的。

我们还可以提出一个具有类似有效性的论证。几何学家断言那条描绘圆的直线是凭其自身并通过旋转而描画出圆来的，我们因此就可以向他们提出这样一个三段论——"如果那条描绘圆的直线能凭其自身描画出圆来，那么，该直线就不是一个没有宽度的长度；但根据他们的说法，那条描绘圆的直线确能凭其自身描画出一个圆；所以，该线就不是一个没有宽度的长度"。这是因为，当那条从中心出发的直线旋转并凭其自身描绘圆时，该直线或者经过了圆周内的那个面的所有部分，或者经过了某些部分而不经过其余的部分。但如果它运动经过某些部分而不经过其余部分，由于它只是经过了面的某些部分而没经过其余部分，那它必然描绘不出一个圆来。而要是它经过了所有部分，那它就将度量出圆周内的全部宽度，既然它度量出宽度，那它必定具有宽度；因为能度量宽度的事物必定也具有它借以度量的宽度。所以，基于这个理由，我们也不得不否认线是没有宽度的长度。

当几何学家们说，拖动正方形的一条边就能凭它自身度量平行线所围住的面，这一点就会变得更明显。因为如果线是没有宽度的长度，正方形的边必然也是一条没有宽度的线，那么就不能度量出由有宽度的平行线所围住的面；或者，如果它果真能度量面，那它自身就具有它借以度量的宽度。所以，要么他们的理论被证明是错误的，要么那个所谓没有宽度的长度的线的定义被证明是错误的。

他们还会说，圆柱沿一条直线接触面，并且，当圆柱往前滚动时，通过一个接一个依次放下直线的方法，它就能够度量面。如果圆柱沿一条直线接触面，并且在往前滚动时，能通过一个接一个依次放下其直线的方法度量面，那么，面必定是由诸多直线构成的，圆柱的表面同样也必定是由诸多直线组成的。既然面是具有宽度的，并且圆柱面也是具有宽度的，而充填宽度的事物是不可能没有宽度的，因此，作为充填宽度的线不可能是没有宽度的。

再有，即便我们同意线是"没有宽度的长度"，几何学家们将发现他们关于物体的观点依然是令人绝望的。因为正如点的流动构成线一样，线的流动构成面，面乃是"物体的具有长和宽两个维度的边界"。那么，既然面是物体的边界，物体因此必定是有限的。而如果是这样，当物体与物体并列时，那么或者是边界与边界相接触，或者是有限事物与有限事物相接触，抑或是有限事物与有限事物连同边界与边界一起相接触。因此（因为通过列举的方式能更清晰地阐述我们的观点），我们假定一只罐的外面的陶瓷为边界，罐内的酒为有限事物，那么，当两只罐子边靠边地被并列在一起时，或者是陶瓷与陶瓷相接触，或者是酒与酒相接触，抑或是陶瓷与陶瓷连同酒与酒一起相接触。而如果是边界与边界相接触，那么，有限事物（也就是物体）就不能彼此接触，这是荒谬的。而如果有限事物与有限事物——也就是说物体与物体——相接触，那么，它们就必须在它们自己的边界之外，这也是荒谬的。而如果不单是边界与边界相接触，并且有限事物也与有限事物相接触，那么，就会出现双重的困境。这是因为，就边界与边界彼此相接触而言，有限事物就不能彼此接触；而就后者彼此间相互接触来说，它们就将在自己的边界之外。另外，如果面是边界，并且物体是有限事物，那么，面或者是（有形的）物体，或者是无形的事物。如果它是（有形的）物体，那么，说面没有深度就是错误的，因为每一个物体都分有深度。并且，边界不能接触任何事物，那么任何物体就具有无限的大小了；因为如果

255

面是物体，既然每一物体都有边界，那么，作为物体的边界也有边界，而这边界又有第三个边界，而第三个边界又有第四个边界，如此以往以至无穷。而如果面是无形的，既然无形的事物既不可能接触任何事物，也不可能被任何事物接触，那么，边界与边界彼此之间就不可能相互接触，而如果这些（边界）发生不了接触，那么有限事物也就无法接触。因此，即使我们不考虑线，对关于面的那些观点的绝望也将我们置于悬而不决的状态之中。

至此，当我们仅限于讨论物体和边界的概念以及几何学家们的理论，便完成了我们的考察。然而，以更令人信服的方式重复我们的推论也是可能的：如果物体存在，那它或者是可感的，或者是可知的。但它不可能是可感的，因为它是"一个通过形状、大小和硬度的联合作用被觉察到的复杂性质"①，而一个通过多个方面的联合作用方可觉察的性质是不可感的，因此，被设想为物体的物体也是不可感的。它也不可能是可知的。这是因为，为了能形成一个物体的概念，在事物的本性中就必须已经存在物体的概念能从中构成的可感物体。但是，就事物的本性说，除了物体和非形体性事物之外并没有别的东西存在，而在可能存在的事物中，非形体性事物就其本身就是可知的，而物体正如我们业已证明的那样，是不可感的。既然在事物的本性中不存在物体的概念能从中构成的可感物体，那么，物体也不可能是可知的。但如果它既不是可感的，也不是可知的，而除此之外又没有任何别的其他选项，我们就不得不宣称物体什么都不是。

既然这些论证已经表明了他们关于物体的观点令人绝望，那么，不妨让我们重新开始并试图阐明，他们关于其他事物即非形体性事物的观点同样也是令人绝望的。

---

① 这是个伊壁鸠鲁派的定义。

| 第 二 卷 |

　　前面我们讨论了物体和边界问题，并批评了自然哲学家以及几何学家，接下来我们应该考察"空间"①。因为他们一致地坚称，物体或者包含在空间中，或者在空间中运动。为此，我们首先必须注意到，按照伊壁鸠鲁的说法，"在无形的事物中，有的被称为虚空（void），有的被称为处所（place），还有的被称为寓所（room）"，这些名称依据不同的运用而变化，因为当没有任何物体时，同一种性质就被称为"虚空"，当被一个物体占据时就被称为"处所"，当物体穿越其间时则被称为"寓所"。由于它缺乏有抵抗力的触碰性，伊壁鸠鲁把"无形性"（不可触及性）这个一般名称赋予了它。而斯多亚学派则宣称，"虚空指能够容纳存在物但未被存在物占据的东西，或者说是缺乏物体的空隙，或者是未被物体占据的一个空隙；而处所是指被一个存在物占据并与占据着它的事物相等的事物"（此处称物体为"一个存在物"，因为名称可以互换）；他们说"寓所"是"一个部分被物体占据、部分未被物体占据的空隙"。不过，有人也曾经说过，寓所"是较大物体的处所"，因此，寓所不同于处所的地方就在于，后者没有用来容纳大的事物（因为即使它容纳着一个小物体，也会被称为"处所"），而前者指包容了大的

---

① "Place"，也译为"处所"。——中译注

物体的空间。至于"虚空",鉴于我们在"论原因"的有关段落中曾以多种不同的方式已经作了些探讨,在这里就没有对相同的观点再作重复的必要了;利用目前的机会,我们打算考察"处所",以及相关的主题"寓所"——后者可以归入关于处所的议题之下。因为这些更为明显的并几乎普遍认同的主题一旦可疑,那就表明不太明显的主题即虚空的讨论也会导向怀疑的。

第一章 处所存在吗?

既然我们已经考察了处所的概念并指出了与之相关的东西,那么按照怀疑论的惯例,我们接下来就陈述双方的论证,并证明会从中演绎得出悬搁判断的结论。首先,如果存在上和下、右和左、前和后,那么,某个处所就存在;因为这六个方向都是处所的部分,而如果事物的部分存在,由部分构成的事物却不存在,那是不可能的。而且上和下、右和左、前和后确实存在于事物的本性中;因此,处所也是存在的。其次,如果在苏格拉底活着时待过的那个地方,另一个人(比如柏拉图)现在在那里的话,那么,由于苏格拉底已经死去,因而处所是存在的。因为,正如当一只大罐中的液体被倒空并灌入另一种液体时,我们便宣称该大罐作为前后两种液体的处所是存在着的,与此相类似,如果另一个人现在能够占据在苏格拉底活着时占据过的那个地方,那么,某个处所就是存在的。再次,如果一个物体是存在的,那么处所就是存在的;而且事实上前者(是真的),因此,后者(也是真的)。复次,如果轻事物能自然地运动到重事物无法自然地运动到的那个地方,那么,必然分别存在适合于轻事物和重事物的处所[1];而事实上前者(是真的),因

---

[1] 参见亚里士多德 *De caelo* 第4卷§3。

此，后者（也是真的）。因为由于自然火是轻的，必然会倾向于上升，由于自然水是重的，就具有下降的倾向，从而火不可能向下运动，水也不可能向上喷射；因此，既存在一个适合于自然地是轻事物的处所，也存在一个适合于自然地是重事物的处所。最后，正如如果从中生成一事物的那事物存在，且导致生成一事物的那事物也存在，且因之生成一事物的那事物也存在，那么在其中生成一事物的那事物也存在。而从中生成一事物的那事物（也就是质料）确实存在，且导致生成一事物的那事物（也就是原因）也确实存在，因之生成一事物的那事物（也就是目标）也确实存在；那么在其中生成一事物的那事物（也就是处所）也确实存在。古人在思考宇宙的秩序时也把处所看作是万物的第一原则，赫西俄德宣称这是开端——

> 混沌（Chaos）是在宇宙最原初时被创造的，尔后是宽阔胸膛的大地（Earth），万物的永恒不移的居所。①

"混沌"指的是包容万物的处所；因为如果这（混沌）不存在，则土、水以及其他元素，乃至作为整体的宇宙就都不可能构建起来。而且，即便我们在想象中能够否弃万物，但万物所借以存留的处所不能被否弃，而是依然拥有它的三个维度——长、深、宽，只是没有坚固性；因为这是一个专属于物体的特性。

独断的哲学家们为了要确证处所乃真实存在，还惯于列举其他这类理由，但那些理由所起的作用都是徒劳无益的：因为从处所之部分的存在推论出处所本身的存在全然是幼稚可笑的；因为不承认整体存在的人也不会承认整体的部分存在。另外，既然事物的诸部分就是它们所属的那个事物，那么那些认为"如果处所的这些部分存在，处所

---

① 参见赫西俄德《神谱》§116。

259

存在"的人事实上是在说"如果处所存在，则处所存在"；然而，这是荒谬的；因为，疑问中的事物在这里成了确证自身并不再有疑问的事物。当他们从柏拉图现在生活在苏格拉底曾经生活过的处所这一事实出发，推论出处所的存在时，我们可以说他们犯了与上述相同的错误。因为我们所要探问的是物体存在于其中的处所究竟是否存在，这处所不同于容纳于其（处所）中的物体，他们却回答说——仿佛处所的存在已经得到了认可似的——苏格拉底曾经存在于某个处所，并且柏拉图现在被容纳于那个处所中。宽泛而言，人们当然会同意我们说一个人在亚历山大里亚或在体育馆或在学校；但我们要考察的并不是广义上的处所，而是特定含义上的处所，看它是否真实存在或只是一种想象；以及如果它存在，那它具有什么本性，是有形的还是无形的，是被包容于处所中还是不是。那些运用前述论证的人显然无法确证其中的任何一点。我们也没有预设这种说法：存在着自然地是轻的物体，能运动到一个属于它自己的单独的处所中去；即便存在如此这般的现象，该物体也是被某个原因强制性地推进到某个处所中去的。进而，即使人们承认存在着自然地是轻的事物和自然地是重的事物，那么，运动进去的事物究竟是什么，是某个物体呢还是某个虚空，或是某个边界，还是别的某个具有不同性质的事物，所有这些依然都是大可存疑的问题。"是的"，（他们回答说）"但如果'从中生成的事物'、'借以生成的事物'以及'因之生成的事物'是存在的，那么，那'在其中的事物'也必定是存在的"。我们的回答是："未必"。因为如果"从中生成一事物的事物"（也就是说被动的元素）、"借以生成一事物的事物"（也就是原因）是存在疑问的，如果一般而言的生成和毁灭，或一般意义上的运动也是存在疑问的，那么，"在其中生成一事物的事物"也必定会陷入同样的质疑之中。我们之前在关于动因（agent）和被动者（patient）的相关探讨中，已经证明这些事物（的存在）都是大可存疑的，我们在探究生成和毁灭时还将会再次指明这一点，其实在略早一些的关于运动的讨论中就会提到它。赫西俄德说——"混沌是在宇宙最原初时被创造的，尔后是宽阔胸膛的大地，万物的永恒不移的居所"，但是这话无疑会被自己驳倒；因为如果有人问他："混沌又是从什么事物那里生成出来的？"对此他就会无言以答。正如有人所说的那样，这正是伊壁鸠鲁致力于哲学活动的原因，因为当他还十分年轻时①，老师读出"万物创造的最初是混沌"，他就询问老师：混沌是从哪里创造出来的，如果它是最初被创造的话，而当他的老师回答说那不是他能回答的，这是哲学家们的事情时，伊壁鸠鲁说道："那好，如果他们知晓事物的真理，那我就去他们那儿。"

由此可见，很显然没有任何相关的话能够证明处所是真实的存在；并且，关于这一点，我们还可以增加怀疑论者的论证：如果存在能容纳物体的任何处所，那么，它或者是物体，或者是虚空。但能容纳物体的处所不可能是一个物体，因为如果每一个物体都必须在一个处所之中，而处所也是一个物体，那么，处所就在一个处所之中，并且这一个处所又在第三个处所之中，第三个处所又在第四个处所之中，如此以往以至无穷。因此，能容纳物体的处所不可能是一个物体。而如果能容纳物体的处所是一个虚空，那么，当物体进来占据它的时候，这虚空或者依然还是虚空，或者移走了，或者毁灭了。而如果当物体进来占据它的时候它依旧是虚空，那么，它就会同时既是虚空的又是充满的了，就它依旧存在而言是虚空的，但就它容纳了物体而言是充满的。然而，说同一个事物既是虚空也是充满的，乃是违背情理的，因此，当物体进驻时，虚空不可能依旧还存在。而如果虚空移走了，那虚空也就成了物体，因为那个在处所之间移动的事物必定是一个物体。然而，虚空并不是一个物

---

① 根据第欧根尼·拉尔修的说法，是在伊壁鸠鲁十四岁之时。参见拉尔修《著名哲学家传记》第 10 卷 §2。

体，因此，当物体进驻到它那里去的时候，它是不可能移走的。另外，如果当物体进驻时虚空移走了，那它就再也不能接纳物体了，而这本身就是一个十分荒诞的说法。因此，所剩下的说法是，虚空毁灭了；而这一说法也是不能成立的。因为如果它能够毁灭，那么，它就可以在变化和位移的状态下生成（并且，如果它能够毁灭，那它就是可生成的）。但是在变化和位移的状态下生成的事物乃是一个（既可生成也可毁灭的）物体；因此，虚空是不可能毁灭的。因此，如果处所既不是一个物体，正如我们已经确证的那样，也不是虚空，正如我们已经表明的那样，那么，处所不存在。

我们还可进一步论证：如果处所被设想成是包容着物体的，而包容者必定是在被包容事物的外面的，那么，如果处所是存在的，它必定是下列事物中的某一个：或者是质料，或者是形式，或者是介于物体最外的边界之间的间隙，或者是最外的边界。首先，有很多理由能够说明处所不可能是质料，因为，例如，质料是有形的而处所是无形的，质料能够从一处所穿越到另一处所，而处所不可能在处所之间穿越。关于质料，我们能说它以前曾经是气，而今经过浓缩之后它变成了水，或者反过来说，它曾经是水，而今在经过稀释后它变成了气；但关于处所，我们就不能如此谈论，而只能说之前在它那里曾经存在过气，但如今在它那里存在的是水。因此，不能把处所设想成质料。而且，我们也决不能把处所设想成形式。因为形式不能从质料中分离出来，正如雕塑的形式不能从其中的青铜中分离出来一样，而处所与物体是分离的；因为物体能变动它的位置并移动到另一个处所，而那个容纳它（物体）于其中的处所并不能随同它一起变动位置。因此，如果形式是与质料不能分离的，而处所是与质料分离的，那么，处所不可能是形式。再有，形式能随同质料一起变动其位置，而处所，正如我之前说过的那样，不能随同物体一起变动其位置；因此，处所不可能是形式。处所同样也不可能是边界之间的间隙；因为这间隙是被边界包围的，而处所拒斥被任何事物包围，相反包围着其他事物。还有，面是物体的边界，在面之后的间隙正是有限的物体。因此，如果我们断言介于（有限物体）① 之间的事物是处所，那么，处所也就成了一个物体，但这是与感觉到的事实相矛盾的。这样一来，留待我们所能说的只能是：物体的最外边界就是处所。然而，这也是不可能的事情，因为，物体的最外边是连续的、不分离的，是其部分，然而，处所既不与物体连续，又不是其部分，也并非与物体不可分离。因此，处所不可能是物体的最外边界。但如果处所既不是质料，也不是形式，既不是边界之间的间隙，又不是物体的边界，而除此之外我们又不能设想其他的可能性，那么，我们就不得不宣告处所什么也不是。

"是的"，散步学派的哲学家们说，"但处所是包容物体的边界"。因为由于土包容在水中，而水包容在气中，气又包容在火中，而火则包容在天（Heaven）中，正如容器的边界就是在容器中的物体的处所一样，水的边界也同样就是土的处所，气的边界也就是水的处所，火的边界也就是气的处所，而天的边界也是火的处所。然而，当我们追溯至天自身时，根据亚里士多德的说法②，它并不在处所之中，而是居留在它自身之内以及它自己适当的自我状态之中。因为既然处所是包容物体的最外边界，而根据这位哲学家的看法，在天之外并不存在任何事物，以其边界作为天的处所，那么，天，由于不被任何事物包容，必然存在于它自身之中并被包容在它自己的边界之内，而不可能存在于处所之中。鉴于此，天不可能存在于任何地方；因为存在于任何地方中的事物，就既能存在于它自身之中，也能存在于不是它却是它的"地方"之中，然而，在天自身的外面和旁边并没有任何其他事物存在；也正因为这一点，既然它（天）存在于它自身之中，因而它（天）不可能存在于任

---

① 括号内的语词似乎指不同物体之间的一个间隙，但又像指单个物体的内部空间。
② 参见亚里士多德《物理学》第 4 卷 §5。参见亚里士多德 *De caelo* 第 1 卷 3270b6。

何地方。就散步学派的这些陈述而言，第一神（the First God）似乎有可能成为所有事物的处所。因为，按照亚里士多德的说法，第一神就是天的边界。那么因此，或者（第一）神是不同于天的边界的某个事物，或者（第一）神正是天的边界。而如果他并非是天的边界，那么，另外的某个事物必定存在于天之外，并且该事物的边界必定成为天的处所，为此，亚里士多德主义者将不得不承认天被包容于处所之中。但这一点是他们难以容忍的，因为他们反对这两个观点：一是有事物存在于天之外；二是天被包容于处所之中。而如果（第一）神是与天的边界相一致的，那么，既然天的边界就是在天之内的所有事物的处所，那（第一）神——按照亚里士多德的说法——就会是所有事物的处所。然而，这是一个与感觉事实完全背离的说法。而且，一言而言，如果包围物体的边界就是受包围物体的处所，那么，这边界或者是一个（有形的）物体，或者是无形的。而如果它是一个（有形的）物体，既然每一个物体必定在一个处所之中，那么，处所必定在一个处所之中，从而处所将不再是处所；但是，如果包容者的边界是非物体性的，既然每一个物体的边界就是一个面，那么，每一个物体的处所也必定是一个面，而这一说法是荒谬的。我们还可简而言之地说：天自身就是它自己的处所的说法难道还不够荒诞么？因为这么一来，同样的事物将既是包容者又是被包容者，同样的事物既是一个又是两个，既是（有形的）物体又是非形体性事物。因为就它是同样的事物而言，它是一个，但就它既是包容者又是被包容者而言，它又成了两个；就它是被包容者来说，它是（有形的）物体，但就它是包容者来看，由于它是个处所，它因此又是无形的。但是，同样的事物在同一个时刻是不允许被设想成既是一个又是两个，既是（有形的）物体也是非形体性事物的，所以，我们对处所的理解也难以由它的这一概念而达成。

　　既然我们已经否证了处所的存在，接下来让我们来探讨存在物究竟能否在空间中运动的问题。

第二章 运动存在吗？

亚里士多德认为①存在着六种形式的运动：一是位移，二是变化，三是生成，四是毁灭，五是增加，六是减少；然而，绝大多数哲学家——其中也包括安尼西德姆斯——都主张运动就其主要的形式而言有两种，第一种运动形式是变化，第二种运动形式是位移。其中，变化这一运动形式是指：物体在其实体不变的情况下，舍去某一性质又获得另一性质，从而在不同的时间中获得不同的性质。在由酒变成醋的事例中发生的那类运动就属于这种形式的变化，当葡萄从酸性状态向甜味状态转化时所产生的情况，以及变色龙或水螅体在不同的时间里发生不同颜色的变换这种情形，也都属于变化这种运动形式。人们也因此确信，生成和毁灭以及增加和减少同样都是变化的特殊形式；他们并且断言可把这些运动归属在变化这一运动形式的名下。当然，也许有人会认为，既然增加是物体在长度和宽度方面的变动进程，因而断定增加属于位移。而位移则指运动的物体或者是整体地，或者是部分地从一个处所移动到另一个处所——整体地移动就如我们在跑步者和行走者那里所看到的情况那样，部分地移动就如一只手伸展或紧握那样，或者如同一只绕其中心旋转的球所发生的情形那样，因为当球作为整体依旧保留在同一个位置的情况下，球的各部分变动了它们的位置，因为之前曾经处在下方的部分，而现在变到了上方，先前处在上方的部分，现今变到了下方，之前处在前面的部分，如今又变成了后面。然而，有些自然哲学家——其中就包括伊壁鸠鲁——宣称，变化这种运动形式不过是位移运动的一个特殊形式而已，因为在发生了性质变化的复合事物那里，其（性质）

---

① 参见亚里士多德《范畴篇》15 a 13。

变化是由理性才能觉察的、构成复合物的（微观）物体的位置和变换运动所引起的。因此，为使一事物能由甜变成苦、从白变成黑，构成事物的那些分子就必须按一种新秩序组合排列并占据不同位置；而要是没有了分子的位置移动，这就不可能发生。另外，为了使一事物发生由硬到软或从软到硬的变化，事物借以构成的那些部分就必须在处所中运动，它们的膨胀促成了事物的软化，它们的合并和紧缩促成了事物的硬化。正是由于这一点，一般来说，变化这一运动形式不过是位置移动而已。鉴于此，我们将把批判分析聚焦到后一种运动形式上来，因为如果我们能够将位移加以否证，那么，变化这一运动形式也就不攻自破了。

但是，在我们着手分析之前，首先必须注意到在运动问题上所存在的三个主要观点：一些人认为运动存在，另一些人认为运动不存在，还有一些人认为运动存在比运动不存在"一点也不更（可证）"。只关注现象的普通大众以及诸如毕达哥拉斯、恩培多克勒、阿那克萨戈拉、德谟克利特、伊壁鸠鲁、散步学派以及斯多亚学派等绝大多数自然哲学家都认为运动是存在的。然而，巴门尼德和麦里梭（Melissus）则坚称运动不存在，亚里士多德将他们描述为"自然的停止者"（"Nature's stationers"）[1] 和"反自然主义者"（"antinaturalists"）。"自然的停止者"一名源于他们主张"静立"（"standing still"），"反自然主义者"的名字则是因为自然是运动的第一原因，而他们通过宣称无物运动对此做出了否定。因为运动的物体必然越过间距，但是因为间距能被无限划分，所以间距不可能被通过，因此，运动是无法存在的。克洛诺斯·狄奥多罗[2]对这些人的观点也给予了认同，不过或许他是说过去有过运动，但是现在没有任何运动，稍后我们在更为详尽地对他的观点进行考察时会阐释的。至于目前，只需留意这一点，

---

[1] 亚里士多德所说的这一短语来自柏拉图的《泰阿泰德篇》181 A，在那里，由于埃利亚学派热衷于"静止"，因而被称为"整体派"或"整体的停止者"。

[2] 这是一个晚期麦加拉（Megaric）学派的哲学家。

他也同样持有与那些否定运动的人相同的观点。而怀疑论者则提出了运动存在比运动不存在"一点也不更可信"这样一种观点，因为如果我们根据现象来做判断，那么运动是存在的；而如果我们依据哲学论证来进行判定，那么运动是不存在的。

上述就是在运动这一议题上所存在一些争执意见；接下来我们将努力表明运动不存在，第一波批评将集中于讨论运动的概念。既然有人在定义运动时断言，"运动是从处所到处所的转移"，那么，我们可以对这些人作如下的回应：他们描述了直线运动——也就是或向上或向下，或向前或向后，或向右或向左的运动，但是却忽视了圆周运动，诸如制陶者的轮子的旋转、球绕其中心点的绕行以及轴、鼓等所做的类似运动等；因为以这一方式运动的每一个物体，并没有从处所到处所的穿行运动，而是依旧在同一个处所中运动着。于是，为了回避这一反驳，有人对他们之前所提出的运动定义进行了修正，并说"运动是物体或整体地或部分地从处所到处所的转移"。因为，步行者的运动就是整体地从处所到处所的穿行运动，但在一个绕其中心点旋转的球那里，该球并没有整体地从处所到处所的运动，而只是一个部分一个部分地变动着它的处所，且它旋转上部分，来到并占据较下部分的处所，下部分进到较上的处所中去，其余部分也这样交替运动。为此，他们认为，我们必须宣称运动是一种或整个物体或整体的某些部分在处所与处所之间的转移。但是，这些人在试图回避开我们上面所提困境的同时，又陷入了另一个困境之中。因为并不是每一个以位移方式运动的物体都是或整体地或部分地在处所与处所之间穿行的，某些以位移方式运动的物体是以部分移动的方式运动，而它的整体依旧保持在同一个处所之中，而不是一个挨一个地占据处所，正如我们在运动轨迹描画成一个圆周的罗盘那里，以及门被打开和关闭那里所看到的那样。因为罗盘的指针的中心很明显是在同一个处所中转动的，而那些在它外围旋转并描画出圆周运动轨道的部分，则在进行着从一个处所到另一个处所的运动；而在那扇开启或关闭的门那里，承物凹座里的那个中心支点在同一个处所中转动，但相对于中心支点的门的其余部分，则不断地穿行于不同的处所并依次占据之。在他们那种描述中，他们把这些运动给忽略了。另外，还存在着一种更令人惊奇的位移，在这种位移运动中，我们看到运动物体没有或整体地或一个部分一个部分地从它所处的处所中运行出来，这一运动形式也明显地被他们的运动观忽略了。如果我们通过列举的方式来进行阐释，该运动所具有的特点将更为明显。因为如果我们假定有一只船顺风航行，一个人手擎着直杠并以与船同样的速度从船首向船尾行进，那么，在船按前行的方向完成一库比特（cubit）距离的时间内，这个在船上向后行进的人在相等的时间里也穿行了一库比特的距离，因而在所假定的情况下，必存在着位移运动，但运动的物体并不曾或整体地或部分地走出它的处所；因为在船上运动的这个人，由于他看起来似乎向后行进的距离与他被船带向前行的距离完全相同，从而他依旧处在与垂直线上的水和气的相同位置上。因此，事物或整体地或部分地位移却没有离开它所在的处所是可能的。这就是这种运动的情形；不过，对位移运动作如此界定的人也许还会面临其他意想不到的困境。因为如果我们能够设想一个在同一个处所中旋转的不可分的、最小的物体——也就是说在做圆周运动；那么位移运动是存在的，但是运动的物体并没有或整体地或部分地离开它的处所，既然物体被认为是在同一个地点圆周旋转着，那它就不可能整体地位移；既然它是没有部分的，那它也不可能部分地位移。相同的论证同样也适用于下述情况：想象排成一行的不可分物体形成一条直线，把这条线设想成如同一根轴那样在同一个处所中旋转；于是，在此必定又会有位移运动，而直线却依然没有或整体地（因为它只是在做圆周运动）或部分地（因为在不可分的物体中是没有部分的）离开处所。

然而，那些否认有任何不可分物体存在的人，却可以避开上述这些反驳，他们转而会说，这类运动仅仅存在于观念之中。它究竟真的存在与否，最终还必须在存在物体中进行考察。于是，这些人作如此的应答是不足为奇的；但是，认定不可分的物体是存在的那些人，坚称物体的分割能终止在一个最小点上的那些人，面对这类批评，就往往无言以对。然而，即使我们不追问这些人，也会发现运动不存在的论证和运动存在的论证是同等有力的。因为感官的证据支持运动的存在，虽然关于这一点还有争议，因为有些人断言运动是由感官所觉察的，而另一些人则断言它根本不是感官所能觉察的，而是经过感觉而被理智掌握的。那些声称运动是感官对象的人，以这样的事实来支持运动存在的观点：在感官中——例如视觉——运动物体运动时和静止物体静止时不会产生同样的感觉，而是静止物体产生一种感觉，运动物体产生另外一种感觉，因此，运动是可以通过这种方式被感官觉察的。但那些认定运动不能为感官觉察，而是通过感觉而被理智所理解的人①，则断言每一种运动感都是通过同时记忆产生的。因为通过回忆曾经在那个特定处所的特定物体如今却在这里的这一方式，我们获得了运动以及被推动的观念。而记忆本身并不是非理性的感觉的功能，而是理性官能的功能，由此可以得出结论：运动不能为感官觉察，而只能为理智理解。再说，所有运动都被认为是与离开和占据处所相关的，而感觉既难以觉察到处所（因为处所是不可感的），也难以觉察到占据和分离（因为这些事物通过记忆才能被人们发现，而感觉因为是非理性的，从而是没有记忆的）。所以，运动是一个不可感的对象。

　　然而，运动主要通过感觉还是通过理智被理解，这是一个无关宏旨的问题；因为诸多事实证据明显都证实运动的存在。也正是基于这个理由，独断论者惯于仅仅指出这一点来让那些怀疑者蒙羞。因为他们说，要是运动不存在，太阳何以会东升西落走着它自己那特有的轨迹？或者

---

① concurrent recollection，是斯多亚学派特有的术语，指共同发生的事情会在回忆中互相引发。

四季——春、夏、秋、冬——的变换又如何能够发生？因为这些情况的发生不正是由于太阳的上升和下降的运动吗？要是运动不存在，船只在驶离港口奔向大海之后，又如何能驶回大陆并停泊进其他的港口？那些否认运动的怀疑论者又怎么能在早晨走出家门，并在处理了一些日常事务后又折回到家里来呢？因为这些事件都是难以拒斥的运动征象。为此，古代犬儒（Cynics）学派的一个成员①，当有人向他提出反对运动的论证时，他不作任何应答，而只是站立起来并来回踱步，用事实证据表示了对智者之愚的公然蔑视。另外，类似的用以支持运动存在观点的理论论证还有很多，被那些持相反立场的人所援引。我们尽管也同意这些理论论证已经足以为运动存在观点的确立提供证明，但我们还是要为相反的论点辩护。因为，在可能性和不可能性上，我们如果能够证明运动之不存在与运动之存在的观点是彼此等效的，那么，随之而来的结论必然是：对双方的观点，我们都不必认同，只有悬搁判断。

那么，如果事物有一个原初的运动（例如元素运动），那它或者是被自己推动的，或者是被另一事物推动的；但它既不能被它自己推动，如我们行将揭示的那样，也不能被另一事物推动，如我们行将阐释的那样；因此，它不可能被推动。为此，不妨让我们来举个例子进行说明。如果被推动的每一个事物都是被另一个事物推动的，那么，它被推动或者是在推动它的那个事物与它相伴随的时候，或者是在推动它的那个事物不与它相伴随的时候；然而，如我们行将揭示的那样，无论是在与它相伴随的时候还是在与它分离时，它都不可能被推动；所以，被推动的事物是不可能被另一事物推动的。因为，被推动的事物如果是在它的推动者与它相伴随的时候被推动的，那么，万物就都必须与一个被推动的事物相伴随，而不论它是什么事物。比如，为便于讨论（我们以字母为例来详加说明），如果二十四个字母中的

---

① 第欧根尼。

每一个字母都能被另一个字母推动,那么,当阿尔法(即 α)被贝塔(即 β)推动时,所有其余的字母都应该与阿尔法相随了,因为,恰如正在推动阿尔法的贝塔紧随着阿尔法一样,伽马(即 γ)由于是贝塔 β 的推动者,伽马也必将与贝塔相伴随,而德尔塔(即 δ)又因为是伽马的推动者而必然与伽马相伴随,如此下去直至欧米嘎(即 ω)。宇宙中的事物也是如此,如果每一个运动的事物都有它的推动者紧随在其后,那么,万事万物都必将紧随在一个运动事物的后面。但是如果一事物运动则所有事物就运动的说法是荒谬的;那么,推动者就不可能紧随着被推动事物。而如果它(指推动者)是与它(指被推动者)相分离的,就如当球被手抛开之时手与球是相分离的那样,那么,离它(指推动者)而去的运动,不可避免地让推动事物对被推动事物造成一定程度的影响和处理。既然受影响的事物唯有通过或加增或缩减或变化的方式才能受到影响,那么被推动事物在它被推动之时,必定经历了来自它的推动者所施加的某一种影响方式,因为假若它没有受到这些方式中的任一方式的影响,那么,在它的推动者与它相分离之时,它必定处于静止状态。然而,我们已经表明,他们关于缩减、加增和变化所提出的那些独断论点都是大可置疑的;所以,当推动者在与被推动者相分离的情况下,被推动的事物是不可能处于运动之中的。另外,如果被推动的事物是通过或缩减或加增或变化的方式的影响而运动的,那么,由于原子无法接受或加增或缩减或变化的影响,原子就是不可能运动的。因此,运动的事物也不是被另一事物所推动。因为,为了使它也能为另一事物推动,它的被推动就必须或者是在其他事物与它相伴随的时候,或者是在其他事物不与它相伴随的时候;然而,这些选项中的任何一个都已经被证明是不可能的,为此我们不得不宣告:它是不可能被另一事物推动的。还有,如果运动的每一个事物都是被某个其他的事物推动的,那么,推动它的事物或者是处在运动之中的,或者是处在不运动之中的;但是,对于推动者来说，处在不运动之中是不可能的，因为引起运动的事物是主动的，而能主动的事物当然是处在运动之中的，因此，引起运动的事物是处在运动之中的。而如果它是处在运动之中的，那么，由于每一个运动中事物都是被另外的某一事物推动的，既然它是处在运动之中的，就必定又是受到了某个第三个事物的推动，而第三个事物又得受第四个事物的推动，这第四个事物又得受第五个事物的推动，如此以往以至无穷；因此，运动没有了开端。但这一说法是荒唐的；所以，运动的事物是不可能被另一事物推动的。

　　事物也不可能被它自己推动。因为如果它是自我推动的，那它就应具有一个能或是朝所有方向或是朝某一个方向运动的本性，就如原初的、始因的物体那样，既然我们的论证主要针对的是自然哲学家。但是，如果它具有一个能往所有方向运动的本性，那它将不会运动了；因为由于它同时具有往下运动的本性，它就不再能往上运动了，又由于它同时具有向上运动的本性，就不再能向下运动了，由于它同时具有向后运动的本性，就不再能向前运动了，又由于它具有向前运动的本性，就不再能向后运动了。同样的论证也适用于其他两个方向①。并且，如果它拥有朝某一个方向推动的本性，又如果这一方向是向上（像火和气一样），那么，所有事物就都会向上运动；但如果它只具有向下运动的本性（像土和水一样），那所有事物就都会向下运动。而如果它具有一个部分地向上、部分地向下运动的本性，那么，就不会有运动物体之间的任何结合产生了；因为如果原初的物体被认为正在沿着从中心向边界方向运动，那么，整个（世界）就将被消融终结了。因为彼此分离的每一个（原初物体）都在按自己特有的轨迹运行着，或向上升起着，或向下降落着。而如果能假定它们被一起从边界推向中心，那它们必然或沿同一的垂直线折回，或不沿同一的垂直线折回。如果它们沿同一的

---

① 也即向右和向左。

垂直线向中心折回，那它们必然会相互碰撞，它们于是或具有等同的力而走向静止，任何一方都不能获胜，上面物体和下面物体都不会屈服（尽管静止本性上就是运动，这样一个说法是荒唐的），或者情况与之相反，它们具有不相等的力，那它们就会涌向唯一的处所；要是升起的物体占据上风，就涌向上面，要是降落的物体更具威力，就涌向下面。但如果它们不沿同一的垂直线运行，那它们必不可能发生交会，并因此而不可能产生任何结合。但这一说法也是荒谬的。既然如此，运动中的物体是不可能自我推动的。其次，如果被推动的事物是自我推动的，那么，既然每一个引起运动的事物或通过向前推，或通过后拖，或通过上举，或通过下压的方式引起运动，因此，由于自我推动的事物是它自己运动的原因，那它也必须或通过向前推，或通过后拖，或通过上举，或通过下压的方式而自我推动。但如果它以向前推的方式自我推动，那它就将落在它自身的后面了（因为向前推的事物是处在被推事物之后的）；而如果以拖的方式自我推动，那它就处在它自身的前面了，而如果以上举和下压的方式自我推动，那它就挂在它自身的下面（和浮在它自身的上面）了。然而，把一事物设想成或在它自身之后，或在它自身之前，或在它自身之下（或之上），都是不可能的，因此，被推动的事物是不可能自我推动的。但是，如果被推动的事物既不能被另一事物推动，也不能被自身推动，而除此之外又不再有任何其他的选项，我们就不得不宣布：事物被推动是不可能的。

克洛诺斯的狄奥多罗还提出了另一个很有分量的运动不存在之论证，他要用该论证确证没有一个事物现在正在运动，尽管曾经运动过。没有事物是正在运动的事实来自他的本原不可分的假定。因为不可分的物体必定被包容在一个不可分的处所之中，并因此既不可能在它所在的处所中运动（因为物体已经把它充满了，而一个要运动的事物必须具备一个更大的处所），也不可能在它所不在的处所中运动；因为它尚未处在这个处所中，才能被推入其中；因此，它就不在运动。不过，根据推理，它曾经运动过；因为先前被观察到在这处所中的事物，现在却在另一处所中被观察到；要是它没有运动过的话，这种情况是绝不可能发生的。因此，此人在努力支持自己观点当中，却认可了如此荒唐的情况，因为在一方面说没有事物运动时，又说有的东西曾经运动过，这难道还不够荒诞么？然而，怀疑论者由于对事物现在运动和过去运动所持的怀疑是均等的，对狄奥多罗所主张的这类荒唐学说当然就不会认同。不过，这人还提出了熟悉的论证来表明运动不存在，他说："如果事物运动，那它或者在它所在的处所中运动，或者在它所不在的处所中运动；但是，它既不可能在它所在的处所中运动（因为它依旧在处所中），也不可能在它不在的处所中运动（因为它不在那个处所中）；因此，没有事物运动。"这就是他的论证，证明这一论证的前提的方法是明显而简单的。因为既然存在着两个处所，一个是事物所在的处所，另一个是事物不在的处所，此外就难以设想第三个处所了，因而运动中的事物，如果它真在运动的话，就必须在这两个处所中的这一个或那一个中运动；因为事物是不可能在一个设想不出来的处所中运动的。它不可能在它所在的处所中运动，因为它充塞了它；并且，只要它存在于其中，它就依旧止于其中；由于它依旧在处所中，那它就没有运动。它在它所不在的处所中运动，同样也是不可能的。因为事物既然并不存在于那个地方，那它在那个地方就不可能对任何事物施加作用或承受作用，同样，它也就无法运动；正如没有人会说一个在罗德斯岛（Rhodes）的人却正行走在雅典一样，一般来说，一个人同样没有理由说物体能在它并不存在于其中的处所中运动。所以，如果有两个处所——它存在于其中的处所和它不存在于其中的处所，并且已经证明运动的事物不能在其中任何一个处所中运动，那么，运动的事物是无法存在的。

上述就是他（狄奥多罗）证明其论点所使用的方法；但是，他的这一证明方法遭到了很多人多种方式的反驳，接下来我们打算介绍这些人的反驳。有人断言，如果过去时是真的，那它们的现在时就不应该是虚假的，必然都是真实的；同样，当现在时是虚假时，过去时必定是虚假的。因为如果事物的边界存在，那么事物自身也存在；而如果事物不存在，那么其边界也不存在。而如果过去时就是现在时的边界，那么，不可避免的情形是：当作为边界的过去时存在时，被边界界定的现在时也应当是存在的。正如如果现在时"产生"不真实，那过去时"已经产生"也就不可能一样，也正如如果现在时"消亡"没有预先存在过，那过去时"已经消亡"就不存在一样，因此，如果现在时"运动"是不真实的，那么，过去时"已经运动"也不可能是真实的。

另有人断定说，事物能够在包容着它的处所中运动；因为围绕着中心支点旋转的球、旋转着的轴和鼓，还有制陶者的轮子以及众多其它类似事物都是在运动的，而且都在它们所在的处所中运动，所以，论证的一个前提——没有事物能在它所在的处所中运动——是错误的。又有人认定狄奥多罗所提出的论证是与运动的概念相抵触的。因为运动的事物被认为是与它从中运动出来的处所以及它运动前往的处所关联在一起的；因此，当狄奥多罗说"如果事物运动，那么，它或者在它所在的处所中运动，或者在它不在的处所中运动"时，由于运动着的事物既不能在它所在的处所中，也不能在它所不在的处所中运动，而是在两个处所——从中运动出来的处所和运动前往的处所——中运动，他说的都是些不正确的、与运动的概念相抵触的话。还有人辨识出这样一个模棱两可的含糊性语词。因为他们说"被包容在一个处所中"这一语词有两个含义，其一是在宽泛的意义上的"在一处"的处所，如当我们在谈及一个人时，说他"在亚历山大里亚"，其二是在严格（狭义）的意义上说的"处所"，如把裹包着我身体表层的空气说成是我的"处所"，以及把罐子称作是被包容在它里面的事物的"处所"。他们据此断言，既然现在人们可以在两种方式上使用"处所"，因此，运动的事物是能够在它所在的处所——宽泛意义上的处所——中运动的，因为这宽泛意这就好比一个人全部头发都变成灰色前，首先必须是大部分头发变成灰色；为了最后能构成整个一堆，首先就必须构成一堆的大部分；与此完全相同的是，物体之大部分的运动也必须先于物体之全部的运动；因为全部运动不过是大部分运动的强化。然而，正如我们行将证明的那样，不存在什么大部分运动；因此，全部运动也就不存在。因为，暂且让我们假定存在着一个由三个不可分的部分组成的物体，其中的两个部分处在运动之中，一个部分处在静止之中，因为这正是正在进行大部分运动的物体所要求的。如此一来，假若我们往这个物体身上再加增第四个处在静止中的不可分的部分，那么，该物体依然会是运动的。因为如果由三个不可分的部分组成的物体是运动的，其中两个部分处在运动之中，一个部分处在静止之中，那么，当第四个不可分的部分被加增到该事物中去时，它仍将会是运动的。因为之前运动着的三个不可分的部分比被加增上去的一个不可分的部分更为强大。而如果由四个不可分的部分构成的物体是运动的，那么，由五个不可分的部分构成的物体也仍然是运动的；因为之前运动着的四个不可分的部分比被加增上去的那个不可分的部分更为强大。而如果由五个不可分的部分构成的物体是运动的，那么，当第六个不可分的部分被加增上去时它必定仍是运动的，这同样是因为之前运动着的五个不可分的部分，比被加增上去的那个不可分的部分更为强大。而狄奥多罗就运用这一论证方式，一直前行到一万个不可分的部分，以此证明大部分运动是不可能存在的。他说，在一个物体有着9998个不可分的部分静止而只有2个部分运动的情况下，却要断定该物体大是运动的，这种断言是荒谬的。因此，事物的大部分运动是不可能的。而如果真是这样，那么也不可能存在全部运动。我们由此可得出结论：无物能够运动。

以上所述就是狄奥多罗关于运动不存在的论证过程。但是它看起来似乎是诡辩，并且反击它也很容易；因为物体的大部分运动在增加第一个不可分的部分时就消失了，因为这个时候存在着两个运动中的不可分的部分和两个静止中的不可分的部分。因此，人们无须理会这类形式的论证，我们反倒应该注意运用诸如下述之类的论证：如果一事物运动，那它现在运动；如果它现在运动，那它在当前时间运动；如果它在当前时间运动，那么它在一个不可分的时间中运动。因为如果当前时间是可分的，那它必定会被分为过去和将来，而如此一来，它就不再是当前了。而如果事物在一个不可分的时间中运动，那它经过多个不可分的处所。而如果它经过多个不可分的处所，那它就不可能运动。因为当它处在第一个不可分的处所之中时，它不在运动，因为它依然还处在第一个不可分的处所之中；而当它处在第二个不可分的处所之中时，它还是不在运动，而是已经运动过了。所以，无物运动。

另外，每一种形式的运动都要涉及三类事物，即物体、处所（空间）和时间，物体就是处于运动中的事物，处所就是运动发生于其中的事物，时间是运动发生于其间的事物。那么，运动的发生或者是在所有这些事物在被无限划分成无数的处所、无数的时间和无数的物体之时，或者是在所有这三者最终在划分后都到达并终止于不可分的、最小的事物之时，或者是在它们中的某一些正在被无限划分而另一些终止于不可分的、最小的事物之时。但是，不论是正在所有三者被无限划分，还是所有三者都终止于不可分的事物时，人们都不难发现，他们对运动所给出的观点都是大可存疑的。

不妨让我们依次评论上述论证，首先论述第一个观点即所有事物（即物体、处所和时间）被无限划分。该论点的辩护者[①]断言，运动物体能在一个相同的时间内填满所有的可分的空隙，并且运动物体不是以其自身的第一部分先占据空隙的第一部分，接着再按序占据空隙的第二部分，而是一次性地彻底运动经过全部可分的空隙。然而，这一说法是十分荒谬的，并且从多个方面来看都是与明显的事实相抵触的。不妨让

---

① 也即斯多亚学派。

我们拿可感的物体为例（来加以说明），假设有一个人要跑步经过一斯塔德的距离，那么，如下这样明显的情形是不可避免的：这个人必须先完成一斯塔德距离的第一个一半距离，尔后才能按序去完成第二个一半的距离；因为声称他一次性地彻底完成整个一斯塔德距离，显然是荒谬的。而如果我们再将半个斯塔德进行二分，那么，他必将先运动经过第一个四分之一的斯塔德距离，而如果我们再继续对它进行二分，情况必定还是如此。而被灯光点亮之时，如果他跑步经过一斯塔德的距离，那么，他显然不可能把他的阴影一下子罩在一斯塔德的距离之上，而只能依序罩在第一个部分、第二个部分、第三个部分之上。而如果他沿着墙壁前行，并用他那被涂上红颜色的手一直触碰着墙壁，那么，他必定无法一次性在跑道的整堵墙壁上涂满红色的涂料，而只能一步步涂红一段段墙壁。而且，可感物体中得到证明的论证，在可知物体的情形下也不得不予以接受。其次，通过大量多样的假设性事例来推翻这一论点看来也是完全可能的。让我们假定 1 库比特的距离，并在该距离的中间将其划分为两个"半库比特"，并且，我们再将（该距离）以 1 帕尔姆宽度的距离加以划分；为了抵制住运动的物体并使之趋于静止，我们还可假定划分物是固体的。这样一来，如果运动物体能在同一时间一次性地完成一个可分距离的全部，而且该运动不是依序进行的，经过上述距离的那个物体就必定会同时被那个划分两个"半库比特"的物体和那个划分 1 帕尔姆宽度的物体抵制住。然而，如果它在同一时间被这两个物体抵制住，那么，同一事物在同一时刻就会既已经运动又没有运动；因为，就"半库比特"的划分物抵制住了它而言，它已经运动经过"半库比特"的距离，但与此相反，就 1 帕尔姆宽度距离的划分物抵制住它而言，它没有运动经过同样的距离。然而，说同一事物同时既已经运动又没有运动，是极其荒谬的。因此，断言运动物体能一次性地彻底完成一个可分的距离而非渐进运动，这一说法同样也是荒谬透顶的。最后，我们不妨假定有一个 1 库比特的距离，并假定某两个物体以相等的速度从两个端点出发运动，就如伊壁鸠鲁的原子那样。既然两个物体被设定为是以相等的速度运动，那么，它们必定会在 1 库比特距离的中间相互碰撞，从而它们或静止，或弹回到出发点。而如果它们静止，那么很明显，两个物体在一段时间内运动经过了从端点到中心的距离，并将在另一个时间内完成从中心到另一个端点的距离。但如果它们被推回到整段距离的端点，那么也很明显，它们在一段时间内运动经过了从各自端点到中心的距离，而在另一段时间内被推回并退却到各自的端点。因此，没有事物能够一次性地彻底完成一个可分的距离。

此外，人们还可以用同样方式来驳斥下述观点：所有事物都能够被无限划分，但运动物体依然能整体一次性地经过一个可分的距离。如果两个物体正在以相同的速度运动经过 1 库比特距离，那么，结果必定是：他们会说它们在同一个时间内没有完成相同的距离，而是其中的一个物体运动经过了较大的距离，而另一个物体运动经过了较小的距离；然而，这一推定是与显明的事实相背离的。因为不妨将其中一个物体所运动经过的 1 库比特距离在中间加以二分，并让划分物回击与它相碰撞的每一个事物。那么，既然他们认为在一个相等的时间内两个物体都运动，而且在同一个时间内完成 1 库比特距离以及该距离的（所有）部分，而不是在一个时间中完成该距离的部分，然后在另一个时间中完成整个的距离，那么，在一个物体运动经过整个 1 库比特距离的时间内，另一个物体必然只经过了"半库比特"的距离，并由于受到划分物的回击而回到静止状态。但是，由于两个物体都被设定为按相同的速度运动，因此，以相同速度运动的两个物体在同一时间内却经过了不相等的距离；这当然是与显明的事实相背离的。所以，运动的事物不可能一次性地彻底运动经过一个可分的距离，运动因而必须以渐进的方式进行。

进而言之，除了已经提到的论证以外，在一个等量的时间内运动经过一个更大距离的事物，应当比在同一个时间内运动经过一个更小距离的事物会更快。例如，假定有两个处于运动中的物体，其中的一个物体在一个小时内运动完成了 20 斯塔德的距离，而另一个物体则只运动完成了 10 斯塔德的距离，那么，所有人都会断定二者的运动速度是不一致的：运动完成 20 斯塔德距离的物体是比较快的，而运动完成 10 斯塔德距离的物体是比较慢的。然而，这一看起来似乎显明而清晰的事实却会被否定和证伪，如果我们遵循所提出的假设推论的话。因为运动的事物在同一段时间内将既是较快的也是较慢的，而这是荒谬的。因为，如果一事物不是在一段时间内运动经过整个 1 库比特的距离，并在另一个时间运动经过 1 库比特距离的部分，而是在同一段时间内既运动穿过了整个 1 库比特的距离，也穿过了那整个 1 库比特的距离的部分，那么，这同一个事物在同一段时间内必将既是比较快的又是比较慢的；因为就它在这一段时间内运动完成 1 库比特的距离而言，它是比较快的，但就它在同一时间内运动完成"半库比特"的距离来说，它又是比较慢的。然而，说同一个事物在同一段时间内既是比较快的又是比较慢的，这种说法纯粹是荒谬的。所以，运动物体不可能一次性地运动完成全部一个可分的空间，而只能渐进地完成。

然而，我们现在行将陈述的假设性情形，也许足以将该观点的主张者们驳得哑口无言。我们不妨假定有一个 1 指（finger）① 长的距离，并让这段距离在中间划分为两段即"半指"长的距离，同时假定划分物具有回击和回推撞击物的性质，还假定有一个运动在该距离之中的物体。在这种情况下，我们断定：由于运动的物体在同一时间内既运动完成了整个 1 指长的距离，也运动完成了该距离的部分，那么，在这同一个时间内，这同一个物体也就必然既前进又后退了；但这是不可能的事情。因为如果它在同一时间内既运动完成了 1 指长的距离，又运动完成了构成该距离的部分，并且，该 1 指长的距离既包括从这个端点到中间的距离，也包括从中间到那一个端点的距离，那么，运动物体在同一个

---

① 4 指（finger）＝1 帕尔姆；6 帕尔姆＝1 库比特（＝18 英寸）。

时间内必然既前进了，也在与划分物发生相撞后又后退了。但是，一个事物在同一个时间内既前进又后退，是与明显事实相矛盾的；因此，运动以这种方式进行也是与事实相矛盾的；就好比说一只手在同一段时间内既张开又紧握，而非在一段时间内是张开的，在另一段时间内是紧握的。

由此可见，我们上面所提到的那些主张事物能一次性运动完成一距离的人①，现在已经处在了一个无望的境地；并且，如果他们转而假定事物运动不是一次性完成一可分的距离，而是逐渐完成它——即先完成第一个阶段，再完成第二个阶段，那他们将处在更为绝望的境地。因为如果运动以这种方式发生，当所有物体、处所和时间②都能被无限划分时，运动就没有了开端。因为事物为了能运动经过 1 库比特距离，就必须先运动经过第一个"半库比特"距离，尔后再依序经过第二个"半库比特"距离。但它为了能运动完成第一个"半库比特"距离，它又必须先经过第一个"四分之一个库比特"距离，接着再经过第二个"四分之一个库比特"距离；如果它被划分为五个部分，那它同样必须先经过第一个"五分之一个部分"的距离，而如果它能被划分为六个部分，那它同样也必须先经过第一个"六分之一个部分"的距离。如此一来，既然每一个第一个部分都会因为划分的无限而迎来又一个第一个部分，并由于距离的部分以及物体的部分都是无穷无尽的，而且每一个部分又都包含着其他部分，那么，任何运动都无法开始。

前面所引述的论证，对那些主张物体、处所以及时间能被无限划分的观点的人（这些人是斯多亚学派）实施反驳是颇为适用的。但是，诸如伊壁鸠鲁那样的独断论者主张所有事物都能还原为不可分的微粒，其实会陷入更加难以克服的困境之中。首先，正如狄奥多罗表明的那样

---

① 斯多亚学派。
② 这三个事物是运动所必需的。

——当后退到不可分的物体和处所时,运动就不存在了。因为包容在第一个不可分的处所中的不可分的物体,是不可能运动的;因为它被包容在了一个不可分的处所之中,并把处所给填满了。另外,处在第二个处所之中的物体也不可能运动,因为它已经运动过了。然而,如果运动的事物既不可能在第一个处所中运动——就它存在于第一个处所之中而言,也不可能在第二个处所之中运动,而除此之外又不再有第三个处所可供设想,那么,据说是运动的物体其实是不可能运动的。即便撇开这类形式的困境不说,我们还能通过一种假设性的事例来对伊壁鸠鲁的观点进行驳斥。我们假定有一段由九个不可分的处所组成的排列成一行的距离,并让两个不可分的物体各自从该距离的两端点出发运动经过这一距离,还假设它们以相同的速度运动。如此一来,既然它们的运动速度是相等的,那么,这两个物体中的每一个将经过四个不可分的处所。而二者在运动到处于中间的第五个处所时,它们或者都暂停下来,或者其中的一个物体先到达那里,于是,这一个物体就经过了五个不可分的处所,而另一个物体只运动经过了四个不可分的处所,或者,既不是它们都暂停下来,也不是其中的一个物体先到达那里,而是它们二者在运行途中相碰,从而每一个物体各占据第五个不可分处所的半个。然而首先,两个物体都暂停下来是绝对不可能的;因为,既然存在着一个处所,并且也没有阻拦它们继续运动的事物存在,那它们是不可能会停下来的。而如果说其中的一个物体在另一个物体之前到达那里,又是与原先的假定相抵触的;因为两个物体已经被假定为按相等的速度运动。这样一来,余下可说的只是:两个物体在它们运行路途的中点相碰,并各自占据空处所的一半。但是,如果这一物体在它的这一边占据半个处所,而那一物体在它的另一边占据半个处所,那么,该处所就不再是不可分的,而是可以分为两个"半个处所"了。运动的物体也同样是如此,因为当它们以自己的一个部分占据着处所的一个部分时,它们就不再是不可分的。然而,如果处所是可分的,并且运动的物体也不是不可分的，那么，时间也必定不是不可分的和最小的。这是因为，不可分的物体在一个相等的时间内不可能经过一个不可分的处所及其一个部分，而是一次性地运动经过整个不可分的处所，并在一个微小时间内运动经过该处所的部分。最后，我们假定有一根小尺子，在该尺子的一边隔出众多的点，在同一的时间内，我们让该尺子从它的一个末端开始旋转于某一个平面之上。由于末端的旋转，于是大小不同的圆就描画而成了，包围在它们最外面的圆是所有圆中最大的，最里面的圆是所有圆中最小的，而中间的那些圆，当我们从中心点往前行进时，它们会按相应的比例变得越来越大，而当我们从外面的圆周往后（即往中心点）退行时，它们就会变得越来越小。这样一来，既然旋转的时间是同一个（并且，让我们假定这个时间是不可分的），那我在这里想要质问的是：如果圆的描画得以在其间进行的那个时间是同一个，运动也是一次，那么，这些圆何以（在大小上）会彼此各不相同，以至于一些圆大而一些圆小呢？因为我们不可能说：在一个不可分的时间里，存在大小的不同，并因此较大的时间里画的圆就大，较小的时间里画的圆就小。因为，如果一个不可分的时间比另一个大，那么，时间就既不是不可分的，也不是最小的；并且，运动的物体也不可能整体地在一个不可分的时间内运动。进而言之，既然描画所有的圆的那个时间是一个时间，那么，就无法断言旋转着的尺子的各部分具有并不相等的速度，一些部分旋转得更快，另一些部分旋转得更慢，那些旋转得更快的部分形成了比较大的圆，那些旋转得更慢的部分形成了比较小的圆。但如果一些部分确实能运动得更快，另一些部分确实能运动得更慢，那么，这根尺子或者在它旋转期间必定已经被撕成好多碎片了，或者由于尺子的一些部分往前冲而另一些部分往后拉，该尺子必定已经被扭弯了。但是，实际上尺子既没有被撕成众多的碎片，也没有被扭弯，因此，对断言所有事物都能被还原为不可分的微粒的那些人来说，运动必是不可思议的。总而言之，如果它们都是不可分的——不仅运动发生于其间的时间是不可分的，而且运动的物体以及发生运动的处所也是不可分的，那么，所有运动物体必定会以相同的速度运动，太阳的运动速度因此就会与乌龟相同；因为无论是前者还是后者，都在一个不可分的时间内完成了一个不可分的距离。但若说所有运动物体都按相同的速度运动，或者说乌龟的运动速度和太阳相等，这种说法是何其荒谬啊。所以，倘若一方面断定所有事物都能被还原到不可分的微粒，另一方面却仍然坚持运动存在，这一说法的荒谬性显然是自不待言的。

如此一来，接下来我们只剩下一种可能：在一些事物被无限划分，而另一些事物还原为不可分的微粒的情况下，是否还存在运动？事实上，自然哲学家斯特拉托（Strato）① 就是持这一观点的；因为他认为时间能还原到不可分者，而物体和处所却能被无限划分，并断定在一个不可分的时间内，运动的物体能一次性地而不是逐渐地运动经过整个一个可分的距离。在这里，我们可以通过运用一个相当明晰的事例，来清楚地表明上述这一观点同样是站不住脚的。不妨让我们假定有一个4指长的距离，并假定运动的物体在两个不可分的时间内运动完成了这一距离，因此，该物体在一个不可分的时间内运动经过了一个2指长的距离，并在另一不可分的时间内同样也运动经过了另一个2指长的距离。在这一假定的情况下，我们再假定从上述的距离中减掉一个1指长的距离，从而还剩下一个3指长的距离。但是，如果运动物体在两个不可分的时间内确能运动完成这一距离的话，那么，它在一个不可分的时间加半个不可分的时间内显然必定也能运动完成一个3指长的距离，——即在一个不可分的时间内运动完成2指长的距离，在半个不可分的时间内运动完成所剩下的那1指长的距离。因此，如果一个不可分的时间比一个不可分的时间确实要少一半，那么，所谓"不可分的时间"就不可能存在，而是也会被划分成多个部分。如果我们把第五个1指长的距离

---

① 公元前287年至公元前269年的散步学派的领袖。

加增到那个 4 指长的距离中去，上面所运用的论证依然是适用的。运动物体是如何经过这一距离的呢？也是在一个不可分的时间内么？但如果真是这样，既然它在一个不可分的时间内也能运动完成那距离的一倍，那么，在同一时间内能运动经过该距离的物体就既是快的也是慢的了——就它在一个不可分的时间内运动完成了一个 2 指长的距离而言是快的，而就它在一个相等的时间内只经过了一个 1 指长的距离来说又是慢的。但如果它能在少于一个不可分的时间内运动完成第五个 1 指长的距离，那么，所谓"不可分的时间"又成了可分的了，然而，这一点想必他们拒绝承认。

其次，如果运动物体在一个不可分的时间内真能一次性地运动完成整个一个可分的距离，那么，有如我们行将证明的那样，一些事物将会无缘无故地趋向于静止；然而，没有事物会无原因地趋向于静止；因此，运动不可能会以这么一种方式发生。比如，假定有一个垂直的距离，10 库比特长，并假设有一个类似于铅球之类的重物，在一个最微小的时间内从顶点向基底运动完成这整个（10 库比特的）距离。然后，我们再给这一距离加增 1 库比特的距离，于是有总共 11 库比特的距离。我们再让这个球重新从顶点开始运动。这样一来，当它抵达 10 库比特距离的终端和第十一个库比特距离的开端之时，它或者会趋向于静止，或者会继续运动并经过后者——我指的是第十一个库比特的距离。但说它会趋向于静止，这种说法是荒谬的；因为如果一个如此之重，且运行于空气中的、没有受到阻挡的物体会趋向于静止，那么，毫无疑问，它就是毫无原因地静止下来的，而这是极其荒谬的。而如果它继续运动，既然它在一段不可分的时间内运动经过了整个 10 库比特的距离，那么，由于这是同一个运动，它必定能够在这个不可分的时间的第 1/10 部分内越过所剩下的 1 库比特的距离，所以，所谓一个不可分的时间，除了不再是不可分之外，还能够被划分成十个部分。

是这样，那么，时间或者就存在于它自身之中，或者一个时间就存在于另一个时间之中。然而，时间既无法存在于时间自身之中（因为要是这样，同样的时间就既是一个也是两个了），一个时间也无法存在于另一个时间之中，因为任何现时的事物都不可能存在于并非现时之中，那些不在现时的事物也不可能存在于现时中。因此，基于这一理由，人们不可能断言时间就是宇宙的运动。复次，正如运动发生于时间之中一样，静止同样也发生于时间之中；但正如没有人会说静止就是时间一样，同样也不能说宇宙的运动就是时间。又次，宇宙的运动是永远相同的，但是时间并不是永远相同的，而是有时是相同的，有时是不同的；并且当不同的时候，有时多，有时少。因此，宇宙的运动是一回事，时间则是另一回事。其实，诸如数学家阿里斯塔库斯那样的人，虽然拒绝宇宙的运动①，但主张大地是运动的，也能理解时间。为此，我们就不得不说时间是另一种事物，是一种与宇宙的运动并不相同的事物。最后，那些生活在没有亮光的地下洞穴里的人，以及那些天生的盲人，他们都没有宇宙运动的概念，但他们在经历过坐下、站起和走路等之后，往往能获得一个他们得以在其间完成这三个动作的时间概念，并断定完成三个动作的哪个时间是最多的，完成两个动作的哪个时间是较少的，完成一个动作的哪个时间是最少的。但是，如果没有看到过天空的旋转也能够领会时间，那么，天空的旋转是一回事，时间是另一回事。

亚里士多德声称，时间是"运动中先和后的数量（量度）"②。然而，如果时间就是这样——一个运动中前和后的"联合记忆"，那么，处

---

① 这里的"宇宙"（Universe）是指"天空"（the Heavens，大地除外）。阿里斯塔库斯是亚历山大里亚的著名天文学家（约 270 B.C.）。
② 参见亚里士多德《物理学》第 4 卷 §11。亚里士多德在这里提到了柏拉图派的这一定义（参看柏拉图《蒂迈欧篇》47D 及其以下）。亚里士多德认为，我们的时间概念是从思想和感觉中的差异和连续感衍生而来的，这种感觉表示了一种先后的区别，即过去、现在和将来的区别。因此，当思想要在过去、现在和将来之间作出区分时，思想就得使用时间作为事件进程的度量（或数量）。也就是说，时间是一种为思想意识计量化的或量衡的某种东西，为此，亚里士多德把时间定义为"关于运动之先和后的一种度量"。

在静止和不运动之中的事物就不可能存在于时间之中。否则，如果不运动的事物能存在于时间之中，并且时间是运动中先和后的量度，那么，存在于时间中的事物就既是静止的又是运动的了，而这是不可能的。基于这一理由，自然哲学家斯特拉托拒斥了这一个时间定义，并认为时间是"所有运动和静止的量度"，因为在物体运动着的时候，时间是与所有运动物体一起延伸的，而在物体不运动着的时候，时间也是与所有不运动的物体一起延伸的，并正是因为这个理由，所有存在的事物都存在于时间之中。但是，非常有可能的是，还存在着大量与他的观点相抵触的事物；不过，我们在这里稍微提一下这样一个事实就已经足够了，即度量运动或静止的事物虽存在于时间之中，但并不是时间。而如果是这样，那么，时间就不可能是那些度量运动和静止的事物；因为时间不可能存在于时间之中。其次，如果时间之所以是运动和静止的度量，是因为就它是运动而言，时间与运动一起共同延伸，就它是静止而言，时间也与静止一起共同延伸，那么，我们当然也可以反过来这样说：既然运动和静止是与时间一起共同延伸的，那么，比起运动和静止是时间的度量这样一种说法，时间是运动和静止的度量这样一种说法并不更具理由。确实，前一种说法（即认为运动和静止是时间的度量）或许更为恰当一些；因为运动和静止是易于辨别的，而时间反倒不容易被观察到，并且，对易于识别事物的理解不大可能通过不易观察到的事物来进行，而相反的情形倒有更大的可能性。

"时间是像白天和像黑夜的一种意象（phantasm）"①，在时间问题上还有这么一个观点——它似可归之于伊壁鸠鲁和德谟克利特。若按这一观点，时间的本性依然是颇为可疑的。因为如果能证明白天和黑夜是不真实的，那么，由此就可推导出像白天的意象也（不可能是时间或）是不真实的。因为我们稍加审查就可发现，白天就其狭义而言，是由十

---

① 也即意象（image）或思想的图像（mental picture）。

二个小时——那就是说从日升到日落——构成的,而这种"白天"是不真实的。首先在第一个小时存在的时候,其余十一个小时还未存在;而在绝大多数小时还没存在的时候,白天也就不可能存在。其次,当第二个小时出现之时,第一个小时已不再存在,其余的十个小时尚未存在;所以,在这种情况下,由于绝大多数小时是不存在的,白天也就不可能存在。如果总是只有一个小时存在,而白天不是一个小时,因此,白天不可能存在。其实,一个小时也是不存在的;因为它也是通过扩展的方式构想出来的,自身也是由大量的部分所组成的,其中的一些部分尚未存在,另一些部分已经不再存在,因此,由它们组成的事物是不真实的。但是,如果既不存在一个小时,也不存在白天,依此类推又不存在黑夜,那么,就不可能说时间是像白天或像黑夜的一种意象。再次,"白天"一词有着两个不同的含义,一种含义是指那个由十二个小时组成的事物,另一种含义是指被太阳照亮的空气。为此,伊壁鸠鲁断言时间或者是由多个小时组成的白天的意象,或者是被太阳照亮的空气的意象。但是,他没有理由说时间是由多个小时组成的白天的意象;因为白天自身——我的意思是十二小时的白天——是时间,如果这种白天的意象也被认为是时间,那么,时间也就成了时间的意象,而这纯然是胡说八道。为此,人们必不能说十二小时的白天的意象就是时间。所谓被照亮的空气的白天的意象,也不可能是时间;因为这种白天是存在于时间中的,因此,如果时间是我们的这种白天的意象,那么,这种白天就会存在于我们的意象中了。这是一个远比第一个结论更为糟糕的结论。最后,当宇宙被毁灭之时,按照伊壁鸠鲁的观点[①],白天和黑夜都将不复存在,白天的意象和黑夜的意象也因此都将不复存在。然而,说宇宙被毁灭则时间不存在,这是十分荒谬的说法;因为"它曾经被毁灭"和"它正在被毁灭"这两个陈述都标示了时间。既然如此,那么,时间是

---

① 参见卢克莱修《万物本性论》第 5 卷 91 及其后面各行。

一回事，白天或黑夜的意象又是另一回事。

首先，姑且把这些文字当作从时间概念出发对时间真实存在之困境的描述吧；不过，我们还可以借助于直接论证来再次确立我们的驳论。假若时间存在，那么，它或者是有限的，或者是无限的；但如我们行将确证的那样，它既不是有限的，也如我们行将证明的那样，它也不是无限的；因此，时间不存在。因为假若时间是有限的，那么，曾经存在过一个时间尚未存在的时间，并还会有那么一天，必将存在一个时间不再存在的时间。然而，不论是说曾经存在过一个时间尚未存在的时间，还是说有那么一天必将存在一个时间将不再存在的时间，这些说法都是荒谬的，因为，陈述句"曾经存在过"和"将存在"都（恰如我刚才所说的那样）暗示了不同的时间。所以，时间不可能是有限的。实际上，时间也不可能是无限的。因为它的一个部分是过去，它的另一个部分是将来。因而这些时间部分或者存在，或者不存在。而如果它不存在，那时间就是有限的，既然时间是有限的，那么，原先的困境依旧未消——曾经存在过一个时间不存在的时间；有那么一天必将存在一个时间将不再存在的时间。但如果每一种时间——我的意思是过去和将来——都存在，那么，它们就都会成为现在。不论是过去的时间还是将来的时间，既然都存在于现在，那它们二者必将就是现在。但说过去的时间和将来的时间都能被看作是现在，这一说法是荒唐的。因此，时间也不是无限的。但如果既不能把时间看成是有限的，也不能把时间看成是无限的，那么，时间终究是不可能存在的。另外，由不存在的事物构成的事物也是不存在的，而时间被认为是由不存在的事物——不再存在的过去和尚未存在的将来——构成的，因此，时间也是不存在的。

其次，如果时间是任何东西，那么它或者是不可分的，或者是可分的；但有如我们行将证明的那样，它既不可能是不可分的，又如我们行将确证的那样，它也不可能是可分的；因此，没有时间能够存在。既然时间被划分成过去、现在和将来，那么，时间就不可能是不可分的。时间也不可能是可分的，因为每一个可分的事物都是用它自身的一个部分来度量的；例如，库比特是用帕尔姆来度量的，而帕尔姆是库比特的一个部分，帕尔姆是用指来度量的，而指是帕尔姆的一个部分[①]。因此，时间如果是可分的，那它理当能够为它自身的某一部分所度量。但是，其他的时间是不可能为现在所度量的。因为如果现在的时间能够度量过去，那现在的时间就存在于过去之中了，而既然存在于过去之中，它也就不再是现在而只能是过去了。如果现在能够度量将来，那就会存在于将来之中，从而也就成了将来而不再是现在了。同样，其他的时间也不可能度量现在；因为其他的时间既然存在于现在的时间之中，它们中的每一个时间也就成了现在而不再是过去或将来了。但是，如果人们必须或者把时间看作是可分的，或者把时间看作是不可分的，而我们已经证明它既不是可分的，也不是不可分的，因此，就不得不宣布时间什么也不是。

再次，时间是三重（有三个部分）的；因为它的一个部分是过去，一个部分是现在，另一个部分是将来。而在这三重时间中，过去已不再存在，将来则尚未存在，因此，我们所能说的唯有：只有一个部分即现在存在。而现在的时间或者是可分的，或者是不可分的。但它不可能是不可分的，这是因为，有如蒂孟所说的，"可分的事物不可能具有能存在于不可分的时间之中的性质"，——例如生成、毁灭以及每一种诸如此类的事物。而如果时间是不可分的，那它既不可能有一个借以和过去相连接的开端，也不可能有一个借以和将来相接合的终点；因为有着一个开端和终点的事物就不是不可分的了。但如果它既没有一个开端，也没有一个终点，那它也就不会有一个中间，因为中间是通过比较的方式被看作是与其他两个（即开端和终点）相联系着的。既然它既没有开端也没

[①] 4 指 (fingers) = 1 帕尔姆 (palm); 6 帕尔姆 = 1 库比特 (cubit) = 18 英寸 (inches)。

有终点，又没有中间，那就完全不存在。如果现在的时间是可分的，那么，它或者被分成多个存在的时间，或者被分成多个不存在的时间。而如果它能被分成多个不存在的时间，那它就不再是时间了，因为那个能被分成多个不存在的时间的时间就不是时间。而如果它能被分成多个存在的时间，那么，它就不能整体存在于现在了，而是一个部分成了过去，另一个部分成了将来。基于这一理由，既然它的一个部分不再存在，另一个部分还尚未存在，那么，作为整体的现在也就不再出现和存在了。但如果这三个时间——过去、将来和现在——中的每一个时间之不存在都已经得到明证的话，那么，没有时间是能够存在的。

最后，那些声称现在就是过去的终结和将来的开端的人，也就是在用两个不存在的时间规定一个时间，会不仅使一个时间，而且所有时间不存在。进而，如果现在的时间是过去的终结，而过去的终结连同它借以成为终结的那个时间已经一起消逝了，那么，要是现在的时间确实是过去的终结，那它也就不再能够存在了。还有，如果现在的时间就是将来的开端，而将来的开端既然还未存在，那么，现在的时间也尚不存在，它就因此具有正相反的性质；因为，就它是现在来说它是存在的，但就它连同过去已经一起消逝来说，它又是不再存在的，而就它和将来相伴随而言，它就尚未存在。然而，把同一个时间看作既是存在的又是不存在的，既是不再存在的也是尚未存在的，这种看法是荒唐的。因此，就这一论证来看，人们也必须否定任何时间的存在。

人们还可以这么论证：如果时间存在，那么它或者是不可毁灭和不可生成的，或者是可毁灭和可生成的[①]；然而，正如我们将要证明的那样，它既不是不可毁灭和不可生成的，又如我们行将要确证的那样，它也不是可毁灭和可生成的；因此，时间什么都不是。鉴于时间的一部分

[①] 柏拉图认为时间是生成的（《蒂迈欧》38 B），对此亚里士多德不同意（《形而上学》第 12 卷）。

是过去，一部分是现在，一部分是将来，时间因而不可能是不可毁灭和不可生成的。因为，昨天不再存在，今天正存在着，明天尚未存在，因此，时间的一部分（指过去）不再存在，一部分（指现在）正存在着，另一部分（指将来）尚未存在。基于这一理由，时间既不是不可生成的，也不是不可毁灭的。但如果它是可毁灭和可生成的，由于将来还没有存在，过去已不再存在，那么，我们就难以说得清楚它会毁灭成什么，以及它又是从什么事物那里产生而来的。然而，事物又怎么可能从不存在演变为存在呢？（或存在的事物怎么）可能毁灭成为不存在呢？所以，时间什么都不是。

有人也许还会以这样一种方式来攻击它（时间存在的观念）：如果时间存在，那么，它或者是可生成的，或者是不可生成的，或者是部分地可生成的和部分地不可生成的；但时间既不是可生成的，也不是不可生成的，也不是部分地可生成和部分地不可生成的；因此，时间什么也不是。因为如果它是可生成的，每一个被生成的事物既然都是生成于时间之中的，那么，被生成的时间也必将生成于时间之中。因此，它或者自身生成于它自身之中，或者生成于另一个时间之中。而如果它生成于它自身之中，那么，它就是一个在产生之前就已经产生的事物，这是荒谬的。因为，事物生成于其中的那个事物必须事先生成，因而时间，由于生成于它自身之中，也必须在它自身之前就已经存在，这正如一尊雕塑是在一个作坊中加工出来的，那作坊必当存在于这一雕塑之前，一艘船舶是在某一个地方建造起来的，该地方必当存在于这艘船舶之前一样。因此，与此类似，如果时间是在它自身之中生成的，那它也必当存在于它自身之前；因而，就时间是生成的而言，由于当事物正在生成之时每一生成的事物是尚未存在的，那它当然是尚未存在的，但就它生成于它自身而言，它又必须是预先存在了。所以，时间既是存在的也是不存在的。就它是生成的来说，它是不存在的，但就它生成于它自身之中来说，它又是存在的。但是，说同一事物在同一时刻既存在也不存在，是荒谬的，因此，说时间生成于它自身之中也是荒谬的。时间作为一个时间也不可能生成于另一个时间之中，比如将来不可能生成于现在之中，现在不可能生成于过去之中。因为如果一个时间生成于另一个时间之中，那么，这些时间中的每一个时间必定会离开自己的位置并占据其他时间的位置。例如，如果将来的时间生成于现在的时间，那么，将来既然生成于现在，将来也就成了现在而不再是将来；而如果现在生成于过去，那么，现在由于生成于过去，它也就不再是现在而是过去。如果我们颠倒一下它们的次序，即让过去生成于现在，并使现在生成于将来，那么，同样的论证依然是适用的，因为相同的困境会再次出现。因此，要是时间既不可能生成于它自身之中，也不可能生成于另一个时间之中，那么，时间就不可能是可生成的。但如果时间既不可能是不可生成的，也不可能是可生成的，而除此之外人们又无法设想出任何第三种可能性，那么，人们就不得不宣称时间不存在。论证时间不是不可生成的事实是非常容易的。因为如果它是不可生成的，也就是说，它既没有生成过，以后也不会生成，那么，能够存在的时间就唯有现在了，而将来以及在将来生成的事物就不是将来了，过去以及在过去中已经出现的事物也就不是过去了。但实际情况并不是如此；因此，时间也不是不可生成的。时间也不可能是部分地可生成和部分地不可生成的，否则，多种窘境就会接踵而至。因为可生成的时间必定或生成于它自身之中，或生成于另一个时间之中；但如果它生成于它自身之中，那它必定存在于它自身之前，而如果它生成于另一个时间之中，那它就不再是（原来的）那个时间，而是终止了它自身而成为它生成于其中的那个时间了。关于不可生成的时间，这一论证也是完全适用的。因为如果它是不可生成的，那么，将来的时间就不复存在，过去的时间也就无以存在，能够存在的唯有一个时间，那就是现在。但这些推定都是荒唐的。因此，我们只能说，时间既不是可生成的，也不是不可生成的，又不是部分地可生成、部分地不可生成的，因此，时间不存在。

正如我们在前面从时间的概念出发指出了时间的诸多可疑之处，同样，我们有理由从时间的实体出发质疑之。例如，有些独断论者断言时间是一个（有形的）物体，另一些独断论者则声称时间是无形的；而在那些说时间是非形体性事物的人当中，一些人认为它是一个自我存在的事物，另一些人则认为它只是其他事物的某一性质。比如，安尼西德穆斯"按照赫拉克利特的说法"[1] 称时间是一个物体，因为它与存在的事物以及原初的物体并没有什么不同。他在其《第一导论》（*First Introduction*）中，当他谈到作为词类中的简单名称时，说它适用于六种事物，他认为名号"时间"和"单元"（"unit"）适用于有形的实体，而时间的范围以及数量的总和则主要用这些实体的倍数来表示。因为标示时间的"现在"（now）以及"单元"正是实体；而"白天"、"月"以及"年"都是"现在"（即时间）的倍数，而"二"、"三"、"十"以及"一百"则是"单元"的倍数。由此看来，这些人都把时间当作一个有形的物体。但是斯多亚学派的哲学家们则认为时间是无形的，因为他们断定说，在"某物"[2] 当中，一些是有形物体，另一些是无形物，他们还列举了四种无形物，它们是"意义"、虚空、空间和时间。在此我们还可以清楚地看到，他们除了把时间看作是非形体性事物之外，也把时间看作一个自我存在的事物。

伊壁鸠鲁，有如拉科尼亚人德米特里乌[3]（Demrtrius the Laconian）对他所作的解释那样，声称时间是"诸征象的征象"（"a symptom of symptoms"）[4]，伴随着白昼、黑夜、小时、喜爱、厌恶、运动以及静止。因为所有这些都是随附于事物的征象，而时间既然伴随着所有这

---

[1] "存在的和原初的物体"意指"空气"。
[2] 在斯多亚学派的逻辑学中，"某物"（"somethings"）是最高的普遍（至大的种）。"意义"（"expression"，或译为"表述"）也即一个术语的"含义"。
[3] 德米特里乌是伊壁鸠鲁学派的成员。
[4] "征象"（"Symptom"，或"concurrence"）与"特性"（"attribute"）或"属性"（"property"）相近。

300

些，就很自然地可以被称作是"诸征象的征象"。总之，为便于读者能够理解我们的推论，在这里我们稍作一下回顾——一些存在的事物是自我存在的，而另一些存在的事物被认为是从属于这些能自我存在的事物的。像实体（如物体和虚空）这样的事物是自我存在的；被认为是从属于自我存在事物的事物，则是那些被他们称作"属性"的东西。在这些属性当中，一些性质是不能与它们所从属的事物相分离的，而另一些性质则本性上说就与它们所从属的事物相分离①。例如，不能与它们所从属的事物相分离的属性有物体的不可入性②和虚空的可入性；因为物体从未被认为是没有不可入性的，虚空也从未被看作是没有可入性的。二者有一种永恒属性，其中的一种是不可入性，另一种是可入性。能与它们所从属的事物相分离的属性是诸如运动和静止之类的性质。因为那些复合而成的物体既不是处在连续的运动之中，也不是处在连续的静止之中，而是在某个时候具有运动的属性，在另一个时候具有静止的属性，尽管原子本身是处在永恒的运动之中的。因为原子必须或者与一个虚空相碰撞，或者与一个物体相碰撞；而如果它与虚空相碰撞，那它就会由于虚空的可入性而得以穿行并通过该虚空，但如果它与物体相碰撞，那它会由于物体的不可入性而以反弹的方式运动并离开该物体。这些事物就是时间所与之相伴随的"征象"——我指的是白天、黑夜、小时、喜爱、厌恶、运动和静止。因为白天和黑夜是环绕在周围的空气的征象，白天就是所环绕空气的一种属性，该属性缘自太阳光的照耀，而黑夜则起因于太阳光照耀的缺失。由于小时或者是白天的一个部分，或者是黑夜的一个部分，因而它像白天和黑夜一样，也是空气的一种征象。时间与每一天、每一夜、每一时平行地延伸着，并因为这一理由，一天或一夜被人们称作或长或短，正如我们所经历的那个时间，即作为

---

① 这些"属性"（用逻辑术语说）是"偶性"。
② "不可入性"（"reisistance"）亦即"坚固性"（"solidity"）。

它们的属性的那个时间一样。感受和无感受或者是痛苦或者是愉悦，基于这一学说，也都不是实体，而是那些或感受愉快影响或感受到痛苦影响的人的征象，并且它们不是与时间无关的征象。除了这些征象之外，有如我们已经证明过的那样，运动以及静止也都是物体的征象，并且也不是非时间性的。因为我们确实是通过时间测度运动的快慢以及静止量的多少。由此可见，伊壁鸠鲁显然认为时间是非形体性的。不过，其思考角度与斯多亚学派的并不完全相同，因为正如我们之前已经说过的那样，伊壁鸠鲁把时间看作某些事物的属性，而斯多亚学派恰恰与之相反，认为时间是一种能够自我存在的非形体性事物。

上面所述就是这些人的观点；但是，柏拉图（以及据说还有亚里士多德）等人宣称"时间是运动中先后的度量"，而自然哲学家斯特拉托（以及据说亚里士多德亦然）等人则断言时间是"运动和静止的度量"。

既然在时间的本质问题上也存在着各种各样纷争歧见，人们不难从我们前述的种种困境中得出结论：从中确切地获知任何事情都是不能的；但就目前来说，我们还是应该运用我们先前从时间概念出发证明时间不存在的那些驳论，对柏拉图、亚里士多德以及自然哲学家斯特拉托实施反驳。对于那些坚持认为时间的实体是有形物体的那些人——我指的是赫拉克利特学派的成员，我们不难提出这样一个十分现成的论证进行反驳：如果时间是一个有形的物体，由于每一个物体或者处在静止之中，或者处在运动之中，并且，处于静止中或运动中的事物又被认为是在时间之中的静止或运动（因此，就得把物体看成是静止于或运动于一个物体之中的）；但是，无法把物体看作静止于或运动于一个物体之中；因此，时间不可能是一个有形的物体。我们也可以按照赫拉克利特学派的说法这样推论：有形的"存在物"是在时间之中的；但时间不可能在时间之中；因此，存在物和物体不可能是时间。还可以这样来进行论证：生物生活在时间之中，就如死物也死在时间之中一样；因此，时间不可能是一个生物或一个物体。还有，那些断言赫拉克利特的"原初物体"不存在的人，依然能够思考时间；但是，假若时间就是赫拉克利特所谓的"原初物体"，那么，他们理当无法对时间思考；因此，赫拉克利特的"存在者"不可能是时间。再者，安尼西德穆斯认为赫拉克利特（所说）的存在物就是空气；然而，时间是和空气截然不同的东西，并且正如没有人会说火或水或土就是时间一样，基于同样的理由，也没有人会说空气就是时间；因此，（赫拉克利特所说的）存在者并不是时间。

不妨把这些当作对这一观点的各种反驳的一个简要陈述。接下来让我们对斯多亚学派也作一个简洁的辩驳，他们声称，在"某物"当中，一些事物是有形的物体，另一些事物是非形体的，并且他们还认为，时间是那些被看作能自我存在的非形体性事物中的一个具体种类。然而，最高的种"某物"，由于它不可能或者是一个有形的物体，或者是一个非形体性事物，或者同时既是物体也是非形体性事物，因此，"某物"是不可能存在的。因为如果它是有形的物体，那么它的所有具体子项就必须都是有形的，而不是无形的；正如动物的所有具体子项都是动物而不是无生命的一样，也如蔬菜的所有具体子项都是蔬菜而不是动物一样，既然"某物"是一个有形的物体，因此，它的所有子项也同样都是有形的，而不会有非形体性事物子项。而如果它是无形的，那么，它的子项就必须都是无形的，因而没有一个是有形的。同样，如果它同时既是物体也是非形体性事物，那么，它的所有子项就同时既是物体也是非形体性事物，就不存在任何自身是物体或者非物体者。所以，如果"某物"既不是一个物体，也不是一个非形体性事物，又不能同时既是物体也是非形体性事物，那么，"某物"就不可能存在。而如果这被否证，那么，它的所有子项也就被否证。然而，这种说法是荒谬的。进而，每一个被认为和时间同属一类的非形体性事物——诸如"意义"、虚空和空间等——都遭到了怀疑论学派的质疑，既然它们都受到了怀疑，就不能说时间和它们属于同一个"种"。

针对伊壁鸠鲁断言时间是"诸征象的征象"的说法，虽然我们可以提出很多其他的论驳，但就目前而言，我们认为，只要提一个就足够了：实体在一定条件下也许能够被观察，并属于真实存在的事物，而被称作实体之属性的那些事物，由于无异于实体，因而都是非存在；因为如果没有固体，就不可能有固体性①，而如果没有非固体和虚空，也就不可能有什么非固体性；如果没有运动的物体，当然也就不可能有运动；如果没有静止的事物，当然也就不可能再有静止；正如如果没有实际行动着的将军，就不会有将军之才能的存在，如果没有实际的校长，就不再会有什么培训学校校长的领导才能，同样，如果没有拥有属性的事物，那么所有的属性也就不存在。因此，当伊壁鸠鲁声称我们可以借助于尺寸、形状、固体性和重量等的一种联合来构思物体的时候，他无疑是在强迫我们用非存在的东西去构设一个存在物体的概念；因为如果撇开了具有尺寸的那个事物，就不再会有尺寸，撇开了具有形状的事物，就不会有形状，撇开了固体，就不会有固体性。因此，想通过非存在的事物去构设一个存在物体的概念，这如何可能呢？所以，为要让时间存在，各征象必须先存在，而为了能使各征象能够存在，又必须先有一个真实存在的属性；然而，并没有任何真实存在的属性；因此，时间不可能存在。我甚至都不提这样一个论证：时间据说是其属性的那些事物，以及据说是其一种征象的那些事物——诸如白天、黑夜、时日、运动、静止、感受与非感受——都是不可发现的。正如我们上面所指明的那样，"白天"据说有十二个小时，而白天不可能存在于这十二个小时期间，只能在一个时间［现在］之中，但是一个小时并不是一天。同样的辩驳也适用于"黑夜"。"小时"（"hour"），由于它被看作一种延

---

① "坚固性"（"solidity"）是"物体"的一种性质。

伸，并具有三重性（三部分）①，于是当我们对它进行考查时，它呈现为非存在。因为，当它的第一个部分存在之时，它不可能存在（因为它的其他部分尚未存在），而它的第二个部分存在之时，它依然是不可能存在的，因为它的第一个部分已不再存在，并且它的第三个部分尚未存在。与此同理，既然它的绝大多数部分都不存在，它自身也就不可能存在。不过，姑且让我们承认白天、黑夜和小时都是存在的，那么，既然这些都是时间，并且伊壁鸠鲁断言时间就是它们的一种征象，那么，按照伊壁鸠鲁的观点，时间也就是它自身的征象了。进而，由于事物或者在它所在的处所运动，或者在它所不在的处所运动，而这二者都是不可能的，因此，对运动的那些解释在许多方面都已经被证明是大可存疑的。而静止的学说也随之被否证了。因为如果运动不存在，那么，静止也不存在。因为只有与运动的事物相对比，才能设想静止，也只有与静止相对比，才能设想运动；因此，正如右不存在左就不存在一样，因此如果它们中的一个不存在，那么另一个也就不能被设想。另外，质疑者们认为，处于静止之中的事物是因为某个原因才被迫静止的，而受到推动的事物必定受了某种影响，能受到影响的事物必定是会运动的，所以，静止者在运动。再者，既然伊壁鸠鲁断定时间是与征象相关联的，而它们（即征象）已经被证明是颇为可疑的，因此，伊壁鸠鲁就必须承认它们的属性（即时间）也是大可存疑的。进而，运动是一种非形体性事物，感受也是一种非形体性事物，前面所提到的各种事物也都是非形体性事物，时间也是非形体性事物。既然非形体性事物不可能是非形体性事物的性质，鉴于此，我们不妨宣布：时间并不是前面所提到的各种征象的征象。

至此，我们已经表明了时间从其实质看会遭遇的种种窘境，接下来让我们对数量问题进行探究。

---

① "小时"（"Hour"）被认为可以划分为过去、现在和将来"三重"（三部分）。

自我存在一样，每一个绝对的事物同样也是一，并也能凭借其自身被人理解。在对立的事物当中，他们认为相等和不等都是原则，占据着种的地位，因为所有对立事物的性质都在于此中了。例如，静止的性质就在相等中（因为静止不允许更多和更少），运动的性质则在于不等中（因为它容许更多和更少）。因此，自然物的本性也在于相等（因为自然物是一个不能延伸的顶点）①，而非自然物则在于不相等（因为它容许太多和太少）。在健康和疾病、直线和曲线等事例中，这一说明同样也是很奏效的。相对性则被认为归属于"超过和不足"这个种之下，比如大和更大、多和更多以及高和更高都是通过"超过"的方式被理解的，而小和更小、少和更少以及低和更低则是通过"不足"的方式被理解的。但是，人们既然已经发现，作为种的自我存在物、对立物以及相对物都归属于其他的种——也就是一、相等和不等、超过和不足，我们不妨考察一下这些种是否也能溯归到其他种去。那么，相等被归入"一"（因为一首先与它自身相等），而不等可以在"超过和不足"中被觉察到；因为，两事物中一个超越而另一个被超越就是不等。不过，不论是超过还是不足，都隶属在"不定的二"之下，因为最初的超越和不足实际上发生在两个事物之中，一个是超越的事物，另一个是被超越的事物。因此，作为所有事物的最高原则便是首要之"一"和"不定的二"；据说，从它们当中产生出了数的一和数的二，从元一产生出数一，从元一和不定的二中产生出数二。因为二是一的二倍，当二在数当中还尚未存在之时，二倍也不可能在数当中存在；它是从不定的二中得出的，数二就是以这种方式从它（即不定的二）和一中产生出来的。其余的数也以同样的方式从这些当中创生出来，一总是在限制，而不定的二总是生成二并将数扩展

---

① 即一种稳固的（和最佳的）状态，由于不能再向更好的方向改变，也就是所谓的"顶点"和"不能延伸的"。

至一个无限的量。他们据此认为，在这两个种当中，一占据着动力因（efficient cause）的位置，而不定的二则占据着质料因（passive matter）的位置；正如它们已经创生出由此构成的众多的数那样，它们同样也构筑起宇宙和宇宙中的所有事物。例如，点因此就被列在一之下；因为，如同一是一个不可分的事物一样，点同样也是一个不可分的事物；并且，正如一是数的原则一样，点同样也是线的原则。于是，点被归属在一之下，而线却被认为从属于"不定的二"；因为不定的二和线都是通过转化的方式被理解的。另外，一段没有宽度的、处于两个点之间的长度就是一条线。线因而隶属于不定的二这一类；然而，由于面不仅被认为像不定的二那样是有长度的，而且它还具有第三个维度即宽度，从而它就隶属于"三"（Triad）这一类。当三个点被确立下来之时，两个点隔开一段距离彼此互为对立，而第三个点则处在由两个点构成的线的中间，但处于另一间隙中，一个面便由此得以建立。立体形式和物体，以及金字塔形状，则被归属在"四"（the Tetrad）的类之下。因为有如我所说的，当三个点被确立之后，从它们的上方再放另一个点①，既然它现在具有了三个维度即长、宽、深，固体的金字塔形式也就构造出来了。不过，有人声称物体是由点构造起来的，因为点的流动就产生了线，线的流动就形成了面，而线向深度的运动就生成了具有三个维度的物体。然而，晚期毕达哥拉斯学派的这一观点与早期毕达哥拉斯学派的观点是有所不同的。因为晚期毕达哥拉斯学派用两大原则，即元一和不定的二来构设众多的数，并再从数构设出众多的点、线以及面和物体的形式，而早期毕达哥拉斯学派则用单一的点来构建所有的这些事物，因为在他们看来，线从点中产生，面从线中产生，物体从面中产生。

---

① 这里面的三角形 ABC 被认为是水平的，与它（平面）相对，第四个点在一条垂直的线上（"从上方"），由此形成了一个金字塔，并有了"深度"（厚度）。

这就是立体形式得以创设的方式，即众多的数领先于前，最后从这些数那里构造出这些可感的物体：土、水、气、火以及广大的宇宙；他们宣称（再一次坚称数的重要）宇宙依据和谐原则被有序安排，因为正是在数中，构成谐音①的比率才形成了完美的和谐。——换言之，"四度音程"（"By‑Fours"）在于4∶3这一数的比率，"五度音程"（"By‑Fives"）在于3∶2的比率，而"全度音程"（"By‑All"）则在于2∶1的比率。不过，我们在关于标准的相关探讨及《论灵魂》中，针对该议题已经进行过更为详尽的讨论了②。

至此，我们已经说明了意大利的那些自然哲学家们对数的力量极度推崇，现在就让我们继续讨论，并提出这一论点所带来的种种窘境③。当他们断言说可数的事物（the numberables）——诸如可感的和可察觉的事物——并不是一，但通过分有一，也就是那个所谓万物原初和元素的一，而被称为一个。既然如此，那么，假若被指点着的动物是一个，那没被指出的植物就不是一个。因为很多事物并非是真正的一，但它们中的每一个——诸如一只动物、一根棍棒——都必然被视为通过分有元一而被认为是一的。因为如果被指点的动物是一，那么，那不是动物的事物——例如植物——就不是一④；而如果植物是一，那么，那个不是植物的事物——例如动物——就不是一。但是，实际上那个不是动物的事物——例如植物——已是被称作一的，那个不是植物的事物——例如动物——也被称为一。因此，说每一个可数事物都是一，这个说法是不正确的。但是，万物靠通过分有它才被看成是一的那个事物，既是一又是多：就它自身方面而言是一，就它的理解而言是多。并且，这种复

---

① 这些术语都是毕达哥拉斯学派音乐理论中的术语，指介于各音符之间的"间歇"["第四音程"（"fourth"）、"第五音程"（"fifth"）和"八度音程"（"octave"）]。
② 《论灵魂》文本现已不存在。
③ 这里的文本可能有错误（两个段落混在一起了）。
④ 这一段落中的多余重复使文本显得可疑。

多性也不会展现在可数物那里。因为如果动物的复数是一个复数，那么，植物的复数就不再是一个复数；而如果后者的复数是一个复数，那么，反过来说，动物的复数就不再是一个复数。然而，实际上复数既可以用来称谓众多植物，也可以用来称呼众多动物，还可以用来断定很多其他的事物；因此，真正的复数并不是展现在可数事物之中的那个复数，而是通过分有它才使这个复数得以理解的那个东西。当毕达哥拉斯学派的那些哲学家们在作上述断言时，他们所说的内容与下述断语颇为类似：具体的人并不是人（Man），但唯有通过分有他（He）[①] 即真正的人，每一个单个的人才能被理解为一个人，很多人也才能被称为复数的人。因为人（Man）被理解成是"一个理性的、必有一死的动物"，并且正是由于这（一般的定义），不论是苏格拉底还是柏拉图抑或是其他任何一个具体的人，都不再是人（Man）。并且如果苏格拉底是人（Man），由于苏格拉底是人（Man），那柏拉图就不是人（Man），狄翁（Dion）或铁翁（Theon）也不是人（Man）；而如果柏拉图是人（Man），那苏格拉底就不是人（Man）。然而，实际上苏格拉底被称为人（Man），柏拉图以及每一个其他具体的人也都被称为人（Man）；因此，并不是所有具体的人（men）中的每一个是人（Man），但通过分有他（Man），每个人被理解为是一个人（man），而这个他却并不是他们中的一个。同样的论证也适用于植物以及所有其余事物的事例中。但是，说具体的人不是一个人，具体的植物也不是一株植物，这样的说法是荒唐的；因此，就每一个可数事物自身的定义来说，否认每一个可数事物是一，同样也是荒唐的。其次，针对"种"所提出的难题，看来也已经对毕达哥拉斯学派这一理论进行了驳斥。因为作为种的人（Man），既不可能和众多具体的人一起被理解（因为否则的话，它也成了具体的了），也不可能独立地存在（因为那样的话具体的人就无法通

[①] 也即"种的人"或作为普遍概念的"人"。

过分有它而成为具体人了），又不可能包含在这些具体的人当中（因为既难以想象无限多的他们分有了它，也难以想象它能被部分地包含在死人之中，部分地包含在活人之中）；正如刚才这个观点是颇为可疑的一样，鉴于"一"既不是和众多具体的可数物一起被理解的，也不可能被看作是一个普遍共相，而且无限多的具体事物又不可能分有它，那么，他们关于"一"的观点就让人更觉得可疑了。再次，每一个事物要能被理解为一个，就必须分有一的理念，这个理念或者是"一"的一个理念，或者是"一"的几个理念。如果它是一个理念，那么，每一个可数物或者分有了它的整体，或者分有了它的一个部分。而如果个体分有了其整体，那么理念就不是一个；因为假若 A（暂且如此称呼它）已经分有了一的理念的整体，那么 B，由于它已经不再有可供其分有的东西了，必定就不会再是一；这是荒谬的。但如果"一的理念"有多个部分，并且每一个可数物都分有了它的某一个部分，那么，首先，每一个存在物分有的并不是一的理念，而是它的一个部分，并由于这一缘故而不能成为一；因为正如一个人的部分不是一个人，一个单词的部分不是一个单词一样，一的理念的一个部分同样也不会是一的理念，所以，分有了一的理念一个部分的事物也就成不了一了。其次，一的理念变得不再是一的理念，自身也不是一，而是多了。因为，一，就它是一而言，是不可分的，并且，原一（the monad），① 就它是一个原一而言，是不可分解的；或者说，假若它被划分成很多部分，那它就会成为几个原一的一个总和而非一个原一了。并且，假若存在着几个一的理念，那么，既然每一个可数物通过分有一个独立的理念才被理解为一，因此，或者 A 的理念和 B 的理念都分有了某一个理念，并因此才都被称为一，或者 A 的理念和 B 的理念都没有分有某一个理念。如果

---

① 译者在这里将 monad 译作"原一"，为的是与先前所译的一（One，元一）区分开来。——译者注

它们都不曾分有，那么，正如它们没有分有过任何至高的一的理念也能拥有"一"的称号一样，每一个以任何方式被称为一的事物，同样也能够在没有分有一的理念的情况下被指称为"一"。但如果它们分有了，原先的窘境依然无法消除；因为两个理念如何能够分有一个理念呢？每一个分有的是一的理念的整体还是它的一个部分呢？无论他们给出什么样的答案，我们依旧可以用刚才提到过的那些窘境来驳斥他们。

另外，为人所知悉的每一个事物，既然或者是借助于感觉并仅仅通过印象被知悉，或者是通过理智被知悉的，因此，数同样也是如此，如果它是可知的，那它必定或者是通过感觉被理解的，或者是通过理智被理解的。然而，它不可能通过感觉和简单的印象为人理解；因为，感性极易将某些人引入歧途，当他们看见这些可数物或者是白的或者是黑的，或者总的来说是感觉的对象时，他们就会想当然地认定数也是一个感觉的对象，是一个显明的事物，然而真相远非如此。因为，虽然白色的事物和黑色的事物，还有（或许我们还可以说）植物、石头、棍棒以及每一个可数物都是显明的，并且都是能为感觉所察觉的，但是，数，作为数，既不是我们感觉的一个对象，也不是显明的。不过，不妨让我们这样来思考它——可感物，正由于它是可感物，是无须任何教导就能为我们所知晓的；因为人们在不经任何教导的情况下就能看见白色物或黑色物，或觉察到粗糙物或圆滑物；而数，正由于它是数，在未经教授的情况下是难以为我们所认识的；因为我们唯有通过学习，才能明白 2 的 2 倍是 4，$3 \times 2 = 6$，$10 \times 10 = 100$。因此，数并不是一个感觉的对象。再有，假若数是借助于记忆并通过某些事物的联合才被人认识的，那么，人一旦离开可感物，就会陷入困惑中，甚至柏拉图在其《论灵魂》[①] 中也对下述问题感到迷惑不解：当两个事物各自独立存在时，何以不被看作是二，而当它们被联合成一起时才被看成是二呢？因

---

① 参见柏拉图《菲多篇》96 E 及其后面各行。

这样他就是把六个事物确立为存在物的原则了，即四个质料的本原（土、水、气和火）和两个动力的本原（爱和争）。但克莱佐门尼（Clazomenae）的阿那克萨戈拉、德谟克利特和伊壁鸠鲁以及其他一帮人，则坚称万物产生于不可数之众多事物；不过，阿那克萨戈拉认为这些（本原事物）是与所生成的事物相类似的，德谟克利特和伊壁鸠鲁则认为它们是与所生成的事物不相类似的、不受影响的（此即原子），而庞图斯（Pontus）的赫拉克莱德斯（Heracleides）和阿斯克勒彼亚德斯认为，它们虽与所生成的事物不相类似，却可受影响（也就是所谓"不规则的分子"）。

既然我们把握了这样一个事实，即如果生成和毁灭被否证，那所有这些人的自然哲学理论也会被证明是毫无希望的，那就让我们更为自信地处理他们的论证吧。不过，对他们的观点略作考察就可发现，我们的主要论点早已在先前的论证中充分地确立起来了。因为生成和毁灭的事物必当生成和毁灭于时间之中；但有如我们上面所表明的那样，时间并不存在，因此，生成和毁灭的事物也不可能存在。还有，生成和毁灭必定是引起变化的运动；但有如我们之前所证明的那样，运动并不存在；因而生成和毁灭也不可能存在。另外，若没有主动者（agent）和承受者（patient），被创生的事物或毁灭的事物也不可能被创生出来或毁灭掉；而主动者和承受者并不存在，因此，被创生物或毁灭物也不可能存在。再有，如果事物真能够生成和毁灭，那么，某物就必须能被加增到某物中去，并且，某物也必须能从某物中被减除出来，或者某物必须能从某物中被转化出来。因为生成和毁灭必须以这三种方式中的某一种发生，例如，正如在 10 的事例中那样，通过减掉一个 1，就毁掉了 10 而生成了 9，在 9 的情况中也是如此，通过加上一个 1，9 毁灭了但产生了 10。这一解释同样也适用于那些通过转化而毁灭与创生的事物；因为酒的毁灭和醋的生成就是用这种方式。因此，如果每一个生成着和毁灭着的事物，它们的生成和毁灭或者是通过加增，或者是通过减除，或者是通过变化，那么，既然我们已经确证既不存在加增也不存在减除又不存在变化，那么就实际上已经确证了生成和毁灭的不存在。进而，被创生出来的事物或毁灭着的事物，都必须触碰到它由之毁灭的事物以及它变化而入的事物；但有如我们已经证明的那样，触碰不可能存在；因此，生成或毁灭也不可能存在。

对我们这些怀疑论者来说，也可以进行这样直接的驳论：假若事物能够生成，那么，或者存在的事物生成，或者不存在的事物生成；但不存在的事物不可能生成，因为不存在的事物没有任何性质，而没有任何性质的事物是不可能使生成具有性质。再者，生成的事物必定是受到过影响的，但不存在的事物终究不可能受到影响，因为影响（的性质）只属于存在的事物，因此，不存在的事物是不可能生成的。存在的事物也是不可能生成的；因为，存在的事物既然已经存在了，也就不再有生成的需要了；因此，存在的事物也不可能被创生。但是，如果存在的事物不可能生成，不存在的事物也不可能生成，而除此之外又没有第三个可以构想的选项，那就没有任何事物能够被创生。另外，在显明（可感）的事物当中，我们是能观察到一些事物从一个事物中通过变化被创生出来，而另一些事物由几个事物通过联合被创生出来；通过变化从一个事物中产生事物是用一种性质取代另一种性质，并依旧保留着原有相同的实体，例如，在等量液体的实体依旧存留的情况下，（发酵的）葡萄汁消失了，代之而起的是葡萄酒的生成；或者葡萄酒消失了，醋形成了；在蜂蜡（的实体）依旧存留的情况下，坚硬消失了，取而代之的是柔软，或者反过来的情况也是如此。但还有一些事物是由几种事物通过联合形成的，诸如通过多个链节的共同连接所形成的链条，通过石块的叠合所建成的房屋以及通过经纬线的缠绕所交织而成的绳索等。在（非显明）可理解的事物当中，如果也有事物能够生成的话，那么，事物的生成或者是从存在的事物中来的，或者是从不存在的事物中来的。然而，从不存在的事物中不可能生成事物；因为能生成事物的那个事物必须具有存在的本性，并且还必须包含着确定的运动，因此，没有事物能够生成于不存在的事物之中。从存在的事物中也不可能生成事物。因为如果有事物能够从存在物中生成，那么，它或者生成自一个事物，或者生成自几个事物。然而，它无法从一个事物中生成出来。因为假若它能生成于一个事物，那它的生成或者是通过这一事物的被加增，或者是通过该事物的被减除，抑或是该事物依然保持在同样的状态之中。但是，对同一个事物来说，加增和减除都是不可能的，同一个事物不可能成为大于它自身或小于它自身的某物。因为假若它要是能变成一个大于它自身的事物，既然除了它自身之外并没有别的其他事物，那它就必须从不存在的事物中获得加增；而假若它要是能变成一个小于它自身的事物，既然除了它自身之外没有别的任何事物，那么，从它那里消失的事物必定会消逝为不存在。因此，事物通过加增或减除，不可能生成出任何事物。被创生出来的事物也不可能来自那些能依旧存留在同样状态中的事物。因为假若真能如此的话，那么，某物的被创生，要么是在它没有转化和变化的时候，要么是在它正在转化和变化的时候。但是，当没有出现任何转化和变化时，从它那里就不可能创生出任何事物来，因为生成不过是变动的一种形式而已。而假若它正在被转化和变化之时，那么，或者是在它正在变成它自身的时候，或者是在它正在变成另一个事物的时候，正从它那里被创生出来的事物生成。假若创生的事物变成为它自身，那它依然还是保持着原样，而保持着原样的它是不可能创生出任何新事物出来的。而假若它转化成为另一个事物，那么，或者它在被转化和创生之时就失去了它自己的本质，或者它依然保持着它特定的实体，并通过采用一种形式替换另一种形式的方式被创生出来，恰如蜂蜡在不同的时间中能变更其形状而采纳多种不同的形式那样。但假若它失去了它自己的实体，那它将消逝成为不存在之物，而消逝为不存在之物的它，必定创生不出任何的事物。而假若它在被创生中仍能保持住它自己的实体，并采用一种性质替换另一种性质，那它就会面临相同的困境而难以从中脱身。因为第二种形式以及第二种性质的生成，或者是在第一种形式和第一种性质依旧还存留在它里面的时候，或者是在它们已经不再存留在它里面的时候。然而，有如我们之前在对"承受者"考察所发现的，第二种形式既不可能在第一种形式还存留之时生成，也不可能在第一种形式不再存留之际生成。因此，被创生的事物不能从一个事物那里生成出来的。它也难以从几个事物那里生成出来，因为当两个事物被联合的时候，既然两个事物还存在，第三个事物就不可能生成；而假若有了三个事物，那么，在三个事物还依旧存留的情况下，第四个事物也不可能生成。不过，我们已经考察了人的本质，当时证明了人既不是灵魂也不是肉体，又不是二者的复合，从而对这些问题已经做出过更为精当的阐述了。所以，要是被创生的事物既不是来自一个事物，也不是来自几个事物，而除此之外又没有第三种可能选项，那么，不可避免的结论是：存在物不可能被创生。

上述就是怀疑论者所详尽论述的有关生成的论证①。不过，独断论者可以不诉求理性而再次躲到那些感觉证据的事例中去。比如，他们会说，热水，即本来不冷的水，变成了冷水；青铜，本来不是一尊青铜雕像，变成了一尊青铜雕像；鸡蛋只是潜在的雏鸡，但并不是现实的雏鸡（但直到它是现实的雏鸡之前，鸡蛋可以被称为潜在的雏鸡）②。因而，不论是存在物还是非存在物都是能够生成的。还有，我们也能看到一个婴儿从一个存在着的人那里诞生出来，草汁从青草那儿生变而来。因此，怀疑论的所有论证都是与这些显明的感觉相矛

---

① 这一句也可以理解为"所复述的他人的论证"。——译者注
② 由于这一分句看来是无意义的，因而有人怀疑此处文本是不完整的。

盾的。然而，那些大发如此高论的人却都陷入到了错误之中，并且，也没有直面他们面前的问题。因为，热而不冷的水，既不可能通过是热水变成热，也不可能通过非凉水变成冷，而除了是与不是（being），就没有任何东西（being）了，因此，即便是在水的事例中，也不可能发生任何生成（变化）。另外，青铜既不可能通过它所是的事物（即青铜）变成青铜，也不可能通过它所不是的事物（即青铜雕像）变成一尊青铜雕像。这同样的阐释也适用于潜在和现实。进而，或者现实的事物比潜在的事物更多或不更多；而如果并不更多，那么，没有事物能够从潜在的存在中生成出来；但如果现实的事物更多，那么，它就是从非存在物那里生成出来的，但这是荒谬的。是的，他们回答说，但婴儿确实诞生于母亲之中，草汁也确实产生于青草之中。但是，我们禁不住要问：这与我们所提的问题有什么关系？因为，通过诞生既不可能生成出婴儿来（这只不过是从不明状态进入到清楚可见状态而已），也不可能生成出草汁来（因为草汁是预先存在于青草之中的，它在流出之时，只是变更了处所而已）。因此，正如我们不说一个从暗处进入到明处的人是在生成，而只说他从一个处所到了另一个处所，与此相同的是，我们同样也不应该说婴儿生成了，而只说婴儿从一个地方来到了另一个地方。因此，没有事物能够被创生。

　　出于同样的理由，也没有事物能够毁灭。因为假若有事物能够毁灭，那么，或者存在物毁灭了，或者非存在物毁灭了。但是，非存在物是不可能毁灭的；因为所谓毁灭是指进入到一种非存在的状态，然而，非存在物既然已经处在非存在的状态，那它也就不需要转入这种状态了；因而非存在物是不可能毁灭的。存在物也是不可能毁灭的。因为它的毁灭或者是在它依然存在的时候，或者是在它已不再存在的时候。而假若它毁灭于它依旧存在的时候，那它就在同一时刻既存在也非存在，既毁灭了也没有毁灭；但假若它毁灭于它已经不再存在的时候，那它既然是已经被毁灭了，因而所毁灭的必不可能是存在物，而只能是非存在物。所以，如果无论是存在物还是非存在物都是不可能毁灭的，而除此以外没有别的可能性，那么，我们只能说没有事物能够毁灭。

有人还利用生成和毁灭的时间来进行如下的驳论：假若苏格拉底死去了，那么，他或者是在他活着的时候死去的，或者是在死的时候死去的。但是，苏格拉底不可能在他活着的时候死去，因为他肯定还活着，活着的他当然没有死去。他也不可能在他死的时候死去，因为要是真能如此的话，那他就能死去两次了。因此，苏格拉底不可能死去。运用不同的例子也能起到相同的论证效果，例如，克洛诺斯①就曾经提出过这种类型的论证：假若墙壁能够毁灭，那么，墙壁或者是在砖块彼此接触并被接合在一起的时候毁灭的，或者是在它们彼此拆离的时候毁灭的。然而，墙壁既不可能在砖块彼此接触在一起并被接合的时候毁灭，也不可能在它们彼此拆离的时候毁灭；因此，墙壁是不可能毁灭的。这种论证的逻辑力量是显而易见的。可以理解的无非是两个时间，其一是砖块彼此接触并被接合在一起的时间，其二是砖块彼此分离的时间，除此之外不再有第三个可以想象的时间了；因此，假若墙壁真能够毁灭，那它就必须在这两个时间中的某一个当中毁灭。但是，它不可能毁灭在砖块还彼此接触并被接合在一起的这个时间之中；因为它依旧还作为一堵墙壁而存在着，而如果它还存在着，那它就没有毁灭。墙壁也不可能毁灭在砖块彼此相互分离的那个时间之中；因为它在那个时间中已不再作为一堵墙壁而存在，而非存在物并不能毁灭。所以，如果墙壁既不可能毁灭在砖块彼此接触时，也不可能毁灭在它们彼此分离时，那墙壁就不可能毁灭。如下的论证也是可能的：假若一事物既能生成也能毁灭，那么，它或者生成和毁灭于它存在的那个时间，或者生成和毁灭于它不存在的时间。但是，在它存在的时间，它是既不生成，也不毁灭；因为就它作为该事物存在着而言，它既不生成也不毁灭。在它不存在的时间，

---

① 也即狄奥多罗·克洛诺斯（Diodorus Cronos）。

也不可能经受到任何这类影响；因为，事物在不存在的时间中既不可能影响（他物），也不可能受到（他物的）影响。如果是这样，那么，事物就不可能生成或毁灭。

不妨把上述这些论驳当作我们对那些搞自然学的哲学家的回应。不过，现在应该是我们考察那些推崇哲学的伦理部分的人的时候了。

第三部分

反对伦理学家

我们已经探讨了怀疑论者提出的关于哲学之逻辑和自然部门的困难，现在留给我们的任务是进一步加上反对伦理部门的内容。因为这么一来，通过获得完全的怀疑心情，我们每一个人将如此度过自己的一生——用蒂孟的话来说就是：

> 拥有巨大的安慰和宁静，永远没有忧虑，始终免于焦虑，完全不理睬所有悦耳的科学谎言。

不过，既然几乎所有的人都一致认为伦理学的研究任务是区分好与坏，[1] 正如苏格拉底（被认为最早引入伦理学的人）所宣称的，最有必要研究的主题乃是：

> 究竟这样的家庭中是怎么规定恶和善的?[2]

故而我们也必须从考虑它们之间的区别开始。

---

[1] "好"与"坏"也可以翻译为"善"与"恶"。——译者注
[2] 荷马：《奥德赛》第 4 卷 392。

第一章 关涉人生之事的主要区别是什么？

在所有看上去在系统地教授（伦理学）原理的哲学家中，尤其柏拉图老学园派和逍遥学派，并且还有斯多亚派，都习惯于作这样的分类，即"在存在物中，有些是好的，有些是坏的，有些介于两者之间"。他们把最后的那个叫作"中性者"。① 然而，塞诺克拉底（Xenocrates）② 用他特有的术语和单数的表述形式，宣称"存在的每一个东西或是好的，或是坏的，或是不好不坏的"。而且，尽管其他的哲学家没有经过论证就采纳了这种分类，他却认为提出一个论证也是合适的。他是这么论证的：如果存在某一个东西，它与好的、坏的以及不好不坏的东西是不同的，那么这个东西或是好的，或不是好的。如果它是好的，那么它是三者之一；如果它不是好的，那么它或者是坏的，或者是不好不坏的；如果它是坏的，它也是三者之一，如果它是不好不坏的，它还是三者之一。所以，存在的每一个东西或是好的，或是坏的，或是不好不坏的。但是实际上，他在接受这一分类的时候也没有经过论证，因为他用来证明的论证仅仅是分类本身。因此，如果证明自身就已经包含肯定，那么这一分类也就是其自身的肯定，因为它与证明没什么区别。

然而，虽然看上去所有的人都同意存在之物可分为三类，仍然有人提出了刻意挑剔的反对意见；尽管他们认可这样的一种分类，但是抨击分类的阐述是诡辩论式的。如果我们略作一些回顾，就会明白这一点。

那些专业的逻辑学家宣称，定义和一般性陈述在意义上是完全相同

---

① "Different"即对我们有着重要不同的意义上，即"有重要性"的，重大的。相反，"indifferent"就是无所谓的，价值上中性的，无关紧要的。——译者注
② 此人于公元前339—公元前314年时担任柏拉图学园的领导人。

的，仅有词语构成上的差异。这是正确的；因为说"人是理性的、会死的动物"与说"凡是人都是理性的、会死的动物"，虽然表述方式不同，但意义是一样的。这当中的道理是很简单的：不仅一般性陈述包含了所有个例，而且定义也适用于相应的所有个别实例；例如，"人"的定义适用于所有个别的人，"马"的定义适用于所有个别的马。同样，如果包含了一个错误的例子，那么一般性陈述和定义就同样都是无效的。这样，他们就提出说，正如定义和一般性陈述在语词上有变化，而意义是一致的，同样地，具有普遍意义的完全分类与一般性的表述也只在词语构造上有差别。① 因为以这样的方式分类，比如"在人当中，有些人是希腊人，其他的是野蛮人"，与说"无论是谁，只要是人，他或者是希腊人或者是野蛮人"是相同的。因为如果发现这么一个人，他既不是希腊人，也不是野蛮人，那么这个分类就必定是坏的，而一般性陈述也是错误的。因此，按照克吕西波的看法，说"在存在的事物中，有些是好的，有些是坏的，有些介于这两者之间"实际上也就是这样的一个一般性陈述，即"无论存在着什么东西，它或者是好的，或者是坏的，或者是中性的"。如果包含了一个错误的例子，那么这个一般性陈述就是错误的。因为，如果有两个东西，一个是好的，另一个是坏的，或者一个是好的，另一个是中性的，那么说"这个东西是好的"就是真的，而说"这些东西是好的"则是假的，因为它们并不都是好的，而是一个是好的，另一个是坏的。再有，说"这些东西是坏的"也是假的，因为它们并不都是坏的，仅仅其中之一是坏的。对于不好不坏的东西也是一样的，因为说"这些东西是中性的"是假的，正如说"这些东西是好的或坏的"是假的一样。这些就是某些人提出的反对意见；不过像这样的反对似乎不能影响塞诺克拉底，因为他没有用复数，

---

① 在"完全分类"中，属所分成的两类种是对立的（比如，人＝希腊人＋非希腊人）；像这样包含所有可能性的（即穷尽的）分类"在意义上是普遍的"，它与一个一般陈述（例如，"所有人或是希腊人或不是希腊人"）只有形式上的差别。

331

否则的话，在指出不同种类的东西时，就会令他的分类失效。

还有，其他人提出了如下的反对意见：每一个合理的分类是把一个种细分成与它最相近的属，因此，像"在人当中，有些人是希腊人，有些人是埃及人，有些人是波斯人，有些人是印度人"这样的一种分类是不合理的。因为，最适合于一个种的最接近的属并不是有相互关系的相近的属，而是这个种的亚种，所以，这一分类的恰当表述应是："在人当中，有些是希腊人，其他的是野蛮人。"接着，再细分："在野蛮人中，有些是埃及人，有些是波斯人，有些是印度人。"这种分类也适用于对存在物的划分，因为凡是好的和坏的东西对我们来说都是"有所不同的"（"重要的"），而介于好的和坏的之间的东西对我们来说都是"没有差别的"（"中性的"）。因此，这个分类不应该以它现有的形式表述，更确切的表述方式应是："在存在的事物中，有些是中性的，有些是重要的；在重要的事物中，有些是好的，其他的是坏的。"因为这种划分类似于如下的形式："在人当中，有些是希腊人，其他的是野蛮人；在野蛮人中，有些是埃及人，有些是波斯人。"可是，那些哲学家提出的划分却类似于这样的一种形式："在人当中，有些是希腊人，有些是埃及人，有些是波斯人，有些是印度人。"

然而，现在没有必要详细地讨论这些反对意见；或许我们应该做的是首先解释一下语词"是"所具有的两层意义，其中一层意义是"真实存在"（比如，此时此刻，我们说"这是白天"，因为"白天确实存在"）；另一层意义是"看起来存在"（比如，有些博学家常常习惯于说两个天体之间的距离"是"一腕尺的长度，这个"是"等于"看起来是而非真实地是"；因为，真实的距离可能是"一百斯塔德"，只不过由于天体本身的高度以及离我们的距离，这个距离看上去好像是一腕尺了）。作为怀疑论者，当我们说"在存在的事物中，有些是好的，另一些是坏的，另一些介于两者之间"时，由于语词"是"有双重意义，我们在句子中用的那个"是"也不是表示真实的存在，而只是表示现象。因为关于好的、坏的和中性的东西的真实存在，我们和独断论者的争辩已经很充分了；不过，就这些事物的各自现象而言，我们还是习惯于称之为"好的"、"坏的"或"中性的"，对于这一点，蒂孟在他的《形象》中说得很清楚，他说：

　　我将真实地讲述每一件事实，如其向我呈现的一样；我的话就以此为真实的准确标准；神和美德的本性怎么能够永存不变，人类平等和正义的生活由何而来？

这样，我们就用上述的方式提出了那一分类，下面让我们考察如何理解包含在该分类中的各个语词；就从讨论这些语词所蕴含的概念开始吧。

第二章 "好"、"坏"和"中性"的本质

　　既然我们和那些独断论者之间所进行的最重要的争议是好的和坏的东西的区别，那么，首先概括出它们的概念是合适的；因为，根据智慧的伊壁鸠鲁的看法，"没有先在的概念是不可能进行探求或质疑的"。坚持所谓"共同概念"的斯多亚派这样来定义"好"——"好是有用的东西或者并非与有用的东西相异的东西"；"有用的东西"是指美德和正当的行为，"并非与有用的东西相异的东西"是指好人和朋友。美德作为人的主导部分[①]的一定状态，正当的行为作为一种符合美德的行为，它们恰恰是"有用的"。好人和朋友也属于"好的东西"，但是不能被说成是"有用的东西"或"与有用的东西相异的东西"；为什么这

[①] 斯多亚对灵魂的一种称述。——译者注

么说呢？斯多亚派给出的理由是：部分与其整体既不是相同的，也不是相异的，就像（例如）一只手既不是和人相同的（因为一只手不是人），也不是和人相异的（因为人仅当包括手时才被认为是人）。既然美德是好人和朋友的一个部分，而部分与其整体既不是相同的也不是相异的，那么，好人和朋友就是"并非与有用的东西相异的东西"。因此，每一个好的东西都已经包括在这个定义中了，无论它是直接的"有用的东西"，还是"并非与有用的东西相异的东西"。接着，他们推论出"好"有三种意思，对每一种意思又作了不同的说明：在一种意义上，"好"就是人们凭借它来获得"有用的东西"的东西，这是最本质的好的东西和美德；因为，从美德的源泉自然地产生了一切"有用的东西"。在另一个意义上，"好"乃是一个能附带产生有用的东西的东西；比如，不仅美德，而且符合美德的行为也被认为是"好"，因为有用的东西也可以来自符合美德的行为。在第三个也是最后的意义上，"好"就是"能够成为有用的东西的东西"，这一描述包括美德、德行、朋友和好人以及诸神和善的精灵。虽然柏拉图、塞诺克拉底与斯多亚派都说"好"有几种意思，但是，他们的观点是有分歧的。柏拉图宣称"相"在一种意义上被称为"好"，而分有"相"的事物在另一种意义上被称为"好"，他在这些说法中的"好"的意思是截然不同的并且是没有联系的，如同我们在语词"狗"的例子中所看到的。"犬"这个语词可以表述某种吠叫的动物、"角鲛"、"犬儒派"、"天狼星"等；不过，这些意义之间并没有任何相同之处，第一个意义没有包含在第二个意义之中，第二个意义也没有包含在第三个意义之中；同样，在"相"是"好的"和分有"相"的事物也是"好的"的陈述中，他们所宣称也是些不同的、相互之间没有联系的几种意义。正如我前面所说的，上述是早期思想家的观点；然而，斯多亚派认为，在语词"好"的几个意义中，第二个意义应该包含第一个意义，第三个意义应该包含前两个意义。也有人断言："好"是"因其自身的缘故而值得欲求的东西"。

还有其他人认为"'好'是有助于幸福的东西";此外还有人说它是"有助于实现幸福的东西"。而按照芝诺、克里安提斯和克吕西波的定义,幸福是"一种宁静的生活"。

总之,这些是"好"的一般定义。然而,由于"好"在三种意义上被使用,对于第一种意义上的定义(即"好是那个有用的东西能够凭借着它而产生的东西"),有人习惯于作进一步的论证:如果,"好"确实是"那个有用的东西能够凭借着它而产生的东西",那么,我们必须宣称仅有一般的美德是好的(因为有用的东西仅凭借它得以产生),而个别的美德比如智慧、节制等不符合这个定义。因为"变成有用"的结果并非产生于这些美德中的任何一个,例如,由明智产生的是"变成明智"而不是更一般地"变成有用"(因为如果这个——即"变成有用"——确实是它的结果,那么它就不是特殊意义上的明智而是一般的美德了);由节制产生的也是以它得名的东西(即"变成节制")而不是一般的结果(即"变成有用"),依此类推。然而,反对这种批评的人这样辩解道:说"好是有用的东西能够凭借着它而产生的东西",等同于说"好是生活中的某种有用的东西能够凭借着它而产生的东西",因此,每一个特殊的美德也是一种好的东西,不过,它提供的不是一般意义上的有用的东西,而是某一个生活中有用的东西,其中之一(即明智)提供了变成明智的状态,另一个(即节制)提供了变成节制的状态。然而,这些人试图通过这种辩护来避免前一个逻辑悖论时,已经使自己陷入另一个逻辑悖论中了。因为,如果说"好是生活中某种有用的东西能够凭借着它而产生的东西",那么,作为好的一般性美德就不符合这个定义了,因为没有一个生活中有用的东西从它产生(否则的话,它就成为特殊的美德了)。

其他带有独断论烦琐争论色彩的反对意见,通常也被人用来反驳这些定义。不过,对我们来说指出这一点就足够了,即断言"好"是"有用的东西",或是"因其自身值得欲求的东西",或是"有助于幸福的东

335

西",等等,只是陈述了它的某一个属性而已,并没有告诉我们"好"本身是什么。诚然,大家都同意"好"是有用的、值得欲求的(以至于有人认为"好"是令人愉快的)以及能产生幸福的东西;不过,如果被追问到具有这些属性的这个事物是什么时,那他们将陷入一场无休止的争论:一个人称它为"德性",另一个人称它为"快乐",另一个人称它为"无痛苦",等等。然而,如果前面那些定义确实已经表明了"好"是什么,那他们就不会像"好"的本质还是未知的那样陷入彼此争论之中。故而,这些定义告诉我们的并非"好"是什么,而只是"好"的某一个属性而已。它们的谬误不仅在于此,而且还在于旨在说明某些不可能说明的东西;因为,某个对存在对象一无所知的人也是不可能认识这个对象的属性的。例如,告诉一个对马一无所知的人说:"马是一种能够嘶鸣的动物",并没有教给他什么是马,因为"嘶鸣"作为马的一个属性,对一个不认识马的人来说也是未知的。同时,对一个不知道公牛的人说"公牛是一种能够吼叫的动物",也没有解释公牛是什么,因为"吼叫"作为公牛的一个属性,也同样不能被一个不知道公牛的人所理解。因此,告诉一个对"好"的概念一无所知的人说"'好'是值得欲求的或有用的东西",也是徒劳和无用的。人们首先应该认识"好"的真实本性,然后才能把握它是"有用的"、"值得欲求的"以及"产生幸福的"东西。而如果"好"的本质是未知的,那么像这样的一些定义就并不能告诉我们什么是"好"。

关于"好"的概念,我们通过实例所作出的这些说明已经非常充分了。而且,由此出发也可以对那些独断论者关于"坏"所提出的种种逻辑复杂的区分看得很清楚。既然,"坏"是"好"的反面,从而它就或者是"有害的东西",或者是"并非与有害的东西相异的"东西。作为恶和邪恶的行为,它是有害的东西;作为邪恶的人和敌人,它是"并非与有害的东西相异的"东西。而介于这两者之间的(我的意思是介于"好"和"坏"之间的,并被称为"中性的")则是那些不属于这两种情况的东西。至于这些定义是什么以及如何反对这些定义，人们可以参照我们对"好"的讨论。不过现在姑且假设这些是成立的，让我们接下来讨论好和坏是否以它们被认为的方式真实地存在。

第三章 "好"和"坏"真实存在吗？

虽然我们已经证明了那些独断论者提出的"好"和"坏"的定义并不令人信服；不过，为了使我们更容易地把握对于"好"的存在的论证，那么指出这一点就足够了，即尽管大家都认为"好"是那种——无论它是什么——吸引他们的东西，然而，（正如安尼西德穆斯曾经断言的）人们关于好的特殊看法是冲突的。正如虽然人们一般来说都承认漂亮的人是存在的，然而，关于什么是漂亮和美丽的女人，他们的意见是有分歧的。例如，埃塞俄比亚人更喜欢皮肤黝黑和长有狮子鼻的女人，波斯人喜欢皮肤白皙和长有鹰钩鼻的女人，还有其他人宣称，在形态和肤色两方面居于中间者是所有女人中最漂亮的。与此类似，那些普通人和哲学家拥有相同的"好"和"坏"的概念并且相信它们是存在的——"好"是那些吸引人们的和有用的东西，而"坏"是那些具有相反性质的东西；但是，涉及"好"和"坏"的具体个例，他们又彼此冲突起来——

> 这个事物对此人来说是令人愉快的，另一个事物对另一个人来说是令人愉快的。[①]

用阿尔基罗克（Archilochus）的话来说乃是：

[①] 荷马：《奥德赛》第 14 卷 228。

337

何事能令人开心，这是因人而异的。

因为这个人喜欢荣誉，那个人喜欢财富，另一个人喜欢健康，还有一个人喜欢快乐。哲学家们也是如此。学园派和散步学派①都断言有三类好的东西：有些好的东西是属于灵魂的，有些是属于身体的，还有其他的是外在于灵魂和身体的；例如，美德是属于灵魂的，属于身体的是健康、幸福、明智、美丽等，而外在于灵魂和身体的是财富、祖国、父母、子女、朋友等。不过，尽管斯多亚派也承认有三类好的东西，但是对它们的分类是不同的：有些好的东西是属于灵魂的，有些是外在的，还有些既不是属于灵魂的也不是外在的；这样，他们把属于身体的那一类的好的东西当作不是好的东西排除了。他们提出，属于灵魂的那些好的东西是美德和正当的行为；外在的好的东西是朋友、好人、好子女和父母等；而既不属于灵魂的也不是外在的好的东西是好人与其自身的关系，因为他不可能外在于其自身，也不可能仅仅是灵魂的，他乃是由灵魂和身体组成的。也有人完全不同意排除属于身体一类的好的东西，甚至认为它们是最好的东西；这就是那些赞成肉体快乐的人。不过，当我们在指出人们的这些不一致和冲突时，为了避免论证过于冗长，我们将以唯一的例子——即健康——为基础展开阐述，因为我们尤为熟悉这方面的讨论。②

有些人认为"健康"是好的东西，也有人认为它不是好的东西；在那些认为健康是好的东西的人当中，有些人宣称它是最好的东西，还有人宣称它不是最好的东西；在那些声明健康不是好的东西的人当中，有些人认为它是"可取的中性者"，其他人认为它只是中性者，并不是

---

① 参看亚里士多德《尼各马可伦理学》第 1 卷 8。
② 因为塞克斯都自己是一位医师。

"可取的"的。健康是好的东西而且是最好的东西,这一看法被不少诗人和作家所承认,而且被所有大众广泛认同。比如,抒情诗人西摩尼得(Simonides)断言"除非一个人拥有了可敬的'健康'之神,否则,甚至美好的'智慧'之神也缺乏魅力"。吕库尼奥(Licymnius)一开头这样说:

> 令人尊崇的明眸的母亲,
> 受人深爱的神圣阿波罗王的皇后,
> 和蔼微笑着的"健康"。

在这一开篇曲之后,他又加上这样崇高的诗句:

> 财富的乐趣和亲情的乐趣,
> 还有神一样的君王统治的乐趣今日何在呢?
> 不,离开了你,没有人是能够有福的。

还有,希罗菲卢(Herophilus)[①] 在他的《营养学》中声称,如果没有健康,那么智慧无法展示自己,技艺将湮没不显,力量不能发挥,财富是无用的,语言是苍白的。上述就是这些人的观点。然而,学园派和散步学派都认为健康确实是好的东西,但不是最好的东西。他们认为每一种好的东西都有其相应的地位和价值。克冉托尔(Cranter)[②] 举了一个非常有意思的例子,希望以此使我们对所讨论的对象有一个清楚的认识。他说:如果我们想象一个像大家都常见的那种普通剧场,然后,每一种好的东西都来到这里展示自己并竞争桂冠,那么我们就会立即认

---

① 一位科俄斯(Cos)的医生,生活在公元前 300 年左右。
② 一个柏拉图学园派的成员,塞诺克拉底的学生,生活在公元前 300 年左右。

识到好的诸事物之间的差别。首先跳到前面的是财富，它会说："你们，全体希腊人啊，我把饰品、衣服、鞋子等所有舒适的东西提供给一切人，无论是对病人还是对健康人，我都是必不可少的，在和平时我提供快乐，在战时我就是战斗的资源。"全体希腊人听了这一番话后，都一致同意把第一名授予"财富"。不过，正当"财富"已被宣告是胜利者的时候，"快乐"会这样展示自己——

> 在快乐之中有爱情、渴望，还有甜言蜜语，
> 那言语甚至能使聪明人完全失去智力①。

于是，快乐站在剧场的中央，宣称自己才应当是当之无愧的优胜者：

> 因为"财富"是不确定的：它可能仅仅持续一天，
> 刚刚涌现出来，转瞬又化为乌有了，

而且，人们追求"财富"不是因为其自身的缘故，而是为了因它而产生的享受和快乐。听了这话，大家当然会认为讲得对，于是他们会大声喊着说必须为"快乐"加冕。不过，当快乐正要摘取桂冠的时候，"健康"在其同伴诸神②的陪伴下入场了，她教导大家说，如果没有她，那么快乐和财富并没有任何用处：

> 当我生病的时候，财富于我何益？
> 每天挣些钱，但是身体健康无恙，

---

① 荷马：《伊利亚特》第 14 卷 216。
② 例如阿斯克勒普、帕奈克亚、雅典娜（伯利克里在雅典建立了一个健康女神雅典娜的祭坛）。

这可比发大财但是生重病要好得多。

当大家听完"健康"的话时,他们认识到一个人如果卧病在床,那么幸福也是不可能的,于是他们又宣布"健康"是胜利者。然而,正当"健康"声称已经胜利的时候,"勇敢"入场了,她被一大队的贵族和英雄簇拥着,她也居中站立,开口说道:"你们,希腊人啊!如果我不在场,那你们所拥有的所有好东西都会落入他人之手,你们的敌人会祈祷你们发财致富,因为他们正在谋划攻掠你们";希腊人听到这里时,他们会把第一名授予"勇敢",把第二名给予"健康",把第三名给"快乐",而把"财富"排在最后。

因此,克冉托尔采纳了上述哲学家们的排序——把健康排在第二;然而,斯多亚派声称健康不是"好的东西",而是一个"中性者"。他们认为"中性者"这个词有三层意义,在第一层意义上,它指那些既不是爱好的对象也不是厌恶的对象的东西,例如,星星和脑袋上头发的数量是奇数还是偶数这个事实;在第二层意义上,它指那些是爱好和厌恶的对象,但不存在这个比那个更可爱或更可厌恶的东西,比如,当有人被要求在两枚无论在图案和明亮度上都无法区分的银币中欲求一个时,虽然产生了要欲求其中之一的倾向,但这不是认为这个比那个更好。而在第三种即最后的意义上,他们说"中性者"是那种既不有助于幸福,也不导致不幸的东西;在这个意义上的中性者是健康、疾病等属于身体的东西以及大多数外在的东西,因为它们既不导致幸福,也不导致不幸福。斯多亚派还认为,一个人可以有时运用得好,有时运用得坏的东西是无关紧要的("中性的")。尽管每个人总是很好地运用美德,很坏地运用邪恶,但是,对于健康以及属于身体的东西,他有时运用得好,有时运用得坏,所以,这些东西是不好不坏的("中性的")。还有,他们说在中性的事物中,有些是"更可取的",有些是"遭拒绝的",其他的既不是更可取的,也不是遭拒绝的。他们又说更可取的东西有充分的"价值",遭拒绝的东西没有充分的"价值",比如手指的伸屈之类的事情,既不是更可取的,也不是遭拒绝的。在更可取的事物之中,有健康、力量、美丽以及财富、荣誉等;在遭拒绝的事物之中,有疾病、贫穷和痛苦等。这些都是斯多亚派的看法。不过,开俄斯的阿里斯通①宣称,健康以及与此同类的一切事物不是"更可取的中性者",因为,称之为"更可取的中性者"等同于说它是"好的东西",这两者实际上仅有名称的差异。一般来说,在各种介于美德和邪恶之间的"中性者"当中,是没有进一步的区别的;并不是有些中性的东西自然地更可取的,其他的自然地遭拒绝,而是根据具体情况或更可取,或遭拒绝;(所以)被认为更可取的或遭拒绝的东西并不必然地更可取或遭拒绝。例如,如果健康的人必须为暴君服役并因此而罹难,身体有病的人却可免役而幸免于难,那么,聪明的人宁愿欲求疾病而不是健康。因此,健康并不必然地更可取,疾病也并不必然地遭拒绝。又如,当我们书写名字时,在不同的时候把不同的字母放在第一位,比如,当我们写狄翁(Dion)的名字时首先写 D,当名字是伊安(Ion)时首先写 I,当名字是奥瑞翁(Orion)时首先写 O。这里并没有任何一个字母自然地比其他字母更可取,只是我们根据具体的情况不得不这么做而已;同样,在那些介于美德和邪恶之间的东西当中,也并不自然地存在一些东西优先于其他的东西;更确切地说,存在的只不过是一种根据具体情况的优先而已。

我们已经主要通过一些例子说明了对于"好"和"坏"以及"中性者"的前概念并没有一致的意见。接下来,我们的任务是论述怀疑论者对这个问题的论证。如果存在任何本性上好的或坏的东西,那这个事物应该对于所有的人都是共同的,应该对所有的人而言都是好的或坏

---

① 一位有犬儒派倾向的斯多亚派成员。

的。① 正如，自然地产生热的火使所有的人感到热，而不是使一些人热，而使其他人冷；自然地产生冷的雪使所有的人冷，不是使一些人冷，而使其他人热；同样，本性上好的东西应该对所有的人而言都是好的，不会对一些人是好的，而对其他人是坏的。因此，柏拉图在证明神本性上是善的时，也通过类似的方式进行论证。他说，变热是热的特性，变冷是冷的特性，同样地，善的特性是行善；然而，"善"就是"神"，从而，神的特性是行善。因此，如果存在任何本性上好的或坏的东西，那它在和所有人的关系中都是好的或坏的。然而，如我们将要证实的，不存在任何在一切人看来是好或坏的东西；所以，不存在任何本性上好或坏的东西。因为，我们必须宣称，要么一切被认为是好的东西确实是好的，要么不是一切都是好的。但是，我们绝对不能宣称一切事物都是如此的；因为，假如我们称在任何人看来是好的一切东西为好的，但是同一个东西却在有的人看来是好的，在有的人看来是坏的，在有的人看来是中性的，那么，我们必须承认同一个东西既是好的，也是坏的，又是中性的。例如，伊壁鸠鲁宣称快乐是好的东西，那个"宁愿疯掉也不愿享受快乐"的人②认为它是坏的东西，斯多亚派说它是中性的而且是不受偏爱的东西；克里安提斯说它既不是自然的，也对生活没有价值，像一个饰品那样是非自然的；阿尔凯得穆斯（Archedemus）③说它是天然的，但如同胳肢窝里的毛发那样没有价值；还有，帕奈提乌（Panaetius）说它部分是自然的，部分是非自然的。如果在任何人看来是好的一切东西都应当总是好的，可是快乐在伊壁鸠鲁看来是好的，在某个犬儒学派的人看来是坏的，在斯多亚派看来是中性的，那么，快乐将同时既是好的，也是坏的和中性的；但是，同一事物不可能是本性上相反的东西，即同时是好的、坏的以及中性的。故而，我们不能宣称在

---

① 参看柏拉图《理想国》第 2 卷 379A 以下，以及 335D。
② 指犬儒派的安提斯西尼（Antisthenes）。
③ 与克里安提斯和帕奈提乌一样是斯多亚派的成员。

任何人看来是好的或坏的一切事物都是好的或坏的。然而，如果在任何人看来是好的东西并非在所有场合总是好的，那么，为了宣称在这个人看来是好的东西确实是好，而在那个人看来是好的东西并不是本性上好的，我们应该被赋予某种能力以区分这些所谓的好东西。这种区分或是通过感觉呈现或是通过推理得以实现的。不过，通过感觉呈现是不可能实现这一点的。因为，凡是经感性经验产生印象的事物都具有这样的性质——它能被所有具有正常理解力的人一致地把握，如同任何人在几乎一切的现象中所可能经历的那样。但是，同一个东西并没有被大家公认为是好的，而是不同的人认为美德和具有美德的东西，或者快乐，或无痛苦，或其他某个东西是好的。因此，本性上好的东西不是通过感觉呈现被大家所认识的。然而，如果它是通过推理而被理解的，那么，由于在各学派中最出色的人都有自己独特的推理——一个是芝诺，他经过推理认为美德是好的东西，另一个是伊壁鸠鲁，他经过推理欲求快乐，再一个是亚里士多德，他经过推理欲求健康——他们当中的每一个人会同样地推荐自己特殊的好的东西，它既不是本性上好的东西，也不是一切人共有的好的东西。故而，没有什么东西是本性上好的。因此，如果每个人私人的好的东西既不是所有人的好的东西，也不是本性上好的东西，然而，除了各个人私人的好的东西之外，又不存在公认的好的东西，那么好的东西是不存在的。

而且，如果好的东西是存在的，那么，它应该是由于自身的原因而被欲求的，因为，人人都渴望得到它，正如他希望避开坏的东西一样。但是，如同我们将要指出的，没有任何因其自身而值得欲求的东西；因此，不存在任何一种好的东西。如果有任何因其自身而值得欲求的东西，那么它或者是欲求本身，或者是与此不同的某个东西；例如，或者是对财富的欲求，或者是财富本身是值得欲求的。然而，欲求本身不可能是值得欲求的。因为，如果欲求是因其自身的缘故而值得欲求的，那么，我们不应该急切地获取我们所渴望的东西，以免我们会停止继续欲求。正如（我们应该避免）① 喝或吃，以免我们吃了或喝了后不想再吃或再喝，同样，如果对财富或健康的渴求是值得欲求的，那我们不应该追求财富或健康，以免我们得到它们后会停止对它们的欲求。但是，我们确实渴望得到这些东西。因此，欲求本身不是值得欲求的，毋宁说它是应当避免的。正如情人急于得到他的爱人，干渴的人急于喝水，欲求财富的人急于获取财富一样，都是为了避免进一步的欲求所带来的痛苦。然而，如果值得欲求的是不同于欲求本身的某个东西，那它或是一个外在的东西，或是一个属于我们自身的东西。不过，如果它是外在的，那它或者会对我们产生一些影响，或者不会；例如，像朋友、好人、子女等，要么会给我们带来令人欣慰的变化、受人喜爱的状态和愉快的感受，要么没有产生这样的影响，也就是说当我们认为朋友和子女是值得欲求的时候，我们并没有体验到任何不同的变化。然而，如果外物完全没有对我们产生任何的影响，那在我们看来就根本没有任何外在的东西是值得欲求的。因为，我们怎么可能会对一个我们对之没有任何情感的东西产生一种欲求呢？而且，如果某个事物之所以被称为令人愉快的，或痛苦的，或好的，是因为我们从它那里得到了快乐，或痛苦，或愉快，那么，这将得出没有欲求会产生于那个不能令我们高兴和愉快的东西。不过，如果外在的东西——诸如朋友和子女等——给我们带来了受人喜爱的状态和愉快的感受，那么，朋友或子女的值得欲求不是由于其自身的原因，而是由于这个状态和感受，后者对我们来说不是外在的。因此，没有一个外在的东西是因其自身而值得欲求的。然而，值得欲求的也不是某个属于我们自身的东西。因为，如果它是的，那么它或仅仅属于身体，或仅仅属于灵魂。不过，值得欲求的东西不可能仅属于身体；因为，如果它确实仅属于身体，从而就不再是一种灵魂的属性，

---

① 可能有些词从希腊文那里被遗漏了，因为我们认为更确切的是"如果对吃和喝的渴求是值得欲求的，那么我们应该避免吃和喝"等。

那么，我们的知觉就可能注意不到它（因为知觉完全是灵魂的属性），它将等同于外在的事物，和我们没有内在的关系。不过，如果值得欲求的东西愉悦了灵魂，那么它的值得欲求是由于灵魂，而不是纯粹的身体变化。因为，事物被判定为值得欲求的不是通过非理性的身体，而是通过感觉或知觉。然而，这个事物得以被把握的感觉或理解能力是属于灵魂的；因此，没有一个属于我们自身的东西是因其本身而值得欲求的——即使有，那也只不过是属于灵魂的；然而，这就再一次使我们陷入原来的逻辑矛盾中。既然对于"好"的看法，每个人的理解和他人是不一致的，那么，每个人必然认为在他自己看来是好的东西是好的。但是，在每个人看来是好的东西不是本性上好的。因此，用这种方式也得出了同样的结论：没有任何东西是好的。

　　同时，这个论证也同样地适用于"坏"（evil）的东西。它实际上来自我们对"好"的研究，因为首先，（由于"好"和"坏"都仅仅在与对方的关系中才能得到理解，）如果其中的一个被取消了，那另一个也随之被取消；其次，既然（对我们来说，直接地证明）这一点是完全可能的，那么（我们就尝试）再一次把论证建立在一个例子上，这次我们选的例子是"无知"。斯多亚派说只有无知才是坏的。如果无知是本性上坏的，那么正如热的东西之所以被认为是本性上热的，是因为它使靠近它的人变热，冷的东西之所以被认为是本性上冷的，是因为它使靠近它的人变冷一样，无知之所以被认为是本性上坏的，也必然是因为它使人们变坏。让我们再考察一下，或者是那些被称作"不明智的人"因为无知而变坏，或者是那些明智的人被无知弄坏。然而，明智的人是不会变坏的；因为他们不可能是无知的，从而他们也不可能因某种没有发生在他们身上的坏事而变坏。然而，如果无知使那些不明智的人变坏，那它或者当其明显时或者当其不明显时使他们变坏。但无疑不是当其不明显时，因为，如果对人们来说无知是不明显的，那它既不是坏的，也不是可避免的；正如一个人既不能避免也不会被一阵不能察觉的疼痛所烦扰,同样,没有人会认为未知的和不明显的无知是坏的。然而,如果他们相当清楚地认识到无知是本性上坏的,即使是不明智的人也应该会避开它了。但是,不明智的人并不会把他人称作"愚蠢"的东西当作显然的坏事来避免,而是每人都相信自己的意见,并认为其他人的相反意见是坏的。结果只能是:不明智的人并不知道无知是本性上坏的。因此,如果无知既丝毫没有使明智的人变坏,也不是被不明智的人所回避的东西,那么,我们必须宣称无知不是本性上坏的东西。而如果无知不是坏的,那么其他任何所谓坏的东西也不是坏的。

然而,一些伊壁鸠鲁派的成员在回应这些反驳时,通常会争论说动物不用教育就自然地避开痛苦并且追求快乐;当它刚出生时,还不曾有意识,一旦被不习惯的寒气吹到,便会大喊大叫。然而,如果它天生地趋乐避苦,那么,辛苦就是被它自然地避开的东西,而快乐是值得欲求的事物。不过,作如此论证的人首先没有意识到,他们正在断言最卑劣的动物也分有了好(因为它们也分有大部分的快乐);其次,辛苦并不是应当完全回避的事;因为实际上,痛苦通过辛苦而缓解,健康和力量、成长也来自辛苦,没有辛苦人们就不能获得最高的技艺和科学。因此,辛苦并不是本性上应该全然回避的事。而且,看起来令人愉快的东西并不自然地在所有场合都是值得欲求的;因此,事情经常是这样的:某些刚出现时令我们很愉快的事物在另一个场合中被认为是讨厌的——虽然它们是同一些事物,这似乎说明那些令人愉快的东西不是本性上令人愉快的,只不过根据不同的情况时而这样、时而那样地影响我们。

我们已经充分地证明了不存在任何本性上好或坏的事物,然而,那些在他们看来仅有美好(高贵)是好的人认为,甚至非理性的动物都证实了美好是本性上值得欲求的。他们说:因为我们看到某些高贵的动物——比如公牛和公鸡——是如何搏斗至死的,甚至当它们并没有愉悦和快乐的时候。同时,那些为祖国、父母以及子女而牺牲自己的人如果对死后的快乐不抱任何期盼,那么只能是因为美好和"好"(善)已经

347

> 他们过着无忧无虑的生活。①

如果我们稍作回顾,那么就会明白这一点。

每一种不幸福的出现都是由于某些烦恼。人们的每一种烦恼都是由于过分热心地追求或回避某些东西的结果。然而,一切人都过分热心地追求或回避在他们看来是好或坏的东西。因此,每一种不幸的产生都是由于对所谓"好"的东西的追求,并且对所谓"坏"的东西的回避。既然独断论者深信这个是本性上好的东西,而那个是本性上坏的东西,于是他一再地追求这个东西和避开那个东西,并因此而遭受烦扰,那他绝不可能是幸福的。因为,或者一切被追求的东西是本性上好的,一切被回避的东西是应回避的;或者某一个而不是每一个被追求的东西是值得欲求的,并且某一个被回避的东西是应回避的;或者这些东西都是相对的:对于这个人而言,这个东西是值得欲求的或应回避的;然而,对于事物的本质而言,它既不是值得欲求的,也不是应回避的,只不过在这个时候是值得欲求的,在那个时候是应回避的。于是,如果一个人应该相信无论谁、无论用何种方式所追求的一切事物都是本性上好的,并且所回避的一切事物都是本性上应回避的,那他就不能正常地生活,因为,他被迫同时追求和回避同一个事物——追求它是由于一些人认为它是值得欲求的,回避它是由于另一些人认为它是应该回避的。然而,如果他应该认为不是一切被追求或被回避的事物都是值得欲求的或应回避的,而是有些东西是值得追求的,有些东西是应回避的,那么,他固然可以生活,不过,这不是免于烦恼的生活;由于不停地欲求或摒弃在他看来是本性上好或坏的东西,他将永不能消除烦恼:当他还没有得到好的东西时,他会因渴望得到它而极度地烦扰不安;而当他已经得到好的东西时,他会因狂喜或害怕失去而绝不可能心情平静。同样的论证也适用于

---

① 荷马:《奥德赛》第 4 卷 565。

坏的东西，那个未遭遇坏的东西的人并没有免于忧虑，由于躲避和防范它所引起的烦恼令其十分痛苦；那个遭遇坏的东西的人也丝毫没有减轻痛苦，因为他考虑的是：

如何逃脱毁灭的悬崖。①

但是，如果一个人宣称没有什么东西本性上是更值得欲求而非回避的对象，也没有什么东西本性上是更应当回避而非欲求的对象，因为每一个存在的事物都是相对的，由于时间和环境的不同，它在此时是值得欲求的，在彼时又是应回避的，那么，他将过得幸福而不受烦扰：他在获得了好东西时不会得意，遭遇了坏的东西时也不会沮丧，他勇敢地接受必然发生在他身上的事；从而，他就从"现在发生了坏事或好事"的看法的烦恼中解脱出来。其实，他能得到这种幸福是由于他的"无物本性上是好或坏的"的信念。因此，一个相信任何本性上好或坏的东西之人不可能幸福地生活。

而且，那个产生任何坏的东西的事物就像坏的东西一样当然是应回避的。例如，如果疼痛是坏的东西，那么无疑地，那个引起疼痛的东西也会和疼痛一样是应回避的东西；如果死亡是那些坏的东西之一，那导致死亡的东西也会既是坏的又是应回避的东西。那么一般地来说，如果坏的东西是应回避的，那产生坏的东西的事物必然会是应回避的东西，并且是坏的东西。不过，如同我们将要指出的那样，在有些人看来是好东西的事物也会产生坏的东西。因此，这些在有些人看来是好的东西可能是坏的，从而是不幸的根源。实际上，正是由于有这些好的东西，才会存在所有那些坏事——比如，爱财癖、名誉癖、争斗癖和享乐癖等。每个人正是由于过分热心和无休止地追逐在他自己看来是好的和值得欲

---

① 荷马：《伊利亚特》第 14 卷 507。

求的东西,他才会不自觉地掉进伏在门边的恶之中。① 因此,例如(如果我们举大家都熟悉的例子,那我们的论证就会很清楚),那个相信财富是好的东西的人必定为获取财富而竭尽全力,他总是对自己复述喜剧的教诲:

亲爱的老兄,一年四季你都应当挣钱。

他也一定接受悲剧所说的:

金子啊,你是凡人的所有福利中最美好的!

然而,尽全力获取财富的人也就是一个"恋财癖者"。从而,那个认为财富是最好的东西的人,在他过分热心地追逐财富的过程中变成了一个恋财癖者。那个认为声誉是值得欲求的人就会过分热心地追求声誉,而这种对声誉的热切追求就是"名誉癖";从而,这种认为声誉是值得欲求且是本性上好的之信念导致产生了很大的坏事,即名誉癖。至于快乐,我们也会发现同样的情况;因为,对那些渴求快乐的人来说,必然会导致某种程度的堕落,即"享乐癖"。因此,如果那个产生坏的东西的事物是坏的,并且,我们已经证明了在某些哲学家看来是好的东西产生了所有那些坏的东西,那么就必须宣称:在某些人看来是好的东西可能是坏的。

此外,下述反驳我们的论证也是不成立的:尽管人们对这些东西的追逐和冲动会给他们带来某些坏的东西(比如,追求财富的人产生了爱财癖,追求名誉的人产生了名誉癖,以及追求另外的某些东西的人产生了其他的某些烦恼),然而,他们得到这些东西的结果是解除烦扰和

---

① 参看《创世记》IV.7:"罪伏在门边。"

痛苦；因为，获得了财富的人不再急切地追逐财富，得到了快乐的人也释放了渴望快乐的极度热情。正如那些常去悬崖峭壁的动物为了饮水被迫经历辛苦以得到满足，而它们一旦满足就结束了先前的痛苦，同样，人在努力追求好的东西的过程中也必然是苦恼的，不过，当他获得了他所渴望的东西，他也就被解除了痛苦。但是，我们认为这样的论证是不合理的，这也不是事实的真相。因为，即使人们得到了在他们看来是好的那些东西，他们仍然会因自己不是唯一拥有它们的人而更烦恼；而当他们是唯一的拥有者时，他们把那些好的东西视为极其珍贵的，从而会由于对旁人的猜忌以及敌意和嫉妒而烦恼。因此，对那些被认为是"好的东西"的追求充满了悲惨，而它们的获取则增添了新的累累坏事。再者，同样的说法也适用于那些坏的东西本身。当一个人预先就认为某些东西是本性上坏的（比如坏名声、贫穷、残疾、疼痛、疾病和一般意义上的无知），那他不仅会因这些坏的东西而痛苦，而且还会苦于它们所产生的其他许多坏东西。因为，当这些坏的东西存在时，他的烦扰不安不仅来自这些东西，而且还来自他确信自己"遭遇了不幸"的信念；从而，他受偏见的打击乃是受到了更大的坏事的打击。然而，当这些坏的东西不存在时，他同样不会安心，他或者由于防范未来的坏事，或者由于害怕而依然焦虑不安。但是，一旦论证已经确定这些东西没有一个是本性上好或坏的，我们就可以从烦恼中解脱出来，过上一种宁静的生活。

　　这样，以上所述清楚地表明了那些在某些人看来是好的东西导致了许多坏的东西，那些坏的东西又引起了其他坏的东西，由此，幸福变得难以企及。其次，我们必须指出不可能通过采取独断论哲学的方法获得任何的帮助。因为如果假设了任何本性上好或坏的东西是存在的，那么安慰因过分地追逐所谓"好的"东西，或过度地回避所谓"坏的"东西而烦恼之人，可以通过以下的方式来节制他的烦恼：或者宣称既不追求好的东西也不回避坏的东西是一种责任；或者指出这个被追求的对象只具有很少的价值，从而追求它是不合适的，然而另一个对象具有更大的价值，从而追求它是一件适当的事（比如，财富具有更少的价值，而美德具有更多的价值，因此，不应该追求前者，而应该追求后者）；或者（证明）这个对象只有很少的价值，必然会导致很多烦恼，然而，那个对象有很大价值，必然不会引起烦恼。不过，宣称不应当过分地欲求好的东西或回避坏的东西，这和那些独断论者的观点是相反的，他们总是强调对这些东西的选择或拒绝，以及对它们的欲求或回避。然而，说不应该追求这个卑劣的对象，而应该追求那个更为高尚的对象，这并不能帮助人们摆脱烦恼，而只是改变了烦恼的处所而已；正如一个人在追求第一个对象时是苦恼的，同样，当他追求第二个对象时也将会是苦恼的，结果是那位哲学家的论证在消灭了旧烦恼的同时，又创造出新烦恼；因为，通过使这个人从追求作为好东西的财富或声誉或健康转变成追求"高贵美好"和美德，并没有使他从追求中解脱出来，而是使他转向了另一种追求。就像一位医生如果治好了病人的胸膜炎但又引起了肺炎，或者治好了脑膜炎又引起了嗜睡症，那他并没有消除疾病，只是改变了它而已。同样，那位提出用一种烦恼代替另一种烦恼的哲学家，也没有给予这个烦恼的人以帮助。因为，不可能证明被新引入的烦恼是温和的，而被替换的烦恼更强烈。这个烦恼的人对两个追求的对象具有相同的信念；只不过当他相信第一个对象是好的时，就急切地追求它；同样，当他相信第二个对象是好的时，他也同样急切地追求它，那他将同样地受到烦扰；或者，就他转而认为现在的追求对象具有更大的价值而言，他甚至可能更加受烦扰。因此，如果那位哲学家能引起这个苦恼的人追求一个对象代替另一个对象，所以他并不能除去他的烦恼；如果那位哲学家仅仅教导说这个对象没有价值，必然引起很多烦恼（而另一个对象有很大的价值，必然不会引起烦恼），那么，他只不过是在这个欲求和回避与那个欲求和回避之间作比较，而不是在劝人摆脱烦扰。然而，这么做是荒谬的；因为烦恼的人并不想了解哪个东西更令人烦恼，以及哪个东西少令人烦恼一点，而只是希望摆脱他的烦恼。所以，唯一能（彻底）避免烦恼的是：使那个因回避坏东西和欲求好东西而苦恼的人明白：并不存在任何本性上好或坏的东西。正如蒂孟所说的：

> 人们不过是受到自己的判断的判决。

实际上，使人们明白这一点正是怀疑论特有的使命；因此，怀疑论的目的是获得幸福的生活。

第五章 那个悬搁判断一切关于"好"与"坏"之本质的人幸福吗？

那个始终没有烦恼的人是幸福的，正如蒂孟所说的，他生活得很安静：

> 因为在他的所有方面都充满了宁静，

蒂孟还说：

> 我现在所说的这个人宁静无比，没有丝毫的不安。

在好和坏的东西中，有的是由于信念而被认为是存在的，其他的则由于必然性。属于由于（理性）信念而产生的，是那些由于个人自己的判断而追求和回避的东西，比如，在外在的东西中有财富、名声、高贵的出身和友情等；在属于身体的品质中有美丽、力量和健康，在属于灵魂的品质中有勇气、正义、明智和一般的美德；所有这些东西都被认

355

为是值得欲求的和好的，与它们相反的都被认为是应回避的东西。至于通过必然性引起的好事与坏事，是一切由于非理性感受所引起的东西，以及由某种自然必然性所引起的东西，"没有人会自愿地选择它们"①或回避它们，比如痛苦和快乐。既然上述东西中存在着这样的一种差别，我们已经表明了只有那个悬搁判断所有好和坏的东西之信念的人才能始终过得无烦扰，这既包括前面在关于怀疑论的"目的"中的讨论，又包括我们现在的证明——相信任何本性上好或坏的东西存在的人是不可能幸福的。由于回避这些东西并且追求那些东西，那个如此行事的人深受无尽烦扰的折磨；然后，由于那些好的东西给他带来很多坏的东西，再者，由于他的关于坏的东西的信念使其另外遭受更多倍的坏事的折磨。因此，这个宣称财富是好的东西并且贫穷是坏的东西的人，当他没有财富时，他遭受两种烦恼：既因为他没有好的东西，又因为他为得到它而辛苦着。然而，当他已经得到了财富时，他会受到三种惩罚：既因为他过度地狂喜，又因为他辛苦地保全他的财富，还因为他害怕失去而痛苦焦虑。但是，如果一个人既不把财富列入自然的好东西中，也不把它列入自然的坏东西中，而宣称"谁也不更"②，那么他就既不会因为得不到它而烦恼，也不会因为得到它而狂喜，而是在任何一种情况下都保持无烦扰。因此，在由于信念而被认为是好和坏的东西以及对这些东西的欲求和回避方面，他是完全快乐的；而在感性和非理性的情感方面，他保持了一种适度的温和。因为，对于那些不是由于非理性和无知的信念而是感官的无意识影响而产生的东西，不可能借助于怀疑论的论证来消除；一个因饥饿或干渴而痛苦的人不可能通过怀疑论的论证而产生"我不痛苦"的确信，一个由于摆脱苦恼而狂喜的人，怀疑论也不可能使其产生"我并不在狂喜"的信念。（那些独断论者问）：如果一

---

① 荷马：《伊利亚特》，第3卷，66。
② "谁也不更"（更好，更强，更可证，等等）是怀疑论的"公式"（表示搁置判断）之一。——译者注

个人无论怎样都必然是烦恼的,并因烦恼而是不幸福的,那我们通过悬搁判断又怎么能有助于通向幸福呢?我们的回答是——帮助极大。即使那个悬搁对一切事物的判断的人因导致痛苦的东西的存在而烦扰,然而,和独断论者相比,他遭受的痛苦是更轻的;首先因为,为了追求无数的好东西并且回避无数的坏东西,就如同被复仇女神追赶那样受到这种追求和回避的烦恼的骚扰,这比只是回避和防范仅有的一种单独的坏事更糟糕得多。其次,甚至悬而不决派①作为坏事而回避的东西,也并不会过分地令人烦恼。因为,或者这种坏事是轻微的,比如我们每天碰到的饥饿、干渴、寒冷和炎热等;或者相反,它是大而强烈的,比如那些病入膏肓者的疼痛,对此,医生常常提供强效的止痛剂以帮助他们减轻痛苦;或者它像在一些疾病中的那样是适度的和慢性的。在这些坏事中,那些我们每天要碰到的坏事最少令人烦恼,因为治疗它们的东西(比如食物、饮料和住所)是容易提供的;那些最强和最令人烦恼的,毕竟如同闪电一样只是使我们害怕片刻;然后,要么它把我们毁灭,要么它自身被毁灭;那些适度的和慢性的,既不会持续整个生命过程,也不会是连续的,而是有很多停止和缓和的时候;因为,如果它是持续不断的,那它就不是慢性的了。故而,怀疑论者所遭受的烦扰是适度的,并不是那么令人担忧。然而,即使这种烦恼是非常大的,我们也不应该责备那些不自愿和不可避免地遭受苦恼的人,而只应该责备"自然",它并不关心任何的人间法则,以及那个因其信念和意见给自身招来坏事的人。正如发热的病人不应因其发烧而受责备(因为他不自愿地发烧);而不能避免无益之事的人应受责备(因为这是他力所能及的),同样,那个由于引起痛苦的事物的出现而烦扰的人不应受责备,因为,这些痛苦造成的烦恼不是他本身引起的,而是无论他希望与否都必然会发生。但是,那个通过他自己的想象为自身造出许多值得欲求和回避的

---

① 即怀疑论者(作为判断的"搁置者")。

东西之人是应受责备的;因为,他给自己招来了无穷的坏东西①。就所谓的"坏的东西"自身而言,人们可以看到同样的情形。那个没有"疼痛是坏事"的附加信念之人仅仅受到疼痛必然引起的影响,但是,如果他额外地想象唯有疼痛是令人讨厌的,唯有它是坏的,那他的这种信念会使由疼痛引起的痛苦加倍。在正被动手术的病人的例子中,我们不是经常看到病人如何勇敢地承受开刀的痛苦:

> 他那美丽的面色没有变苍白,也未看见他抬手擦泪珠。②

因为,他仅仅受到切割动作的影响。然而,在他的旁边站着的那个人看到少量流出的血,却立即脸色苍白,两腿颤抖,大汗淋漓,头晕目眩,最后晕倒在地。这不是因为疼痛(疼痛并没有发生在他身上),而是因为他拥有"疼痛是坏事"的信念。因此,那种由于"坏的东西"的信念引起的烦扰有时比所谓的"坏东西"本身产生的烦扰更大。故而,一个人如果搁置对于所有依赖信念而存在的事物进行判断,那他便可以最充分地获得幸福,尽管,他在不自愿的和非理性的情感中会遭受烦扰:

> 是的,因为他不是出生于岩石或古老的橡树,
> 他不过属于人类的种族。③

然而,他的感受是温和的。有些人会认为这个人处于一种消极或言行不一的状态中,说他消极——因为所有生命在于欲求和回避,一个既不欲求也不回避任何事物的人实际上是拒绝生命或像植物那样生存;说他言行不一致——因为如果他被暴君强迫做难以启齿的事,他或者不屈

---

① 参看《哈姆莱特》中的"奋臂而起与无穷的烦恼对抗"。
② 荷马:《奥德赛》第 11 卷 529。
③ 第一句出自荷马《奥德赛》第 19 卷 163。后半句是塞克斯都自己加的。

从于命令而自愿选择死亡，或者为了避免被迫害而做所命令他的事，因此，他将不再能做到（用蒂孟的话来说即）"对选择和回避无动于衷"，而是会选择这个，拒绝那个，但这正是那些确信存在着应当回避和值得选择的事物的人的行为。然而，这种看法十分可笑，因为，他们在如此论证时，并没有理解怀疑论者不是按照哲学理论来指导他的生活的（就此而言，他是消极的）；然而，就对生活的非哲学性的指导而言，他能够欲求某些事物并回避其他的事物。当某个暴君逼迫他去做任何被禁止的行为时，那么他按照祖辈法律和习俗能够选择这一做法并回避另一个做法；而且，与独断论者相比，他当然更容易地承受迫害，因为他不像独断论者，他在实际的遭遇之外没有任何附加的信念。不过，我们已经在"关于怀疑论的目的"中更详细地讨论了这些问题，现在没有必要的是：

再一次重复那些业已清楚地述说了的事情。[①]

这样，既然我们已经完成了对好和坏的东西的阐述——由此而产生的争论延伸至伦理学的所有领域。接下来，让我们讨论是否存在任何生活技艺。

第六章 存在着任何生活技艺吗？

我们已经充分地证明了，通过搁置对一切事物的判断可以过上令人满意的生活；然而，没有任何东西阻止我们也用同样的方式审查那些独断论者们关于生活技艺的观点，尽管它们已经部分地被审查了。他们承诺给我们提供"生活技艺"，比如伊壁鸠鲁宣称"哲学是通过论证和讨

[①] 荷马：《奥德赛》第 12 卷 453。

论获得幸福生活的活动",而斯多亚派明确地说:"明智作为有关好、坏和不好不坏的东西的科学,是一种生活技艺,只有获得明智的人才称得上是美好的,只有他们是富有的,如同只有他们是明智的一样。因为拥有重大价值的东西的人是富有的,美德是有巨大价值的东西,而睿智者是唯一拥有美德的人,因此,唯有睿智者才是富有的。同时,那个爱好有价值的东西的人是美好的,而睿智者是唯一爱好有价值的东西的人;故而,仅有睿智者是美好的。"像这样的一些断言吸引了充满幻想的年轻人,不过,它们并非真的。蒂孟也在某处嘲笑承诺提供给我们生活技艺的人,称他们为:

> 诸多学说的颠覆者和不诚实的冒牌老师。

在另一处他描写了那些专心于这些学说的人们正后悔他们的劳而无功,用他的话来说是:

> 一个人哀叹着大声说,正像悲哀的人都习惯于哭喊的那样:
> "哦,什么事会发生在我身上!上何处我能得到任何的明智?
> 我沦为精神上的乞丐,因为我没有任何的智慧。
> 如果试图避免彻底地毁灭,我以为这是徒劳。
> 三遍,哦四遍,祝福一无所有的人,
> 和绝不白白浪费自己的财物的人。
> 我的命运却受可恶的争吵的打击,
> 让贫穷和其他坏事去折磨凡人中的说教者吧。"

如果我们注意下述情况,那么就可以了解个中缘由。被声称存在的并且是人类幸福之原因的生活技艺不只是一种,而是既多又不同;比如,有伊壁鸠鲁的生活技艺,有斯多亚派的生活技艺,还有散步学派的生活技艺。那么，或者应该同样采用所有的生活技艺，或者仅采用一种，或者一种也不采用。不过，采用所有的生活技艺是不切实际的，因为它们是相互矛盾的；被这个人提倡作为值得欲求的东西，却被那个人作为应回避的东西所禁止；然而谁也不可能同时欲求和回避同一对象。可是，如果仅仅应当采用一种生活技艺，那么或者采用任意的一种，而这是不可能的，因为这样的话，采用一种生活技艺等同于采用所有的生活技艺；因为如果我们应该听从这种生活技艺，那为什么是这种而不是那种呢？反过来也一样，如果我们应该听从那一种生活技艺，为什么是那种而不是这种呢？然后，仅剩下的情况是：我们应该采用被判定为最好的那一种生活技艺。那么，或者我们应该采用某种被另一生活技艺判定为最好的生活技艺，或者某种被它自身判定为最好的生活技艺。不过，如果它是那种被其自身判定为最好的生活技艺，那就无法相信它；否则的话，我们将不得不承认所有的生活技艺都是值得信任的；因为如果这种生活技艺由于其自身的判定而值得信任，那其余的生活技艺也是值得信任的；因为，它们当中的每一个都是由其自身判定的。然而，即使它是由另一种生活技艺来判定的，它也还将必定是不被信任的；因为就像这种生活技艺与其余的生活技艺不同而需要判定一样，判定它的那种生活技艺就其有别于其他的生活技艺而言，也需要一种生活技艺来评判，因此，那种生活技艺不可能成为这一种生活技艺的可信赖的标准。如果采用所有的生活技艺或者一种生活技艺都是不可能的，那么唯一剩下的就是不采纳任何生活技艺。此外，既然如我们以上所述，有很多的生活技艺，采用任何一种生活技艺的人必定是不幸福的，其理由不仅是我们在前面所阐述的，而且将在我们下面的论证中给出。每个人都受制于某种情感：他或者是爱财者，或者是爱快乐者，或者是爱声誉者。既然人性如此，那他不可能通过任何一种独断论的教导而平静下来；相反，散步学派的哲学进一步激发了爱财者或爱声誉者的欲求，因为按照他们的观点，财富和声誉是好的东西；伊壁鸠鲁的教义则进一步煽动了爱快乐者，（因为根据他的证明，快乐是最高的幸福）；斯多亚派的学说也使爱声誉者轻率地沉湎于这种极端的情感，因为按照他们的观点，只有美德以及美德所产生的东西是好的。在一切可能的情况中，被那些独断论哲学家称作"生活技艺"的东西与其说是解困救危的，不如说是助纣为虐的。

然而，即使我们同意有一种生活技艺，而且是大家都承认的一种——比如斯多亚派的生活技艺——我们也不会采用它，因为它会带来各种各样的灾难。如果作为以明智为圭臬的生活技艺是一种美德，并且只有圣贤才拥有美德，那作为不是圣贤的斯多亚派①就不可能拥有明智，也不可能拥有任何生活技艺，从而，他们也不能把生活技艺教给其他人。而且，他们说：如果技艺不能被创立，则生活技艺也不能被创立，然而事实上前者是（真的），从而后者也是（真的）。因为，技艺是"由理解组成的体系"，而理解是"对可理解的印象的赞同"。② 不过，可理解的印象是不存在的，因为每一个印象都是不可理解的（由于它们相互冲突的性质），甚至也没有任何一个可理解的印象（由于它们没有被判断）。然而，如果可理解的印象不存在，那也不可能有任何对它的赞同，从而也不可能有任何的理解。不过，如果没有理解，那也没有任何"理解的体系"——也就是说技艺。故而可以得出没有任何一种生活技艺。此外，按照斯多亚派的观点，可理解的印象之被判定为可理解的，是根据这样的事实，即它来自客体，并且承载着这个客体的印记和压痕；而这个客体之被证明为存在的，又是由于它产生了可理解的印象。然而，如果为了判定可理解的印象，必须承认客体的存在；而如果为了理解客体的存在，又必须承认可理解的印象，那么由于循环论

---

① 斯多亚派自己提出了一个严苛的标准，认为达到拥有完全智慧的"贤哲"（sage）很少，或者说几乎没有。——译者注

② "可理解的印象"也可以翻译为"把握性印象"，是斯多亚派认识论的一个重要概念。——译者注

证，它们两个都是不可靠的。因此，由于可理解的印象是不可理知的，作为理解体系的技艺也是不成立的。

再说，如果生活技艺即明智是区分好、坏和不好不坏的事物的，那么，或者与好的东西相异的那个事物被认为是技艺，或者技艺本身就是那个好的东西，正如有人下定义所断言的："好是美德或具有美德的东西。"然而，如果技艺与好的东西相异，那它根本不可能是技艺；因为，每一种技艺都是关于某些存在物的知识的，但是，我们之前已经证明好和坏的东西是不存在的，从而不可能存在任何好的和坏的东西的技艺。不过，如果技艺本身是那个好的东西，又声称技艺是关于好的东西的，那么它将是自身的技艺；而这又是荒谬的。那些成为技艺对象的东西被认为先于技艺。例如，医术被认为是关于健康、疾病以及非健康非疾病的技艺；而健康和疾病是先于医术而存在的。再如，"音乐"是关于合调、不合调以及合拍、不合拍的技艺，不过，"音乐"不可能先于这些东西而存在。斯多亚也曾说过"辩证法"是关于"真、假以及非真非假"的技艺，那么真、假以及非真非假也就必须先于"辩证法"而存在。同样，如果明智是其自身的技艺，那它必须先于其自身而存在；但是，任何事物都不可能先于其自身而存在；从而，不可能用这种方式得出任何生活技艺的存在。

再者，每一种技艺通过它所产生的效果而被理解，比如，医术通过治疗效果，竖琴演奏通过竖琴师的弹奏，还有绘画和雕刻术等所有这类技艺都是如此的。然而，如同我们将要表明的那样，本应该精通生活的那个技艺并没有产生应有的效果；从而可以得出：没有生活技艺存在。既然斯多亚派对于教育子女、孝敬父母以及对死者的尊敬有很多的论述，那么，我们将选取属于这三个方面的几个要点加以阐述，来支持我们的批驳。

363

关于教育子女，斯多亚学派的创始人芝诺在其论文中这样论述道①："在情爱关系上，对喜欢的和不喜欢的少年不要区别对待，无论男女；对喜欢的还是不喜欢的成人，无论男女，也要一视同仁，各自适合不同的人。"还有一段论述是："你和你的爱人发生性关系了吗？""没有。""那你不想吗？""当然。""既然想，不过你害怕邀请他吗？""一点也不。""那么你邀请他了吗？""当然。""那么是他没有向你屈服？""没有。"关于尊敬父母，人们可能会举出他们反复引用的乱伦例子。例如，芝诺在讲述了关于伊俄卡斯达（Jocasta）和俄狄浦斯（Odeipus）的故事之后，他断言俄狄浦斯碰触其母亲并不是什么令人惊骇的事情："如果她身体不适，而他用自己的手抚摩她的身体以使她好受一些，这并不可耻。""如果他通过用身体的另一个部分抚摩她来结束她的痛苦并给予她快乐，并且通过她获得高贵的子女，那么，这又有什么可耻的呢？"而且，克吕西波在他的《国家篇》中明确地说："我赞成那些做法——实际上即使现在它们也在很多民族中习以为常——按照它们，母子通婚、父女通婚和兄妹通婚并生儿育女。他们关于同类相食的建议也可以作为他们'尊敬死者'的例证；因为，他们认为这是合适的，即不仅吃那些死去的人，而且吃他们自己的肉——如果他们身体的任何部分碰巧被割下。这就是克吕西波在他的论文《论美好》中所阐述的：如果从四肢割下任何一个可以食用的部分，我们既不应该埋葬它，也不是用别的方法处理掉它，而是吃掉它；这样一个新的部分就可以从我们身上原来的地方长出来。"在他的《论责任》的一书中，当讨论到埋葬父母时他明确地说："当我们的父母去世了，我们采用最简单的埋葬方式，就像那具尸体如指甲或头发一样，对我们是无关紧要的；我们不需要对它有特别的关心和注意。因此，当他们的肉可以食用，那人们也会吃掉它，正如他们也同样会吃自己身体的部分；比如，

---

① 斯多亚派的这些粗陋的教义似乎取自犬儒派。

当一条腿被切下来，那他们吃了它是合适的；当那块肉不能食用，那他们要么埋了它并堆成坟墩，要么把它焚烧并撒了骨灰，要么把它扔得远远的，就像对待指甲或头发那样弃之不顾。"

上述是斯多亚派的教义；然而，我们必须提出第二个反驳观点。他们提倡这些行为，或者相信年轻人会实施它们，或者相信年轻人并不会实施它们。然而，他们当然不可能相信年轻人会实施它们，因为法律禁止这些行为，除非他们不幸生活在雷斯特利哥尼人（Laestrygones）和独眼巨人当中，在那儿这是允许的：

吃完人肉，又把纯净的羊奶喝够。①

不过，如果他们相信年轻人并不会实施它们，那生活技艺就成为多余了，因为它不可能被付诸实施。正如，在盲人的国度，绘画是无用的（因为这种技艺属于有视觉的人们）；又正如在聋子的城邦，演奏竖琴是没有价值的（因为它愉悦的是有听觉的人们）；同样，生活技艺对于不能利用它的人也是无益的。

而且，每一种技艺——无论它是理论的，比如几何学和天文学，还是实践的，比如军事技艺，或者是创制的，比如绘画和雕刻术——都拥有自己特别的工作，从而与其他的理智状态区别开来，（然而，并不存在专门属于明智的特殊的工作）如我将要证明的那样；所以，明智不是一种生活技艺。正如擅长音乐的和不擅长音乐的人共同的工作不是音乐工作，精通文学的和不精通文学的人共同的工作不是文学工作，同样，一般来说，技艺家和非技艺家共同的工作也不是技艺工作。因此，明智者和非明智者共有的工作也不是专门的明智工作。但是实际上我们发现，由明智者所做的每一件事看来同样为非明智者所做；如果我们

---

① 荷马：《奥德赛》，第 9 卷，297。

把——例如——尊敬父母或归还委托人定金或其他类似的事看作是明智者的工作,那么,我们也就会发现没有美德的人做着这些事中的任何一件。故而,并没有明智者特有的工作,凭借着它可以与非明智者相区别。如果确是如此,那明智就不可能是生活技艺,因为它没有自己特有的技艺工作。

  对此反驳,他们辩解说:尽管所有的这些明智工作是一切人共有的,然而,它们的区别在于:它们要么出自技艺的性格,要么来自非技艺的性格。有美德之人的工作并非是关心父母以及一般地尊敬父母,而是"由于明智而这样做"才是有美德之人的举动;正如获得健康是医生和普通人共有的,然而,从医术上获得健康是医生特有的技艺。同样,尊敬父母也是明智者和非明智者共有的,但是,由于明智而尊敬父母是明智者特有的,从而,明智者也拥有生活技艺,它特有的工作是他的每一个来自最好性格的行为的完成。不过,那些作这种答辩的人似乎在故意装傻——顾左右而言他。既然,当我们明确地证明没有明智者特有的借以与非明智者相区别的工作,每一件由明智者做的事同样为那些非明智者所做,斯多亚派是承认这一点的;不过,他们却不着边际地断言,两者共有的工作在这种情况下来自一个明智的性格,而在那种情况来自一个无知的性格。但是,这并不能证明没有明智者和非明智者共有的工作,倒是其自身需要证明;因为人们会问:我们将如何看出何时这些工作来自一个明智的性格,何时这些工作又不来自一个明智的性格;因为,共同的工作本身就其是相同的而言,是不可能解释清楚这一点的。比如,我们发现从医疗技艺提出的例子与其是证明倒不如是反对他们的。当他们断言获得健康是医生和普通人共有的事,当它从医疗的角度被实现时,专属于医生的技艺,那么,或者他们知道医生的工作和普通人相比有某些区别,比如,他的工作是迅速的、无痛苦的、系统的和有计划的;要不然,他们并不了解这种区别,而认为所有这些东西也是普通人共有的。不过,如果他们了解这一点,那他们就直接承认显然有医生特有的工作，接下去的任务是从这一点推导出也有明智者特有的、借以与非明智者相区别的工作。然而，如果他们并不了解这一点，而是宣称由医生所做的一切事同样为普通人所做，那他们将剥夺医生自己特有的工作；显然地，既然在那些被实施的工作中存在完全的类似，那么，他们就不能区别专家和非专家，也不能区分由一个明智的性格和非明智的性格所完成的东西，因为，个人的性格由于它是不明显的，不可能因其自身而被认识。因此，即使一方面承认那些由明智者和非明智者完成的工作是两者共有的，另一方面又断言它们有区别——因为前者来自明智的性格，后者来自不明智的性格——对他们也于事无补。

不过，有其他人认为这些工作是通过稳定的性质和状况（的存在或缺乏）而得以区分的。在各种中等技艺中①，艺人的特点是有条理地创制每一个东西，并且使其工作保持稳定（普通人有时也可以做出技艺活儿，只不过这是偶然的，也是不稳定的）。同样，他们认为明智者的工作也是使他的正当行为一贯不变，但是，非明智者的工作与此相反。不过，这些人显然没有按照事实的真实状态来处理正在讨论的问题。存在某些由技艺理性明确规制的生活秩序，这似乎更像一种幻想。因为，没有人在其准备应付各种不同的遭遇时能够始终保持原有的状况②，尤其不能做到的是明智者——他认识到命运的变化无常和人事的变幻莫测。此外，如果明智者有一种明确的生活秩序，那么因为这一点他也会直接为非明智者所承认；然而实际上，他们并没有承认他；从而，明智者不可能通过他的工作（的状况）而被认识。因此，如果每一种技艺因其自身特殊的工作而是显然可理知的，然而，在明智中并没有特殊的凭借它而显然可理知的工作，那明智就不可能是生活技艺。

此外，如果明智是生活技艺，那它本应最能使明智者受益，令其拥

---

① "中等技艺"的意思是"普通的"或"通俗的"的技艺。
② 即生活规则和行为准则。

的东西"是存在的,那这个不存在的东西就不存在了。因此,不存在的东西是不可教的。还剩下的可能性是说:存在物是可教的;我们将要证明这也是不可能的。因为,如果存在物是可教的,那它或者由于它的存在而可教,或者通过其他别的东西而可教。不过,如果它由于其存在而是可教的,那没有什么东西是未教的;但是,如果任何存的东西都不是未教的,那也不可能存在任何被教的东西;因为,必须存在某种未教的东西以便让学习可以从它而开始。从而,存在物不可能由于其存在而是可教的。然而,存在物也不可能由于其他别的东西而是可教的;(因为存在的东西没有任何)不存在的属性,它的每一个属性都是存在的。因而,如果存在物不是通过其存在而是可教的,那它也不能通过另外的某个东西而可教。因为,其他的属性——无论它是什么——都是属于存在物的。如果存在的东西不可教,不存在的东西也不可教,而除此之外又没有别的选择,那么没有任何东西是可教的。

再者,既然在"某个东西"①中,有些是物体,有些是非形体性的事物,如果某个东西是可教的,那么,它或者是一个物体,或者是一个非形体性的事物;但是,物体既不可教,非形体性的事物也不可教,因此没有什么东西是可教的。首先,物体不是可教的;因为尤其按照斯多亚的说法,可教的东西是"表述",而表述不是物体。而且,如果物体既不是可感的,也不是可理知的,那物体是不可教的。因为所被教的东西必定或者是可感的,或者是可理知的。如果它两者都不是,那它就不是可教的。我们在《反对物理学家》中已经证明了物体既不是可感的,也不是可理知的。因为,无论物体是如伊壁鸠鲁所断言的是"大小、形式和坚固性的组合",还是"三个维度加上坚固性",既然我们不是靠非理性感觉而是理性功能去理解万物——通过理解万物的不同组成要

---

① "某个事物"是斯多亚派的最高范畴。

素的结构，那么，物体就不可能是感觉的对象。然而，即使物体是可感的，它还是不能被教。因为可感的东西是不可教的；就像没有人去学习看白色的东西，或尝甜的东西，或闻某个东西的香味，或感觉冷或热一样，因为对所有这些东西的感知都是不用教的。从而，物体不是可感的；即使它是可感的，由于上述原因它也是不能被教的。此外，即使假设物体是可理知的，它也是不能教的。因为，如果单独的长度不是物体，单独的宽度和深度也不是物体，只有三者的结合是物体，那么，由于它们都是无形的，我们不得不认为它们的结合体是非形体性的事物而不是物体；从而，物体也是不能被教的。还有一种情况是：有些物体是可感的，其他的物体是可理知的。因此，如果物体是可教的，那或者可感的物体是可教的，或者可理知的物体是可教的。然而，可感的物体是不可教的（因为它呈现在面前，从而自身就对所有的人都是明白的），可理知的物体也是不可教的（由于它的模糊可疑以及围绕它存在着迄今无法解决的争论——有些人说它是不可分的，其他人说它是可分的；有些人认为它不包含部分，是最小的，其他人认为它包含部分，是无限可分的[①]）；因此，物体是不能教的。当然，无形的东西也是不能教的。因为无形的东西或者是"柏拉图的理念"，或者是斯多亚派的"表述"，或者是虚空，或者是位置，或者是时间等。不过，无论这些东西是什么，它们的真实存在仍是被怀疑和争论的问题。然而，说仍处于争论中的东西可教，似乎它们是无可置疑的，这是绝对荒谬的。不过，在所有的存在物中，如果有的是物体，其他的是非形体性的事物，而已经证明这些东西没有一个是可教的，那么，被教的东西就是不存在的。

再说，要说有任何东西是可教的，那它或者是真的，或者是假的。不过，它不是假的，这是显然的；而如果它是真的，那如我们在《论标准》一章中所指出的，它是可疑的；然而，对于可疑的东西不存在

---

① 后者是斯多亚派的观点，而伊壁鸠鲁派相信有不可分割之物（"原子"）。

学习。而且，可被教的那个东西或者是技艺性的或者是非技艺性的。不过，它不是非技艺性的，因为如果那样的话，它就无须学习了。然而，如果它是技艺性的，那它或者是自然而然地明白的，或者是不明白的。不过，如果它是自然而然地明白的，那它既是非技艺性的，又是不能被教的；然而，如果它是不明白的，那它因此而会是不能被教的。因此，可被教的东西不存在。

通过这些论证已经得出："被教的东西"尚且是可疑的；而且进一步，老师和学生也都随着这一质疑被消解了，因为前者将无物可教，后者将无物可学。不过，对老师和学生本身，还可以提出类似的反对。如果老师和学生存在，那或者是专家教专家，或者非专家教非专家，或者专家教非专家，或者非专家教专家。不过，非专家不能教非专家（正如盲人不可能领着盲人），专家也不能教专家，因为这个专家确实没有什么东西可以教给那个专家。然而，非专家也不能教专家，正如盲人绝不可能领着明眼人；因为，外行不可能掌握技艺的原理，从而，他是不能胜任传授的。那么，最后剩下的是专家教外行，但是这又是不切实际的；因为专家以及技艺的原理都是为我们所怀疑的；而且，非专家如果是可被教的，并且可以成为专家，那么或者当他是专家时，或者当他是非专家时成为专家；然而，当他是非专家时，他不可能成为专家；当他是专家时，他也不能再"成为专家"而"是专家"了。这是合情合理的；因为非专家就像天生的盲人不可能理解颜色，天生的聋子也不可能理解声音那样，由于他不能理解技艺的原理，他也就不可能掌握技艺的知识。而专家将不再是可教的，而是"已经被教的"。

此外，正如以上这些事物是可疑的一样，"学习的方法"也是值得怀疑的。因为学习或者通过感觉的证据，或者通过语言而进行。不过，如我们将要指出的那样，学习既不是通过感觉的证据的，也不是通过语言的，从而学习的方法也并不是确定无疑的。学习并不是通过感觉的证据的，因为感觉的证据是那些显示出来的东西；而那些显示出来的东西是明白的；作为明白的东西，对所有的人是同样地可理知的；而对所有人同样地可理知的东西是不能被教的。因此，通过感觉的证据所显示的东西是不能被教的。然而，也没有任何东西通过口头讲授的方式来传授。因为言词或者表示了某种意思，或者没有表示任何意思。不过，如果它没有表示任何意思，那它不能传授任何东西。如果它表示了某种意思，那它或者自然而然地就是这样的，或者是约定俗成的。但是，言词并非自然而然就有这样的意义的。因为，谁也不能听懂所有人的言谈话语，例如，希腊人听不懂野蛮人，野蛮人也听不懂希腊人。然而，如果言词是通过约定而有意义的，那么很显然，那些事先已经掌握语词所对应的对象的人们能理解那些语词，这不是因为他们通过那些语词学到了他们所未知的东西，而是通过回忆并且记起了他们所熟知的东西。然而，那些要学习自己所未知的东西，并且对语词所指称的对象一无所知的人们，就什么也理解不了。因此，如果被教的东西不存在，老师、学生和学习的方法也都不存在，那么，学习也就不存在了。

  这些就是怀疑论者提出的关于学习不存在的一般性的反对。对所谓的"生活技艺"也可以依次提出这些反驳。因为，或者明智者教明智者以生活技艺，或者不明智者教不明智者，或者不明智者教明智者，或者明智者教不明智者。但是，既不可能是明智的人把生活技艺教给明智者（因为两者在德性上都是完善的，没有人需要学习），也不可能是不明智者教不明智者（因为双方都需要学习，没有一个是明智的以至于能教另一个）。而且也不会是不明智者教明智者，因为盲人不可能教明眼人。因此，仅有的选择是：明智者能够教不明智者。然而这也是值得怀疑的。如果明智是"关于好、坏和不好不坏的东西的技艺"，那当明智者教不明智者什么是好的、坏的和不好不坏的东西时，不明智者仅仅听到对这些的东西的言说，并不能了解它们本身是什么，因为他没有任何智慧，对所有这些东西是一无所知的。然而，如果他在不明智的状态中能够理解它们，那么，不明智将能够区分好、坏和不好不坏的东西。但是，按照他们的说法，不明智不能理解这些东西，从而，不明智者并不能领悟明智者的睿智言行。正如天生的盲人只要他是瞎的，就不能理解颜色，天生的聋子只要他是聋的，就不能理解声音，同样，不明智的人也不能理解睿智的言行。所以，明智者也不能在生活技艺上指导不明智者。而且，如果明智者能够教不明智者，那明智者必须能够理解不明智，正如技艺能理解技艺缺失的状态；但是，明智不可能理解不明智，因此，明智者也不能教不明智者。因为，一个由于某种联合练习①和实践成为明智的人（因为没有人天生如此），要么是在自己的不明智之上附带习得了明智，要么就是靠完全摆脱了不明智。不过，如果他依旧是不明智的，只是在此之上附带习得了明智，那么同一个人不可能同时是明智和不明智的。然而，如果他通过摆脱不明智而获得了明智，那他不可能凭借后来的条件去认识他先前的（但是当下不存在的）状态。这是理所当然的，因为无疑地，对每一个对象的理解，无论是可感的还是可理知的，或者全凭感觉的证据，或者通过感性印象的类比推论而产生，这后一种方式或者是通过相似（比如当苏格拉底不在场时，通过其画像来认识他），或者通过组合（比如当我们把一个人和一匹马结合起来形成了不存在的"马人"），或者通过类比（比如把普通人经过夸大想象出了"独眼巨人"，他"不像食谷物的人，倒像是森林密布的高峰"，② 此外，还可以通过"缩小"而想象出小人国的人）。因此，如果不明智被明智所理解，同时不明智者也被明智者所理解，那么，这种理解的产生或是通过经验，或是通过经验的推论。不过，这种理解不可能通过经验而产生（因为没有人用像认识白色、黑色、甜和苦那样的方法来理解明智）。这种理解也不可能通过经验的推论而产生（因为存

---

① 即几个部分或能力的同时训练。
② 荷马：《奥德赛》，第 9 卷 191。

在的东西不同于不明智）。不过，如果明智者由此得到推论，那么，它或者通过类似，或者通过组合，或者通过类比；故而，明智者绝不可能理解不明智。当然，也可能有人会认为明智者可以凭借自身的明智发现其他人的不明智，然而，这是幼稚的。因为不明智是产生某些工作的（心灵）状态。如果明智者看到并理解了另一个人的这种状态，那他或者通过这种状态本身直接理解了它，或者通过它的工作来认识它本身；正如一个人从医疗技艺的工作来认识医生，从绘画技艺的工作来认识画家。但是，明智者不可能通过这种状态本身来认识它，因为它是隐匿的和无形的，从而它不可能通过身体的外形被认识清楚；明智者也不可能通过它的工作而认识它。因为，如我们前面所指出的那样，所有显而易见的工作是明智者和不明智者共同拥有的。总之，如果明智者为了可以教不明智者以生活技艺，他自身必须能够理解不明智，正如艺术家必须能够理解技艺缺失之状态那样；然而，我们已经证明了对明智者来说不明智是不可理解的，那么，明智者就不能教不明智者生活技艺。

至此，我们已经批判地讨论了伦理学部门中的最本质的问题，由此，我们结束了怀疑论方式的整个阐述。

译名对照表

A

Abdera，阿布德拉
Achilles，阿基里斯
Achlous，阿克洛乌斯
Acragas，阿克拉伽斯
Admetus，阿德麦图斯
Aenesidemus，安尼西德穆斯
Aetolian，艾托里安
Aidoneus，埃多涅乌
Ajiax，埃阿斯
Alcestis，阿尔克斯提斯
Alcmena，阿尔克墨涅
Alcaeus，阿尔克尤斯
Alexander，亚历山大
Alexandria，亚历山大里亚
Alexinus，亚历克西努斯
Anacharsis，阿纳卡西斯

Anaxarchus，阿纳克萨库斯
Anaximander，阿那克西曼德
Anaximenes，阿那克西美尼
Antiochus，安提奥库斯
Antipator，安提帕特
Aphrodite，阿佛洛狄忒
Apollonia，阿波罗尼亚
Aratus，阿拉图斯
Archilochus，阿尔基罗克
Archedemus，阿尔凯得穆
Archelaos，阿尔克劳斯
Archelaus，阿凯劳斯
Arcesilaus，阿尔凯西劳斯
Archilochus，阿吉劳库斯
Argo，阿尔戈号
Aristarchus，阿里斯塔库斯
Aristodemus，阿里司托得姆
Artemis，阿尔忒弥

Asclepiades，阿斯克勒皮亚德斯
Athens，雅典
Atropos，阿特洛波斯

B

Basileides，巴西莱德斯
Bryson，布里逊

C

Callimachus，卡利马科斯
Carneades，卡尔尼亚德
Cassander，卡萨德
Castor，卡斯托尔
Ceos，科奥斯
Chares，查瑞斯
Chimaeras，奇迈拉
Chrysippus，克吕西波
Citium，基提翁
Cleanthes，克里安提斯
Cleitomachus，克莱托马库斯
Clotho，克洛索
Colophon，科洛封
Colossus，科洛索巨像
Cos，科俄斯
Cranter，克冉托尔
Critia，克里提阿
Cronos，克洛诺斯

Cubit，库比特
Cyclops，独眼巨人
Cyrenaic，昔勒尼派

D

Daemon，护灵
Deiphobus，戴佛布斯
Demetrius，德米特里乌斯
Demeter，德墨忒耳
Democritus，德谟克利特
Demrtrius，德米特里乌
Dicaearchus，狄凯阿库斯
Diagoras，狄阿戈拉
Diogenes，第欧根尼
Dion，狄翁
Diotimus，迪奥提姆斯
Diodorus，狄奥多罗
Dioscuri，狄奥斯库里
Dionysus，狄奥尼索斯
Dionysidorus，迪奥尼西多努斯

E

Eidothea，埃多帖
Eleos，埃勒欧斯
Empedocles，恩培多克勒
Enodia，埃诺蒂亚
Ephesus，爱菲斯

377

Epiclibanius，厄琵克利巴纽斯
Epicurus，伊壁鸠鲁
Epimylius，厄琵弥琉斯
Erasistratus，伊拉西斯特拉图斯
Eros，厄洛斯
Ethiopia，埃塞厄比亚
Eubilides，欧毕里德
Euthydemus，尤西德姆斯
Eubulides，尤布里德斯
Euhemerus，欧荷米卢斯
Euripides，欧里庇得斯
Eurystheus，尤里斯图斯

G

Gallon，加仑
Ge，戈尔
Gorgia，高尔吉亚

H

Hades，哈得斯
Hector，赫克托耳
Heracles，赫拉克勒斯
Heracleides，赫拉克莱德斯
Hephaestus，赫费斯托
Here，希拉
Hermotimus，赫莫提牟
Herophilus，希罗菲卢

Herophilus，希洛菲路斯
Himera，希墨腊
Hippasus，希帕苏斯
Hippo，希波
Hippocentaur，马人
Hippocrates，希波克拉底
Hyperborean，希匹尔波人

I

Idaeus，伊戴乌斯
Ida，埃达山
Ilium，埃琉姆
Ion，伊安

J

Jocasta，伊俄卡斯达

L

Lachesis，拉基西斯
Laconian，拉科尼亚人
Laestrygones，雷斯特利哥尼人
Leda，勒达
Leontini，莱纹提尼
Leto，莱托
Leucanian，琉卡人
Licymnius，吕库尼奥
Lucretius，卢克莱修

M

Megaric，麦加拉人
Melissus，麦里梭
Melos，米洛斯
Menelaus，墨涅拉俄斯
Metapontum，麦塔波顿
Metrodorus，梅特勒多罗斯
Mochus，摩赫
Monimus，墨尼姆斯

N

Neilos，奈洛斯
Nestis，奈斯提斯
Nestor，奈斯特耳
Nicomachus，尼可马库斯

O

Ocellus，奥可路斯
Odeipus，俄狄浦斯
Onomacritus，沃诺马克利特
Orion，奥瑞翁
Orpheus，奥菲斯

P

Palms，帕尔姆
Panaetius，帕奈提乌

Panthoides，潘绍德斯
Paris，帕里斯
Paros，帕罗斯
Patroclus，帕特洛克卢斯
Pharos，法罗斯
Phliolaus，菲尼劳斯
Phlius，佛利
Phobos，佛波斯
Pint，品脱
Pollux，波吕刻斯
Polycleitus，波利克莱图
Polydeuces，波吕克斯
Pontus，庞图斯
Poseidonius，波塞多纽
Poseidon，波塞冬
Priam，帕里阿姆
Prodicus，普洛第库斯
Protagaras，普罗泰戈拉
Proteus，普洛提斯
Prothyridia，普洛塞利蒂阿
Proteus，普鲁提乌斯
Pygmy，俾格米人

R

Rhea，瑞亚
Rhegium，雷奇姆
Rhodes，罗德斯岛

S

Samos，萨摩斯
Scylla，斯基拉
Simonides，西摩尼得
Sotion，琐提温
Sparta，斯巴达
Spesuippus，斯彪西普
Stade，斯塔德
Strato，斯特拉图

T

Tantalus，坦塔鲁斯
Tethys，忒逊斯
Thebes，底比斯
Theodorus，塞奥多瑞斯
Theon，铁翁
Thales，泰勒斯
Timon，蒂孟
Theophrastus，色奥弗拉斯多
Tityus，梯提尤斯
Troy，特洛伊
Tyndareus，提达尔尤斯
Typhon，泰丰

X

Xeniades，克塞尼亚德斯
Xenocrates，克塞诺克拉底
Xenophanes，克色诺芬尼

Z

Zeno，芝诺
Zeus，宙斯
Zeuxis，宙克西斯